國家清史編纂委員會清史編纂工程文獻組項目

項目編號【200710121003002】

項目負責人：崔　勇

清代建築世家樣式雷族譜校釋

中國藝術研究院　易　晴　點　校

中國文化遺產研究院　崔　勇　注　釋

中国建筑工业出版社

圖書在版編目（CIP）數據

清代建築世家樣式雷族譜校釋 / 易晴點校，崔勇
注釋 . -- 北京 : 中國建築工業出版社，2015.8
　ISBN 978-7-112-18260-2

　I . ①清… II . ①易… ②崔… III . ①雷發達
（1619 ～ 1693）—家譜—研究 IV . ①K820.9

中國版本圖書館CIP數據核字（2015）第158110號

　　本書收錄《雷氏族譜》十卷，完整地記載了雷氏家族從第一代雷發達、第二代雷金玉、
第三代雷聲澂、第四代雷家瑋與雷家璽及雷家瑞三兄弟、第五代雷景修、第六代雷思起、第
七代雷廷昌等七代人作爲樣式房掌班在清朝200年間的家族變遷及所作所爲，當屬彌足珍貴
的文獻。
　　本書可供建筑歷史研究人員、相關專業師生及其他有興趣的讀者收藏閱讀。

責任編輯：許順法　陸新之
責任校對：姜小蓮　劉　鈺

清代建築世家樣式雷族譜校釋
中國藝術研究院　易　晴　點　校
中國文化遺產研究院　崔　勇　注　釋
*
中國建築工業出版社出版、發行（北京西郊百萬莊）
各地新華書店、建築書店經銷
北京三月天地科技有限公司製版
北京建築工業印刷廠印刷
*
開本：787×1092 毫米　1/16　印張：19　字數：319千字
2015年8月第一版　2018年1月第二次印刷
定價：**58.00**元
ISBN 978-7-112-18260-2
（27445）

雷氏族譜

主　　修　　雷聲劍　雷翔飛

副主修　　雷家瑞　雷鳴盛

編　　修　　雷　純　雷景修

補　　遺　　雷思起

京城御匠雷發達

（公元 1619—1693 年）

清代建築世家樣式雷第一代雷發達銅板像

（公元 1826—1876 年）

清代建築世家樣式雷第六代雷思起遺像

《雷氏族譜》纂修說明

　　從《雷氏族譜》序文中可知，《雷氏族譜》纂修創始於唐代。"自唐太宗詔修天下譜牒，雷氏首舉其事"，但因"一毀於兵火，再蕩於干戈"，嗣後屢次續修。明洪武三年（公元1370年）曾大修一次，天啓四年（公元1624年），又重修一次。清乾隆二十一年（公元1756年），雷騰蛟以七十三歲之高齡親赴江西南昌主持《雷氏大成宗族總譜》的纂修。嘉慶十九年（公元1814年），進士出身的雷純，又"集江西之全省，纂雷氏之大成"，編成《雷氏重修大成宗譜》。《雷氏族譜》中的前四卷和後四卷，就是在他們的主持下纂修而成的。這當中，雷聲劍、雷翔飛、雷家瑞、雷鳴盛等也是嘉慶十九年（公元1814年）編纂《雷氏重修大成宗譜》的重要參與者。雷聲劍是邑痒生，雷翔飛是國學生，雷家瑞和雷鳴盛當時尚無顯要的地位與身份。以雷家瑞和雷鳴盛的資歷和聲望，難以承擔編纂雷氏大成族譜的重任。雷純在《雷氏族譜總序》中說："前歲始解組旋里，問及修譜否？族衆曰：未。純此時愧感交集，恨不能傾解宦囊，略捐資費，以爲同姓之光。幸賴首事向溪支輝池、鐔舍支雨濟、北山支徵祥、泰浦支華國者，仗義資贈，起局會省公祠，司事各宗長同心協力。純惟任勞筆墨，集江西之全省，纂雷氏之大成。自始祖及各分遷支祖皆載入總系圖，如樂之大成也。至分遷以後，則各詳支譜，另爲一集，猶樂之小成也。是合衆小成以爲大成，又析總大成以爲小成，誠可謂千秋盛事矣，敢曰我獨賢勞耶？"這里所說的輝池、雨濟、徵祥、華國，即是雷聲劍、雷翔飛、雷家瑞、雷鳴盛等人的字，他們在《雷氏重修大成宗族總譜》中的作用顯而易見。據《雷氏重修遷居金陵復遷居北京世系圖》卷貳前言記載，樣式雷第五代雷景修"道光二十一年至同治四年（公元1841—1865年），廿餘年，苦心苦志，雷景修將雷氏歷代大成總譜、支譜、世系圖、支分派衍皆錄纂。本京各支，班班可考，實公一生德政耶。此譜三年一小修，五年一大修，各支生、娶、卒、葬，按支注明，不可忽耶"。樣式雷研究肇始人朱啓鈐[①]在《樣式雷考》中寫道："景修一生工作最勤，家中裒集圖稿、燙樣模型甚夥，築室三楹爲儲存之所。經營生理，積資數十萬，並修譜錄，塋舍規劃井然，世守之工，家法不墮者，賴有此耳。"由此可見，這里彙集的《雷氏族譜》實由《雷氏大成宗族總譜》、《雷氏重修大成宗譜》、《雷氏重修遷居金陵復遷居北京世系圖》及《雷氏重修遷居金陵復遷居北京世錄》等部分組成，前後幾代樣式雷族人歷經數百年的歷史滌蕩而使族譜賡續不已，它們的實際纂修者應當分別是雷騰蛟、雷純、雷景修。上述《雷氏族譜》共計拾卷，屬道光、同治年間手抄寫本，為雷廷昌之子雷獻瑞、雷獻華於1933年奉獻中國營造學社收藏，現僅存於中國文化遺產研究院。相較於其他諸種支譜，因其傳承有致，且直接出自建築世家樣式雷一支，具有重要史料價值。

---

① 朱啓鈐（公元1872—1964年），字桂辛，晚年號蠖公，祖籍貴州開陽，是中國近代歷史文化名人、實業家。朱啓鈐歷經晚清、北洋、民國、新中國等歷史朝代，曾歷任清京師內外城巡警廳廳丞、北洋代理國務總理兼任交通總長、民國南北和談代表等要職，同時在文物收集與整理、開發北戴河公益事業、規劃北京城交通與城市建設、興辦山東中興煤礦業、創辦中國營造學社開創中國古代建築保護與研究及弘揚等諸多方面均建有卓越的歷史功績。新中國成立後，朱啓鈐歷任全國文物整理委員會委員、全國第二及第三屆政協委員、中國文史館研究館員，有《蠖園文存》、《元大都宮苑圖考》、《存素堂絲繡叢刊》、《三兒圖校刊》、《岐陽世家文物圖像冊》甲乙種、《岐陽世家文物考述》等著作存世。朱啓鈐1934年發表在《中國營造學社彙刊》第四卷第一期的《樣式雷考》一文係國內研究樣式雷世家沿襲及其建築規劃與設計的開山之作，也是研究樣式雷世家的經典之作。

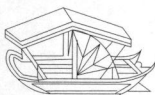

校釋說明

　　"樣式雷"是清代主持皇家建築設計世家的譽稱，是我國古代科技史上成就卓著的杰出代表。其建築涵蓋都城、壇廟、園林、陵墓、府邸、宮殿等類型，諸如圓明園、承德避暑山莊及外八廟、北京故宮、天壇、頤和園、北海、中南海、恭王府，清東陵與西陵等等，中國1/5世界文化遺産的規劃與建築設計均出自這個姓雷的家族。梁思成[①]在《中國建築師》一文中寫道："在清朝（公元1644—1911年）二百六十年間，北京皇室的建築師成了世襲的職位。在十七世紀末，一個南方匠人雷發達應募來北京參加營建宮殿的工作，因爲技術高超，很快被提升擔任設計工作，從他起一共七代，直到清朝末年，主要的皇家建築，如宮殿、皇陵、圓明園、頤和園等都是雷氏負責，這個世襲的建築師家族被稱爲樣式雷。"這個世襲的建築世家"樣式雷"原籍江西省永修縣梅棠鎮新莊村雷家莊。據《雷氏族譜》記載，從第一代"樣式雷"雷發達（公元1619—1693年）在康熙年間由江寧應募來到北京居住在海淀鎮槐樹街伊始，雷家共有七代人在長達二百多年的時間內作爲清朝樣式房的掌班，期間分別爲第二代雷金玉，第三代雷聲澂，第四代雷家瑋、雷家璽、雷家瑞三兄弟，第五代雷景修，第六代雷思起，第七代雷廷昌，其生卒年代及承襲關係可列表如下：

　　"樣式雷"世家生卒年及承襲關係表

姓　名	字	世家關係	生卒年	公元紀年
雷發達	明所	振聲之子	萬曆四十七年至康熙三十二年	1619—1693年

---

① 梁思成（公元1901—1972年），廣東新會人，美國賓夕法尼亞大學建築學碩士，中國營造學社法式部主任，清華大學與東北大學建築系創始人，中國現代著名建築學家、建築史學家、建築教育學家，著有《清式營造則例》、《營造算列》、《中國建築史》、《圖像中國建築史》、《中國雕塑史》、《營造法式注釋》（上下）等等。《中國建築師》一文見於梁思成《凝動的音樂》第34—35頁，百花文藝出版社1998年4月版。

雷金玉	良生	發達之子	順治十六年至雍正七年	1659—1729 年
雷聲澂	藻亭	金玉幼子	雍正七年至乾隆五十七年	1729—1792 年
雷家偉	席珍	聲澂長子	乾隆二十三年至道光二十五年	1758—1845 年
雷家璽	國賢	聲澂次子	乾隆二十九年至道光五年	1764—1825 年
雷家瑞	澂祥	聲澂三子	乾隆三十五年至道光十年	1770—1830 年
雷景修	先文	家璽三子	嘉慶八年至同治五年	1803—1866 年
雷思起	永榮	景修三子	道光六年至光緒二年	1826—1876 年
雷廷昌	輔臣	思起長子	道光二十五年至光緒三十五年	1845—1909 年

　　據調查統計，雷氏族譜在全國各地有多種版本，代表性的有江西鄱陽《前山雷氏族譜》、江西武寧《雷氏族譜——武寧支派》、江西豐城《雷氏聯修族譜》、江西南昌岡上《茶園雷氏族譜》、江西永修《雷氏宗譜——建昌支派》、江西星子《雷氏宗譜——星邑支派》、廣東始興《雷氏六修族譜》、上海《雷氏統宗譜》、浙江《雷氏宗譜四卷》與馮翊郡《雷氏宗譜一卷》、江蘇蘇州《雷氏支譜一卷》、安徽《雷氏宗譜二十八卷首二卷末一卷》、河南《雷氏三修族譜十卷》、湖北《雷氏宗譜十卷》與《雷氏家譜》、湖南《雷氏家譜》、四川零陵《雷氏族譜六編外編二編》與東郡《雷氏族譜二卷》、福建晉江《雷藍蘇氏三姓族譜》、晉江鬥山《雷氏族譜》、山東《雷氏族譜一卷》等。這些雷氏族譜集大成者係嘉慶年間編修之《雷氏大成宗族總譜》、《雷氏族譜》，主修爲雷聲劍、雷翔飛，副主修是雷家瑞與雷鳴盛，纂修乃雷純。《雷氏大成宗族總譜》、《雷氏族譜》纂修旨在"書其前由，述其始末，以俟後人知木本水源，亦有所宗焉"。本課題研究即對嘉慶年間纂修的雷氏總譜與族谱予以整理與校釋。

　　《雷氏大成宗族總譜》、《雷氏族譜》共計拾卷現僅存於中國文化遺產研究院，是研究清代建築世家"樣式雷"家族發展變遷極珍貴文物史料。中國文化遺産研究院所藏《雷氏大成宗族總譜》、《雷氏族譜》按照總譜、分支譜、世係、世錄各列四卷，共計八卷[1]。《雷氏大成宗族總譜》四卷係道光二十一

---

[1]　據《中國營造學社彙刊》1933年第四卷第2期《本社紀事·樣式雷世家考之編輯》記載："本社年前訪得雷氏嗣裔，曾將該世家藏各式模型，介紹出於北平圖書館等處。今春雷獻瑞、雷獻華昆仲複出其族譜，及有關營造之信劄文件來本社。經社長朱桂辛先生整理編著《樣式雷世家考》，初稿已竣。"

年（1842年）至同治五年（1867年）抄本，底本為乾隆二十一年（1757年）《雷氏大成宗族宗譜》，列譜序、傳記、畫像、總世系圖及分支世係圖。《雷氏族譜》四卷係道光二十年（1841年）至同治五年（1867年）抄本，底本為嘉慶十九年（1805年）《雷氏重修大成族譜》。

雷氏族譜編纂宗旨、格式及風格不同一般的家譜，可謂別具一格。誠如《雷氏族譜》總序所言：“雷氏大成總譜大派取《易》六十四卦輪序，自萬雷公起至煥公，凡六十四世，卦周復從煥公起一世，又首從乾卦，以次數，周再如前，周而復始。蓋生生不已，《易》道也，即人道也。其支派仍聽各支另取。”各地雷氏族譜編制即是。

家譜與國史、方誌一起構成中華民族史學大廈的三大支柱，是中華民族悠久歷史文化的重要組成部分。顧頡剛[1]曾說“我國史學領域有尚待開發的兩個‘大金礦’，即地方誌和族譜。”梁啓超[2]在《中國近三百年學術史》中說：“欲考族制組織法，欲考各時代各地方婚姻平均年齡、平均壽數，欲考父母兩系遺傳，欲考男女產生比例，欲考出生率與死亡率比較等等無數問題，恐除族譜、家譜外，更無他途可以得資料。”“樣式雷”在清代建築史上具有舉足輕重的歷史地位，在某種意義上，可以說一家“樣式雷”寫就半部清代建築與園林史，實不爲過。《雷氏族譜》記錄雷氏家族數百年間運轉歷程的來龍去脈，是清代歷史變遷的映照，乃清史編修的重要參考文獻。

《雷氏大成宗族總譜》、《雷氏族譜》八卷由易晴點校，崔勇注釋、统稿。這里特別需要說明的是：2008年12月底，課題組負責人崔勇向國家清史編纂委員會提交《雷氏族譜》八卷本初步點校文本之後，又在中國文化遺産研究院院圖書館新發現《雷氏重修遷居金陵復遷居北京世係圖》卷壹、卷貳。這兩卷《雷氏族譜》係雷氏家族由南京遷居北京之後的直係族譜，由樣式雷世家第六代雷思起在第五代雷景修編修基礎上補遺、編纂而成。因此課題組在2009年12月31日提交的《雷氏族譜點校》修訂文本中又補充了《雷氏重修遷居金陵復遷居北京世係圖》卷壹、卷貳，以顯示樣式雷宗族由江西建昌北山到江蘇南京江寧西善橋，又到北京海淀槐樹街前後遷徙過程中的連貫與完整。

---

[1] 顧頡剛（公元1893—1980年），江蘇蘇州人，中國近現代著名史學家，著有名著《古史辯》七卷流傳後世。

[2] 梁啓超（公元1873—1929年），廣東新會人，中國近現代著名文史學家、思想家、社會與政治活動家，著有《清代學術概論》、《歷史研究法》、《中國近三百年學術史》、《飲冰室文集》十卷等。

校釋凡例

一、《雷氏大成宗族總譜·雷氏族譜》將歷代族人所編纂序言列入譜端，是得知雷氏家族淵源信史資料，係國內別具一格之世家族譜範例。《雷氏族譜》取《周易》卜卦，自萬雷公起至煥公，凡六十四世，卦周復從煥公起一世，又首從乾卦，以次數，周再如前，周而復始。蓋生生不已之《易》道，即人道也。其支派仍聽各支另取。

二、《雷氏族譜》正文或以橫、豎線圖表述，或以文字表達家族成員字、號、排行、生、卒、葬、配偶、子女，乃至學歷、官職、讚語、銘文等情況均有記載。一個普通匠作之家終成清代建築世家的家族歷史淵源與遷徙、發展過程，脈絡清晰，世係井然。

三、《雷氏族譜》按照"景仲中正永，玉振發金聲，家修思廷獻，文章冠世英"的字派排列，世係為"景昇—仲安—中義—正轟—永虎—玉成—振聲—發達—金玉—聲澂—家璽—景修—思起—廷昌—獻華"，且"文與金同、章與聲同、繼與家同、先與修同、志與思同"。

四、《雷氏族譜》中，凡古今字、異體字、俗體字、通假字均保留原字，但更正後用正確的字替換，幷參照《簡化字 繁體字 選用字異體字對照表》[①]的標準標示。

五、《雷氏族譜》中明顯之訛、脫、衍、倒字，確有實據者，則予以改正，並出校說明。

六、《雷氏族譜》中人名、地名的避諱字不作改動，但凡字跡混同的人名、地名有明顯錯誤則予以改正。凡不明確的字及其涵義均予以注釋。

七、《雷氏族譜》中凡重要人名、地名均予以首次出校、釋名，此後則一

---

① 王自強編，劉如水校：《簡化字 繁體字 選用字 異體字對照表》，上海辭書出版社1999年4月版。

律省略。校、釋重要的人名與地名及其變遷，旨在由此洞見樣式雷世家隨隅而變遷的歷史軌迹。

八、《雷氏族譜》中，凡缺、漏字用□表示；無法辨識處用■表示；編纂或抄寫出現的錯字用【】更正；異體字用{ }表示；同時對原文中說明性文字均括在（）之內顯示。

九、《雷氏族譜》中，凡《說文解字》[①]、《康熙字典》[②]、《辭海》[③]、《古代漢語》[④]、《古漢語常用字字典》[⑤]、《現代漢語規範字典》[⑥]、《現代漢語詞典》[⑦]等權威辭書以及電腦偏難字符集成表中查找不出的偏難字、異體字，或能查找得出，但電腦打印無法顯示的偏難字、異體字，則用電腦造字法照原型造字，或在紙質文稿上手寫，以保持原樣，同時對其中明顯的錯別字予以糾正、更改。諸如：

"奠"、"亢"、"起"、"趑"、"棋"、"俎"、"禖"、"九"、"甂"、"輔"、"伕"、"岺"、"霣"、"瀇"、"鼋"、"霸"、"趄"、"牵"、"幹"、"機"、"聰"、"晚"、"綂"、"琪"、"鴙"、"至"、"鐏"、"跙"、"汉"、"璜"、"驥"、"璘"、"凳"、"起"、"㥦"、"鵬"、"煦"、"跣"、"塊"、"熏"、"血"、"圿"、"趣"、"臺"、"蕧"、"舌"、"徇"、"就"、"十"、"収"等等。

十、《雷氏族譜》中，凡不明確的字、詞、句以及人名、地名，均予以考訂、校釋。

---

① （清）段玉裁撰：《說文解字注》，江蘇廣陵古籍刻印社1998年6月版。

② 漢語大詞典編纂處整理：《康熙字典》標點整理本，漢語大詞典出版社2002年6月版。

③ 辭海編輯委員會編：《辭海》，上海辭書出版社1980年8月版。

④ 王力主編：《古代漢語》（1—4冊），中華書局1983年1月版。

⑤ 古漢語常用字字典編寫組：《古漢語常用字字典》，商務印書館1983年7月版。

⑥ 李行健主編：《現代漢語規範字典》，語文出版社1998年1月版。

⑦ 中國社會科學院語言語言研究所詞典編輯室編：《現代漢語詞典》修訂本，商務印書館2001年9月版。

目　　錄

壹、雷氏族譜

雷氏大成宗族總譜　卷壹

重修雷氏族譜舊序

　　親親之義，由來舊【久】矣。昔者，周公制禮，小忿不廢懿親，宗盟不先異姓。凡所以聯本支之誼而綿家世之澤也。夫萬物本夫天，人本夫祖考。故人道莫大於尊祖，尊祖莫先於敬宗，敬宗莫要於睦族。所慮者，支分派遠，不知溯木本水源，遂有途人一脉之傷。有志者從而修明之，無慮此也。建邑雷氏，巨族也。余蒞{涖}兹三載，都人士罔不遍識。而在市有獻吉，字開乾者，本公守法、修身、齊家之不苟。居鄉有孟春，字萬新者，篤志芸窓【窗】，誦詩讀書之不輟。至若章卿、武鳳、耀明等，雖不得爲俊秀之儒，亦可謂當時之豪傑也。此數人者，余甚心焉慕之。今修家乘，其先世顯宦，得珥筆焉。溯雷氏受姓之後，子孫始居馮翊[1]，厥後散處江湖，以雷爲氏。秦漢以來，裂而復合，選姓者，未有不以雷爲最也。放[2]漢時侍御史義公，至晉時爲豐城[3]令之煥公，而江右[4]名門，誰能出其外焉。如德驤公[5]爲戶部侍郎，德遜公爲諫議大夫，與夫

---

[1]　馮翊即馮翊郡。漢武帝太初元年（公元前104年）設置"左馮翊"行政區，與"右扶風"、"京兆尹"，合稱"就畿三輔"。三國魏以左馮翊改置，治臨晉縣（今陝西省大荔縣），屬雍州，轄境約當今陝西省韓城市、黃龍縣以南，白水、蒲城等縣以東和渭河以北地區。北魏移治高陸縣（今陝西省高陵縣），北周時廢棄。隋大業及唐天寶、至德時改同州爲馮翊郡。雷氏開基始祖即爲西晉雷煥之族後裔，馮翊郡成爲雷氏郡望。據《中國古今地名大詞典》第952頁，上海辭書出版社2005年7月版。

[2]　"放"，"至"的意思。《孟子·梁惠王下》："吾欲觀于轉附朝儛，遵海而南，放于琅邪。"

[3]　豐城，西晉太康元年（公元280年）改富城縣置，屬豫章郡。唐代屬洪州，南宋屬隆興府，元代升爲富州。明洪武二年（公元1369年）復降爲豐城縣。明、清屬南昌府。現爲江西省豐城市。據《中國古今地名大詞典》第328頁，上海辭書出版社2005年7月版。

[4]　江右，即江西是也，以區別江左之浙江、江蘇。

[5]　雷德驤（公元918—992年），北宋同州郃陽（今陝西合陽）人，字善行，後周廣順進士。宋初，任殿中御史，改屯田員外郎、判大理寺。開寶元年（公元968年），因不滿郃會宰相趙普被貶爲商州司戶參軍，複削籍徙靈武。開寶六年（公元974年），其子雷有終（益州兼川陝兩路招安捉賊使）擊登聞鼓申訴，招聘出鎮河，陽即被召回，官戶部侍郎、同知京朝官考課。據《中國人名大辭典·歷史人物卷》第624頁，上海辭書出版社1990年2月版。

為臣相之孝友，由進士任真定府①推之起龍，禮部金印之鳴春，保昌縣②尹之洪公者，俱雷氏歷代之名宦也，餘不必贅。第其舊乘，自明洪武三年（公元1371年）修集以後，殘缺失次者有年矣。今雷氏數人，慨然念祖聿修，居他域者遠不及序，就近纂修支譜，以為睦族聯宗之誼。是誠水源木本之思、親親之大義也。將見瓜瓞綿衍，甲第聯輝，所以光前裕後者，寧有艾耶？余蒞{涖}建三載，嫻其家世人士，因珥筆而為之序。

敕授文林郎知建昌縣事林膺颺拜撰。

時{峕}皇清雍正五年（公元1728年）季春月　穀旦

重修雷氏族譜舊序

天地闢而萬物生，萬物生而人民眾，人民眾而姓氏分。此古昔帝王所以建三極之道、端風化之源，為萬世厚人倫、崇恩愛、遠禽獸、別婚姻而已。俾生相愛、死相哀，而奠後世有道之玄孫者頓思其先人矣。慨自三代而下，澆風日熾，太樸莫還。士人爭尚閥閱，嫁娶必多娉財。王侯降同編戶，嗣後反玷家聲。玉石俱焚，冠裳倒置。此譜牒所由而作也。創始於大唐，重修在後裔。我得緝而修之，所載者，俱忠孝慈愛。若狼貪狐媚之不載，用以正明【名】分於當時，示勸懲於來世。仰視木天圖書之府、汗牛充棟之繁，人品孰有出其右者？雖不能方其萬一，亦足為家族激揚之一助也。

大明洪武三年（公元1371年），耳孫守承謹譔{【撰】}。

重修雷氏家譜舊序

夫譜者，何為而作也？敦愛敬，重倫理，明昭穆，別親疏【疏】，辨上下而已。蓋天地之間，木本有根，水本有源。人為萬物之靈，可無祖乎？此一修也。俾子孫各知其所自出，不忘乎本源之自來。清昭穆，載譜牒，為萬世子孫

---

① 真定府，五代唐改鎮州置，宋治真定縣（今河北省正定縣），宋、金為河北西路治，元改為真定路。明洪武初真定府，清雍正元年（公元1723年）改為正定府。據《中國古今地名大詞典》第2375頁，上海辭書出版社2005年7月版。

② 保昌縣，北宋天聖初避仁宗諱，改滇昌縣置，治今廣東省南雄市，歷為南雄州、南雄路、南雄府治。清嘉慶十一年（公元1806年）省入南雄州。據《中國古今地名大詞典》第2212頁，上海辭書出版社2005年7月版。

得以知某忠、某孝、某德、某賢，有所觀感而興起。"頑夫廉，懦【懦】夫 有 立志。"①而不但此也，深願為人子者，當念父功之刻苦；為人孫者，當念祖德之勤勞。有此孝子賢孫，方爲世家望族矣。夫世家望族，莫不有譜，亦莫不溯其流而窮其源。從流以溯源，亦即從源以治流耳。若我祖自萬雷公受氏以來，奕葉相傳，祖祖宗宗，莫不溯其流、徇【循】其源而歸於一本也。故支分派衍，葉葉相承，洵可爲世家望族矣。惟願後之賢孝，倡義續修。俾愛敬、敦睦、孝弟、齒讓之風，油然而興。是以爲家乘光可矣。

　　　　耳孫守道謹撰。

北山雷氏重修譜序

　　乾隆二十一年（公元1757年）秋，九月朔，太姻②翁雷尋樂修大成總譜，中心悅懌，妥爲表彰之。曰："祖宗者，乃子孫之根源；子孫者，乃祖宗之支流。此太極一本萬殊，萬殊一本者也。顧③或有視祖宗若荒遠，目支流如秦越，而且卑踰{逾}尊，踈【疏】逾戚，甚至碔砆④亂玉、異姓混宗。無他焉，牒譜未修故也。"太姻翁年登七十，猶親赴洪都⑤，急急於家乘，殆欲明人倫，以振綱常、以肅家法，大有功於名教者也。大宗以清其源，小宗以清其流。源流既清，則父兄為之倡率，子弟為之信從。賢知固無論已，即愚與不肖，亦知家綱難倒，家法當遵，莫不率由於尊尊親親之中、和支睦族之內，又何至有犯上作亂之失乎？行見遠祖遠宗，千支萬派，猶如一家父子，殆所謂一本散爲萬殊，萬殊還歸一本者也。太姻翁本中國一人之槩，天下一家之懷，爲兆於譜牒之中。其事功之弘遠，上下與天地同流，豈曰小補之哉！是則可表也已矣。

　　賜進士出身、特簡廣信府教諭、候選文林郎、年家眷世姪呂名炯顯文氏

---

① 《孟子·萬章章句下》："故聞伯夷之風者，頑夫廉，懦夫有立志。""玩者，無知覺；廉者，有分辨。"見（宋）朱熹《四書集注》第450頁，岳麓書社出版社1987年6月版。
② "姻"同"姻"。在後面的文字裡出現"姻"同"姻"不分的情況不再解釋。
③ "顧"，"但"的意思。蘇軾《後赤壁賦》："有客無酒，有酒無肴，月白風清，如此良宵何？今者薄暮，舉網得魚，巨口細鱗，狀似松江之鱸，顧安所得酒乎？"。
④ "碔砆"同"斌玞"，意思是指像玉的石塊。見《現代漢語詞典》第1337頁，商務印書館2001年9月版。
⑤ 洪都，江西省舊南昌之別稱。因隋、唐、宋三代南昌曾爲洪州治，又爲東南都會而得名。唐王勃《滕王閣序》曰："南昌故郡，洪都新府。"元至正二十二年（公元1362年）朱元璋置洪州府，次年更名南昌府。據《中國古今地名大詞典》第2266頁，上海辭書出版社2005年7月版。

拜撰。

雷翁伯達序

公，諱發通，伯達其字也。乃振朝公之長子，玉液公之孫，永亮公之曾孫，元進士起龍公之裔孫也。享春秋九十有一。孺人吳氏，享春秋八十有一。齊眉舉案，相敬如賓{賓}。福壽、多男之慶。吾邑中如翁者，蓋難乎再見、三見也。古【吾】姪裕仁，與翁三令嗣有襟誼焉。間嘗祭掃於朱坳之祖山，得躡其庭。見翁鶴髮童顏，善詩酒，愛賓客，好談往事。謂家祖元祐丞相燕公楠係所自出。果知雷氏為望族人歟。迄今老成凋謝，吾姪裕仁與翁皆相繼云亡。再欲重尋故道，與茲前輩人序述往事，安能起吾翁一笑談哉？茲聞尊家宗譜告成，重姪邑庠名雯者手抄其前後世係。因不揣固陋而序之，爰以致昔時賓主之雅云。

皇清乾隆二十一年（公元1757年）文林郎、吏部觀政、癸酉科鄉進士、年姻眷教弟燕帥吉遙集氏頓首拜撰。

雷君鱗九記

瑰偉特絕之士，世難數覯。北山雷君鱗九，其流亞歟。得天獨厚，生而穎異。家學淵源，陶成純趣。名登太學，南北兩場。象賢奪標，不察而知。家乘巨典，從太媊翁，赴省重修。鳳毛濟美，堪推盛事。年雖少華，行同老成。流傳奕禩，高山仰止。是為記。

大清乾隆二十一年（公元1757年）丙子九月望日，蒲水癸酉科舉人、候選文林郎、年家眷教弟矗元烺拜撰。

尋樂公傳

傳奚而作也，公長子品三，品三長子聲淋，予長女婿也。親炙公之行述事功，可表於當時，可傳於後世。童稚講學家塾，康熙戊子，潛修白鹿書院①四載。時太守劉名涵兼理主講，評其文曰："秀骨天成"。己丑，太守許試拔冠軍，評曰："英思妙緒，暢然於行墨之間"。庚寅，主講翰林歐陽名齊評曰：

---

① 白鹿書院，即中國四大書院之一江西省九江市廬山白鹿書院。其他三處書院爲岳麓書院（湖南善化岳麓山）、嵩陽書院（河南登封）、應天書院（河南商丘）。

"踞匡廬①之盛，响彭蠡②之波，吾欲遇之於青山流水之外"。辛卯，西江學院冀名霖拔儒學道元，評曰："筆如簾泉，布岩而下者三十餘派，其味為海昏第一。梓行於世，無愧大家"。兩{両}科未第，淡功名而紛家計貨殖，序可考也。家嚴謝凡，公甫十餘。慈幃承歡，七十零一。沒時不舍，柩停在堂二十載。葬時不忍，柩前伴宿經七夕。齋醮一宗十餘日，盡心竭力而無餘。長兄聚首六十一，沒時盡哀如喪父。應接祗期盡心，交朋矢志無二。用情有節文，遇事無適莫。處己不污，立志不濁。伯君品三，儒業粗通。仲君大初，邑侯邱連場六試，評曰："機致清新，理解融徹，知為潛心讀書之士。覆卷亦佳。"惜天不假年而功未著。季君鱗九，年甫二六，名登天府。騰澠池而憤滄溟，正未可量。若夫玉粒森森，咸知盛德之致。太翁、太母，秉心塞淵。宵衣旰【肝】食，一生勤苦。家計豐隆，堂寢樓廳，連接二十有零。學舍另建，可容濟濟；鼎新祖廟，以妥先靈；捐資置田，以供祭祀。況復眉壽七十有三，親赴洪都，修大成總譜，尤屬千載奇勳。此其行述事功，揄揚不必，磨滅不可。予忝血戚，敢援筆直陳，堪與日月爭光，兩{両}大並{竝}永也已。 是為傳。

大清乾隆二十一年（公元1757年）九月，年家姻晚生永鄉前城淦良霄四昭氏拜撰。

雷氏重修譜序

嘗聞朝有信史，所以紀事；家有譜乘，所以誌係。其所載雖有不同，而徵信則一也。粵考吾族，自唐太宗詔修天下譜牒，雷氏首舉其事。爾時，族譜雖修，彰明較著，但朝幾更，世幾易，遞遷遞嬗，玉版金匱，未必完固而無傷。即至明太祖四年（公元1620年），雷氏義舉，族譜一修，昭穆已定。奈一毀於兵火，再蕩於干戈。傳至國朝，其所存者，大都斷簡殘篇，不過千百中之什一。雖欲徵信，何從考耶？雍正五年（公元1728年），予家伯父萬新與嚴君萬開者，撮其大略耶，修建邑支譜。今日者，幸逢家進士，諱躍龍，字祖劍。公掌修譜牒，集江西之全省，纂雷氏之大成，真所謂百代勝會、千秋奇逢者也。文龍雖寡聞渺見，亦踴躍從事。即涉山河、歷風塵，豈曰我獨賢勞？願領修家

---

① 匡廬，即江西省九江市之廬山。

② 彭蠡，古澤藪名，又名彭蠡澤，即今江西省鄱陽湖。《尚書·禹貢》揚州："彭蠡既瀦。"雍州："東匯澤為彭蠡。"據《中國古今地名大詞典》第2833頁，上海辭書出版社2005年7月版。

乘，以作百世之龜鑒云。是為序。

　　起龍公裔孫、建昌縣①灘溪支、邑增生文龍即文進從先氏謹序。

雷氏遷居金陵述

　　本支係江西南康府②建昌縣千秋崗分派。元延祐初，起龍公移居本縣新城鄉北山社上社堡地方③。公墓葬於北山歷有年矣。蓋因明末流寇四出，賦稅日重，人民離散，地土荒蕪。予祖振宙公、伯祖振聲公弃儒南來貿易，以應家之差役，遂暫居金陵④之石城⑤。國朝定鼎，縣經兵火，路當孔道，差徭百出，被累不堪。是以先君發宣公、先伯發宗公於康熙元年（公元1662年）正月奉祖母李、伯祖母郭、伯母鄒、堂伯發達公、發興公、發明公、發清公，俱南來暫避，計圖返棹。乙巳，父娶母氏，乃祥甫呂公次女，亦同縣巨族，地名百斛頭，呂亦避兵於金陵。至辛亥歲，正欲還鄉，不期冬月，先伯發宗公竟卒於南。祖父悲思故土，於乙卯春，率眷屬西還。值吳逆拒命於荊，阻居皖城⑥數載。不幸，己未夏五月，祖卒於皖。祖姚於次年五月亦卒於皖。時年大旱，艱苦非常。先君無力奔二柩歸鄉，合葬於安慶⑦北門外陳家庵之陽，立有碑記。父

---

① 建昌縣，東漢永元十六年（公元104年）分海昏縣置，治今江西省奉新縣西，屬豫章郡。《太平寰宇記》曰：「以其戶口昌盛，因以為名。」南朝宋元嘉二年（公元425年）移治今永修縣西北艾城。唐屬洪州。兩宋屬南康軍。元元貞元年（公元1295年）升為建昌州。明洪武（公元1368～1398年）初降為縣，屬南康府。清代因之，至1914年更名為永修縣。據《中國古今地名大詞典》第1989頁，上海辭書出版社2005年7月版。

② 南康府，原西寧府，元至正二十一年（公元1362年），朱元璋改為南康府，屬江西行省，至1912年弃用。據《中國古今地名大詞典》第2091頁，上海辭書出版社2005年7月版。

③ 即今江西省永修縣梅棠鎮新莊村雷家莊，位於縣城最北端，與德安縣交界，西、北、東三面環山，山清水秀。

④ 金陵，戰國楚邑。楚威王七年（公元前333年）置，在今江蘇省南京市清涼山，因金陵山（今南京市鐘山）得名，後人因作現南京市之別名，沿襲至今。據《中國古今地名大詞典》第1847頁，上海辭書出版社2005年7月版。

⑤ 石城，古石頭城簡稱，在現南京市清涼山。據《中國古今地名大詞典》第685頁，上海辭書出版社2005年7月版。

⑥ 皖城，唐武德五年（公元622年）置，治今安徽省潛山縣北皖水北岸，屬舒州。據《中國古今地名大詞典》第2892頁，上海辭書出版社2005年7月版。

⑦ 安慶，即安慶府。南宋慶元元年（公元1195年）升安慶軍，治懷寧縣（今安徽潛山縣）。景定元年（公元1260年）移治今安慶市，轄境相當于今安徽省岳西、桐城兩縣市以南，樅陽縣以西，長江以北地區。元至正二十一年（公元1361年），朱元璋改為寧江府，次年復為安慶府。清朝為安徽省治。1912年弃用。據《中國古今地名大詞典》第1293頁，上海辭書出版社2005年7月版。

經兩喪，囬鄉不果。癸亥冬，父以藝應募赴北，仍携眷屬復居石城。時伯祖父母、堂伯父母，俱卒於金陵，並葬於安德門石子崗之陽。諸堂兄弟候補於京師，予弟兄亦忝入於太學，皆祖父之庇訓。甲申冬，父返江寧，已抱老恙，每以不能囬鄉並祭掃先墓爲憾。謂予兄弟曰："予建昌世族，尚書公後，世代業儒。因遭兵火，流落江左數世矣。觀今之勢，量不能回，汝等異日當勉爲之。"言之不覺淚下。不幸，戊子春，先君竟弃予兄弟長遊【逝】。哀哉！痛心疾首，欲奔柩歸家，或奔於皖城。奈家口繁重，姻戚牽纏，未遂所願。只得卜地葬先人於江寧邑①小山之陽。壬辰春，堂叔發俸公來南，始抄祖譜大略攜來。丙申夏，堂叔騰蛟公復以譜稿見遺，始知祖居建昌已數百世矣，今居金陵，亦三世於茲。己亥春，予書其前由、述其始末，以俟後人知木本水源，亦有所宗焉。

時{嵗}康熙己亥春正月上元日，

裔孫金兆拜述，耳孫聲澤等敬書。

雷氏大成總譜，大派取《易》卦六十四卦輪序。自萬雷公②起至煥公③，凡六十四世，卦周復從煥公起一世，又首從乾卦，以次數，周再如前，周而復始。蓋生生不已，《易》道也，即人道也。其支派仍聽各支另取。

---

① 江寧邑，即江寧縣，西晉太康二年（公元281年）改臨江縣置。其縣名與歸屬歷經變化，唐代之後歷爲昇州、建康府、集慶路、應天府、江寧府治。現爲江蘇省南京市江寧區江寧鎮。據《中國古今地名大詞典》第1257頁，上海辭書出版社2005年7月版。

② 萬雷公，乃雷氏始祖，諱敩，號庖犧，臣仕黃帝佐相，輔助皇帝擒蚩尤有功，尤精通醫理，爲民棄疾，有《藥性炮製法》行世，功勳卓著。生子二，女一名節，配黃帝爲妃，因之而受封方山，亦稱方雷公。自西漢漢武帝分漢中三輔左號馮翊，後來嗣孫各擇其姓，有雷、方、廓三姓，均出自雷公，同爲共祖兄弟。《江西鄱陽雷氏族譜》、《廣東始興雷氏六修族譜》均記載："雷公，諱敩，號庖犧，俞跗舉公，察明堂，究脉息，踵成內經。"

又據《元和姓纂》、《通誌·氏族略》記載，方雷氏乃炎帝神農氏第九世孫，因戰功顯赫而被封於方山，建立諸侯國。其子孫以國名爲氏，爲複姓方雷氏，後又分爲兩支，一支爲方氏，一支爲雷氏。

③ 雷煥公（公元242—303年）爲雷公第六十四代，字孔章，西晉鄱陽小雷崗人，晉朝天文、氣象學家，爲江南雷氏第一始祖。晉元康八年（公元298年），雷煥與司空張華登樓見紫氣沖天，雷煥公曰此乃寶劍之精華，地點在江西省豐城縣，張華推薦雷煥任豐城縣第一任縣令。雷煥任職後把監獄蓋成糧倉時挖得斗"龍泉"、"太阿"寶劍，由此而改縣名爲"劍邑"。唐代詩人王勃《滕王閣序》中有"物華天寶，龍光射牛斗之墟"，即爲此而頌。雷煥公第十七代葉公任南昌郡丞，從陝西到豫章，因安史之亂與弟琚公隱居筠州永豐之里黨田（今江西省宜豐縣），其嗣孫煥公第二十一代謙公又自黨田遷徙建昌縣千秋崗（今江西省永修縣白槎鎮）。雷煥公第三十四代洪公由千秋崗遷居建昌北山，爲北山支祖，即現江西永修縣梅棠鎮新莊村雷家莊。

樣式雷第一代雷發達爲雷煥之子雷葉之後代，即雷煥第四十六世孫。

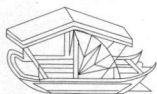

六十四卦歌

乾坤屯蒙需訟師	比小畜兮履泰否
同人大有謙豫隨	蠱臨觀兮噬嗑賁
剝復無妄大畜頤	大過坎離三十備
咸恒遯兮及大壯	晉與明夷家人睽
蹇解損益夬姤萃	升困井革鼎震繼
艮漸歸妹豐旅巽	兌渙節兮中孚至
小過既濟兼未濟	是為下經三十四

雷氏北山上房支譜世錄第四十六世

騰蛟公像

振像公之五子，諱發憤，字又蘇，號尋樂，邑庠生，庠名騰蛟公。康熙辛卯，科試道元騰蛟公。提督學院冀雨亭評曰："筆如簾泉，布岩而下者三十餘派，其味爲海昏①第一。"生於康熙二十三年甲子五月初四日亥時，歿，葬塘里草坪，立石羅圈。娶蒲邑②大西門張家灣邑增生周楫長女瑞貞，生於康熙丁丑年

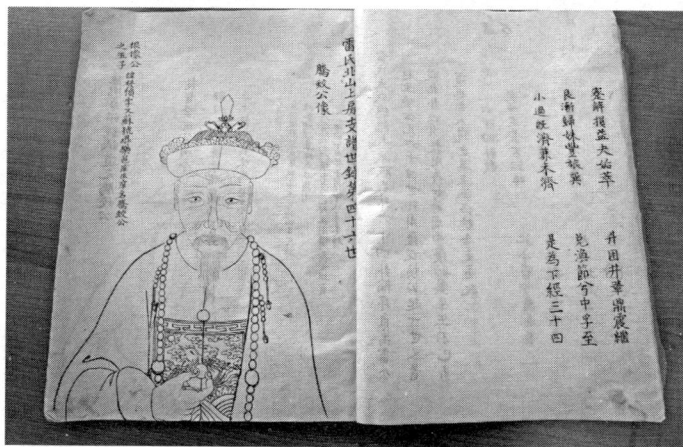

《雷氏族譜》載騰蛟公畫像

① 海昏，古地名。據《漢書地理志》，漢高帝時豫章郡轄海昏等區域，漢代之海昏包括今江西省永修縣、武寧縣、安義縣、靖安縣、奉新縣等。可見騰蛟公之文采魁首於當時比鄰的縣府文士之中。

② 蒲邑，即蒲縣。西周方國，現今山西省隰縣西北。《郡縣釋名·山西卷》曰："蒲子山在隰州東北五十里，世傳堯之師蒲衣子隱處，漢取以名縣。"據《中國古今地名大詞典》第2798—2798頁，上海辭書出版社2005年7月版。

五月二十八日未時。生三子，金詔、金誥、飛龍。

飛龍公像

　　騰蛟公之三子，諱飛龍，字鱗九，號如水，太學生。乾隆丙寅年，奉旨欽授貢元。飛龍公生於雍正甲寅年八月初六日辰時，歿於乾隆丁亥年又七月十六日辰時。娶蒲邑沙坪貢元郭萬業長女，生於雍正庚戌年臘月初一日申時，生二子，聲泮、聲宮。繼娶顧氏，生於乾隆癸亥年臘月二十七日申時，歿於乾隆戊子年五月二十三日戌時，夫婦俱葬閔住背，生二子，聲科、聲第。

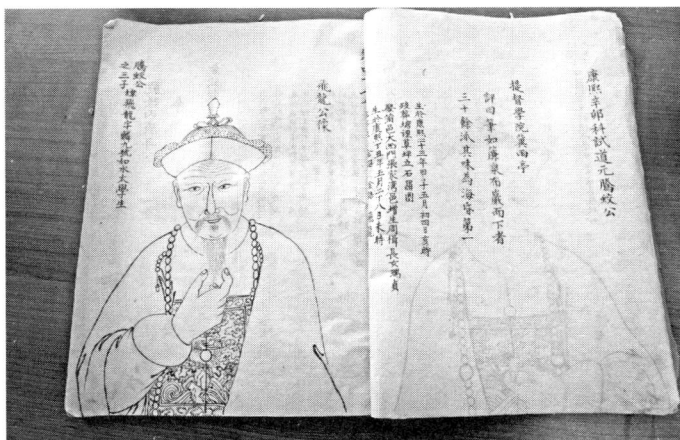

《雷氏族譜》載飛龍公畫像

雷氏大成總譜系圖卷之十一

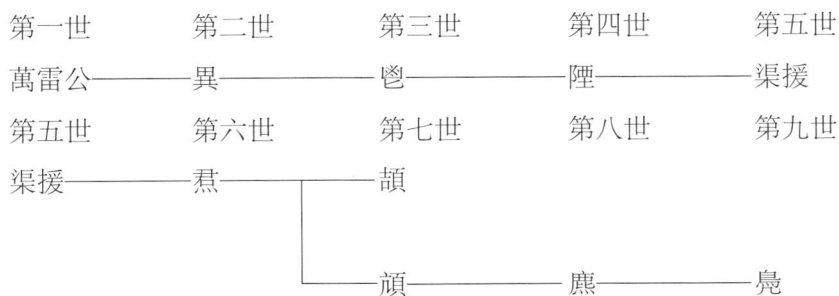

第一世	第二世	第三世	第四世	第五世
萬雷公————異————㘲————陞————渠援				

第五世	第六世	第七世	第八世	第九世
渠援————焄————頡				
		————頏————麃————髚		

第九世	第十世	第十一世	第十二世	第十三世
梟	瑀	公弁	孟雄	
			孟雌	
			孟華	禄夫
		公卉		

第十三世	第十四世	第十五世	第十六世	第十七世
禄夫	夢祥			
	夢禎	臺【臺】光	大德	龍駿

第十七世	第十八世	第十九世	第二十世	第二十一世
龍駿	長庚	蔀	翬	昂
			翟	

第二十一世	第二十二世	第二十三世	第二十四世	第二十五世
昂	閭	倡	元奇	驪
			震	聲
				甕
				輯
	開			

第二十五世	第二十六世	第二十七世	第二十八世	第二十九世
驪	健可			
	建可	鎧定	君求	仲紜
聲	艮	燁	自成	旺
			自達	
		炬		
		煬		
	坤	玿		

第二十九世	第三十世	第三十一世	第三十二世	第三十三世
仲紜	休	寅豪		
		申豪	龍【龐】渥	振
				雍

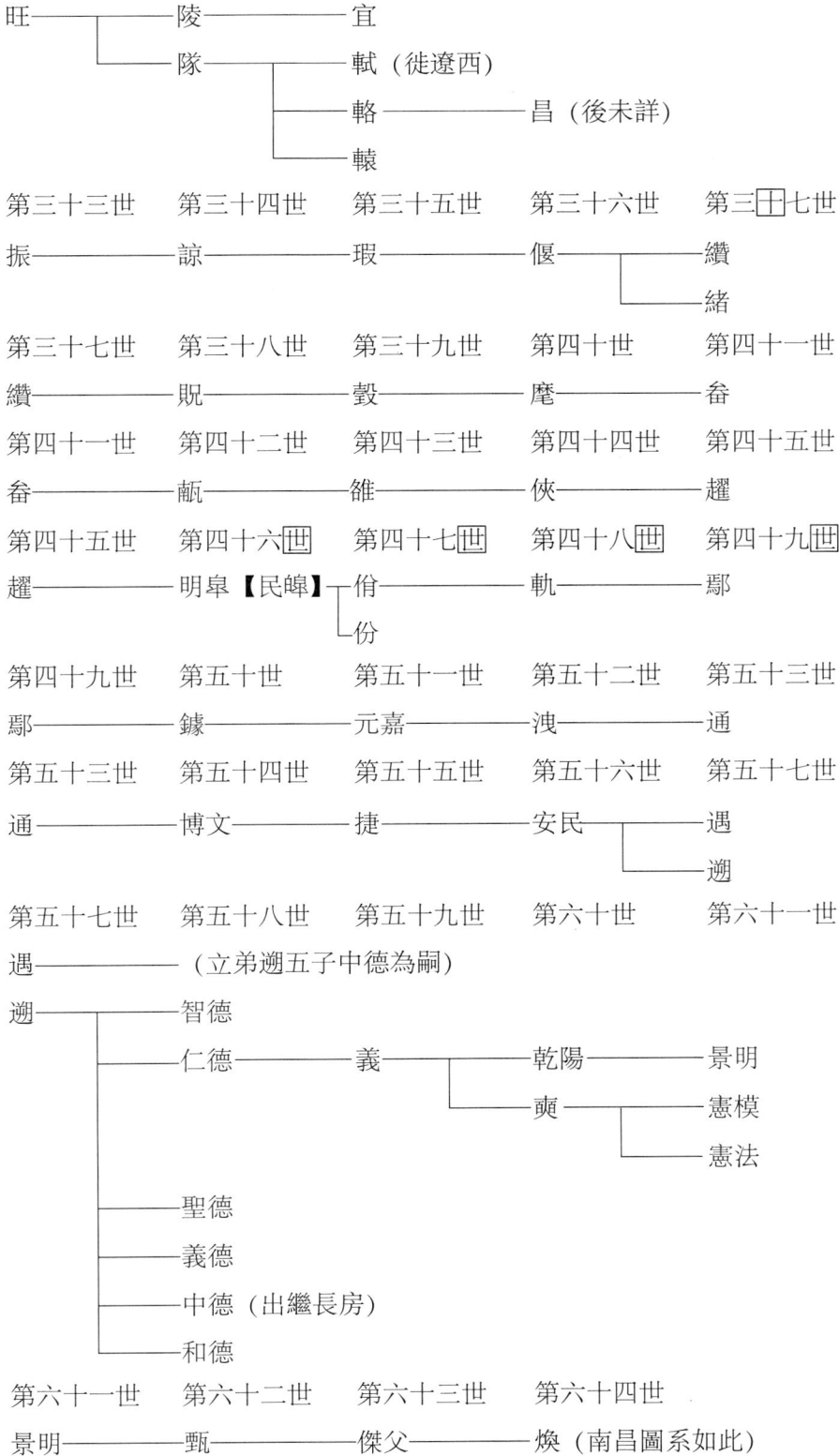

```
旺────────陵────────宜
         └──隊──────軋（徙遼西）
                 ├──輅──────昌（後未詳）
                 └──轅
```

第三十三世	第三十四世	第三十五世	第三十六世	第三囗七世

```
振────────諒────────瑕────────偏──┬──纘
                             └──緒
```

第三十七世	第三十八世	第三十九世	第四十世	第四十一世

```
纘────────覎────────縠────────麾────────畚
```

第四十一世	第四十二世	第四十三世	第四十四世	第四十五世

```
畚────────瓵────────雒────────俠────────趫
```

第四十五世	第四十六囗	第四十七囗	第四十八囗	第四十九囗

```
趫────────明皋【民皞】─┬──佾────────軌────────鄂
                  └──份
```

第四十九世	第五十世	第五十一世	第五十二世	第五十三世

```
鄂────────鐮────────元嘉────────洩────────通
```

第五十三世	第五十四世	第五十五世	第五十六世	第五十七世

```
通────────博文────────捷────────安民──┬──遇
                              └──遡
```

第五十七世	第五十八世	第五十九世	第六十世	第六十一世

```
遇────────（立弟遡五子中德為嗣）

遡──┬──智德
   ├──仁德────────義──┬──乾陽────────景明
   │               └──奭──┬──憲模
   │                     └──憲法
   │
   ├──聖德
   ├──義德
   ├──中德（出繼長房）
   └──和德
```

第六十一世	第六十二世	第六十三世	第六十四世

```
景明────────甄────────傑父────────煥（南昌圖系如此）
```

```
憲模 ─┬─ 祁（居小雷岡）
      │
      ├─ 郊 ──── 煥（鄱陽圖系如此）
      │
      └─ 邾（後未詳）
```

雷氏大成族譜系圖卷之十一

| 第一世 | 第二世 | 第三世 | 第四世 | 第五世 |

```
煥 ─┬─ 華（後詳彼卷）
    │
    └─ 葉 ─┬─ 執（後歸豫章）
           │
           └─ 典 ──── 錦 ─┬─ 澄
                          │
                          └─ 清
```

| 第五世 | 第六世 | 第七世 | 第八世 | 第九世 |

```
澄 ──── 柏齡（宦寓長安）

清 ─┬─ 松齡 ──── 守照 ──── 登城 ─┬─ 綿遠
    │                            │
    │                            └─ 繩遠
    │
    └─ 桂齡（宦居洛陽）
```

| 第九世 | 第十世 | 第十一世 | 第十二世 | 第十三世 |

```
綿遠 ─┬─ 珪
      │
      ├─ 璋
      │
      └─ 璧 ─┬─ 學詩 ─┬─ 忠 ──── 暘
             │        │
             │        └─ 廉（宦居閩中）
             │
             └─ 學禮 ─┬─ 孝 ──── 煦（詳鳳池塘）
                      │
                      └─ 節 ─┬─ 明
                             │
                             └─ 旰
```

| 第十三世 | 第十四世 | 第十五世 | 第十六世 | 第十七世 |

```
暘 ──── 承祐 ──── 紹先 ─┬─ 裕 ─┬─ 玭
                        │      │
                        │      └─ 琚（遷府州）
                        │
                        └─ 容
```

承祐

承祚

承祥

明————承福————遇春（未詳）

萬春（未詳）

承禄

旴————承祁

承裪

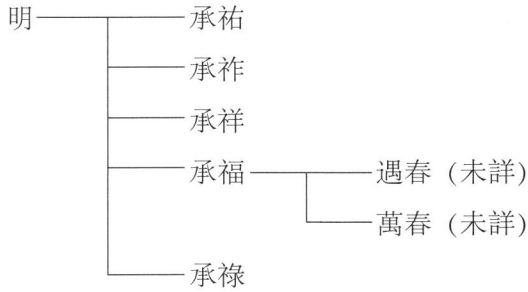

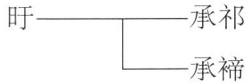

第十七世	第十八世	第十九世	第二十世	第二十一世
玭	登	賈	衡	謙

第二十一世	第二十二世	第二十三世	第二十四世	第二十五世

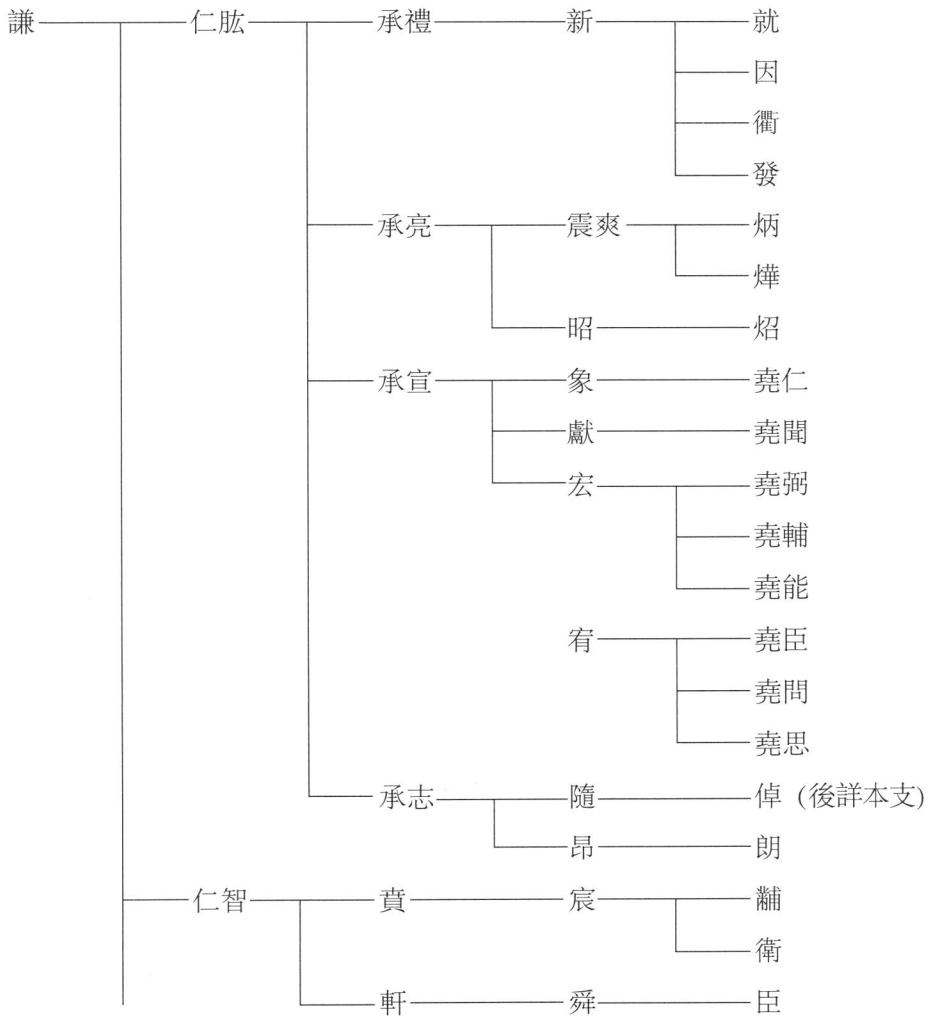

謙————仁肱————承禮————新————就

因

衢

發

承亮————震爽————炳

燁

昭————炤

承宣————象————堯仁

獻————堯聞

宏————堯弼

堯輔

堯能

宥————堯臣

堯問

堯思

承志————隨————倬（後詳本支）

昂————朗

仁智————賁————宸————黼

衛

軒————舜————臣

雷氏大成宗族總譜　卷壹

仁藹 ── 永 ┬ 昊 ┬ 筠
              │   └ 松
              └ 順 ┬ 岑【芩】
                    ├ 嵩
                    ├ 嶽【岳】
                    ├ 岱
                    ├ 雲興
                    └ 雲賢{贒}

仁壽 ── 達楚（詳建昌縣千秋崗支）

仁顯 ┬ 冕 ── 克義 ── 益（後詳本支）
      ├ 亶 ┬ 忠隱 ── 遵（後詳本支）
      │   └ 克已 ── 巡
      └ 澤 ── 克濟 ── 遬

仁翁 ── 況（居鹽湖）

仁彰 ── 承旭（居楊橋，後詳本支）

仁傑（徙居新喻）

第二十五世	第二十六世	第二十七世	第二十八世	第二十九世

就 ── 孚 ┬ 孝友 ┬ 洙 ┬ 樞
          │   │   ├ 楷
          │   │   └ 柄
          │   ├ 沂 ┬ 渠
          │   │   ├ 构（遷居上高）
          │   │   ├ 枅
          │   │   └ 槃
          │   └ 伯英 ┬ 恂
          │   └ 忱
          ├ 孝欽 ── 深 ┬ 棟
          │   └ 柱
          └ 孝勉（後詳鹽湖）

因 ──── 師湯 ──── 為善 ──── 忠恕（詳本支）
　　　　　　　　　　├── 忠厚
　　　　　　　　　　├── 忠彥 ──── 紹
　　　　　　　　　　│　　　　　├── 經
　　　　　　　　　　│　　　　　└── 統【統】
　　　　　　　　　　└── 忠良
　　　　　└── 為膏

衢 ──── 頤 ──── 如南 ──── 忠忱（後詳本支）
　　　　　　　　　　├── 忠文（後詳本支）
　　　　　　　　　　├── 忠武（後詳本支）
　　　　　　　　　　└── 忠德（後詳本支）
　　├── 暉 ──── 性安
　　└── 綱 ──── 如山（後詳本支）
　　　　　　└── 如圭（後詳本支）

發 ──── 震 ──── 極持
　　　　　　├── 極華
　　　　　　├── 極傑
　　　　　　└── 極爽
　　└── 雲 ──── 威（後未詳）

炳 ──── 解 ──── 常輝（兄弟，俱詳本支）
　　　　　　└── 天壽
　　├── 巽
　　└── 震

燁 ──── 極 ──── 持 ──── 茂亨（後未詳）
　　└── 傑 ──── 豐 ──── 庭佐 ──── 若宗（後詳本支）
　　　　　　└── 爽 ──── 庭揚 ──── 若川
　　　　　　　　　　　　　├── 若清
　　　　　　　　　　　　　└── 若谷
　　　　　　　　└── 庭實 ──── 革

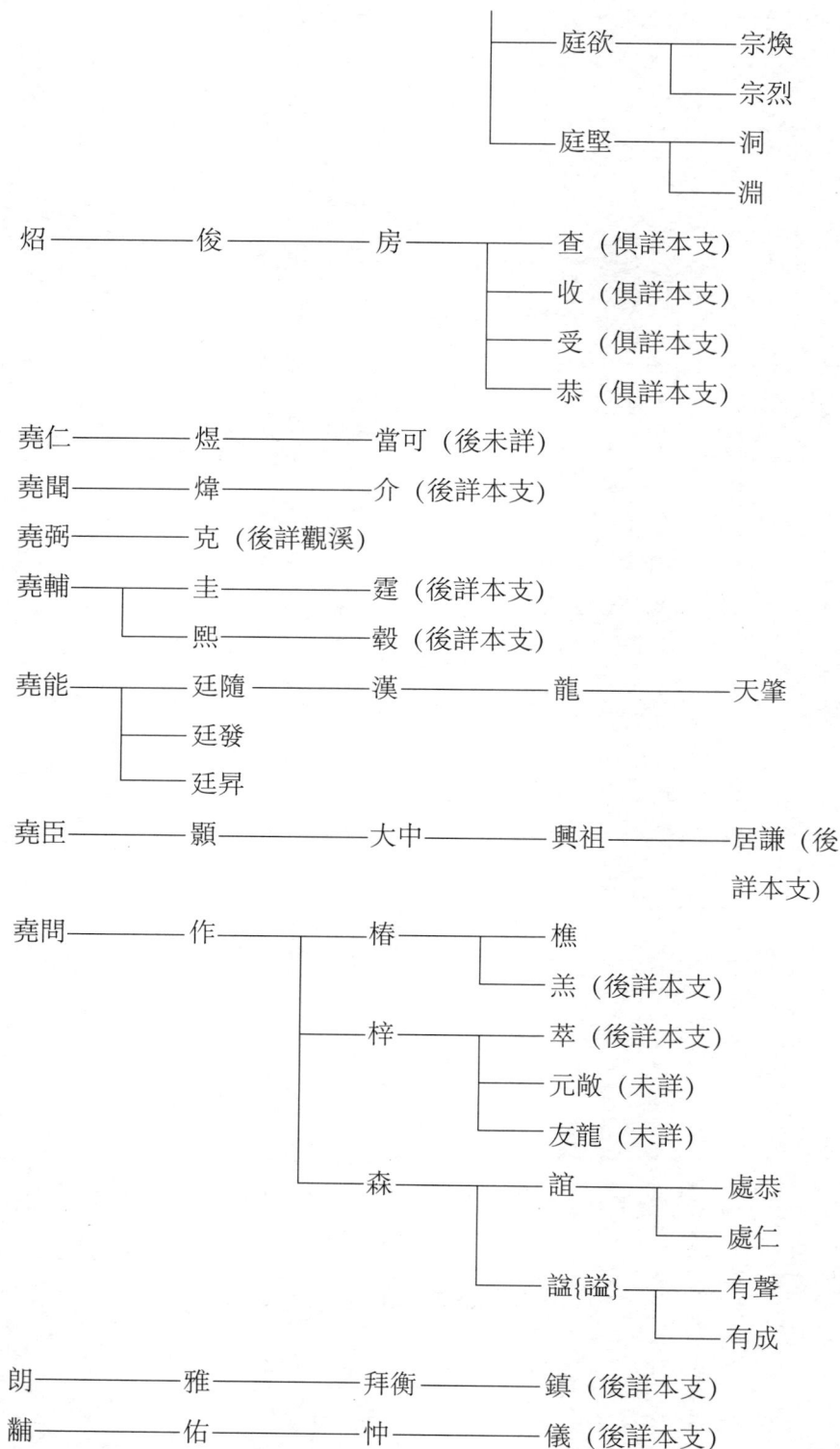

炤 ———— 俊 ———— 房

　庭欲 ———— 宗煥
　　　　　　 宗烈
　庭堅 ———— 洞
　　　　　　 淵

　查（俱詳本支）
　收（俱詳本支）
　受（俱詳本支）
　恭（俱詳本支）

堯仁 ———— 煜 ———— 當可（後未詳）
堯聞 ———— 煒 ———— 介（後詳本支）
堯弼 ———— 克（後詳觀溪）
堯輔 ———— 圭 ———— 霆（後詳本支）
　　　　　 熙 ———— 轂（後詳本支）
堯能 ———— 廷隨 ———— 漢 ———— 龍 ———— 天肇
　　　　　 廷發
　　　　　 廷昇
堯臣 ———— 顥 ———— 大中 ———— 興祖 ———— 居謙（後詳本支）

堯問 ———— 作 ———— 椿 ———— 樵
　　　　　　　　　　　　　　 羔（後詳本支）
　　　　　 梓 ———— 萃（後詳本支）
　　　　　　　　　 元敞（未詳）
　　　　　　　　　 友龍（未詳）
　　　　　 森 ———— 誼 ———— 處恭
　　　　　　　　　　　　　　 處仁
　　　　　　　　　 謚{謚} ———— 有聲
　　　　　　　　　　　　　　 有成

朗 ———— 雅 ———— 拜衡 ———— 鎮（後詳本支）
黼 ———— 佑 ———— 忡 ———— 儀（後詳本支）

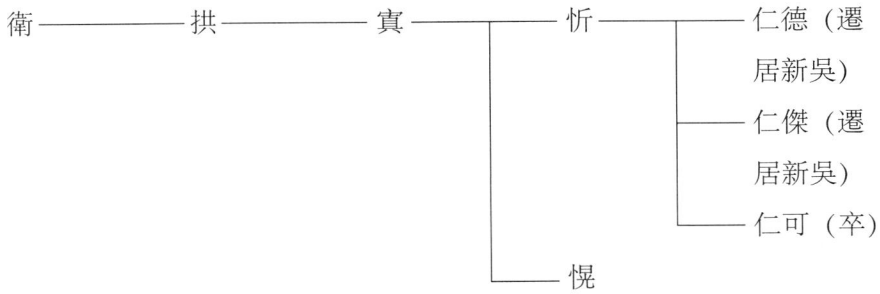

衛 ——— 拱 ——— 寘 ——┬—— 忻 ——┬— 仁德（遷居新吳）

├— 仁傑（遷居新吳）

└— 仁可（卒）

└—— 愰

臣 ——— 淳（後未詳）

筠 ——— 初 ——┬—— 義 ——┬— 有良 ——┬— 恢

│　　　　　　　└— 昕（後詳楊橋）

│　　　　└— 有交

└—— 羡 ——— 千三 ——┬— 八五（詳本支後）

└— 應角（後詳本支）

松 ——┬—— 祈 ——┬— 赴（後詳本支）

│　　├— 趨（後詳本支）

│　　├— 赳（後詳本支）

│　　└— 趄【趑】（後詳本支）

└—— 祚 ——┬— 起（後詳本支）

└— 越（後詳本支）

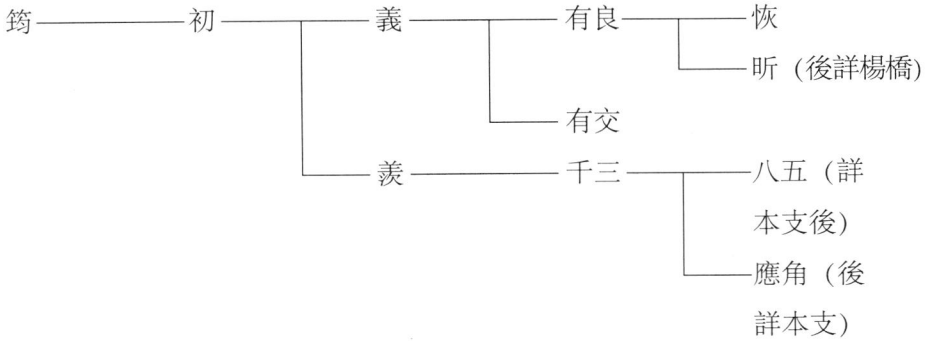

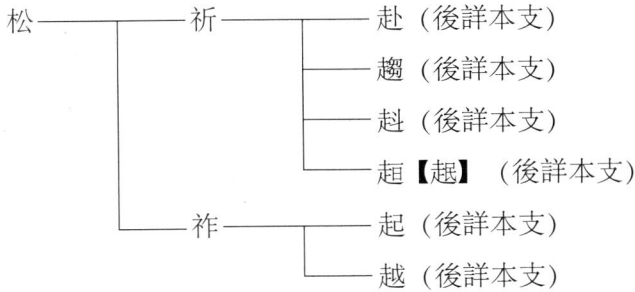

巡 ——— 念一（遷居新喻）

遨 ——— 念二（後詳馬嶺）

第二十九世	第三十世	第三十一世	第三十二世	第三十三世
柄 ———	煒 ———	垌 ——┬—	鍈（後詳新昌圳溪）	
		├—	均（後詳溪頭）	
		├—	塤 ——┬—	鑑（後詳施源）
			└—	鎮（後詳新昌施源）
		├—	埈（後詳本支）	
		└—	坤（後詳本支）	

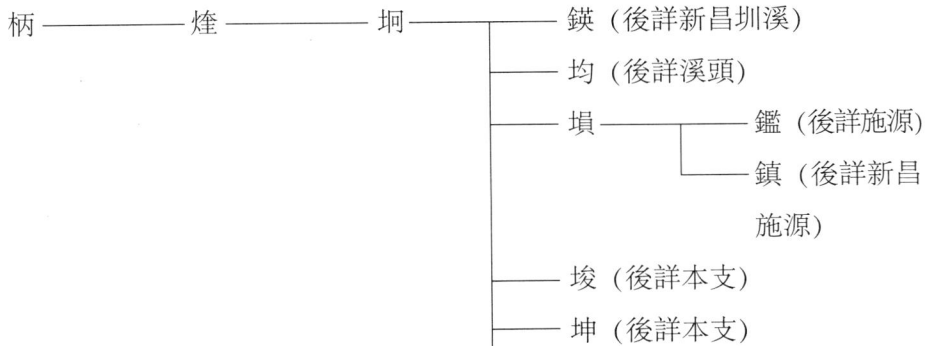

```
                                          ┌─ 鍵（後俱詳新東昌陂）
                                          ├─ 鎣（後俱詳新東昌陂）
                          ┌─ 坦 ──────────┼─ 銉（後俱詳新東昌陂）
                          │               ├─ 鍨（後俱詳新昌東陂）
                          │               └─ 性（後俱詳新昌東陂）
                          └─ 機

                                              ┌─ 鉦 ──┬─ 潭
            ┌─ 烜 ──┬─ 城 ──┤              │        ├─ 澤（諱潤）
            │       │       └─ 鐸          └─ 鐸    └─ 川
            │       └─ 型（後詳美里）
            │              ┌─ 堦（後詳美里）
            ├─ 炯 ─────────┼─ 圾（後詳美里）
 渠 ────────┤              └─ 坵（後詳美里）
            │              ┌─ 墉（後詳美里）
            ├─ 烘 ─────────┴─ 壤（後詳美里）
            │              ┌─ 填（後詳美里）
            └─ 炟 ─────────┴─ 塔（後詳美里）

                          ┌─ 基（居桃花鄉）
 枡 ──── 光 ──────────────┼─ 壵（遷居沙井）
                          ├─ 塤（贅霞山）
                          └─ 垣（遷居建昌縣）

                                      ┌─ 德周（俱遷居新
 窼 ──── 炯 ──── 洪孫 ──── 瓚 ────────┴─ 德立　建下鄉）
```

恂————智明————震武————義仲————明發
　　　　　　　　　　　　　　　　└—明復
　　　　　　　　　　　　└—鳴仲————明豫
　　　　　　　　　　　　　　　　├—明鎮
　　　　　　　　　　　　　　　　└—明奮
　　　　　　　　　　　　├—應仲（復居黨田）
　　　　　　　　　　　　└—文仲（徙居艮田）
　　　　　　　└—震威（居奉鄉）
　　　　　　　├—震詳【祥】（徙居平田）
　　　　　　　├—震衡（止）
　　　　　　　└—震雅（徙龍峰）
　　　└—秉明（未詳）

忱————簽（未詳）

棟————震烈————垠（後詳本支）

柱————熹（後詳本支）

洞————克明————若龍————登瑞————書九（徙居龍塘）
　　　　　　　├—季一
　　　　　　　└—季二
　　　├—克迅————元龍
　　　└—克遜————震龍

天肇————驎————大惠————震————盈六（遷嶺前）
　　　　　　　　　　　　　└—盈七（遷建昌）
　　　└—馴————九善————省二
　　　　　　　　　　　└—省三
　　　　　├—九河————均佐————時忠
　　　　　　　　　（居棗樹園）├—時傑
　　　　　　　　　　　　　　└—時泰（遷居寨下）
　　　　　└—九康————均佑（後未詳）

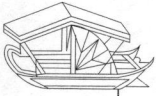

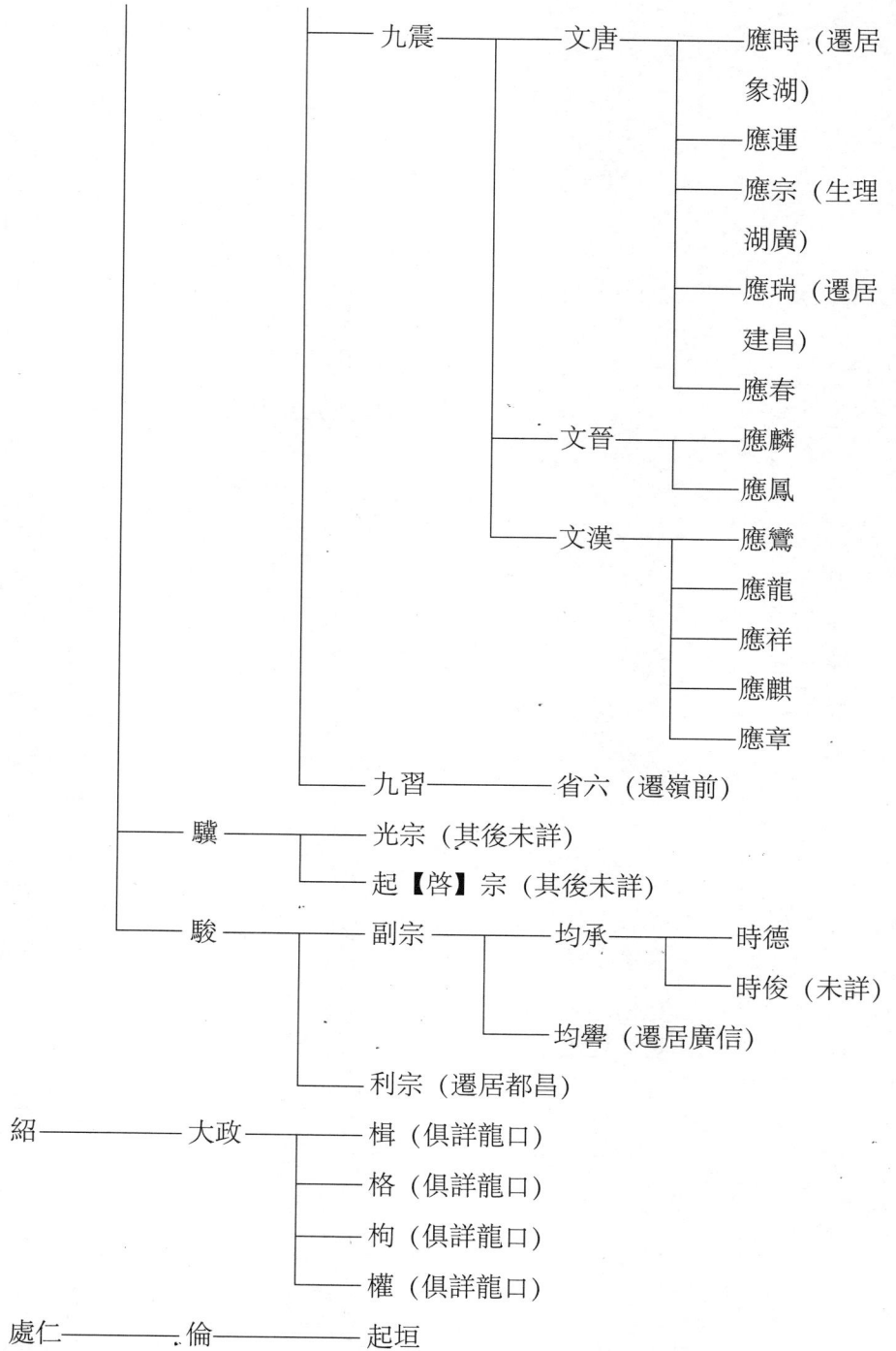

九震 ── 文唐 ── 應時（遷居象湖）

應運

應宗（生理湖廣）

應瑞（遷居建昌）

應春

文晉 ── 應麟

應鳳

文漢 ── 應鸞

應龍

應祥

應麒

應章

九習 ── 省六（遷嶺前）

驥 ── 光宗（其後未詳）

起【啓】宗（其後未詳）

駿 ── 副宗 ── 均承 ── 時德

時俊（未詳）

均譽（遷居廣信）

利宗（遷居都昌）

紹 ── 大政 ── 楫（俱詳龍口）

格（俱詳龍口）

枸（俱詳龍口）

權（俱詳龍口）

處仁 ── 倫 ── 起垣

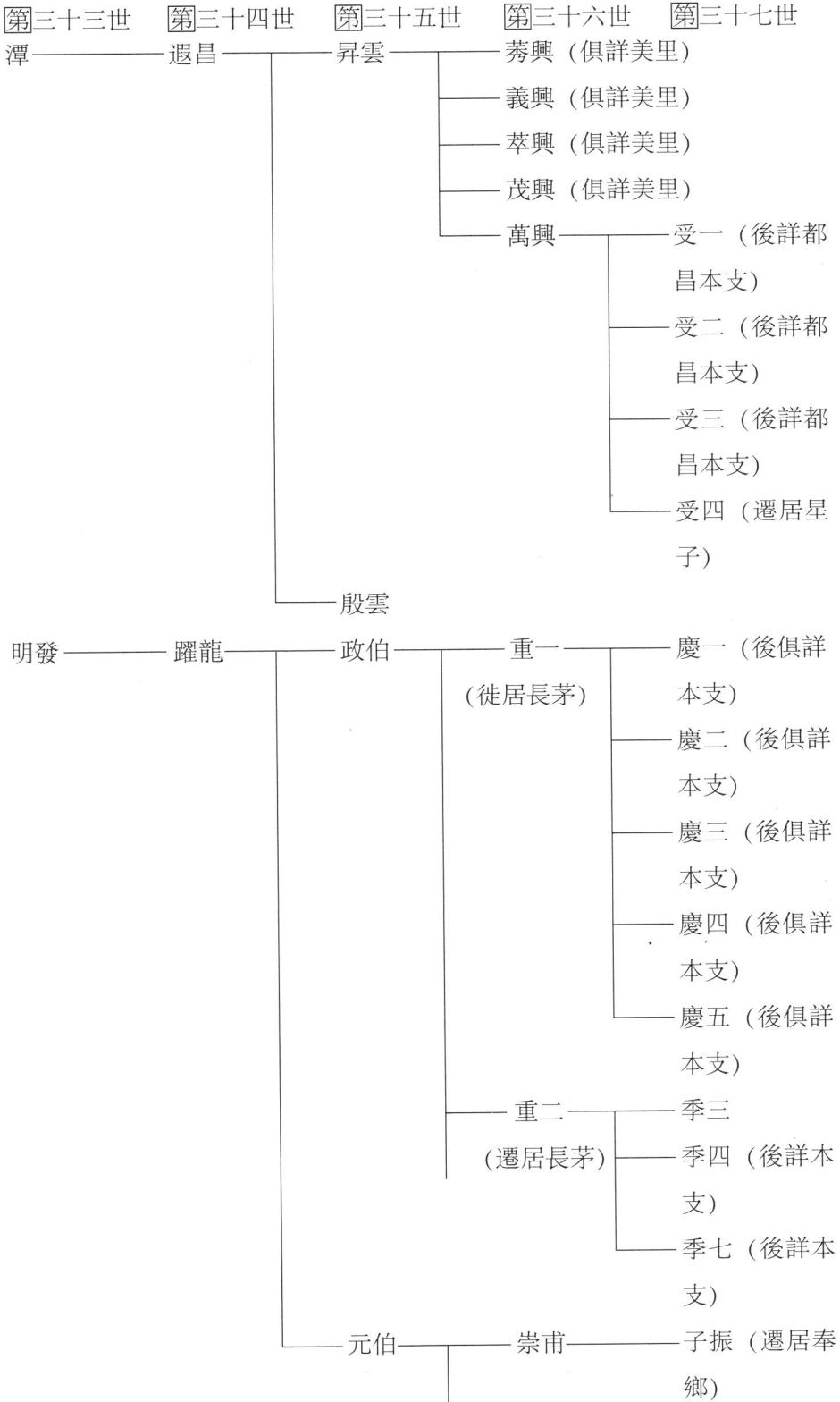

潭――――――遐昌――┬――昇雲――┬――莠興（俱詳美里）

　　　　　　　　　　　　　　　├――義興（俱詳美里）

　　　　　　　　　　　　　　　├――萃興（俱詳美里）

　　　　　　　　　　　　　　　├――茂興（俱詳美里）

　　　　　　　　　　　　　　　└――萬興――┬――受一（後詳都
　　　　　　　　　　　　　　　　　　　　　　　　昌本支）

　　　　　　　　　　　　　　　　　　　　　├――受二（後詳都
　　　　　　　　　　　　　　　　　　　　　　　　昌本支）

　　　　　　　　　　　　　　　　　　　　　├――受三（後詳都
　　　　　　　　　　　　　　　　　　　　　　　　昌本支）

　　　　　　　　　　　　　　　　　　　　　└――受四（遷居星
　　　　　　　　　　　　　　　　　　　　　　　　子）

　　　　　　　　　　└――殷雲

明發――――――躍龍――┬――政伯――┬――重一――┬――慶一（後俱詳
　　　　　　　　　　　　　　　　（徙居長茅）　　　　本支）

　　　　　　　　　　　　　　　　　　　　├――慶二（後俱詳
　　　　　　　　　　　　　　　　　　　　　　本支）

　　　　　　　　　　　　　　　　　　　　├――慶三（後俱詳
　　　　　　　　　　　　　　　　　　　　　　本支）

　　　　　　　　　　　　　　　　　　　　├――慶四（後俱詳
　　　　　　　　　　　　　　　　　　　　　　本支）

　　　　　　　　　　　　　　　　　　　　└――慶五（後俱詳
　　　　　　　　　　　　　　　　　　　　　　本支）

　　　　　　　　　　　　　├――重二――┬――季三
　　　　　　　　　　　　　　　（遷居長茅）

　　　　　　　　　　　　　　　　　　├――季四（後詳本
　　　　　　　　　　　　　　　　　　　　支）

　　　　　　　　　　　　　　　　　　└――季七（後詳本
　　　　　　　　　　　　　　　　　　　　支）

　　　　　　　　　　　　　└――元伯――――崇甫――――子振（遷居奉
　　　　　　　　　　　　　　　　　　　　　　　　鄉）

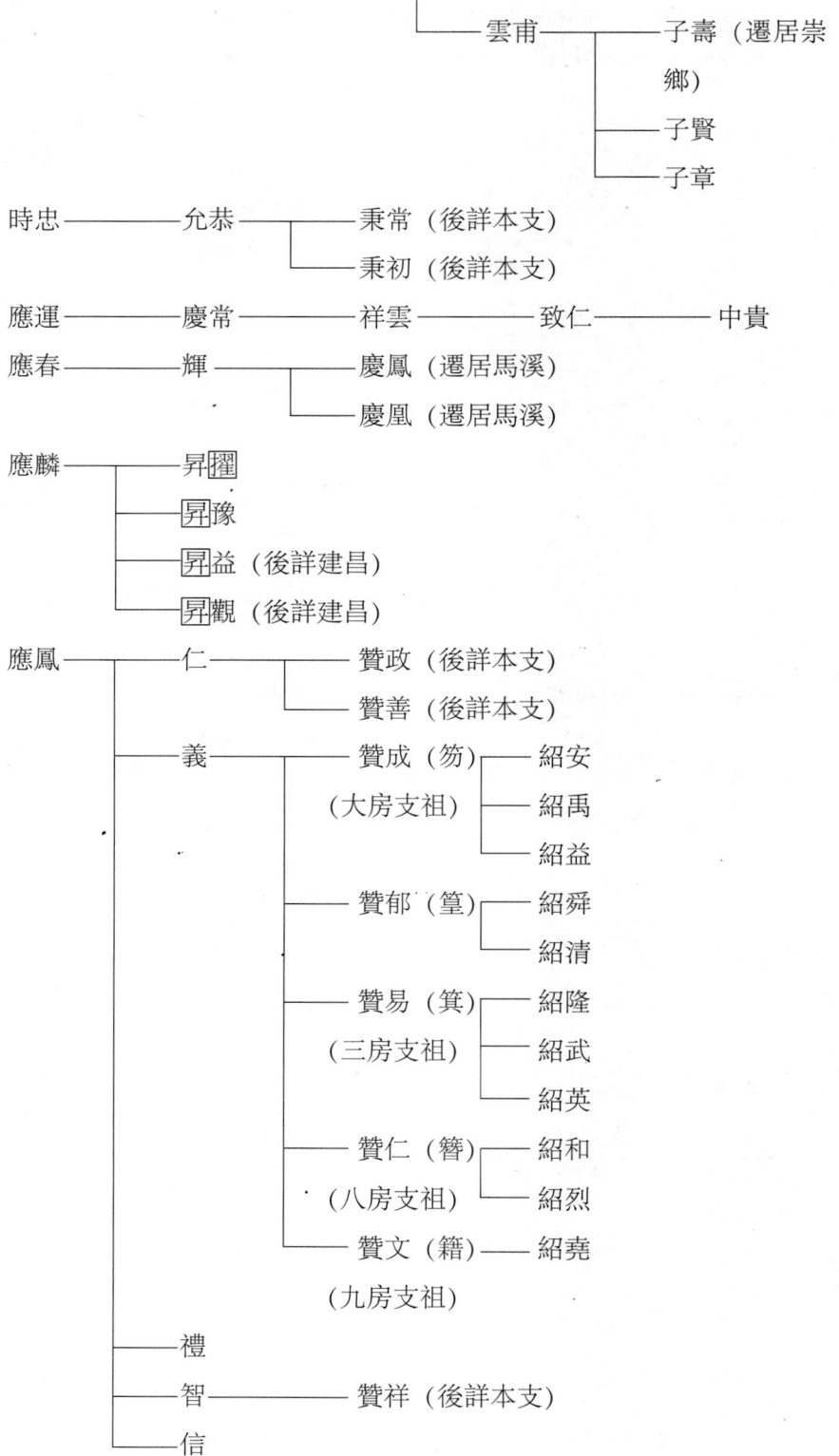

　　　　　　　　　　　　　　　雲甫───┬─子壽（遷居崇鄉）
　　　　　　　　　　　　　　　　　　├─子賢
　　　　　　　　　　　　　　　　　　└─子章

時忠───允恭───┬─秉常（後詳本支）
　　　　　　　　　└─秉初（後詳本支）

應運───慶常───祥雲───致仁───中貴

應春───輝───┬─慶鳳（遷居馬溪）
　　　　　　　└─慶凰（遷居馬溪）

應麟──┬─昇擢
　　　　├─昇豫
　　　　├─昇益（後詳建昌）
　　　　└─昇觀（後詳建昌）

應鳳──┬─仁───┬─贊政（後詳本支）
　　　　│　　　　└─贊善（後詳本支）
　　　　├─義──┬─贊成（笏）───┬─紹安
　　　　│　　　│（大房支祖）　　├─紹禹
　　　　│　　　│　　　　　　　　└─紹益
　　　　│　　　├─贊郁（篁）───┬─紹舜
　　　　│　　　│　　　　　　　　└─紹清
　　　　│　　　├─贊易（箕）───┬─紹隆
　　　　│　　　│（三房支祖）　　├─紹武
　　　　│　　　│　　　　　　　　└─紹英
　　　　│　　　├─贊仁（簪）───┬─紹和
　　　　│　　　│（八房支祖）　　└─紹烈
　　　　│　　　└─贊文（籍）───紹堯
　　　　│　　　　（九房支祖）
　　　　├─禮
　　　　├─智───贊祥（後詳本支）
　　　　└─信

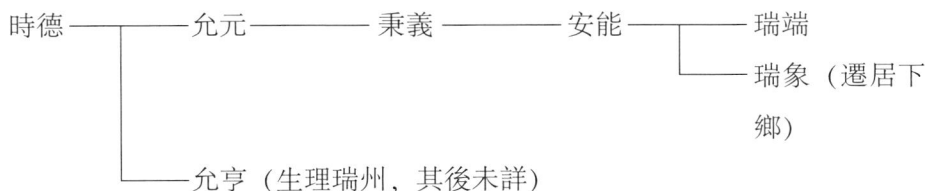

時德 ————— 允元 ————— 秉義 ————— 安能 ————— 瑞端

————— 瑞象（遷居下鄉）

————— 允亨（生理瑞州，其後未詳）

第三十七世	第三十八世	第三十九世	第四十世	第四十一世

受一 ————— 明三（後詳本支）

受二 ————— 禄堂（後詳本支）

受三 ————— 世賢{賛}（後詳本支）

子賢 ————— 尋芳 ————— 源演 ————— 自一 ————— 居乾（客外未詳）

————— 居坤（遷居茶田）

————— 居兑

————— 尋莘（殁）

子章 ————— 尋茂

中貴 ————— 和晴 ————— 信鄉（遷居厚田崗上）

————— 和映 ————— 思文（遷居桐岡【崗】）

瑞端 ————— 璧 ————— 以榮（後詳大房）

————— 奎 ————— 以誠（後詳二房）

————— 以富（後詳二房）

————— 以華（後詳二房）

————— 亢（後未詳）

————— 箕（後未詳）

————— 參（後未詳）

建昌千秋岡支譜總系圖

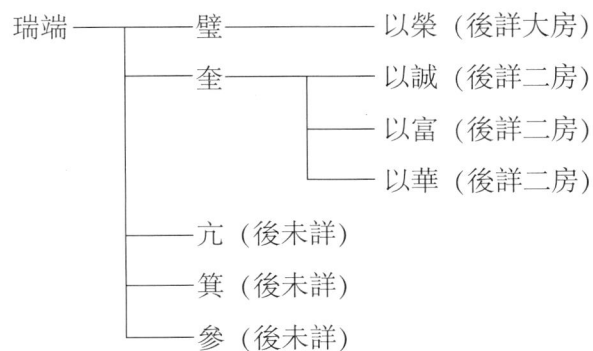

第二十二世	第二十三世	第二十四世	第二十五世	第二十六世

仁壽 ————— 達楚 ————— 申錫 ————— 植 ————— 度

（徙千秋岡）

第二十六世	第二十七世	第二十八世	第二十九世	第三十世

度 ————— 世 ————— 濼 ————— 瑚 ————— 安忠

第三十世　　　第三十一世　　　第三十二世　　　第三十三世　　　第三十四世

安忠──────思文──────震亨──────起龍──────洪(灘奚支)

　　　　　　　　　　　　　　　　　　　　　　　　　　　　　　溥（舍崗支）

　　　　　　　　　　　　　　　　　　　　　　　　　　　　　　源（驛南支）

　　　　　　　　　　　　　　　　　　　　叔霽（居馬溪）

第三十四世　　　第三十五世　　　第三十六世　　　第三十七世　　　第三十八世

洪──────善性（居北山上房之始）

　　　　　善政【正】

　　　　　善教

　　　　　善道──────宗輼──────文敬──────存玄

　　　　　（遷雷家巷）　　　　　　　　　　　　　　　存轟

　　　　　　　　　　　　　　　　　　　　　　　　　存智

　　　　　　　　　　　　　　　　　　　　　　　　　存昇

　　　　　　　　　　　　　　　　文行（遷軍山支）

　　　　　　　　　　　　　　　　文忠

　　　　　　　　　　　　　　　　文信（居在市）

　　　　　　　　　宗學──────文榜（居在市）

　　　　　善遜

第三十八世　　　第三十九世　　　第四十世　　　第四十一世　　　第四十二世

存玄──────時真──────仲貴（止）

存轟──────時革──────仲賢{贊}（止）

存智──────時新（遷在市三溪橋）

存昇──────時慶──────仲海（止）

　　　　　時英──────仲真

　　　　　（遷起周支）

　　　　　　　　　　　　仲宣

　　　　　　　　　　　　仲松

　　　　　　　　　　　　仲柏

　　　　　時榮──────仲秀──────玉美──────漢霓（止）

漢臣（止）
漢隱（止）
玉器　　鳴春
　　　　鳴夏
　　　　鳴冬
玉潔　　漢仕
　　　　漢相
　　　　漢佐
玉麟　　漢偉
　　　　漢元（遷居灘溪）

仲武　　玉印
仲寬
時寬

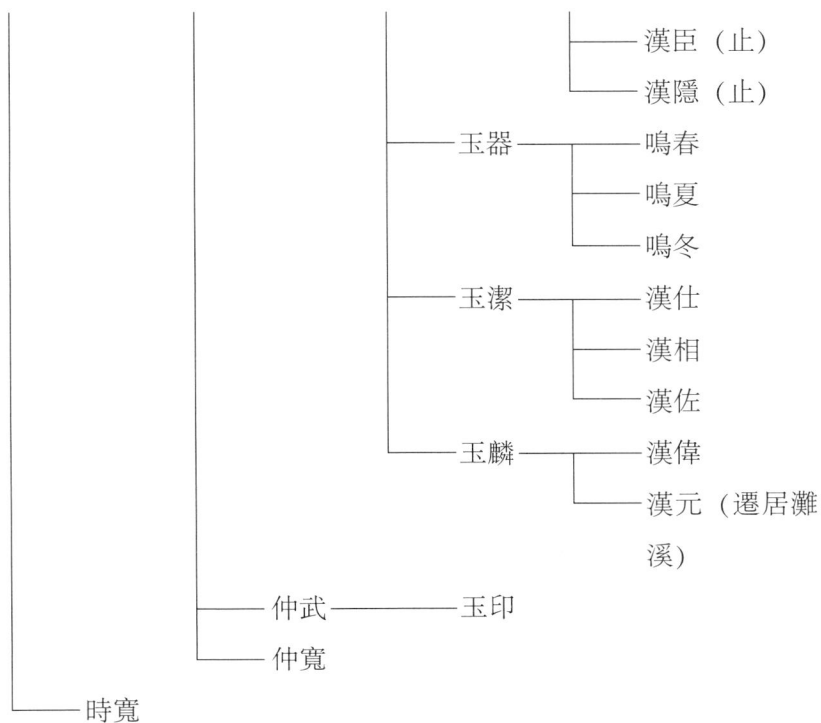

建昌縣灘溪支系圖

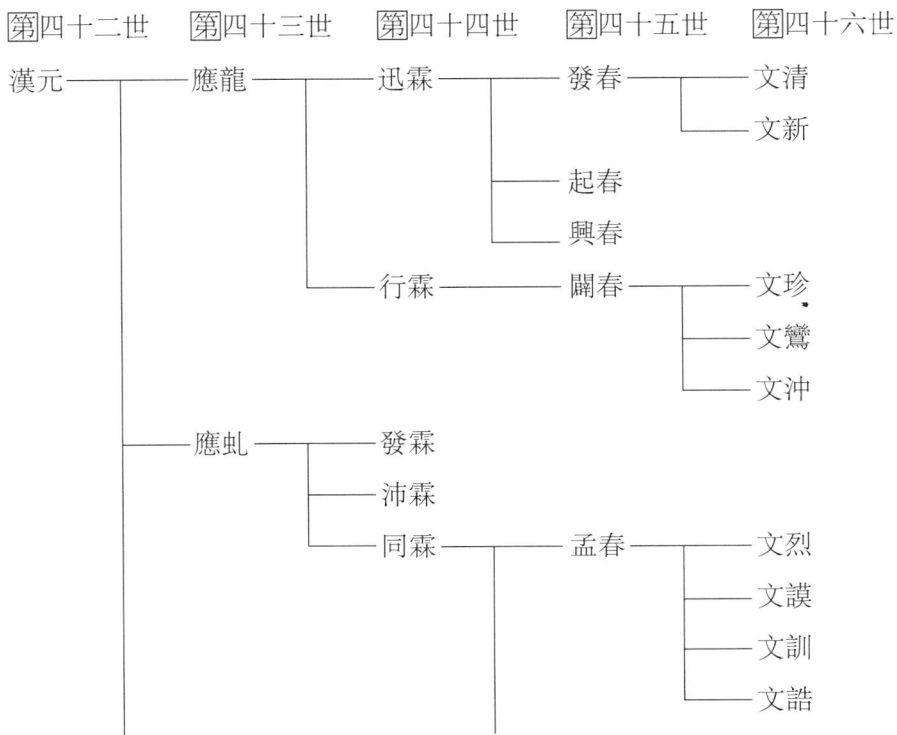

第四十二世	第四十三世	第四十四世	第四十五世	第四十六世
漢元	應龍	迅霖	發春	文清
				文新
			起春	
			興春	
		行霖	鬪春	文珍
				文鸞
				文沖
	應虬	發霖		
		沛霖		
		同霖	孟春	文烈
				文謨
				文訓
				文誥

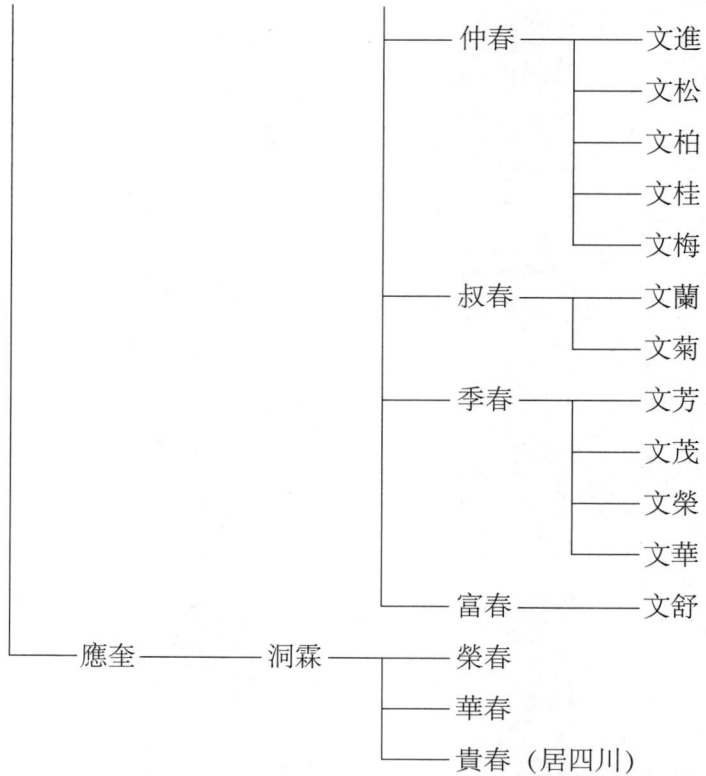

```
┌─ 仲春 ─┬─ 文進
│        ├─ 文松
│        ├─ 文柏
│        ├─ 文桂
│        └─ 文梅
├─ 叔春 ─┬─ 文蘭
│        └─ 文菊
├─ 季春 ─┬─ 文芳
│        ├─ 文茂
│        ├─ 文榮
│        └─ 文華
├─ 富春 ─── 文舒
```

應奎 ─── 洞霖 ┬─ 榮春
              ├─ 華春
              └─ 貴春（居四川）

第四十六世	第四十七世	第四十八世	第四十九世	第五十世

```
文清 ┬─ 章麒
     ├─ 章麟
     ├─ 章鳳
     └─ 章鵬【鵬】

文新 ─── 章馳

文鶯 ┬─ 章榮
     ├─ 章華
     ├─ 章富
     ├─ 章貴
     └─ 章金

文烈 ┬─ 章禮
     ├─ 章義
     └─ 章信
```

文謨 ─── 章聲
　　　── 章名
　　　── 章顯

文訓 ─── 章春
　　　── 章夏
　　　── 章秋
　　　── 章冬

文誥 ─── 章啟
　　　── 章發

文進 ─── 章時 ─── 繼詩
　　　── 章曜 ─── 繼書
　　　── 章暎 ─── 繼易
　　　── 章煦 ─── 繼禮

文松 ─── 章暐

文柏 ─── 章昭

文桂 ─── 章暎

文梅 ─── 章晞

文蘭 ─── 章孔

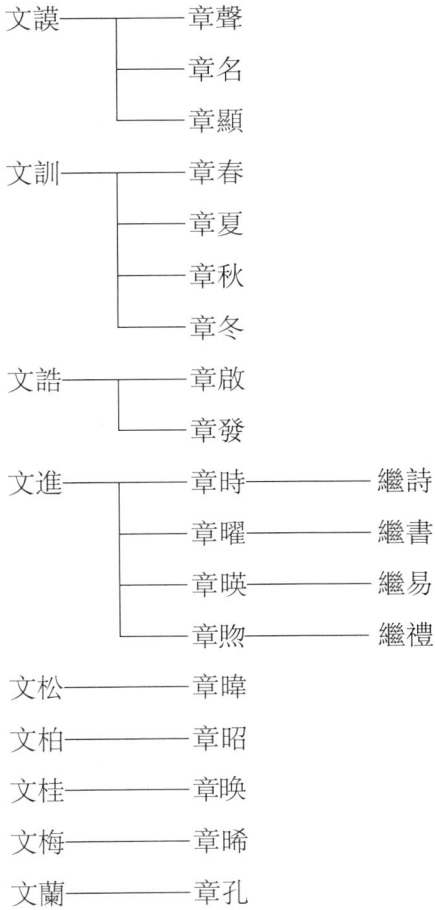

建昌縣北山前房支譜系圖

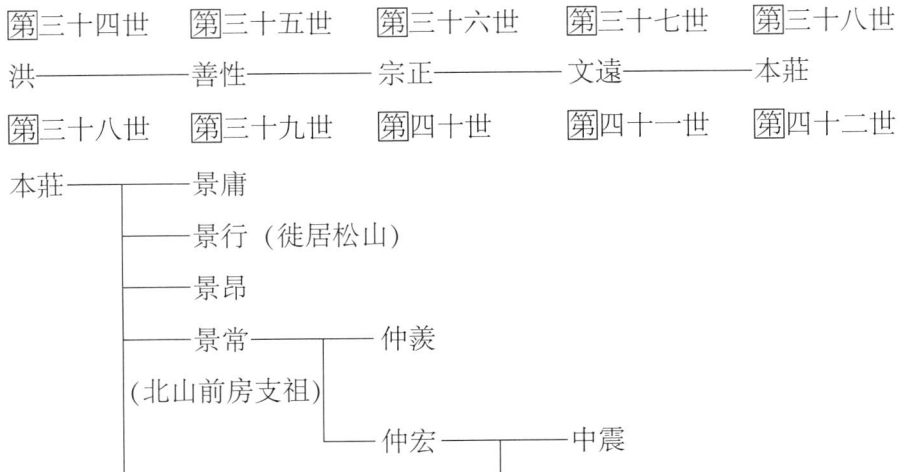

第三十四世	第三十五世	第三十六世	第三十七世	第三十八世
洪 ───	善性 ───	宗正 ───	文遠 ───	本莊

第三十八世	第三十九世	第四十世	第四十一世	第四十二世
本莊 ───	景庸			
	景行（徙居松山）			
	景昂			
	景常	仲羨		
	（北山前房支祖）			
		仲宏 ───	中震	

中霸 ── 正麟
　　　　 正鳳

中霄

中霽 ── 正隆

景昇（北山上房支祖）

第四十二世	第四十三世	第四十四世	第四十五世	第四十六世

正鳳 ── 永甫 ── 玉琮
　　　　　　　 玉玟

永嵩 ── 玉秀【琇】── 振聰 ── 發亮
　　　　 玉璉
　　　　 玉璋

永岳 ── 玉成（遷金陵）

正隆 ── 永亮 ── 玉潤 ── 振春 ── 發旺

玉表 ── 振化 ── 發瑞
　　　　　　　 發珉

振作 ── 發球
　　　　 發珂

振仁

玉液 ── 振朝 ── 發通
　　　　　　　 發進

振烈 ── 發豪
　　　　 發傑

振迅

玉興

永學 ── 玉海 ── 振明 ── 發元
　　　　　　　 振光 ── 發考

永裘

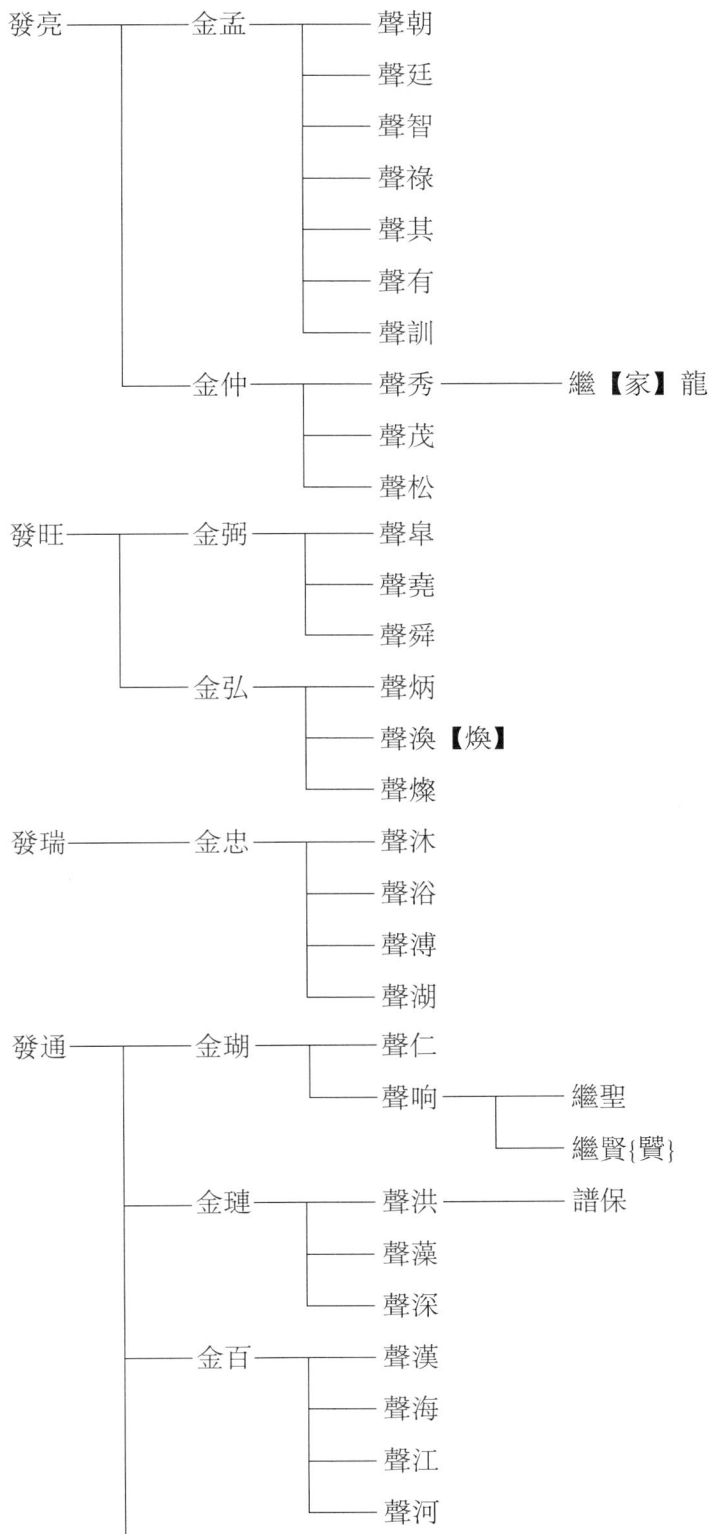

發亮──────金孟──────聲朝

　　　　　　　　　──聲廷

　　　　　　　　　──聲智

　　　　　　　　　──聲祿

　　　　　　　　　──聲其

　　　　　　　　　──聲有

　　　　　　　　　──聲訓

　　　　──金仲──────聲秀──────繼【家】龍

　　　　　　　　　──聲茂

　　　　　　　　　──聲松

發旺──────金弼──────聲皋

　　　　　　　　　──聲堯

　　　　　　　　　──聲舜

　　　　──金弘──────聲炳

　　　　　　　　　──聲渙【煥】

　　　　　　　　　──聲燦

發瑞──────金忠──────聲沐

　　　　　　　　　──聲浴

　　　　　　　　　──聲溥

　　　　　　　　　──聲湖

發通──────金瑚──────聲仁

　　　　　　　　　──聲响──────繼聖

　　　　　　　　　　　　　　──繼賢{贒}

　　　　──金璉──────聲洪──────譜保

　　　　　　　　　──聲藻

　　　　　　　　　──聲深

　　　　──金百──────聲漢

　　　　　　　　　──聲海

　　　　　　　　　──聲江

　　　　　　　　　──聲河

```
                              ┌── 聲潤
                              │
                  ┌── 金千 ───┼── 聲淮
                  │           │
                  │           ├── 聲濱
                  │           │
                  │           └── 聲汜
                  │
                  │           ┌── 聲浩 ─── 繼宗
                  │           │
                  └── 金萬 ───┼── 聲清
                              │
                              ├── 聲波
                              │
                              └── 聲浪

          ┌── 金壽
          │
發進 ──────┼── 金相
          │
          └── 金永

          ┌── 金升（天）
          │
發元 ──────┤           ┌── 聲達
          │           │
          └── 金燦 ───┼── 聲遂（天）
                      │
                      └── 聲週（天）
```

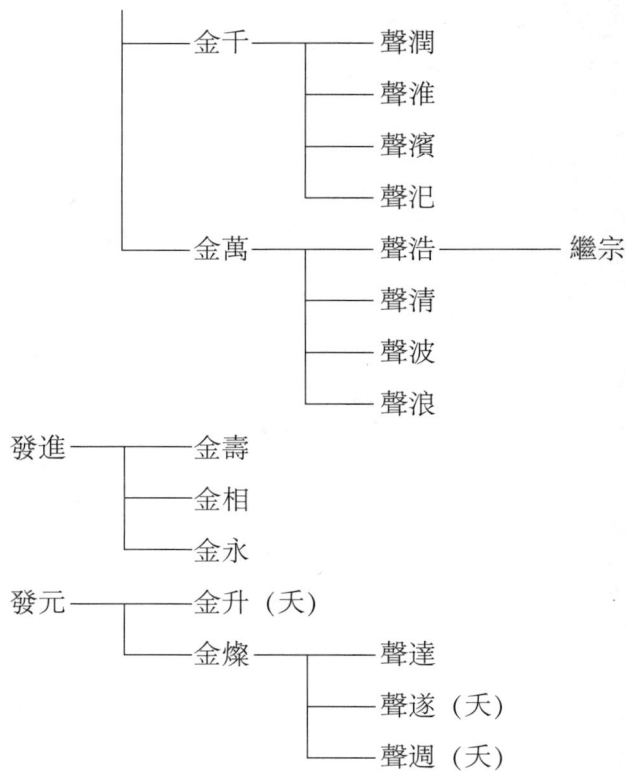

建昌北山樟坊支譜系圖

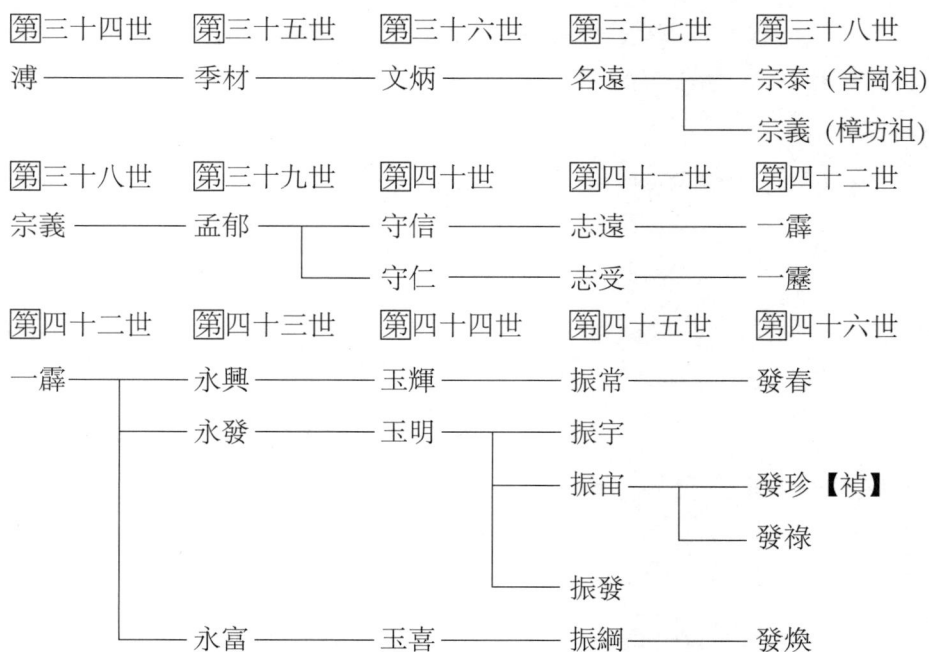

第三十四世	第三十五世	第三十六世	第三十七世	第三十八世
溥 ──	季材 ──	文炳 ──	名遠 ──┬	宗泰（舍崗祖）
			└	宗義（樟坊祖）

第三十八世	第三十九世	第四十世	第四十一世	第四十二世
宗義 ──	孟郁 ──┬	守信 ──	志遠 ──	一霹
	└	守仁 ──	志受 ──	一靂

第四十二世	第四十三世	第四十四世	第四十五世	第四十六世
一霹 ──┬	永興 ──	玉輝 ──	振常 ──	發春
	永發 ──	玉明 ──┬	振宇	
		├	振宙 ──┬	發珍【禎】
			└	發禄
		└	振發	
└	永富 ──	玉喜 ──	振綱 ──	發煥

```
一霆 —————— 永明 —————— 玉白 ┬———— 振先 —————— 發明
                              ├———— 振啟
                              ├———— 振楚 ┬———— 發質
                              │           └———— 發辰
                              └———— 振國
```

| 第四十六世 | 第四十七世 | 第四十八世 | 第四十九世 | 第五十世 |

```
發春 ┬———— 金明 ┬———— 聲勇 ┬———— 文（家）鳳
     │           │           └———— 文（家）彩
     │           ├———— 聲躍 ┬———— 文（家）龍 —————— 章（先）松
     │           │           ├———— 文（家）瑞 —————— 章（先）楷
     │           │           └———— 文（家）鸞 ┬———— 章（先）相
     │           │                              └———— 章（先）柏
     │           ├———— 聲平
     │           ├———— 聲鐸 —————— 文祥
     │           └———— 聲遠
     └———— 金鼎

發珍【禎】┬———— 金玉 —————— 聲源
          └———— 金璧 ┬———— 聲泮
                      ├———— 聲沂
                      ├———— 聲洪 —————— 新保
                      └———— 聲法

發煥 ┬———— 金榮
     ├———— 金梅 —————— 聲明
     └———— 金華

發明 —————— 金考

發辰 —————— 金龍
```

建昌北山上房支譜系圖

| 第三十四世 | 第三十五世 | 第三十六世 | 第三十七世 | 第三十八世 |

```
洪 —————— 善性 —————— 宗正 —————— 文遠 —————— 本莊
```

壹、雷氏族譜

032

第三十八世	第三十九世	第四十世	第四十一世	第四十二世

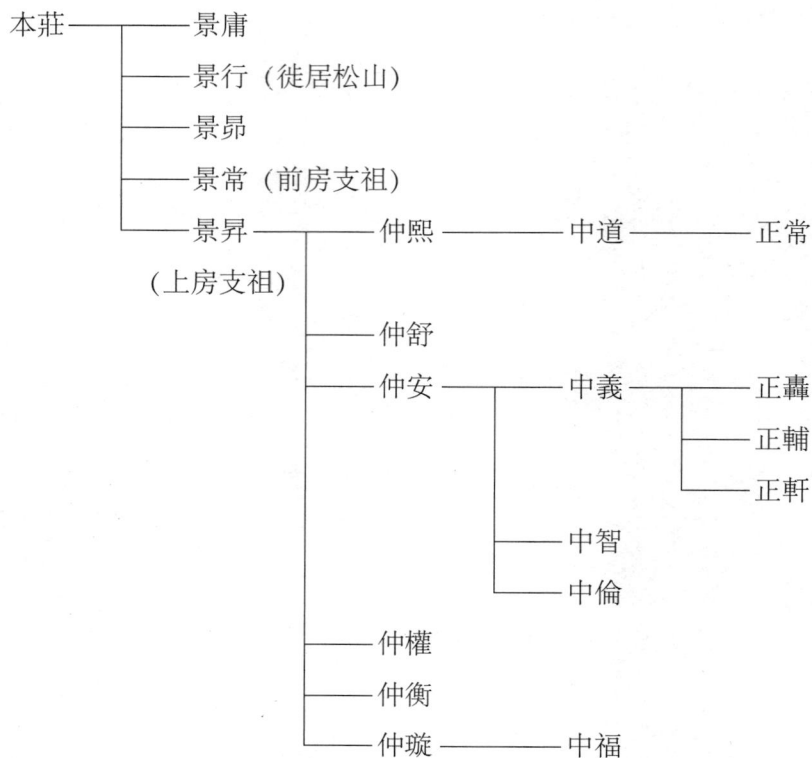

本莊 ——— 景庸
　　　　 景行（徙居松山）
　　　　 景昂
　　　　 景常（前房支祖）
　　　　 景昇 ——— 仲熙 ——— 中道 ——— 正常
　　　　 （上房支祖）
　　　　　　　　　 仲舒
　　　　　　　　　 仲安 ——— 中義 ——— 正轟
　　　　　　　　　　　　　　　　　　　 正輔
　　　　　　　　　　　　　　　　　　　 正軒
　　　　　　　　　　　　　　 中智
　　　　　　　　　　　　　　 中倫
　　　　　　　　　 仲權
　　　　　　　　　 仲衡
　　　　　　　　　 仲璇 ——— 中福

第四十二世	第四十三世	第四十四世	第四十五世	第四十六世

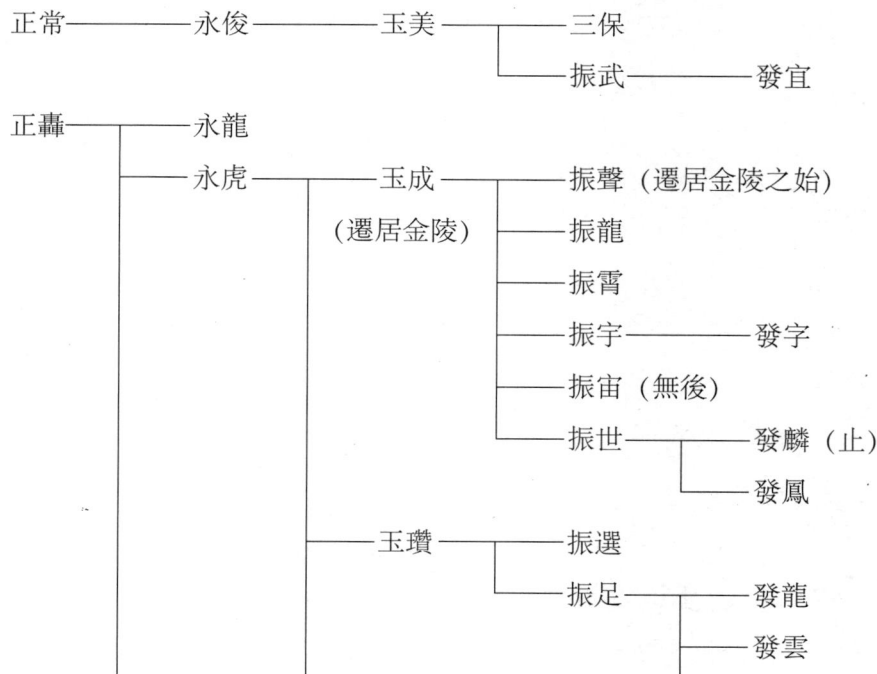

正常 ——— 永俊 ——— 玉美 ——— 三保
　　　　　　　　　　　　　　 振武 ——— 發宜

正轟 ——— 永龍
　　　　 永虎 ——— 玉成 ——— 振聲（遷居金陵之始）
　　　　　　　　　（遷居金陵）振龍
　　　　　　　　　　　　　　 振霄
　　　　　　　　　　　　　　 振宇 ——— 發字
　　　　　　　　　　　　　　 振宙（無後）
　　　　　　　　　　　　　　 振世 ——— 發麟（止）
　　　　　　　　　　　　　　　　　　　 發鳳
　　　　　　　　　 玉瓚 ——— 振選
　　　　　　　　　　　　　　 振足 ——— 發龍
　　　　　　　　　　　　　　　　　　　 發雲

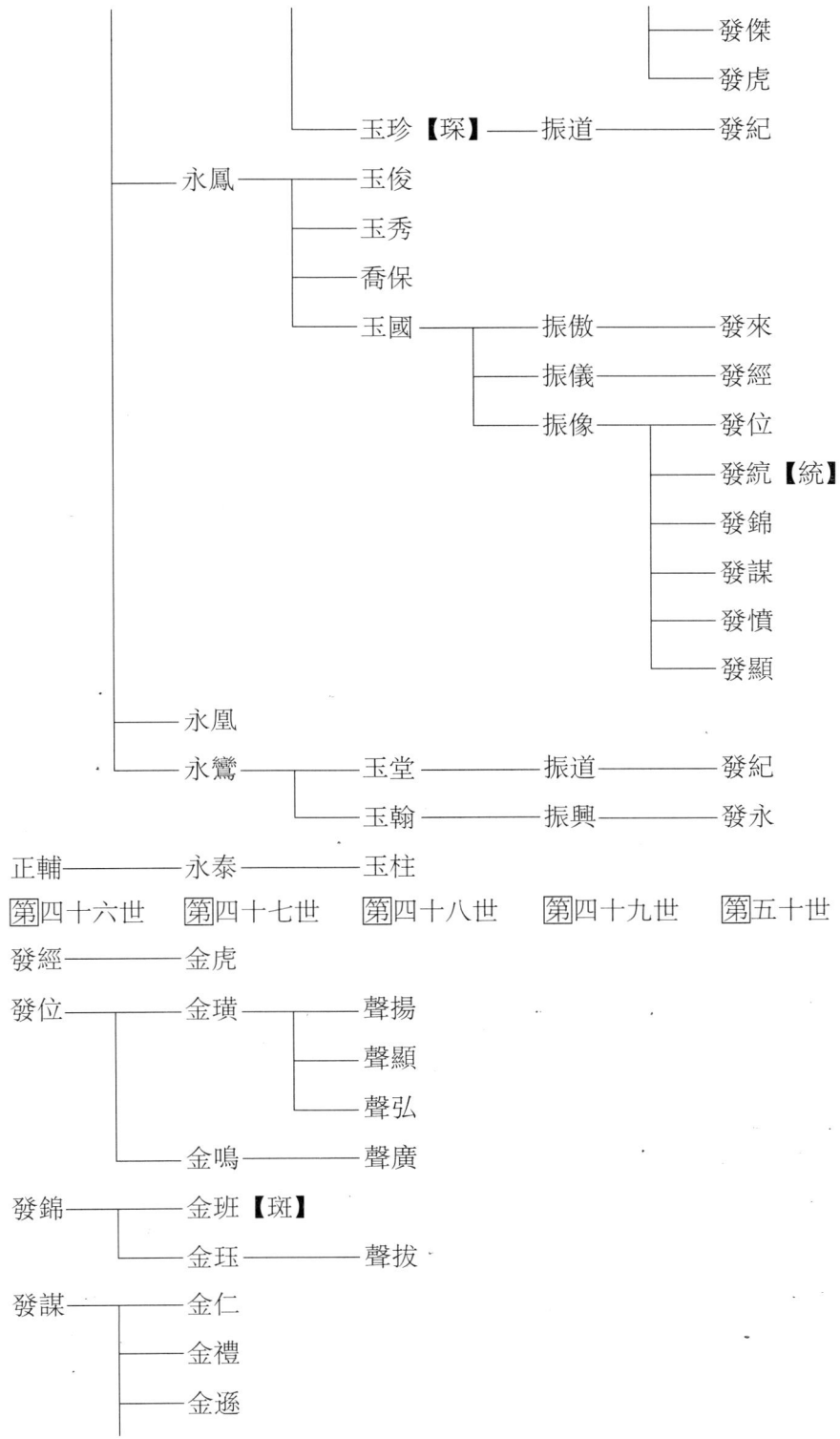

永鳳
　玉珍【琛】— 振道 —┬ 發傑
　　　　　　　　　├ 發虎
　　　　　　　　　└ 發紀
　玉俊
　玉秀
　喬保
　玉國 —┬ 振傲 — 發來
　　　　├ 振儀 — 發經
　　　　└ 振像 —┬ 發位
　　　　　　　　├ 發統【統】
　　　　　　　　├ 發錦
　　　　　　　　├ 發謀
　　　　　　　　├ 發慎
　　　　　　　　└ 發顯

永凰

永鸞 —┬ 玉堂 — 振道 — 發紀
　　　└ 玉翰 — 振興 — 發永

正輔 ——— 永泰 ——— 玉柱

第四十六世　　第四十七世　　第四十八世　　第四十九世　　第五十世

發經 ——— 金虎

發位 —┬ 金璜 —┬ 聲揚
　　　│　　　├ 聲顯
　　　│　　　└ 聲弘
　　　└ 金鳴 ——— 聲廣

發錦 —┬ 金班【斑】
　　　└ 金玨 ——— 聲拔

發謀 —┬ 金仁
　　　├ 金禮
　　　└ 金遜

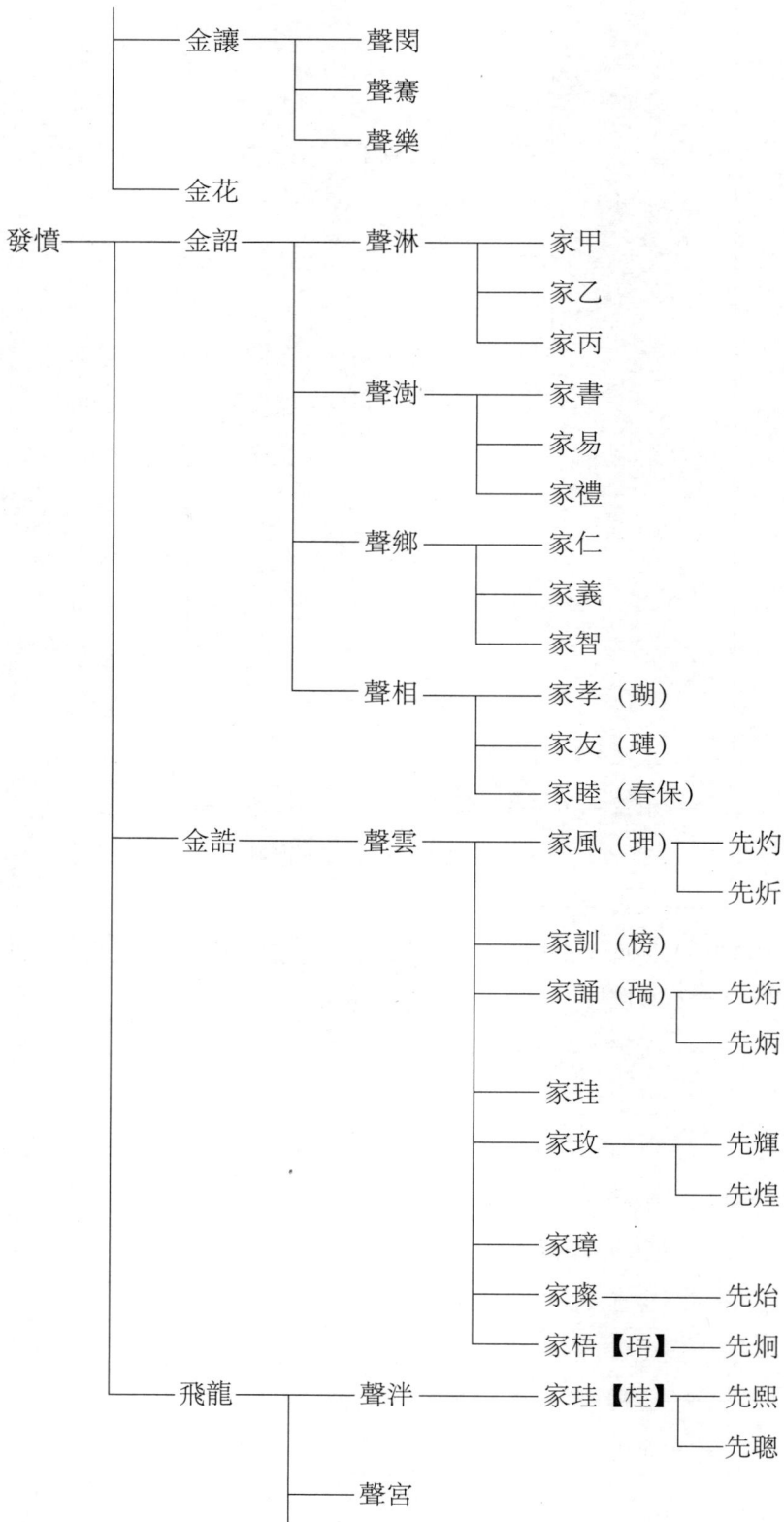

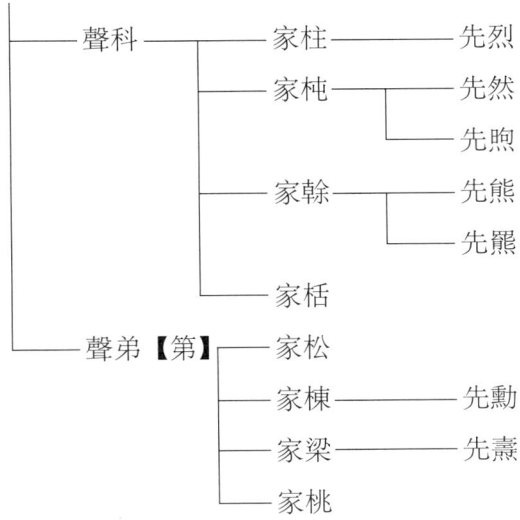

聲科 ── 家柱 ─── 先烈
　　　　家杶 ─── 先然
　　　　　　　　先煦
　　　　家榦 ─── 先熊
　　　　　　　　先羆
　　　　家栝
聲弟【第】─ 家松
　　　　　　家棟 ─── 先勳
　　　　　　家梁 ─── 先燾
　　　　　　家桃

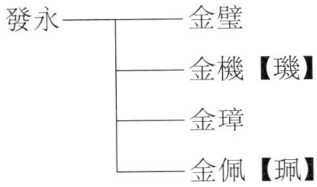

發永 ─── 金璧
　　　　金機【璣】
　　　　金璋
　　　　金佩【珮】

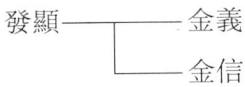

發顯 ─── 金義
　　　　金信

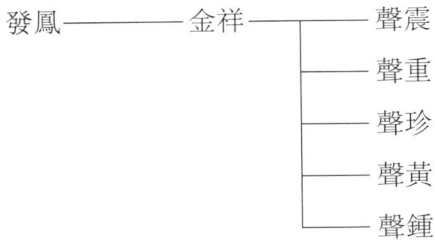

發鳳 ─── 金祥 ─── 聲震
　　　　　　　　聲重
　　　　　　　　聲珍
　　　　　　　　聲黃
　　　　　　　　聲鍾

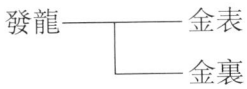

發龍 ─── 金表
　　　　金裏

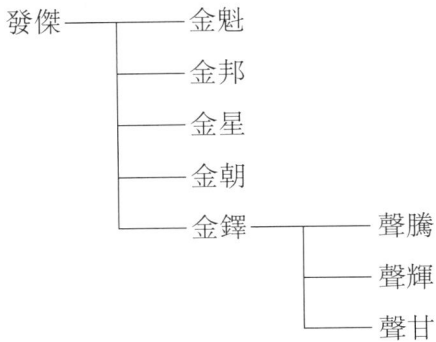

發傑 ─── 金魁
　　　　金邦
　　　　金星
　　　　金朝
　　　　金鐸 ─── 聲騰
　　　　　　　　聲輝
　　　　　　　　聲甘

發宣 ——— 金印 ——— 聲孝 ——— 荀老
————————————————————— 蓮老
————————————— 聲弟

發字 ——— 金林 ——— 聲榮
————————————— 聲華
————————————— 聲富
————————————— 聲貴

發紀 ——— 金謨 ——— 聲修

發成 ——— 德非 ——— 聲清
————————————— 聲祥

建昌北山支分居金陵系圖

第四十二世　　第四十三世　　第四十四世　　第四十五世　　第四十六世

正轟 ——— 永虎 ——— 玉成 ——— 振聲 ——— 發達
　　　　　　　　　　（遷金陵）　（遷居金陵之始）
————————————————— 振龍
————————————————— 振霄
————————————————— 振宇
————————————————— 振宙 ——— 發宗
　　　　　　　　　　　　　　　　　　　—— 發宣
————————————————— 振世

第四十六世　　第四十七世　　第四十八世　　第四十九世　　第五十世

發達 ——— 金玉 ——— 聲清 ——— 家琳
　　　　（遷居北京之始）————— 家瑄
————————————————— 家椿【瑃】
—————————————— 聲沛 ——— 家琪
————————————————— 家瑗
————————————————— 家珩
————————————————— 家璸
————————————————— 家璐

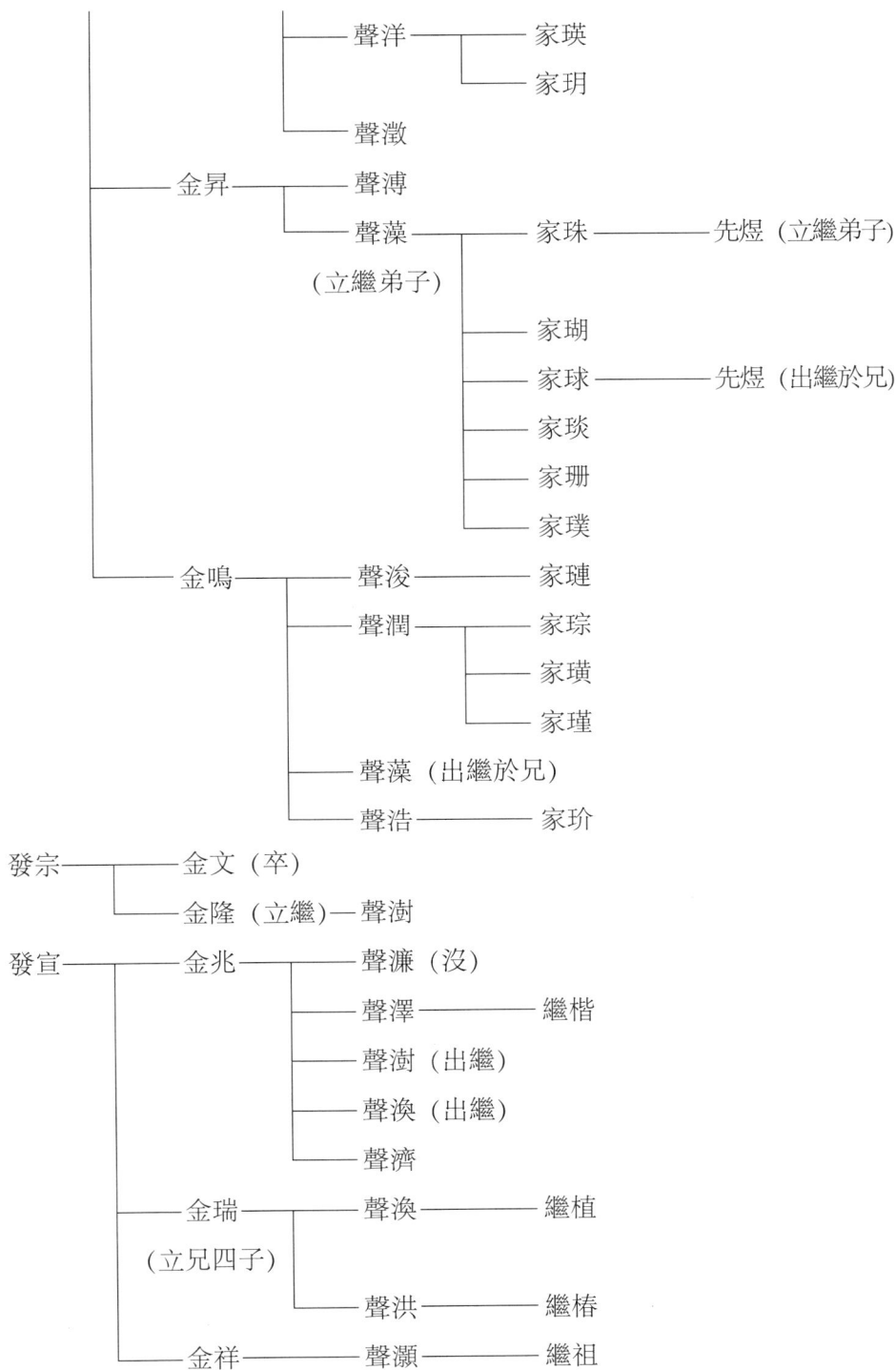

```
                    ┌─── 聲洋 ───┬─── 家瑛
                    │            └─── 家玥
                    ├─── 聲澂
          ┌─ 金昇 ──┼─── 聲溥
          │         └─── 聲藻 ───┬─── 家珠 ──────── 先煜（立繼弟子）
          │            (立繼弟子) │
          │                      ├─── 家瑚
          │                      ├─── 家球 ──────── 先煜（出繼於兄）
          │                      ├─── 家琰
          │                      ├─── 家珊
          │                      └─── 家璞
          │
          └─ 金鳴 ──┬─── 聲浚 ──────── 家璉
                    ├─── 聲潤 ───┬─── 家琮
                    │            ├─── 家璜
                    │            └─── 家瑾
                    ├─── 聲藻（出繼於兄）
                    └─── 聲浩 ──────── 家玠

發宗 ───┬─── 金文（卒）
        └─── 金隆（立繼）─ 聲澍

發宣 ───┬─── 金兆 ───┬─── 聲濂（沒）
        │            ├─── 聲澤 ──────── 繼楷
        │            ├─── 聲澍（出繼）
        │            ├─── 聲渙（出繼）
        │            └─── 聲濟
        │
        ├─── 金瑞 ───┬─── 聲渙 ──────── 繼植
        │  (立兄四子) │
        │            └─── 聲洪 ──────── 繼椿
        │
        └─── 金祥 ──────── 聲灝 ──────── 繼祖
```

貳、雷氏族譜

雷氏大成宗族總譜　卷貳

建昌松山支譜系圖

第三十七世	第三十八世	第三十九世	第四十世	第四十一世
文遠—————	本莊—————	景行—————	仲美—————	中霹

第四十一世	第四十二世	第四十三世	第四十四世	第四十五世
中霹—————	正榮—————	永時—————	玉裕———	鼎臣
				輔臣

第四十五世	第四十六世	第四十七世	第四十八世	第四十九世
輔臣———	發泉———	金標———	聲龍	
			聲虎	
			聲鳳	
			聲凰	
			聲鸞	
		金柳—————	聲正	
	發昇———	金榜—————	聲賢	

建昌縣舍岡支譜系圖

第三十四世	第三十五世	第三十六世	第三十七世	第三十八世
溥—————	季林【材】—	文炳—————	名遠———	宗泰
				宗義

第三十八世	第三十九世	第四十世	第四十一世	第四十二世
宗泰———	孟炳—————	朝文—————	瑞玉—————	致元

第四十二世	第四十三世	第四十四世	第四十五世	第四十六世
致元———	永錦———	其萬—————	轟—————	善希
		其千		

第四十六世　　第四十七世　　第四十八世　　第四十九世　　第五十世

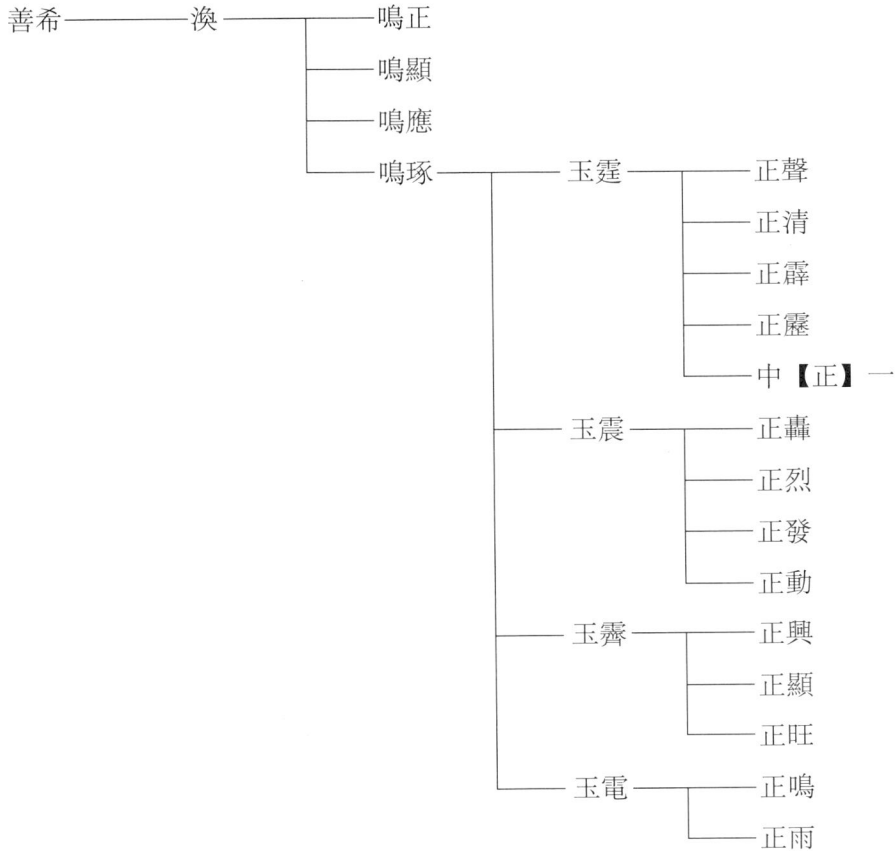

善希————澳————鳴正

鳴顯

鳴應

鳴琢————玉霆————正聲

正清

正霹

正靂

中【正】一

玉震————正轟

正烈

正發

正動

玉霽————正興

正顯

正旺

玉電————正鳴

正雨

第五十世　　　第五十一世　　第五十二世　　第五十三世　　第五十四世

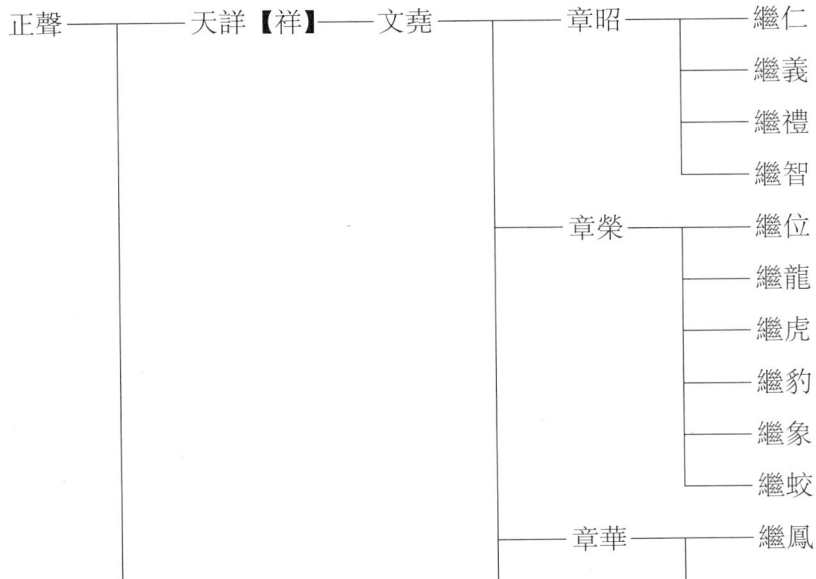

正聲————天詳【祥】————文堯————章昭————繼仁

繼義

繼禮

繼智

章榮————繼位

繼龍

繼虎

繼豹

繼象

繼蛟

章華————繼鳳

039

雷氏大成宗族總譜　卷貳

```
                                                        ┌─── 繼鳳
                                                        ├─── 繼道
                                                        ├─── 繼禹
                                                        ├─── 繼善
                                            章富 ────────┼─── 繼麒
                                                        ├─── 繼麟
                                                        └─── 繼獅

              天道 ──────── 文德
正轟 ┬──────── 天明
     └──────── 天留
正興 ──────── 祥三
正顯 ┬──────── 天德
     └──────── 天輝
正旺 ┬──────── 天斗 ──────── 文貴 ──────── 章忠
     └──────── 天科
正鳴 ──────── 天聖
正雨 ┬──────── 天貴
     ├──────── 天顯
     ├──────── 天揚
     ├──────── 天燿
     └──────── 天榜 ──────── 文位 ┬──── 章恭 ──────── 繼雲
                                   ├──── 章寬 ┬──── 繼典
                                   │          └──── 繼謨
                                   └──── 章信 ──────── 繼訓
```

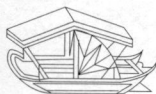

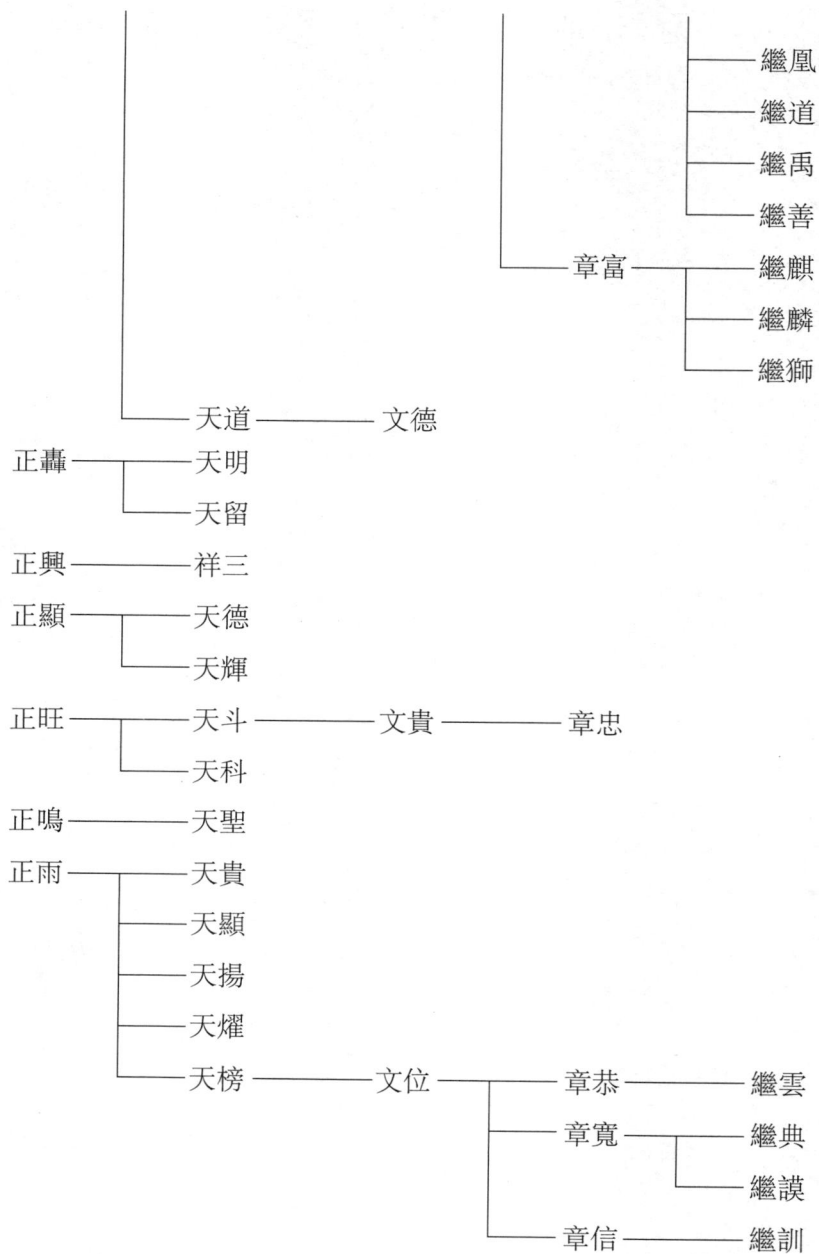

第五十四世　　第五十五世　　第五十六世

繼仁 ─────── 先祿

繼位 ─────── 先爵

繼虎 ─────── 先壽

建昌縣驛南支譜系圖

第三十四世	第三十五世	第三十六世	第三十七世	第三十八世
源	德彰	任	桂	錠

第三十八世	第三十九世	第四十世	第四十一世	第四十二世
錠	文其	景安	鎮	鳴春
		榮琥（居學士壠）		

第四十二世	第四十三世	第四十四世	第四十五世	第四十六世
鳴春	廷	重仁		
		重義		
		重豪	林	得顯
				春鳴
				春發
			梧	
			棟	
			梁	

第四十六世	第四十七世	第四十八世	第四十九世	第五十世
得顯	一龍	文榮	章祖	
		文華		
		文富	章炤	
			章耀	
			章榮	

春鳴	啟龍			
	化龍	文仁		
		文義	章宗	
春發	遇龍	文元		
	得龍	文長		

雷氏大成宗族總譜　卷貳

建昌縣軍山支譜系圖

第三十七世	第三十八世	第三十九世	第四十世	第四十一世
文行	國太	瑋	科	世旭

第四十一世	第四十二世	第四十三世	第四十四世	第四十五世
世旭	釧	子先	貴文	世榮

第四十五世	第四十六世	第四十七世	第四十八世	第四十九世
世榮	守源	志仁	震啟	應權

第四十九世 第五十世 第五十一世 第五十二世 第五十三世

應權 ── 有道 ── 文煥 / 文炳 / 文烺 / 文煌 / 文光 / 文炤 / 文煜

有聲 ── 文燧 ── 繼鰲 / 起昆 ── 一霖 / 奮霖

文煒 ── 起朋

第五十三世 第五十四世 第五十五世 第五十六世

一霖 ── 天漢 ── 文錦 ── 章達 / 章道

天清 ── 文獻 ── 章龍 / 章鳳 / 章豹

文升 / 文光

奮霖 ── 天澄 ── 文為 / 文正 / 文高 / 文虎

天演

建昌縣學士壋支譜系圖

第四十世	第四十一世	第四十二世	第四十三世	第四十四世
榮琥 ——	永濟 ——	珪 ——	化 ——	國相

第四十四世	第四十五世	第四十六世	第四十七世	第四十八世
國相 ——	正紀 ——	文震 ——	章麒	
			章麟	
		文秀 ——	章鳳	
		文林 ——	章龍	
		文富 ——	章虎	

建昌縣河蒲塘支譜系圖

第三十六世	第三十七世	第三十八世	第三十九世	第四十世
宗學 ——	文榜 ——	存動 ——	時顯 ——	仲芳
				仲華

第四十世	第四十一世	第四十二世	第四十三世	第四十四世
仲芳 ——	玉榮 ——	漢康 ——	應用【角】 ——	亢四
	玉瓚			
	玉金			
	玉輝			

第四十四世	第四十五世	第四十六世	第四十七世	第四十八世
亢四 ——	元朝 ——	啟霖 ——	章經	
			章謨	
			章福	
			章喜 ——	繼文
				繼武
				繼貴
	元煥 ——	發霖 ——	章宇	
		恒霖 ——	章龍	
			章虎	

```
├── 元化 ──────── 心霖 ──────── 章銘
└── 元用 ──────── 茂霖 ──────── 章亨
                              └── 章詳
```

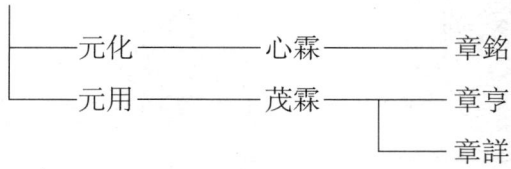

建昌縣起塢與周坊支系圖

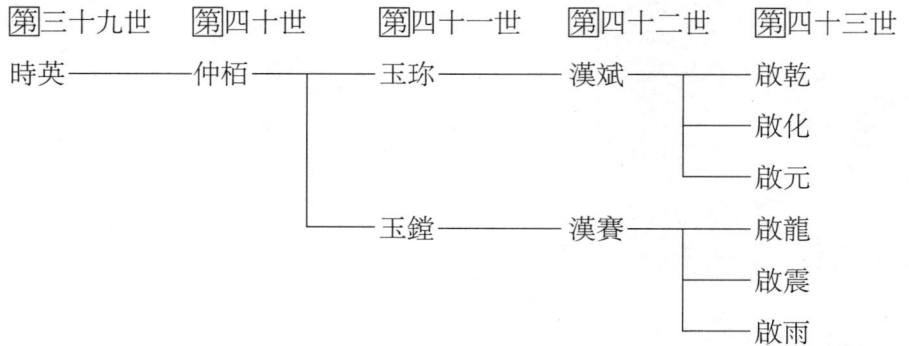

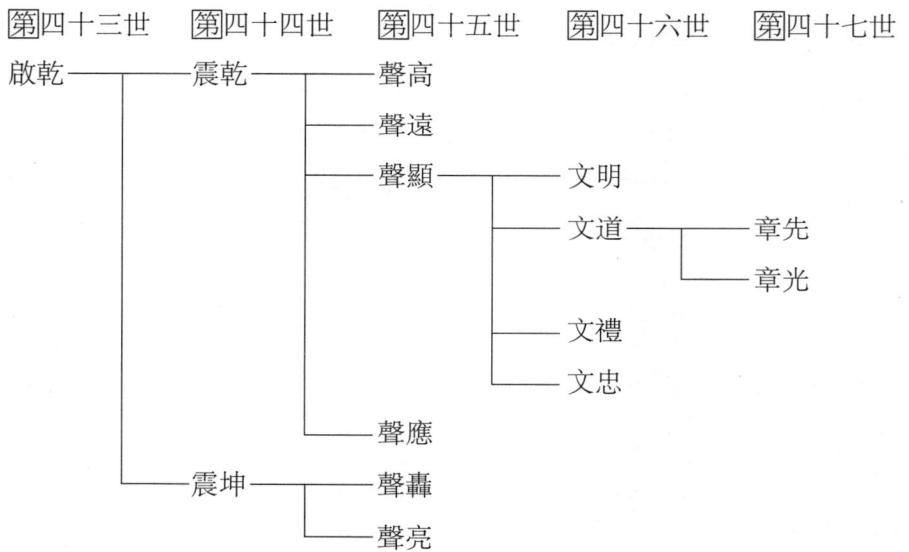

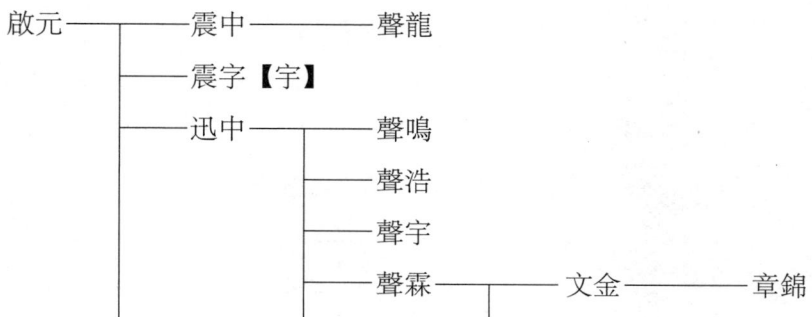

第三十九世	第四十世	第四十一世	第四十二世	第四十三世

```
時英 ──────── 仲栢 ──┬── 玉琮 ──────── 漢斌 ──┬── 啟乾
                                              ├── 啟化
                                              └── 啟元
                    └── 玉鏜 ──────── 漢賽 ──┬── 啟龍
                                              ├── 啟震
                                              └── 啟雨
```

第四十三世	第四十四世	第四十五世	第四十六世	第四十七世

```
啟乾 ──┬── 震乾 ──┬── 聲高
       │          ├── 聲遠
       │          ├── 聲顯 ──┬── 文明
       │          │          ├── 文道 ──┬── 章先
       │          │          │          └── 章光
       │          │          ├── 文禮
       │          │          └── 文忠
       │          └── 聲應
       └── 震坤 ──┬── 聲轟
                  └── 聲亮
啟元 ──┬── 震中 ──────── 聲龍
       ├── 震字【宇】
       └── 迅中 ──┬── 聲鳴
                  ├── 聲浩
                  ├── 聲宇
                  └── 聲霖 ──────── 文金 ──────── 章錦
```

洞中 ─┬─ 聲富 ─┬─ 文清
　　　│　　　　├─ 文祿
　　　│　　　　└─ 文壽
　　　├─ 天祥
　　　├─ 聲龍
　　　├─ 聲德
　　　└─ 聲貴

啟龍 ─┬─ 天斗 ─┬─ 在天 ─┬─ 文忠
　　　│　　　　│　　　　└─ 文科
　　　│　　　　├─ 在中
　　　│　　　　└─ 在申
　　　├─ 天宿 ── 在雲 ─┬─ 文仁 ── 章龍
　　　│　　　　　　　　├─ 文義（止）
　　　│　　　　　　　　├─ 文禮
　　　│　　　　　　　　├─ 文智
　　　│　　　　　　　　├─ 文信
　　　│　　　　　　　　├─ 文富
　　　│　　　　　　　　└─ 文貴
　　　└─ 天鳴 ── 在德 ─┬─ 文國
　　　　　　　　　　　　├─ 文正
　　　　　　　　　　　　├─ 文天 ── 章虎
　　　　　　　　　　　　├─ 文心
　　　　　　　　　　　　└─ 文順

第四十七世	第四十八世	第四十九世	第五十世	第五十一世

章光 ─┬─ 繼聖 ─┬─ 先角
　　　│　　　　└─ 先亢
　　　├─ 繼文
　　　└─ 繼章

雷氏大成宗族總譜　卷貳

```
        ┌── 繼可
        ├── 繼立
        └── 繼身
```

建昌縣在市與三溪橋支譜系圖

第三十八世	第三十九世	第四十世	第四十一世	第四十二世

```
存智 ──── 時新 ──┬── 仲端 ──┬── 玉珊 ──┬── 漢震
                 │          │          ├── 漢朝
                 │          │          ├── 漢楚
                 │          │          ├── 漢轟
                 │          │          └── 漢雲
                 │          │
                 │          ├── 玉瑚 ──┬── 漢義
                 │          │          ├── 漢禮（歿）
                 │          │          ├── 漢智（歿）
                 │          │          └── 漢信（歿）
                 │          │
                 │          ├── 玉瑋 ──┬── 漢洲（歿）
                 │          │          ├── 漢明（歿）
                 │          │          └── 漢光（歿）
                 │          │
                 │          ├── 玉環 ──┬── 漢祥（歿）
                 │          │          └── 漢魁（歿）
                 │          │
                 │          └── 玉璡 ──┬── 漢清
                 │                     ├── 漢箕
                 │                     ├── 漢表
                 │                     └── 漢顯
                 │
                 └── 仲傑 ──┬── 玉琥
                            └── 玉金
```

第四十二世	第四十三世	第四十四世	第四十五世	第四十六世

```
漢震 ──── 霍 ──── 天國 ──── 在龍 ──┬── 文芳
                                    └── 文榮
```

```
                                                 ┌──── 文華
                                        ┌──── 在鳳
                                        ├──── 在春
                     ┌──── 天邦 ──────── 在明
        ┌──── 霐
        ├──── 霄
        ├──── 霧
漢朝 ────┼──── 霹 ──────┬──── 天明
        │              └──── 天象
        ├──── 霽
        ├──── 雲
        └──── 雨
漢楚 ────┬──── 霆
        └──── 電
漢轟 ────┬──── 霓
        └──── 霖
漢雲 ────┬──── 賓
        └──── 霓
漢義 ──────── 孝保
漢箕 ────┬──── 霗 ──────┬──── 天衢 ──────── 國明
        │              └──── 天錫 ────┬──── 國聖
        │                            ├──── 國贊
        │                            ├──── 國用
        │                            └──── 國志 ────┬──── 文達
        │                                           ├──── 文進
        │                                           ├──── 文選
        │                                           ├──── 文週
        │                                           └──── 文傑
        ├──── 霭 ──────── 正保
        └──── 茂
```

漢表 ┬─ 龍
　　　└─ 瑞

漢顯 ┬─ 廉
　　　└─ 春

第四十六世　　第四十七世　　第四十八世

文芳 ─── 章明

文榮 ┬─ 章彩 ─── 繼聖
　　　└─ 章先

文達 ┬─ 章賢
　　　├─ 章聖
　　　├─ 章斌
　　　└─ 章敏

文進 ┬─ 章藩
　　　└─ 章藻

文選 ─── 章宗

文週 ┬─ 章宣
　　　└─ 章鳳

文傑 ┬─ 章衍
　　　└─ 章衡

建昌縣在市支譜系圖

第三十六世　　第三十七世　　第三十八世　　第三十九世　　第四十世

宗轀 ┬─ 文敬（詳三溪橋）
　　　├─ 文行（詳軍山支）
　　　├─ 文忠
　　　└─ 文信 ─── 存正 ─── 時銘 ─── 仲堅

第四十世　　第四十一世　　第四十二世　　第四十三世　　第四十四世

仲堅 ─── 玉琴 ─── 漢廷 ─── 烈 ┬─ 天祥
　　　　　　　　　　　　　　　　　├─ 天福
　　　　　　　　　　　　　　　　　├─ 天禎
　　　　　　　　　　　　　　　　　└─ 天祚

第四十四世	第四十五世	第四十六世	第四十七世	第四十八世
天祥	兆春	文祖		
	泰春			
	奮春			

建昌縣在市支譜系圖

第三十六世	第三十七世	第三十八世	第三十九世	第四十世
宗學	文榜	存動	時中	仲英

第四十世	第四十一世	第四十二世	第四十三世	第四十四世
仲英	玉藻	漢富	霹光	鳴春
				鳴坊

第四十四世	第四十五世	第四十六世	第四十七世	第四十八世
鳴春	應朝			
	應祖	梁彥		
		梁棟	文宇	
			文宙	
			文綱	
			文紀	章龍
		梁柱	文龍	章選
				章遂
				章達
	應忠			
鳴坊	應煥			
	應燧			
	應燿			
	應熤			

第四十八世	第四十九世
章龍	繼雨
章遂	繼元
	繼聖

```
章達 ┬── 繼祥
     ├── 繼魁
     └── 繼師
```

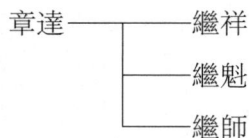

建昌縣灘溪支譜世錄

第三十四世

起龍長子，洪，字弘輔，號忠愛，生宋寶祐甲寅年正月初八日子時。徙居東宅，性稟聰敏，好學勤修。科舉中選，拔進士，吏部右丞。娶燕氏，繼娶孫氏、劉氏。生子五，善性、善政、善教、善道、善遜。女二，長適王，次適龍。

第三十五世

洪公四子，善道，字□□，行□□。遷居雷家巷。娶□氏。生子，宗輻、宗學。

第三十六世

善道長子，宗輻，字廷玉，行□□。娶□氏。生子，文敬、文行、文忠、文信。

善道幼子，宗學，字廷珍，行□□，分支在市。娶□氏。生子，文榜。

第三十七世

宗輻長子，文敬，諱琦，明永樂戊子科舉人，任教諭。娶□氏。生子，存玄、存轟、存智、存昇。

宗輻次子，文行，字□□，行□□，軍山支祖。娶□氏。

宗輻三子，文忠，字□□，行□□。娶□氏。生子，□□。

宗輻幼子，文信，字□□，行□□。娶□氏。生子，□□。

宗學之子，文榜，字□□，行□□。在市支祖。娶□氏。生子，□□。

第三十八世

文敬長子，存玄，字□□，行□□。娶□氏。生子，時真。

文敬次子，存轟，字□□，行□□。娶□氏。生子，時革。

文敬三子，存智，字□□，行□□。分支在市三溪橋。娶熊氏。生子，時新。

文敬幼子，存昇，字□□，行□□。娶□氏。生子，時慶、時英、時榮、時寬。

第三十九世

存玄之子，時真，字□□，行□□。娶□氏。生子，仲貴。

存轟三子，時革，字□□，行□□。娶□氏。生子，仲賢{贀}。

存昇長子，時慶，字□□，行□□。娶□氏。生子，仲海。

存昇次子，時英，字□□，行□□。分支起塢周坊。娶□氏。生子，仲真、仲宣、仲松、仲柏。

存昇三子，時榮，字□□，行□□。娶□氏。生子，仲秀、仲武、仲寬。

存昇幼子，時寬，字□□，行□□。娶□氏。生子，□□。

第四十世

時真之子，仲貴，字□□，行□□。娶□氏。生子，□□。

時革之子，仲賢{贀}，字□□，行□□。娶□氏。生子，□□。

時慶之子，仲海，字□□，行□□。娶□氏。生子，□□。

時榮長子，仲秀，號雲窩，行□□。娶胡氏。生子，玉美、玉器、玉潔、玉麟。

時榮次子，仲武，字□□，行□□。娶□氏。生子，玉印。

時榮幼子，仲寬，字□□，行□□。娶□氏。生子，□□。

第四十一世

仲秀長子，玉美，字□□，行□□。娶灘溪趙氏。生子，漢霓、漢臣、漢隱。

仲秀次子，玉器，字□□，行□□。娶沙坪戴氏。生子，鳴春、鳴夏、鳴冬。

仲秀三子，玉潔，字□□，行□□。娶雙井黃氏。生子，漢仕、漢相、漢佐。

仲秀幼子，玉麟，字瑞軒，卒，葬歸義鄉灘溪屋基後，丑山未向。捐金五百兩立居士廟，在雷家巷，今存故址。娶破塘萬氏。生子，漢偉、漢元。銘曰：「猗歟雷君，獨秉乾剛。瀟然塵表，儼雅端方。養晦林泉，不屑冠裳。卓哉懿行，楷式鄉邦。雲山之陽，修水之旁。表茲高風，有紀有堂。沙明水秀，厥後彌昌。佳城灘溪，萬載無疆。」賜進士出身、前兵部車駕司主事、奉欽敕東路勦倭、山東提刑按察司兵俻道僉事、姻教弟玉淵徐中素頓首拜譔。

仲武之子，玉印，字□□，行□□。娶□氏。生子，□□。

第四十二世

玉美長子，漢霓，字□□，行□□。娶□氏。生子，□□。

玉美次子，漢臣，字□□，行□□。娶□氏。生子，□□。

玉美幼子，漢隱，字□□，行□□。娶□氏。生子，□□。

玉器長子，鳴春，字漢雲，邑庠生，卒，葬普誌寺。娶□氏。生子，□□。

玉器次子，鳴夏，字漢旺，邑庠生，歿，葬南山。娶□氏。生子，□□。

玉器幼子，鳴冬，字漢卿，邑庠生，歿，葬南山。娶□氏。生子，□□。

玉潔長子，漢仕，字□□，行□□，歿。娶□氏。生子，□□。

玉潔次子，漢相，字□□，行□□，歿。娶□氏。生子，□□。

玉潔幼子，漢佐，字□□，行□□，卒，夫妻俱葬灘溪趙姓基後荒塘嘴。孫化龍葬荒龍墳圍山。娶□氏。生子，少劬。

玉麟長子，漢偉，字□□，行□□。娶輅北周氏。早夭。

玉麟幼子，漢元，字廷仁，號襲軒，歿，葬灘溪屋基後，分支灘溪。娶皇甫橋鄒氏。生子，應龍、應虬、應奎。

第四十三世

漢元長子，應龍，字霖生，邑庠生，歿，葬灘溪基後。娶蔡氏。生子，迅霖。續娶熊氏。生子，行霖。

漢元次子，應虬，字雉淵，生明萬曆丁卯年二月初二，歿清順治十七年，葬灘溪基後。娶在市夏氏，卒，葬灘下山涂姓基後。生子，發霖、沛霖、同霖。

漢元幼子，應奎，字文叔，歿，葬灘溪基後。娶□氏。生子，洞霖。

第四十四世

應龍長子，迅霖，字化生，業儒，歿，葬北門外普誌寺。娶丁坊陳氏，歿，葬南山，寅申向。生子，發春、起春、興春。

應龍幼子，行霖，字雨濟，歿，葬西門外普誌寺。娶陳氏，卒，葬普誌寺。生子，闖春。

應虬長子，發霖，字□□，行□□，早世【逝】。

應虬次子，沛霖，字□□，行□□，早夭。

應虬幼子，同霖，字雨順，生順治丙申正月初八辰時，歿雍正丙午年八月初六寅時。娶長灘淦氏，歿，夫婦合葬灘溪基後，丑山未向。生子，孟春、仲春、叔春、季春、富春。女二，長適廖，次適在市夏之樞。

應奎之子，洞霖，字時先。娶燕氏，歿，葬土邊大路園。生子，榮春、華春、貴春。

第四十五世

迅霖長子，發春，字獻吉，生康熙乙卯十二月十五丑時，歿乾隆己未二月初四巳時，葬北門外普誌寺祖山，癸丁向。娶青墅徐氏，生己未正月廿八亥時，歿甲子年十一月，葬普誌寺，寅申向。生子，文清、文新。長女適東山涂聞依，次女適郭東魏德可，幼女適蛟騰橋周國柱。讚曰："從來族姓蕃大，非譜莫系；品行卓犖，非贊莫傳。惟我姻翁先生，資則穎異，學而有成。行己端方，清慎自凜【凜】。稱孝友，名埒【埒】仲郢；信朋友，諾重季布。吾幼為友，後諧姻親，稔悉行誼。適茲重修宗譜，因以俚言，以垂永久云。"恩進士、候選教諭、年家姻眷教弟涂德沅頓首拜選【撰】。

迅霖次子，起春，字萬獻。娶熊氏，歿，俱葬北門外普誌寺。

迅霖幼子，興春，字青來，行□□。娶郭氏，歿，葬北門外普誌寺。生女一，適在市東門張一侯。

行霖之子，闓春，字開乾，生庚戌九月十九，歿甲寅八月十三，葬南山。娶淦氏，生甲子年，葬甲戌八月初三子時，葬南山。生子，文珍、文鸞、文沖。長女適馬灣魏，次適郭東杜，三適洋泗張，幼適麻潭熊。

同霖長子，孟春，字萬新，生康熙辛酉十一月十七日。娶下堡呂氏，生康熙庚申，歿乾隆甲戌，葬祖山。生子，文烈、文謨、文訓、文誥。女適馬灣饒中宇。讚曰："宗兄志氣邁豪華，況有文章屬大家。言行不等尋常輩，作事迥【週】出俗生涯。聞恭與籍頻敲句，勤攻經史不喚茶。教子詩書通文義，異日拜贈寔堪誇。"星渚宗弟大鳴拜譔【撰】。

同霖次子，仲春，字萬開，生康熙甲子十月廿九辰時。娶燕氏。生子，文進（即文龍）、文松、文栢、文桂、文梅。讚曰："雲山挺質，修水儲精。恭惟姻翁者，秉性成人中之傑、盛世之英。光前有略，裕後惟勤。品高月旦，行徹冰清。端方正直，必信必誠。仗義疏【疏】財，任恤睦姻。族仰其風，戚服其情。故今玉樹，交植瑤林。鳳毛克濟，虎嘯鶴鳴。吾屬未戚，誼聯晉秦。心懷令範，耳聽休聲。望光必錄，珥筆難更。長此家乘，錫美垂名。"年家姻弟呂

炕頓首拜贈。

　　娶新屋燕氏，生康熙辛未年五月十六日，歿乾隆丙寅年正月廿三亥時，葬南山祖山，坐卯向酉。

　　予蒞{涖}建邑七載，與文人學士相交已久。適雷生文龍館於城內，往來晉接，雅愛其文章詩句，故稱莫逆焉。一日因公乘便，登雷生之堂，造其家塾，始知其母之賢不讓文君之風。相夫成家，倉庾維盈。侍客不減於截髮【髮】，教子無嫌於傾囊。以致長君讀書成名，播芹香於建邑，孺人始爲之霽顏，其子可謂遂母志矣。雖有他行，善不勝錄，姑取其一二，以誌燕孺人之賢德可乎？敕授徵仕郎、內閣纂修一統志、武英殿校書郎、管理江西南康府建昌縣軍糧廳事，乙卯科順天五經副榜、年家眷弟朱寧成拜記。

　　同霖三子，叔春，字萬榮，生康熙甲戌年。娶案山涂氏，生康熙甲戌，歿乾隆戊辰年，葬南山。生子，文蘭、文菊。女二，長適後坡何文玟，次適方文龍。

　　同霖四子，季春，字萬滋，生康熙辛巳年。娶呂氏，歿雍正甲寅年，葬南山。生子，文芳、文茂。生女一，適藕潭陳秀梅。續娶熊氏。生子，文榮、文華。女一，適下堡呂宜富。

　　同霖幼子，富春，字萬美，生康熙乙酉年，歿乾隆庚申年，葬面前細龜山嘴地。娶長灘淦氏。生子，文舒。女一，適襖丘王。

　　洞霖長子，榮春，字□□，行□□，歿。娶□氏。生子，□□。

　　洞霖次子，華春，字□□，行□□，客西蜀，未詳。

　　洞霖幼子，貴春，字秋文，在四川巴縣成家。

第四十六世

　　發春長子，文清，字既澄，業儒。娶郭東魏氏。生子，章麒、章麟、章鳳、章鵬【鵬】，女金姑。

　　發春幼子，文新，字拱北。娶大梘廬氏。生子，章馳，女適蛟騰橋周。

　　闕春長子，文珍，字武玉，生癸未年。娶□氏。生子，□□。

　　闕春次子，文鸞【鳶】，字武鳳，生丙戌年，歿申戌年，葬南山。娶山下劉氏。生子，章榮、章華、章富、章貴、章金。女適馬灣魏世輔。

　　闕春幼子，文沖，字聖祥，生癸巳年。娶□氏，生子，□□。

　　孟春長子，文烈，諱春响，字武昭，邑庠生，生康熙乙酉年。娶後莊淦氏。生子，章禮、章義、章信。女長適大嶺呂宜惠，次適江宜兆。

孟春次子，文謨，字武承，行□□，生康熙庚寅年。娶麻潭涂氏。生子，章聲、章名、章顯。

孟春三子，文訓，字武典，生康熙丙申年。娶石下董氏。生子，章春、章夏、章秋、章冬。女適黃泥壠李。

孟春幼子，文誥，字武先，生康熙戊戌年。娶青山劉氏。生子，章啟、章發。

仲春長子，文進，諱文龍，字從先，增廣生員，生康熙辛卯二月廿五日。娶軍山新屋燕氏。生子，章時、章曜、章淇【暎】、章煦。女一，適竹山江頭懋。讚曰："深堂遺澤遠，奕世誕英賢。素志卑王駱，才名擅許燕。三冬文史富，五彩筆花鮮。拭案朝彈瑟，挑缸夜草玄。傳經開絳帳，講學聚書筵。鳳毛欣濟美，庭訓有淵源。桂藥明年馥，秋聲預報先。" 年家眷同學弟黎川黃仲拜讚【撰】。

仲春次子，文松，字武茂，生康熙丙申年。娶郭東呂氏。生子，章暐。

仲春三子，文柏，字殷望，生康熙庚子年。娶麻潭萬氏，歿，葬面前山。生子，章昭，續娶星邑鄒氏。

仲春四子，文桂，字香亭，生雍正庚戌年。娶郭東羅氏。生子，章暎。

仲春幼子，文梅，字魁士，生雍正癸卯年，娶倉下呂氏。生子，章晞。

叔春長子，文蘭，字武芳，生雍正庚子年。娶案山涂氏。生子，孔章【章孔】。

叔春幼子，文菊，字□□，行□□。娶□氏。生子，□□。

季春長子，文芳，字□□，生雍正戊申年。娶□氏。生子，□□。

季春次子，文茂，字□□，生雍正辛亥年。娶廟下劉氏。生子，□□。

季春三子，文榮，字□□，生乾隆壬戌年。娶□氏。生子，□□。

季春四子，文華，字□□，生乾隆丙寅年。娶□氏。生子，□□。

富春之子，文舒，字□□，生雍正癸丑年。娶□氏。生子，□□。

第四十七世

文清長子，章麒，字紹渙。娶□氏。生子，□□。

文清次子，章麟，字應瑞。娶蛟騰橋周氏。生子，□□。

文清三子，章鳳，字儀廷。娶□氏。生子，□□。

文清幼子，章鵬【鵬】，字□□，行□□。娶□氏。

文鶯長子，章榮，字顯信，生雍正甲寅年。娶閔氏。生子，□□。

文鶯次子，章華，字彩士，生乾隆戊午年。娶□氏。生子，□□。

文鶯三子，章富，字字欲，生乾隆甲子年。娶□氏。生子，□□。

文鶯四子，章貴，字月華，生乾隆戊辰年。娶麻潭熊氏。生子，□□。

文鶯幼子，章金，字□□，行□□。娶□氏。生子，□□。

文新之子，章馳，字□□，行□□。娶□氏。生子，□□。

文烈長子，章禮，字□□，生雍正甲寅年。娶□氏。生子，□□。

文烈次子，章義，字□□，生乾隆丁巳年。娶□氏。生子，□□。

文烈幼子，章信，字□□，生乾隆壬戌年。娶□氏。生子，□□。

文謨長子，章聲，字□□，生乾隆戊午年。娶□氏。生子，□□。

文謨次子，章名，字□□，行□□。娶□氏。生子，□□。

文謨幼子，章顯，字□□，行□□。娶□氏。生子，□□。

文訓長子，章春，字□□，生乾隆甲子年。娶□氏。生子，□□。

文訓次子，章夏，字□□，生乾隆丙寅年。娶□氏。生子，□□。

文訓三子，章秋，字□□，生乾隆□□年。娶□氏。生子，□□。

文訓幼子，章冬，字□□，生乾隆乙亥年。娶□氏。生子，□□。

文誥長子，章啟，字□□，生乾隆壬申年。娶香田呂氏。生子，□□。

文誥次子，章發，字□□，生乾隆□□年。娶□氏。生子，□□。

文進長子，章時，字聖宜，生雍正壬子年。娶□氏。生子，□□。

文進次子，章曜，字觀陽，生乾隆己未年九月廿八吉時。年十五，已應童試，蒙葉縣尊翰林作養。娶□氏。生子，□□。

文進三子，章暎，字□□，生乾隆甲子年。娶□氏。生子，□□。

文進四子，章聰，字□□，生乾隆甲戌年。娶□氏。生子，□□。

文柏【栢】之子，章昭，字□□，生乾隆己未年。娶□氏。生子，□□。

文松之子，章暐，字□□，生乾隆乙亥年。娶□氏。生子，□□。

文桂之子 章暎，字□□，生□□□□□。娶□氏。生子，□□。

文梅之子，章晞，字□□，生□□□□□。娶□氏。生子，□□。

文蘭之子，章孔，字□□，生乾隆庚午年。娶□氏。生子，□□。

第四十八世[乾]

章時之子，繼（乾）詩，字□□，生□□□□□。娶□氏。生子，□□。

章曜之子，繼（乾）書，字□□，生□□□□□。娶□氏。生子，□□。

章暎之子，繼（乾）易，字□□，生□□□□□。娶□氏。生子，□□。

章煦之子，繼（乾）禮，字□□，生□□□□□。娶□氏。生子，□□。

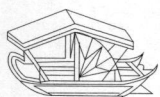

叁、雷氏族譜

雷氏大成宗族總譜　卷叁

建昌北山支前房世錄

第三十九世

　　本莊公之四子，景常，行能十，號青隱先生，生永樂辛卯年七月二十五日巳時。娶村前段{叚}氏，享年六十四，歿成化十年三月十八日戌時，葬燕山，即老婆山，靠母氏墳傍。生子，仲羨、仲宏。李世鳳為之銘曰："猗歟世族，慶源不竭。一枝獨盛，綿綿瓜瓞。未相吉人，卓然超越。磨不磷緇，固其堅白。卜其宅兆，於彼北山。氣聚風藏，水環山列。勒此石碑，永昭厥德。"

第四十世

　　景常公之長子，仲羨，字□□，行□□，娶□氏。

　　景常公之次子，仲宏，字玄正，號松莊，歿弘治乙丑十月二十三日戌時，葬燕山。娶陳氏，歿正德庚辰十二月十九日寅時，葬楊梅嶺。生子，中震、中霔、中霄、中霽。

第四十一世

　　仲宏公之長子，中震，字□□，行□□。娶中山談氏。

　　仲宏公之次子，中霔，轅十二生。娶大塘吳氏。生子，正麟、正鳳。

　　仲宏公之三子，中霄，字□□，行□□。娶體泉燕氏。

　　仲宏公之幼子，中霽，字立惠，行□□。娶赤岡呂氏。生子，正隆。

第四十二世

　　中霔公之長子，正麟，字□□，行□□。娶□氏。

　　中霔公之幼子，正鳳，字□□，行□□。娶鄒氏。生子，永甫、永嵩、永岳。

　　中霽公之子，正隆，字廷明，行□□，娶樟坳李氏。繼娶劉氏，卒，俱葬楊梅嶺。生子，永亮、永學、永裘。

第四十三世

正鳳公之長子，永甫，字□□，行祥四，號北山。娶鄒氏。生子，玉琮、玉玟。

正鳳公之次子，永嵩，字□□，行祥五。娶戴氏。生子，玉琇、玉璉、玉璋。

正鳳公之三子，永岳，字□□，行□□。娶□氏。生子，玉成（遷金陵之石城）。

正隆公之長子，永亮，字□□，行□□。娶珠橋袁氏。生子，玉潤、玉表、玉液、玉興。

正隆公之次子，永學，字□□，行□□。娶唐氏。生子，玉海。

正隆公之三子，永裘，字□□，行□□，娶□氏。

第四十四世

永嵩公之長子，玉琇，行綱九，號源泉，生萬曆庚辰年八月十四日子時，歿順治庚寅年九月十一日巳時。娶□氏，卒，俱葬楊梅山，乾巽向。生子，振聰。

永嵩公之次子，玉璉，行綱十，號鳳泉，生萬曆己亥正月初二日子時，歿于金陵。

永嵩公之三子，玉璋，字□□，行□□。娶□氏。

永亮公之長子，玉潤，字潤泉，行□□，卒，葬本里燕山。娶李氏，卒，葬楊梅山。生子，振春。

永亮公之次子，玉表，字君育，行□□。娶鄒氏。生子，振化、振作、振仁。

永亮公之三子，玉液，字慕雲，生萬曆丙申年十月十二日，葬楊梅嶺，辛乙向。歿順治癸巳年二月二十八日巳時。娶岑氏，卒，葬北山。生子，振朝、振烈、振迅（早夭）。

永亮公之四子，玉興，字□□，行□□。娶莫氏。

永學公之子，玉海，字隆五，生萬曆乙未年八月十六日亥時，卒，葬楊梅嶺橫路下，辛乙向。娶李氏引姑，生萬曆己亥年十二月初七日辰時，歿己巳年六月十五日午時，葬楊梅嶺背後，辛乙向。生子，振明、振光。

第四十五世

玉琇公之子，振聰，字□□，生崇禎庚午年三月初六日寅時，歿壬辰年三月十四日申時。娶劉氏，生順治壬辰八月初三日子時，歿康熙戊子二月十二日亥時，俱葬楊梅嶺。生子，發亮。

玉潤公之子，振春，字環甫，行應三，卒，葬張家山季槎楞。娶李氏，卒，葬楊梅嶺。生子，發旺。

玉表公之長子，振化，字□□，行□□，卒，葬楊梅嶺。娶鄒氏。生子，發瑞、發珉。

玉表公之次子，振作，字□□，行□□。娶王氏，卒，合葬楊梅山。生子，發球（早夭）、發珂。

玉表公之三子，振仁，字□□，行□□。娶□氏。

玉液公之長子，振朝，字聘之，生天啓丁卯十月初三日子時，歿康熙庚辰八月初八日巳時，葬楊梅山項家塘邊，庚甲向。娶胡氏。生子，發通、發進。

玉液公之次子，振烈，字成之。娶沈氏，卒，俱葬楊梅嶺。生子，發豪、發傑。

玉液公之三子，振迅，字□□，行□□。娶□氏，止。

玉海公之長子，振明，字德甫，生萬曆丁未年八月廿六日辰時，葬張家山季槎楞，丑未向。娶岑氏招姑，生乙巳年五月廿六日寅時，歿康熙三年二月十八日申時，葬楊梅嶺，乾巽向。生子，發元。

玉海公之次子，振光，字□□，行□□。娶吳氏。生子，發考，止。

第四十六世

振聰公之子，發亮，字明彩，生康熙己酉年七月初九日申時，卒康熙四十九年十二月二十六日午時，葬楊梅嶺，辛乙向。娶鄒氏，生康熙庚戌十二月十二日辰時，卒雍正年間，葬舒翁嶺，丑未向。生子，金孟、金仲。

振春公之長子，發旺，字子興，卒，葬張家山季槎楞。娶鄒氏，卒，葬楊梅嶺項家塘邊。生子，金弼、金弘。

振化公之長子，發瑞，字專玉，卒，葬楊梅山傍。娶鄒氏。生子，金忠。

振化公之次子，發珉，字明玉。娶李氏，卒，葬楊梅山株樹下。生女一，適馬嘴李。

振作公之次子，發珂，字可玉。娶胡氏，卒，俱葬楊梅嶺坑中。生女二，長適大塘板鄒，次適長屋彭。

振朝公之長子，發通，字伯達，生順治乙未年三月十三日酉時，享年九十一，歿乾隆甲子歲九月十七日申時，葬楊梅嶺，靠祖玉液公為墳。娶吳氏，生康熙甲辰五月廿六日丑時，享年八十一，歿乾隆七年十月十二日申時，葬彭家洲，依祖母胡氏墓。生子，金瑚、金璉、金百、金千、金萬。讚伯達兄："伯氏平生行中，慮言中倫。任天而動，率意而行。與人無忤，與事無爭。行已以恭，待人以謙。有君子之風，合儒雅之林。紹馮翊之家風，守北山之良模。春秋九十零一，和諧與【舉】案齊眉。"房弟騰蛟譔｛【撰】｝。

振朝公之次子，發進，字子性，生順治□□。娶雲裡港李濟生之女，生順治□□，歿，俱葬黃梅湖。生子，金壽、金相、金永。

振烈公之子，發豪，字傑士，生康熙庚辰年九月廿九日巳時。娶祝氏。生子，□□。

振明公之子，發元，字啟貞，生順治庚寅正月十二日辰時，歿康熙甲申十月十二日申時，葬燕山，辰戌向。娶鄒氏救姑，生康熙丁酉正月十九日卯時，歿雍正六年八月十七日亥時，葬楊梅嶺，庚甲向。生子，金升（夭）、金燦。女一，適馬嘴戴朝龍。

第四十七世

發亮公之長子，金孟，字又軻，生康熙辛未七月初二日子時，歿乾隆庚午七月廿一日子時，葬舒翁嶺，丑未向。娶鄒氏。生子，聲朝、聲廷、聲智、聲祿、聲其、聲有、聲訓。

發亮公之次子，金仲，字又尼，生康熙乙亥十一月初一日辰時，歿乾隆甲戌九月二十六日子時，葬楊梅山項家塘邊。娶談氏。生子，聲秀、聲茂、聲松。

發旺公之長子，金弼，字甫臣，生康熙丙戌二月廿日申時。娶熊氏。生子三，聲皋、聲堯、聲舜。

發旺公之次子，金弘，字義臣，生康熙戊子三月初十日辰時。娶熊氏。生子三，聲炳、聲煥、聲燦。

發瑞公之次子，金忠 字國臣，生康熙辛巳六月廿三日巳時。娶鄒氏。生子四，聲沐、聲浴、聲溥、聲湖。女一。

發通公之長子，金瑚，字夏珍，生康熙丁卯五月初六日辰時，歿乾隆壬申

六月初九日寅時，葬楊梅嶺項家塘邊，依祖墓為塋。娶吳氏引姑，生康熙己巳正月廿四日子時，葬燕山，靠太祖母為墓。生子二，聲仁（夭）、聲响。

發通公之次子，金璉，字商珍，生康熙庚午三月廿六日辰時。娶城下阪鄒氏，生康熙癸酉十二月初二日未時，歿乾隆十六年閏五月初二日申時，葬張家山桐子腦，乾巽向。生子三，聲洪、聲藻、聲深【彩】。女適大屋彭。

發通公之三子，金百，字福先，生康熙丁丑七月十六日辰時，倡議贊修族譜。娶在市閔氏，生康熙壬午八月初一日子時，歿乾隆庚午正月廿八日寅時，葬楊梅嶺，辛乙向。生四子，聲漢、聲海、聲江、聲河。

發通公之四子，金千，字萬次，生康熙庚辰六月廿二日巳時。和宗睦族，贊修譜牒。娶蒲水木坂羅瑞卿之幼女，生康熙庚寅八月初十日酉時。生四子，聲潤、聲淮、聲濱、聲汜。女二，長適歐塘李，次適老屋談。讚曰："青燈寒帷，遇合無期。轉業黃岐，命與時違。逍遙乎盤澗，遊藝乎樵漁。敦孝弟，連同枝，讚序宗譜，以睦族誼。"歲進士候選儒學司訓，年家眷教弟何世鰲巨戴氏拜贈。"曠觀古來，有幼學壯行，或術【樹】勳旂常、顯功竹帛者固多，亦有懷才抱德而藏璞終身者不少。吾侄萬次，童年誦讀，儒業粗通。弱冠後，時藝亦不讓人。夫何時命不齊【濟】，屬【屢】試莫售。只得效考槃之高風，樂琴書以俏【消】憂，笑傲煙霞，碩大寬廣以自暢。年踰五十，同余赴洪都以修大成。志氣高而貽謀遠，亦讀書人之盛也。事不可不記。"房叔騰蛟譔。

發通公之五子，金萬，字傑明，生康熙乙酉二月十二日辰時。娶元槎楊氏，生康熙戊子九月。生子四，聲浩、聲清、聲波、聲浪。生女一，適雙州趙文英。讚曰："行己端方，接物和平。與人無忤，處世不矜。疏【疏】財仗義，咸伸溫柔。義方訓子，指顧成名。"愚弟文龍從先譔。

發進公之長子，金壽，字子福，生康熙辛巳三月初三日巳時。娶黃梅孫氏，繼娶稜塘劉氏。二氏俱歿。

發進公之次子，金相，字子旺，卒。

發進公之三子，金永，字長人，生康熙丙戌四月初十日酉時。娶九江費氏，生雍正乙巳七月十七日巳時。

發元公之子，金燦，字子文，生康熙丁丑三月十五日未時，江省修譜，慷慨從事。娶李氏，生康熙丙子十月廿七日亥時。生子三，長聲達、次聲遂（夭）、三聲週（夭）。

讚曰："文章未遂業岐黃，功補造化世無雙。利物濟人功匪小，孩童花菓【果】保安康。箕裘克紹家聲舊，持家訓子有端方。念切家乘增光裕，北山第一永流芳。"

房叔騰蛟譔｛【撰】｝。

第四十八世

金孟公之長子，聲朝，字其宗，生雍正丁未年九月十八日申時。娶吳氏，生乾隆癸亥十月初七日亥時。

金孟公之次子，聲廷，字在宗，生雍正丁未年九月十八日酉時。娶鄒氏，生雍正丙午年十月廿六日寅時。

金孟公之三子，聲智，字信先，生雍正甲寅八月初二日酉時。娶鄒氏，生乾隆己巳十一月初四日午時。

金孟公之四子，聲祿，字在中，生乾隆丁巳年正月初七日巳時。

金孟公之五子，聲其，字仁先，生乾隆庚申九月十一日申時。

金孟公之六子，聲有，字勇先，生乾隆癸亥十一月廿一日子時。

金孟公之七子，聲訓，字教先，生乾隆戊辰六月初七日戌時。

金仲公之長子，聲秀，字次武，生雍正庚戌三月十五日亥時。娶鄒氏。生子，繼龍。女幼妹，未配。

金仲公之次子，聲茂，字林生，生乾隆戊午正月廿九日午時。娶吳氏，生乾隆己未二月十四日亥時。

金仲公之三子，聲松，字以柏【栢】，生乾隆庚申七月廿七日未時。娶□氏。生子，□□。

金弼公之長子，聲皋，字輝文，生雍正庚戌十月初十日亥時。娶□氏。生子，□□。

金弼公次子，聲堯，字紹文，生雍正甲寅九月十七日巳時。娶□氏。生子，□□。

金弼公之三子，聲舜，字繼文，生乾隆丁巳九月初九日未時。娶□氏。生子，□□。

金弘公之長子，聲炳，字錦文，生雍正戊申十一月廿七日亥時。娶□氏。生子，□□。

金弘公之次子，聲渙【煥】，字明彩，生雍正庚戌正月二十日子時。娶□

氏。生子，□□。

金弘公之三子，聲燦，字啟明，生雍正丙辰十月初三日巳時。娶□氏。生子，□□。

金忠公之長子，聲沐，字又清，生雍正丁未年閏三月初二日亥時。

金忠公之次子，聲浴，字上清，生雍正辛亥二月初二日戌時。娶鄒氏。生子，□□。

金忠公之三子，聲溥，字川來，生乾隆癸亥八月廿三日寅時。娶□氏。生子，□□。

金忠公之四子，聲湖，字又洋，生乾隆丙寅七月初五日巳時。娶□氏。生子，□□。

金瑚公之子，聲响，字定聞，生康熙丙申十月十二日戌時。娶劉氏，生雍正甲辰八月廿五日巳時。生子二，繼聖，繼賢。

金璉公之長子，聲洪，字大也，生雍正乙巳三月初六日未時。娶墩上吳氏。生子，譜保。女化妹，未配。

金璉公之次子，聲藻，字華先，生雍正己酉十二月初八日子時。娶東岸朱氏，生子，□□。

金璉公之三子，聲深，字美先 生雍正戊子年。娶□氏。生子，□□。

金百公之長子，聲漢，字朝洋，生雍正己酉年閏七月廿八日戌時。娶□氏。生子，□□。

金百公之次子，聲海，字南有，生雍正壬子年二月十四日戌時。娶□氏。生子，□□。

金百公之三子，聲江，字應川，生乾隆元年丙辰五月廿日亥時。娶□氏。生子，□□。

金百公之四子，聲河，字清來，生乾隆戊午九月廿日子時。娶□氏。生子，□□。

金千公之長子，聲潤，字若夫，生雍正乙卯年三月廿八日申時。娶□氏。生子，□□。

金千公之次子，聲淮，字百川，生乾隆庚申年九月廿二日未時。娶□氏。生子，□□。

金千公之三子，聲濱，字得遇，生乾隆壬戌年十二月十五日子時。娶□

氏。生子，□□。

金千公之四子，聲汜，字東來，生乾隆丁卯年四月十三日丑時。娶□氏。生子，□□。

金萬公之長子，聲浩，字天城，生雍正乙巳三月廿六日午時。娶大塘坂鄒氏，生雍正癸丑四月十四酉時。生子，繼宗。女二，長貴秀，未配，次適鄒。

金萬公之次子，聲清，字開泰，生雍正壬子年十月十二日辰時。娶山口吳氏，生乾隆戊午九月初五日午時。生子，□□。

金萬公之三子，聲波，字文瀾，生雍正丙辰三月十九日辰時。娶下保吳氏，生乾隆甲子年。生子，□□。

金萬公之四子，聲浪，字三汲，生乾隆己未七月廿日申時。娶新屋談氏，生乾隆己巳二月初十日巳時。生子，□□。

金燦公之子，聲達，字在邦，生康熙戊戌七月廿日申時，娶吳氏。

第四十九世（乾）

聲秀公之子，繼（乾）龍，字雲會，生乾隆壬申四月十六日申時。娶□氏。生子，□□。

聲响公之長子，繼（乾）聖，字文通，生乾隆戊辰二月初十日巳時。娶□氏。生子，□□。

聲响公之次子繼，（乾）賢，字文達，生乾隆癸酉七月廿五日申時。娶□氏。生子，□□。

聲洪公之長子，譜保，字□□，生□年□月□日□時。娶□氏。生子，□□。

聲浩公之子，（乾）繼宗，字□□，生□年□月□日□時。娶□氏。生子，□□。

建昌北山樟枋支世錄

第三十八世

名遠公之次子，宗義，字□□，行□□。娶同鄉大坪李氏，繼娶吳氏。生子，孟郁。生女三，長適徐，次適彭，幼適鄒。

第三十九世

宗義公之子，孟郁，字□□，行□□。娶鄒氏。生子，守信、守仁。

第四十世

　　孟郁公之長子，守信，字□□，行□□。娶王氏。生子，志遠。

　　孟郁公之次子，守仁，字□□，行□□。娶□氏。生子，志受。

第四十一世

　　守信公之子，志遠，字□□，行□□。娶艾氏。生子一，霹。

　　守仁公之子，志受，字□□，行□□。娶□氏。生子一，靂。

第四十二世

　　志遠公之子，一霹，字□□，行□□。娶東谷鄒氏。生子，永興、永發、永富。

　　志受公之子，一靂，字□□，行□□。娶□氏。生子，永明。

第四十三世

　　一霹公長子，永興，字□□，行□□。娶李氏。生子，玉輝。

　　一霹公之次子，永發，字□□，行□□。娶□氏。生子，玉明。

　　一霹公之幼子，永富，字□□，行□□。娶□氏。生子，玉喜。

　　一靂公之子，永明，字□□，行□□。娶□氏。生子，玉白。

第四十四世

　　永興公之子，玉輝，字□□，行□□。娶李氏。生子，振常。

　　永發公之子，玉明，字□□，行□□。娶□氏，卒，俱葬董家山。生子，振宇、振宙、振發。

　　永富公之子，玉喜，字□□，行□□。娶□氏。生子，振綱。

　　永明公之子，玉白，字□□，行□□。娶鄒氏。生子，振先、振啟、振楚、振國。

第四十五世

　　玉輝公之子，振常，字□□，行□□。娶李氏。生子，發春。

　　玉明公之次子，振宙，字□□，行□□，卒，葬墩上。娶潘氏，卒，葬董坑。生子，發珍【禎】、發祿。

　　玉喜公之子，振綱，字□□，行□□。娶□氏。生子，發煥。

　　玉白公之長子，振先，字從之。娶曾氏。生子，發明。女春姑。

　　玉白公之次子，振啓，字聞先。娶鄒氏，無出，卒，葬得勝門①外顯子池，

_____

① 此處得勝門地處江西省建康府建昌縣，不是北京的德勝門。

子午向。

玉白公之三子，振楚，字善良，生康熙甲辰四月十六日巳時，卒康熙五十九年十月廿八日辰時，葬得勝門外當門橋，壬丙向。娶劉氏，生康熙甲寅十二月十七日未時，卒雍正十年六月廿八日戌時，葬得勝門外官山，丙向。生子二，發質、發辰。生女二，三姑、小妹。

第四十六世

振常公之子，發春，字贊宇，卒，葬觀音橋。娶岳氏，卒，葬洋子洲榻下山。生子，金明、金鼎（止）。

振宙公之長子，發珍【禎】，字祥瑞，歿，葬姜園墩上屋場後。娶青山李氏，歿，葬烈家東邊嶺。生子，金玉、金璧。

振宙公之次子，發祿，字光宇。娶□氏。生子，□□。

振綱公之子，發煥，字有章。娶魏氏，葬芭茅熊家岡。生子，金榮、金梅、金華。女適本里王能先。

振先公之子，發明，字古來。娶李氏。生子，金考。

振楚公之長子，發質，字佑彬，生康熙己丑十二月廿五日亥時。娶聶氏，生雍正壬子九月十八日亥時。

振楚公之幼子，發辰，字啟生，生康熙壬辰正月初九辰時，歿雍正癸丑五月初一日辰時。娶赤土陳氏，生康熙辛丑正月初六日子時，歿乾隆庚申六月初二辰時。生子，金龍。

第四十七世

發春公之長子，金明，字德先，歿，葬進賢門外觀音橋。娶甘氏，歿，葬北崗樓下。生子五，聲勇、聲躍、聲平、聲鐸、聲遠。德先公讚："先來江省自明初，張家坊里徙洪都。祖父相傳多年數，書香奕業舊規模。身沐皇恩從九品，令嗣世襲稱象賢。我來豫章修家譜，實行堪讚傳後來。"北山支七十三翁尋樂識。

發珍公之長子，金玉，字伯珍，生康熙辛酉，歿乾隆辛未。娶徐氏，歿，俱葬墩上。生子，聲源。

發珍公之幼子，金璧，字伯祥，生康熙甲子，歿乾隆癸亥。娶袁氏，卒，俱葬墩上。生子四，聲泮、聲沂、聲洪、聲法。

發煥公之長子，金榮，字□□，行□□，卒，葬南昌三家村徐家頭。娶

□氏。

發煥公之次子，金梅，字□□，行□□。娶南昌楊氏，生康熙癸酉年。生子，聲明。

發煥公之幼子，金華，字政先，卒，葬董坑。娶涂氏，歿。女適乾坡壠吳。

發明公之子，金考，字倫士。娶李氏。

發辰公之子，金龍，字雲從，生康熙丙戌五月初二日子時。娶陳氏，生雍正辛丑三月十一日丑時。生子，□□。

第四十八世

金明公之長子，聲勇，字聖功。娶王氏。生子，文（家）鳳、文（家）彩（止）。女二，長適鄧，次適李。

金明公之次子，聲躍，字北海，鄉飲大賓，生康熙庚申正月十三日丑時，歿乾隆癸酉正月初二日子時。娶帥氏，生己未十二月廿二日巳時，歿壬申正月十四日亥時，俱葬北崗樓下王家山。生子，文（家）龍、文（家）瑞、文（家）鸞。女三，長適宋，次適王，幼適劉。北海公讚：“平生堪瑰【媿】孫思邈，制【志】行高潔方又員【圓】。榮膺九品稱耆老，兒孫蟄蟄俱象賢。宣講聖諭光前大，見優督撫裕後長。北山家聲豫章著，張坊流風似覺新。”北山支七十三翁尋樂識。

金明公之三子，聲平，字三汲，葬進賢門外。娶王氏。女一，適丁。

金明公之四子，金【聲】鐸，字□□，行□□。娶孟氏，卒，葬祖山董坑。生子，文祥。女適劉。

金明公之五子，聲遠，字□□，行□□。娶左氏，卒，葬得勝門外王家莊。

金玉公之子，聲源，字□□，行□□，生康熙甲午年。娶□氏。生子，□□。

金璧公之長子，聲泮【泮】，字□□，行□□，生康熙丙午年。娶□氏。生子，□□。

金璧公之次子，聲沂，字□□，行□□，生康熙戊戌年。娶□氏。生子，□□。

金璧公之三子，聲洪，字□□，行□□。娶徐氏。生子，新保。

金璧公之幼子，聲法，字□□，行□□，生康熙戊申年。娶丁氏。

金梅公之子，聲明，字德珍，生雍正甲寅九月廿二日寅時。娶□氏。生子，□□。

第四十九世（乾）

聲躍公之長子，（乾）文龍，字光斗，生己卯九月廿二日丑時。娶王氏，生康熙辛卯四月廿二日亥時，歿乾隆甲戌年十一月十七日戌時，葬得勝門外。生子，章（先）松。女三，長適王，次適師，幼適帥。

聲躍公之次子，（乾）文瑞，字聖祥，生康熙丙戌八月廿九日丑時。娶岳氏，生甲午年十一月初三日子時。生子，章（先）楷。女二，未配。（先）

聲躍公之幼子，（乾）文鸞，字廷鳳，生康熙戊子八月十四日巳時。娶帥氏，生丙申十一月初二日卯時。生子，章（先）相、章（先）柏【栢】。

聲鐸公之子，（乾）文祥，字□□，行□□。娶□氏。生子，□□。

聲洪公之子，（乾）新保，字□□，行□□。娶□氏。生子，□□。

第五十世[坤]

文龍公之子，（坤）章松，字堅持，生乾隆丁巳年八月十二日辰時。娶夏氏，生乾隆甲子年十一月十六日子時。生子，□□。

文瑞公之子，（坤）章楷，字貢植，生雍正癸丑十二月十七日未時。娶龔氏，生乾隆辛酉十一月十九日卯時。生子，□□。

文鸞公長子，（坤）章相，字贊鄉，生雍正乙卯十月初五日寅時。娶胡氏，生乾隆庚申正月廿三日午時。生子，□□。

文鸞公之次子，（坤）章栢，字殷植，生乾隆戊午四月初六日戌時。娶□氏。生子，□□。

建昌北山支遷居金陵世錄

第四十五世

玉成公之長子，振聲，字□□，行□□。娶郭氏、羅氏。生子，發達。

玉成公之五子，振宙，字叔弘，號殿九，生萬曆丙辰年十一月初一日，卒康熙己未五月初五日，葬安慶陳家巷。娶鄒氏，卒於建昌。繼娶李氏，卒，亦葬陳家巷。生子，發宗、發宣。

第四十六世

振聲公之長子，發達，字明所，生萬曆己未二月廿一亥時，歿康熙癸酉八月十一戌時，葬安德門外頂寶石①，癸山丁向。娶江氏、陳氏，生崇禎四年正月初五戌時，卒康熙五十一年十月初七卯時。生子，金玉、金昇、金鳴。

振宙公之長子，發宗，字萬予，卒，葬金陵三山門外。娶鄒氏。生子，金文、金隆。

振宙公之幼子，發宣，字茂生，生順治丙戌十二月廿一日，卒康熙戊子三月初三日，葬江陵小山，乾巽向。誥封文林郎。娶呂氏，生順治癸巳年四月廿二日，卒雍正甲寅十一月初六日，誥封孺人。生子，金兆、金瑞、金祥。女一，適龍門。

第四十七世

發達公之長子，金玉，字良生，生順治己亥八月十六日巳時，國學生，考授州同，欽賜內務府七品官，食七品俸。歿雍正己酉十一月初十日戌時，恩賞盤費銀一百餘金，奉旨馳驛歸，葬安德門外西善橋②，坤山艮向。娶劉氏。繼娶柏【栢】氏，生康熙丙申十二月初四日子時，歿康熙丁亥七月廿二日未時。又繼娶潘氏，生康熙辛酉八月十五日子時，歿乾隆戊午正月十一日卯時。繼娶張氏，生康熙壬申七月二十二日巳時，歿乾隆辛巳六月初一日卯時。生子四，聲清、聲沛、聲洋、聲澂。生女二，長適楊，次適閔。

發達公之次子，金昇，字繼生，生康熙三年九月初七日寅時，歿康熙五十八年五月廿七日酉時。娶夏氏，生康熙戊申三月初三亥時，歿雍正丙午八

---

① 頂寶石，今江蘇省南京市江寧區西善橋街道所轄地。

② 西善橋，今江蘇省南京市江寧區西善橋街道所在地。唐代因牛首山爲"牛頭宗"發祥地，在山的東、西各建設一橋，稱呼爲東、西善橋，現地處南京市雨花臺西南、秦淮新河南岸。據《中國古今地名大詞典》第1092頁，上海辭書出版社2005年7月版。據《雷氏族譜·雷氏遷居金陵述》記載，雷氏家族北山支由江西建昌遷徙金陵石城是因爲"明末流寇四出，賦稅日重，人民離散，地土荒蕪，予祖振宙公，伯祖振聲公弃儒南來貿易以應家之差役，遂暫居金陵之石城"。這里的石城在昔日金陵安德門內，又稱江寧邑（縣城）小山之陽，即今南京市江寧區西善橋鎮所在地。現在事實上則隸屬於南京市雨花臺區西善橋街道。西善橋幾經拆遷，不管是安德門石子崗之陽，還是安德門外西善橋，早已不復存在，全部被新建築的樓房所覆蓋。雷發達安葬之地安德門外西善橋所竪立的墓碑也不知所向。加之"樣式雷"家族滯留在南京江寧的後人沒有固定的住處，遷徙到此的雷氏宗族後代家族變化與族譜編撰情況也就不得而知。西善橋一帶曾有一個名叫"樣式雷"村的地方，後來被鏟平成爲商業開發區用地。就像北京海淀區海淀鎮槐樹街夷爲平地而成爲現今北京西北四環路段一樣，西善橋"樣式雷"墓地如今也被成片的現代樓房所掩蓋得毫無踪影。

月廿五子時，俱葬鳳台門外麻田少家莊。生子，聲溥，國學生，候補州同，沒【歿】。立弟三子聲藻為嗣。生女，適張。

發達公之三子，金鳴，字麟生，生康熙壬子七月初六寅時，歿乾隆丁巳正月十九戌時。娶王氏，生康熙丙辰三月初十寅時，歿乾隆甲子十一月廿四辰時，俱葬安德門外西善橋，坤山艮向。生子四，長聲浚、次聲潤、三聲藻（出繼兄金昇公爲嗣）、幼聲浩。生女一，適周。

發宗公之長子，金文，字子羽，歿於金陵。

發宗公之次子，金隆，字子玉，生康熙丁未十月初七，內府効{效}用，候補序班，歿雍正辛亥十月初三日。娶盧氏，生康熙戊午十一月廿七日，歿丙申年二月初六日，俱葬小山石子岡。繼娶何氏，生康熙乙丑八月十八日，歿乾隆壬戌十月廿三。立弟三子聲澍為嗣。女適何。

發宣公之長子，金兆，字雲昇，大【太】學生，誥封文林郎。生康熙壬子六月十三日，卒雍正甲寅四月初九日。娶陳氏，生康熙己未五月十八日，卒康熙戊子十一月初十，誥封孺人。繼娶顧氏，生康熙甲子二月初三日，卒乾隆乙丑五月十三日，誥封孺人。生子，長聲濂、次聲澤、三聲澍（出繼從兄金隆）、四聲渙（出繼弟金瑞）、幼聲濟。

發宣公之次子，金瑞，字雲從，由縣丞誥封文林郎。生康熙甲寅九月十七日，卒雍正甲寅四月二十一日。娶劉氏，生康熙乙丑年三月廿五日。繼娶徐氏，生康熙庚申十月初八日，卒雍正壬子十月十二日。俱誥封安人。立兄四子聲渙為嗣。生子，聲洪。

發宣公之幼子，金祥，字雲龍，生康熙戊午十月十四日，由職員考授從事郎，歿康熙己亥十一月十六日。娶奚氏，生康熙甲申四月二十二日，歿雍正辛亥二月初六日。生子，聲灝。

第四十八世

金玉公之長子，聲清，字聞先，生康熙乙酉六月二十八日，葬聚善村①。娶韓氏，生康熙丁亥八月十五子時，歿乾隆戊午四月十三未時。繼娶楊氏，生康

---

① 聚善村，現北京市海淀區四季青鎮巨山村，爲寶山村委會管轄。巨山又稱呼聚山、聚善、摎山、絕山、覺山等等，當地鄉諺曰：“黑塔無塔，巨山無山”，距離巨山村二里之外才有一莫名的小山，再往西即是西山。從西山經過福田寺有一條清水河穿過巨山村流進南旱河，致使依山臨水的巨山村被成爲風水寶地。自宋代以來，村莊四周遍布諸多官員的墳地。同治四年（公元1865年），樣式雷第五代傳人雷景修在此設計、營建族人墳塋。

熙丁酉五月廿一日。妾陳氏，生康熙丙申十二月初七。生子三，家琳、家瑄、家瑃。女二，長適宋、次適雙姐。

金玉公之次子，聲沛，字雨蒼，生康熙丁亥二月廿二日，葬聚善村。娶陳氏，生康熙戊子四月廿七日，歿乾隆丁卯五月廿三日。妾高氏。生子，家琪、家瑗、家珩、家璸、家璐。生女。長適孔，次適劉，三三姐，四四姐，幼五姐。

金玉公之三子，聲洋，字萬育，生康熙辛卯八月十五，葬聚善村。娶徐氏，生康熙辛卯十月初二。生子，家瑛。生女，長適諶；次適三姐【適楊】。

金玉公之幼子，聲澂，字藻亭，行六，生雍正己酉七月三十日丑時，歿乾隆壬子八月廿一日午時，葬聚善村。娶初氏，生雍正庚戌四月廿一日子時，歿嘉慶庚申二月初二日申時。生子三，家瑋、家璽、家瑞。生女四，長大姐（歿），次適湯，三適呂，四適王。

金昇公之長子，金【聲】溥，字□□，國學生，候補州同，歿。

金昇公之幼子，聲藻，字芹友【友】，生康熙癸未十月初三日。娶□氏，生康熙壬子九月十二日。生子六，家珠、家瑚、家球、家琰、家珊、家璞。生女一，適尤。

金鳴公之長子，聲浚，字鼓萬，職員，候補經廳，生康熙戊寅九月廿五日。娶施氏，生康熙辛巳三月廿八日。生子，家璉。

金鳴公之次子，聲潤，字德徵，生康熙辛巳十二月廿二日亥時，歿乾隆辛未閏五月廿二日巳時。娶吳氏，生康熙壬戌六月廿六日午時，歿雍正丙午十一月十八日申時。娶艾氏，生康熙癸巳十二月初三日子時，歿乾隆壬申六月十九日未時。又娶吳氏，生康熙壬辰正月初二日寅時，歿乾隆丙辰四月十八日丑時。生子三，家琮、家璜、家瑾。女二，長適龍，次二姐。俱合葬北京順天府宛平縣西直門外聚善村，丙山壬向，兼子午三分。

金鳴公之幼子，聲浩，字其天，生康熙戊子十一月廿九日。娶陳氏，生康熙辛卯十月初九日。生子，家玠。

金隆公之嗣子，聲澍，字于南，號艮山，生康熙辛卯正月廿七日，中順天辛酉科鄉試，候推守府，例封雲騎尉。娶張氏，生康熙己丑七月十五日。生女一。

金兆公之次子，聲澤，字敷世，生康熙辛巳九月初九日，禮部儒士，考授經廳。娶陳氏，生康熙甲申正月初八日，歿乾隆癸亥二月十九日。生子一，繼楷。女一。

金兆公之五子，聲濟，字汝楫，號石溪，生雍正丁未十月十六日。娶□氏。生子，□□。

金瑞公之嗣子，聲渙，字在中，號萃菴，生康熙丙申年十月初三日。中順天辛酉科鄉試，八旗通譜館纂修，持授文林郎，知湖北宜昌府①長陽縣，丁卯科同考試官，調安陸府②京山縣知縣。娶夏氏，生丙申年八月廿六日。生一子，繼植。

金瑞公之次子，聲洪，字百川，號實菴，生康熙丙申十月十一日，順天府③庠生。娶郭氏，生康熙丙申年二月十六日。生一子，繼椿。女二。

金祥公之子，聲灝，字警世，號鎮菴，生康熙乙酉年十月廿九日，禮部儒士廳，考授縣丞。娶王氏，生甲申年六月廿三日。生子一，繼祖。

第四十九世

聲清公之長子，（乾）家琳，字□□，生乾隆己未年六月十三日。娶陳氏。生子，□□。

聲清公之次子，（乾）家瑄，字□□，生乾隆甲子年八月廿四日。娶張氏。生子，□□。

聲清公之幼子，（乾）家椿【瑃】，字□□，生乾隆乙丑年七月初一日。娶□氏。生子，□□。

聲沛公之長子，（乾）家琪，字疏【毓】東，邑庠生，生雍正丁未年三月廿二日。娶楊氏，生雍正己酉五月廿二日。生子，□□。

聲沛公之次子，（乾）家瑗，字奉周，國學生，生雍正癸丑年六月廿三

---

① 宜昌府，清雍正十三年（公元1735年）升夷陵州置，治所在東湖（今宜昌市），轄境相當今湖北省宜昌、長陽、五峰、鶴峰、巴東、興山等市縣。據《辭海》第1014頁，上海辭書出版社1985年8月版。

② 安陸府，元至元十五年（公元1278年）升郢州置府，治所在長壽（明改鍾祥，今縣）。明初降為州。嘉靖十年（公元1531年）改承天府。清順治三年（公元1646年）複改安陸府。據《辭海》第1000頁，上海辭書出版社1985年8月版。

③ 順天府，明永樂元年（公元1403年）改北平府置，建為北京。十九年（公元1421年）定都於此，改稱京師。治所在大興、宛平（今北京市）。轄境相當今河北長城以南，遵化、豐南以西，拒馬河、大清河、海河以北，和文安、大城縣地。據《辭海》第1844頁，上海辭書出版社1985年8月版。

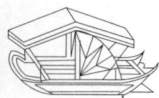

日。娶趙氏。生子，□□。

聲沛公之三子，（乾）家珩，字楚白，生□年□月□日。娶陸氏。生子，□□。

聲沛公之四子，（乾）家璸，字震東，生乾隆甲申年八月二十四日巳時。娶孫氏。生子，□□。

聲洋公之子，（乾）家瑛，字廷光，國學生，生雍正戊申八月初十日酉時，卒乾隆壬子十一月初六日卯時。娶陳氏，生雍正壬子正月廿一日，卒嘉慶戊午十二月十一日未時。生三子，聿修、進修、已修。合葬宛平縣聚善村。

聲藻公之長子，（乾）家珠，字樹三，生康熙庚子九月初二日，卒乾隆己巳三月初五日。娶劉氏、彭氏，生康熙庚子十二月初三日，立弟之子先煜為嗣。

聲藻公之次子，（乾）家瑚，字禹璧，生康熙壬寅五月初十日。娶胡氏。生子，□□。

聲藻公之三子，（乾）家球，字尚賓，生雍正甲辰七月初七日，葬黑和尚廟①後身。娶曹氏，生雍正乙巳十月初三日。生子，先煜（出繼於兄）。

聲藻公之四子，（乾）家琰，字銳三，生雍正丙午十月廿五日。娶吳氏。生子，□□。

聲藻公之五子，（乾）家珊，字□□，生雍正乙酉正月初十日。娶韓氏，生雍正辛亥四月初十日。生子，□□。

聲藻公之六子，（乾）家璞，字□□，生雍正癸丑九月初三日未時。娶□氏。生子，□□。

聲浚公之子，（乾）家璉，字景遽，生雍正甲辰三月初四日。娶蔣氏，生雍正甲辰三月初四日。生子，□□。

聲潤公之長子，（乾）家琮，字禮黃，邑庠生，生雍正庚戌九月初一日午時，歿嘉慶丁巳十一月十三日子時。娶郭氏，生雍正庚戌正月十五日，葬聚山【善】村。繼娶張氏，生雍正癸丑十月初五日亥時，歿嘉慶庚申正月廿三日卯時。生子二，慎修、敬修。

聲潤公之次子，家（乾）璜，字啓東，生乾隆丁巳正月十八日未時，歿嘉

---

① 黑和尚廟，也稱黑和尚老爺廟，曾爲北京海淀鎮南部的一座佛寺，正名是"永通寺"，始建于明正德年間，位于北京海淀醫院西側，因故已被拆毀。

慶甲子五月初二日戌時。娶張氏，生乾隆戊午正月廿六日。繼娶張氏，生乾隆乙丑十月初二日，合葬宛平縣俱【聚】善村昭三穴內。生子三，克修、允修、勤修。

聲潤公之三子，（乾）家瑾，字韞華，生乾隆戊戌年十一月十九日子時，歿嘉慶己未十一月十二日未時。娶馬氏。生子三，曰修、彥修、前修。合葬聚善村昭四穴內。

聲浩公之子，（乾）家玠，字□□，生雍正癸丑十二月初九日。娶□氏。生子，□□。

聲澤公之子，（乾）繼楷，字□□，行□□，生乾隆丁巳九月初二日。娶□氏。生子，□□。

聲渙公之子，（乾）繼植，字□□，生乾隆己巳三月初三日。娶□氏。生子，□□。

聲洪公之子，（乾）繼椿，字□□，生乾隆戊辰七月廿六日。娶□氏。生子，□□。

聲灝公之子，（乾）繼祖，字鳴春，生雍正庚戌七月初四日。娶黃氏，生雍正庚戌十一月十六日。生子，□□。

第五十世[坤]

家珠公之嗣子，（坤）先煜，字□□，行□□，生乾隆己巳七月初七日。娶□氏。生子，□□。

建昌縣北山上房支譜世錄

第二十二世

謙公之子，仁壽，字□□，行□□。娶□氏。生子，達楚。

第二十三世

仁壽公之子，達楚，字□□，行□□。娶□氏。生子，申錫。

第二十四世

達楚公之子，申錫，字□□，行□□。娶□氏。生子，植。

第二十五世

申錫公之子，植，字□□，行□□。娶□氏。生子，度。

第二十六世

植公之子，度，字□□，行□□。娶□氏。生子，世。

第二十七世

度公之子，世，字□□，行□□。娶□氏。生子，濼。

第二十八世

世公之子，濼，字□□，行□□。娶□氏。生子，瑚。

第二十九世

濼公之子，瑚，字□□，行□□。娶□氏。生子，安忠。

第三十世

瑚公之子，安忠，字□□，行□□。娶□氏。生子，思文。

第三十一世

安忠公之子，思文，字德遠。讚曰："評事五經，博通文詞。鄉省試魁，國學脩譔【撰】。褒貶賢愚，德讓御史。侍宸密機，上表乞恩。歸田晚享，自宜優哉。燕眉年上壽咨，樂乎天命復奚疑。"生子，震亨。

第三十二世

思文公之長子，震亨，字驚遠。娶李氏。生子，起龍。女如圭，適歸義鄉醴泉燕宗沐，號古梅。甥，國材，號五峯之貴出於雷，外甥承相徵驗也。

第三十三世

震亨公之子，起龍，字叔雲，號北山翁，生宋紹定壬辰年七月十五日子時。娶燕氏，生端平乙未年七月二十日。生子三，洪、溥、源。

"世系難以枚舉，姑以上三世祖世居建昌，千秋族係家平山之北，號曰北山翁。娶同州燕叔炳女蘭瑞，謹約勤儉，內治有則，延師教子學成。長洪登進士，任南雄石城縣尹。次溥舉進士，任陝州儒學教諭，後陞奉新縣主簿。幼源任陵路東山書院山長。長女適陂溪劉仕觀（任四川學政）。次女適查起南（任龜山書院山長）。洪居東宅，溥居中宅，源居西宅。似續妣祖，貽厥孫謀，略好述【述】前烈，以示後賢。載於譜牒，可謂上不忘其所尊，下不忘其所親。

詩曰："孝子不匱，永錫爾類。"^①垂訓誡語，毋鄙余瑣。望後裔賢其傳焉勿替。是為序。"丁巳九月吉日八十五歲翁記。

公享年八十八，夫人燕氏七十七，至治壬戌十月甲申附葬魯山孺人墓右。生子三，洪、溥、源。銘曰："紜紜修江，童童古樟。衰中瓣香，德薰墩良。不顯而光，不韜而藏。以式則鄉，以為則邦。相成有望，簪笏在床。慶源深長。辰流千秋幾百年，家聲閥閱舊流傳。兒孫仕宦經唐宋，衣錦煌煌照眼鮮。"

賜進士出身刑部主事臨川梅玉潤書。

第三十四世

起龍公之長子，洪，字弘輔，號忠愛，生宋寶佑【祐】甲寅年正月初八日子時。徒居東宅，性稟從【聰】敏，好學勤修，科舉中選，拔進士，吏部右丞。娶燕氏，繼娶孫氏、劉氏。生子五。善性、善政【正】、善教、善道、善遜。生女二，長適王，次適龍。

第三十五世

洪公之子，善性，字貴發，號玉山。娶李氏。生子，宗正。女如珍，適本里大塘吳，撥奩產田地二十畝。

第三十六世

善性公之子，宗正，字廷昌，號雲谷。娶羅泉劉氏懿玉，歿，葬樟坳弓坑嘴，碑銘存。生子，文遠。公雷奉新市住，另娶□氏，歿，葬招魂魯山。

第三十七世

宗正公之子，文遠，行昭八，娶杜氏，生子本莊，嗣子本端。

公壽八十，歿，葬本家張山芭茅尖下中太公嘴，亥己向。自記："遭逢元末，紅白交兵。夏屋灰飛，祖業蕩散。強凌眾暴，散之四方者不知凡幾。余念親在，不敢遠游，朝夕侍奉甘旨。奈洞苗雲布，奪掠鄉邦，內無應門之童，外無朞{期}親之顧，出入無所倚托，起息彷徨。於是隨父同歷省城南昌、豐城、奉新、進賢等潛避數年。幸遇大明洪武元年戊申詔回原籍，時父留居奉新，命

① 語出《詩經·既醉》曰："既醉以酒，既飽以德。君子萬年，介爾景福。既醉以酒，爾肴既將。君子萬年，介爾昭明。昭明有融，高郎令終。令終有俶，公屍嘉告。其告維何？籩豆靜嘉。朋友攸攝，攝以威儀。威儀孔時，君子有孝子。孝子不匱，永賜爾類。其類維何？室家之壺。君子萬年，永賜祚胤。其胤維何？天被爾祿。君子萬年，景命有僕。其僕維何？鰷爾女士。鰷爾女士，從以子孫。"

余復歸祖基。土荒田蕪，煢子心愴，雖時太平而不爲世道慮，恨無家室。父居奉新，不告而娶杜氏。沐親友彭良卿等獎勸議配。幸內助得人，勤織麻枲，儉謹持家。歸前人之舊產，紹先世之遺書。八年乙卯二月初八日酉時，得生本莊，是可興之漸也。朝廷恩選人才，命繼子本端應命奉公，得毋慮乎祖產。田地、山塘、茶桑、墳墓，在北山雷坊、樟坳樟坊、北源官莊、店下芳桂、芭茅塘坪、團岡陳山、朱坳魯山等處，今皆得紹之。遭大亂之後，際太平之盛，家成子立，天乎，祖乎？抑樂善而致此乎？父居奉新，後嗣亦俾昌俾熾。略記數言，以示子孫。知余心同父之心，以保望族於無窮也。"

重陽東山翁自記。

第三十八世

文遠公之子，本莊，字爾珍，號東興居士，生洪武乙卯二月初八日酉時，歿，葬本里西埇大尖下。娶鄒氏，歿，葬樟坊。生子二，景庸、景行。繼娶李氏，生洪武乙丑四月十六日卯時，歿，葬燕山。生子三，景昂、景常、景昇。

"公天資明朗，踈【疏】暢機圓，應物各當。富而不驕，鄉黨所仰。崇儒重道，訓子義方。隱德而躍，優遊林泉。善紹箕裘，克廣田園。開闢池塘，利益人天。功照【昭】前烈，慶衍綿綿。東興居士，善哉其傳。"

第三十九世

本莊公次子，景行，字□□，行□□。娶□氏。生子，仲美。移居松山。

本莊公之五子，景昇，字□□，行□□，號梅峰，生永樂戊戌年二月初五日亥時。娶羅泉劉氏，生戊戌二月十八日亥時。繼娶李氏，生宣德癸丑六月十二日，歿，與公合葬燕山。生子六，仲熙、仲舒、仲安、仲權、仲衡、仲璇。

"公性明敏，志耽【眈】經史。北山家世，功昭前烈。東宅衣冠事，讀書精舍，身樂太平。歸邑賢士，各譔【撰】有記。"

第四十世

景昇公之長子，仲熙，字玄明，生明正統己未年二月廿一日戌時。娶鄒氏。生子，中道。"嗟乎！公乃蛟七世祖也，胡爲乎竟失其傳也？蛟令【今】學堂前江二塘、學堂右塘埠墩，皆公之德也。故誌之以示其人其德，與塘墩幷傳云。"

景昇公之次子，仲舒，字玄文。娶熊氏。生女一，適赤岡呂。

景昇公之三子，仲安，行聖三，九煥，轟十四，生明天順丁丑二月十六日酉時，歿，葬婆坑。娶麻潭州董氏，生明景泰癸酉二月初二日戌時，歿，葬閔住背。生子三，中義、中智、中倫。女貞秀，適虬津江。

景昇公之四子，仲權，字□□，行□□，娶安邑搖頭趙氏。

景昇公之五子，仲衡，字玄樞。娶箸坑彭氏。生女適雙州董。

景昇公之六子，仲璇，字玄機。娶爐溪鄒氏。生子，中福。女適談。

第四十一世

仲熙公之子，中道，字□□，行□□，生明成化癸卯十月初五日亥時。娶歸鄉鄧氏。生子，正常。

仲安公之長子，中義，字□□，行□□，生明成化乙未六月初十日未時，歿，葬塘塴嶺。娶磨刀李氏，生丁酉年十一月廿四日寅時，歿，葬婆坑仲安公右。生子，正轟、正輔、正軒。女瑞秀，適赤江呂。

仲安公之次子，中智，字□□，行□□。娶□氏。

仲安公之三子，中倫，字□□，行□□。娶□氏。

仲璇公之子，中福，字□□，行□□。娶□氏。

第四十二世

中道公之子，正常，字□□，行□□。娶□氏。生子，永俊。

中義公之長子，正轟，號朴夫，生明正德丙寅年四月十四日卯時，歿明萬曆十二年七月初五日未時，葬楊梅嶺茱萸園，甲庚向。娶德安周氏，生明正德丁丑三月廿五日未時，歿萬曆己未四月初四日巳時，葬楊梅園茱萸園後山。公墓碑："食力勵志，黽勉克勤。作德無偽，拓振家聲。置膏腴以貽後裔，教詩書以承先烈。"生子五，永龍、永虎、永鳳、永凰、永鸞。

中義公之次子，正輔，字□□，行□□。娶□氏。

中義公之三子，正軒，字□□，行□□。娶□氏。

第四十三世

正常公之子，永俊，字□□，行□□，生弘治乙丑年七月□日戌時。娶歸鄉胡氏。生子一，玉美。

正轟公之長子，永龍，字□□，行□□。娶□氏。

正轟公之次子，永虎，字□□，行□□，號南橋，生明嘉靖甲辰十月十七日卯時。娶木環周氏，生嘉靖戊午正月十九日午時，葬楊梅嶺，甲庚向。生子

三，玉成、玉瓚、玉珍【琛】。

正轟公之三子，永鳳，字□□，行百九，號慕泉，生丁未年九月廿七日卯時。娶東谷鄒氏。生子二，玉俊、玉秀。女暎，適吳。副室劉氏，生子一，喬保（早夭）。記曰："公妻二，子三，年六十五，三子俱卒。傷哉情慘，危哉絕續之界也。蒙姑公巨吾力勸，繼娶桂氏，生子玉國，公年九十有零，目見生孫。歿，葬祖山閔住背後。"

正轟公之四子，永凰，字□□，行□□。早卒。

正轟公之五子，永鸞，字□□，行□□。娶安邑港下周氏。生子二，玉堂、玉翰。

第四十四世

永俊公之長子，玉美，字□□，行江二。娶蒲邑殷氏。生子，三保。

永虎公之長子，玉成，字□□，行□□，號繼橋，生庚辰八月廿四日巳時，歿順治十一年二月十八日戌時，葬楊梅嶺，甲庚向。娶德安木環范氏，生萬曆癸未年十一月十九日亥時，歿崇禎庚午年二月十四日巳時，葬于隱枝背，寅申向。生子六，振聲、振龍、振霄、振宇、振宙、振世。

永虎公之次子，玉瓚，字□□，行□□。娶大塘吳氏，夫婦俱葬楊梅嶺。生子二，振選、振足。女適馬嘴孟。

永虎公之三子，玉珍【琛】，字□□，行□□。娶□氏。生子，振道。

永鳳公之長子，玉俊，字□□，行□□。娶□氏。

永鳳公之次子，玉秀，字□□，行□□。娶□氏。

永鳳公之三子，喬保，字□□，行□□。早卒。

永鳳公之四子，玉國，字明珍，生乙巳年九月十二日酉時，歿，葬婆墳坑中嘴，碑銘存。娶芭茅彭氏，歿，葬閔住背慕泉公右。生子三，振傲、振儀、振像。記曰："玉國吾內弟也。外公永鳳，年六十七，生一子血。伯永虎公，伊子玉成，見此零丁孤弱，強葬於永鳳私買之山。經府縣審訊，依律究擬。"內弟吳則弘記。

永鸞公之長子，玉堂，字□□，行□□。娶□氏。生子，振道。

永鸞公之次子，玉翰，字啟吾，行□□。娶□氏。生子，振興。

第四十五世

玉美公之長子，三保，字□□，行□□，早卒。娶□氏。

玉美公之次子，振武，字□□，行□□。娶□氏。生子，發宜。

玉成公之長子，振聲，字□□，行□□。娶□氏。

玉成公之次子，振龍，字□□，行□□。娶鄒氏。

玉成公之三子，振霄，字□□，行□□。娶□氏。

玉成公之四子，振宇，字□□，行□□。娶□氏。生子，發宇。

玉成公之五子，振宙，字□□，行□□。娶□氏。

玉成公之六子，振世，字各之，行□□，生庚午三月，歿康熙三十八年八月十四日午時，葬楊梅嶺老婆山，巽乾向。娶李氏，葬老婆山。生子，發麟、發鳳。

玉瓚公之長子，振選，字□□，行□□，娶□氏。

玉瓚公之次子，振足，字美生，行□□。娶德安王氏。生子四，發龍、發雲、發傑、發虎。

玉國公之長子，振傲，字文明，行昂一，生崇禎癸亥年三月廿三日申時，歿康熙六年正月初五□時。娶吳氏。生子，發來（早卒）。記曰："文名著當代，英雄辟萬人。一傳雖失緒，有侄永不孤。"姪騰蛟記。

玉國公之次子，振儀，字君之，行儀二，生崇禎癸酉正月初八日□時，歿康熙甲申年九月三十日，葬閡住背。娶郭氏。生子，發經。繼娶劉氏。

玉國公之三子，振像，字君明，行像三，生崇禎丙子正月初十日巳時，歿康熙四十一年壬戌二月十四日申時，壽六十七歲。娶楊家邊鄒氏，生順治戊子年八月初八日寅時，歿康熙五十六年丁酉十二月廿四日戌時，壽七十二歲，合葬祖山閡住背後，各立碑。生子六，發位、發統、發錦、發謀、發憤、發顯。女二，長適芭茅彭，幼適六山鄒。讚曰："從來世家巨族，非譜無以昭其盛；鴻儒碩德，非讚無以傳其休。姻翁君明封君，世家碩德也。以耕讀爲傳家之寶也，以勤儉爲教訓之珍。子道元有海昏第一之文，孫國學有，欽授貢元之選。鄉邦推仰，馮翊首尊。忝屬血戚，敢援筆直陳，以垂不朽云。姻{嬪}母鄒儒人，駕山淑德，德配姻{嬪}翁。才高馮翊待詔，名並北山流芳。子貴孫榮堪邁眾，舉案齊眉應無雙。財門生長善芽廣，建德兩縣有田莊。"年家姻{嬪}教生周楫青若氏頓首拜讚【撰】。

玉堂（琛）公之子，振道，字道生，行□□。娶鄒氏。生子，發紀。

玉翰公之子，振興，字□□，行□□。娶朱坳李氏。生子，發永。

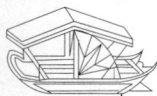

第四十六世

振武公之子，振【發】宜，字子霞，行□□。娶蔣氏。生子，金印。

振世公之次子，發鳳，字來儀，生戊戌七月廿日亥時，歿康熙乙未五月初九日未時，葬楊梅嶺父右。娶北山坂彭氏，生壬戌十一月初十日卯時。生子一，金祥。女一，適□□。

振宙公之子，發字，字子遠。娶徐氏。生子，金林。

振足公之長子，發龍，字先成。娶喻氏。繼娶白馬徐氏。生子二，金表、金裏。

振足公之次子，發雲，字克成。娶萬氏。繼娶劉氏，葬燕山祖傍。

振足公之三子，發傑，字天成，生康熙乙丑年二月十九日辰時，歿乾隆乙巳六月十一日申時，葬祖山楊梅嶺。娶德安栗山陳氏，生康熙乙卯正月廿五日辰時，歿乾隆壬申六月十二日未時，葬長西港外地。

振足公之四子，發虎，字□□，行□□。娶□氏。生子，□□。

振傲公之子，發來，字□□，行□□。娶□氏。生子，□□。

振儀公之子，發經，字又謀，行□□。娶對門劉氏。生子，金虎。

振像公之長子，發位，字紀臣，生康熙丁未年十月廿七日亥時，歿乾隆癸亥年四月廿二日己亥。娶雷家坊吳氏，生康熙丙午二月廿七日申時，歿乙酉年六月廿二日午時，葬閔住背。生子二，金璜、金鳴。女適安下隴［壠］劉。記曰："離裏甲五弟，情同父母。强壯輔雙親，恩覃一家。不好貨財，祇期大小普濟。利不私妻子，獨鍾情兮弟飛騰。壽七十七，猶是赤子心。蛟少兄年十七，兄榭【謝】世時如袞【喪】父。"騰蛟記。

振像公之次子，發統，字繼也，無出，葬婆坑。娶□氏。

振像公之三子，發錦，字坤臣，行□□。娶鄒氏，歿，俱葬閔住背。生子二，金班【斑】、金珏，女一。讚曰："業精岐黃，羡世無雙。濟人利物，群仰其光。"

振像公之四子，發謀，字儒臣，生康熙戊午年，歿雍正七年。娶安邑寨下陳氏，生康熙癸酉年六月十一日，歿雍正五年十月初六亥時，俱葬閔住背。生子五，金仁、金禮、金遜、金讓、金花。讚曰："儒雅之流，師表之風。誨蒙職業，樂處林泉。"

振像公之五子，發慎，字又蘇{蕸}，號尋樂，庠名騰蛟，生康熙廿三年甲子五月初四亥時。娶蒲邑大西門張家灣邑增生周楫長女瑞姬，生康熙丁丑年五月廿八未時。生子三，金詔、金誥、飛龍。讚曰："吾女瑞姬，淑德也；吾婿騰蛟，雋才也。興家賦倉廂之什；生子誦麟趾之章。名標鹿院，弈世流光，編修譜牒，萬世無疆。"

蒲邑岳父邑增生周楫青若氏譔【撰】。

振像公之六子，發顯，字微彰，行□□，生康熙年。娶安邑金雞山李氏。生子二，金義、金信。

振道公之子，發紀，字君鑑，娶鄒氏。生子，金謨。

振興公之子，發永，字公遠。娶大塘坂鄒氏。生子四，金璧、金璣、金璋、金珮。女□□，適大坪李。

第四十七世

發經公之子，金虎，字文彪。娶□氏。生子，□□。

發位公之長子，金璜，字男珍，行□□，生康熙己卯年六月十八日午時。娶官莊吳氏，生癸未年十月二十五日巳時。生子三，聲揚、聲顯、聲弘。生女一，適麋賢章。讚曰："持己以恭，待人以謙。與物無忤，與世無爭。守乃心。"

發位公之次子，金鳴，字高崗，生乙酉六月廿二午時。娶老屋談氏。生子，聲廣。

發錦公之長子，金班【斑】，字□□，行□□。娶□氏。生子，□□。

發錦公之次子，金珏，字二玉。娶張家吳氏。生子，聲拔。

發謀公之長子，金仁，字□□，行□□。娶□氏。生子，□□。

發謀公之次子，金禮，字□□，行□□。娶□氏。生子，□□。

發謀公之三子，金遜，字□□，行□□。娶□氏。生子，□□。

發謀公之四子，金讓，字禮實，行□□。生戊戌年。娶港【堰】壠上李氏。生子，□□。

發謀公之五子，金花，字□□，行□□。娶□氏。生子，□□。

發憤公之長子，金詔，字品三，生康熙戊戌年二月初九辰時，歿乾隆十七年七月廿五日。娶歸鄉羅塘陳氏鳳姑，生康熙乙未年八月廿二日，歿乾隆二十年七月。生子四，聲淋、聲澍、聲鄉、聲相。女一，適官莊吳庠生必翰。記曰："品三，余兄長女婿也。兄慕其賢而以子妻之，不料數命難定，年三十五

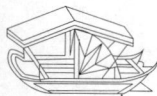

而弃世，姪女亦相繼而亡。傷哉！猶幸生四子一女，賴有祖父母撫養，俱成立完配。他日逐鹿捷足，正未可量。"年姻{嫺}教生貢元陳登榜拜譔。

發憤公之次子，金誥，字大【太】初，生康熙六十年辛丑九月口日辰時，殁乾隆十一年丙辰四月十八日卯時，葬閔住背祖母右。娶石橋李氏，生雍正五年丁未七月廿八日未時。生子一，聲雲。"誥乎！年甫十一，余以長女配子。越一月，謁廬拜新禧。觀其相貌體格，深愜鄙意。正所謂麒麟有種，鳳凰有匹者也。十五出就外傅，受業數名師，陶成造就舉業以待采芹。行十八，受室。念四，滿腹文章，徒爲地下修文郎也。"岳父邑增生李盛蘭哀辭。

發憤公之幼子，飛龍，字鱗九，號海亭，大【太】學貢元，生雍正十一年甲寅八月初六日辰時。娶蒲沙坪郭萬肇貢元長女。生子三，聲泮、聲宮、聲科。讚曰："口吐鳳，舌生蓮。翩翩妙年雋，應作王家賓。壁水儲經術，鐘鼎看勤勲。"年家眷教弟，彭蠹濤拜讚。又曰："士有瑰瑋琦行，斯足啟人敬慕而不屑屑然也。君以少華，托迹成均，似無大過人者。然接君之器宇，莫不啓敬致慕，與語徹竟日而不忍去，斯非深於養者不能。"昔黃憲年十四，陳蕃及周舉恒相謂曰："時月之間不見黃生，則鄙吝復萌於心矣。戴良才一見而消其倨傲。竊嘗疑之而不敢遽然也。今知其不誣矣。"蒲水年家姻內弟郭正厚公戴氏拜譔【撰】。

發永公之長子，金璧，字口口，行口口。娶口氏。

發永公之次子，金璣，字口口，行口口。娶口氏。

發永公之三子，金璋，字口口，行口口。娶口氏。

發永公之幼子，金珮，字口口，行口口。娶鄒氏，無出。

發顯公之長子，金義，字制宜，行口口。娶口氏。

發顯公之次子，金信，字士誠。娶口氏。

發鳳公之子，金祥，字禎有，生己丑年三月廿五日亥時。娶陳山鄒氏，生戊申正月初九酉時。生子三【五】，聲震、聲重、聲珍、聲黃、聲鐘。女未適。

發龍公之長子，金表，字口口，行口口，生雍正辛丑年三月十五日午時，娶董氏。

發龍公之次子，金裏，字口口，行口口。娶口氏。

發傑公之長子，金魁，字聖先，行口口，生康熙己亥年九月廿日。娶

□氏。

　發傑公之次子，金邦，字有道，生康熙壬寅年十月初十日戌時。娶□氏。

　發傑公之三子，金星，字燦文，生雍正乙巳年八月十六日子時。娶□氏。

　發傑公之四子，金朝，字□□，行□□，娶□氏。

　發傑公之五子，金鐸，字覺先，生雍正癸丑年十月廿日申時。娶□氏。

　發宜【宣】公之子，金印，字廷舉。娶伍氏。生子二，聲孝、聲弟，女二，長適戴、次適王。

　發字公之子，金林，字天祥，行□□。娶德化劉氏。生子四，聲榮、聲華、聲富、聲貴。

　發紀公之子，金謨，字次典，行□□。娶王氏。生子一，聲修。

　發成公之子，德非，字□□，行□□。娶懷安□氏。生子二，發【聲】清、發【聲】祥。

第四十八世

　金璜公之長子，聲揚，字□□，行□□。娶李氏。

　金璜公之次子，聲顯，字達夫，生壬子年八月十三日未時。娶□氏。

　金璜公之幼子，聲弘，字士寬，生戊午年三月初八日辰時。娶□氏。

　金鳴公之子，聲廣，字心逸，生庚午年七月。娶□氏。

　金珏公之子，聲拔，字□□，行□□。娶□氏。

　金詔公長子，聲淋，字沐野，生乾隆元年丙辰八月。娶永鄉前城淦良霄邑增生長女。生子三，家甲、家乙、家丙。

　金詔公之次子，聲澍，字澤郊，生乾隆三年戊午。娶爐溪鄒鳳廷長女。生子三，家書、家易、家禮。

　金詔公之三子，聲卿，字位一，生乾隆十三年戊辰十一月□日卯時。娶蒲邑陳繼昌長女。生子三，家仁、家義、家智。

　金詔公之四子，聲相，字佐震，生乾隆十三年戊辰十一月□日辰時，娶蒲邑在市聶理家長女。生子三，家孝（瑚）、家友（璉）、家睦（春保）。

　金誥公之子，聲雲，字油然，號楊麓，生乾隆十年乙丑八月十九日亥時。娶東盤塘吳勉旈長女，生乾隆七年壬戌十二月。生子三，家風（珒）、家訓（榜）、家誦（瑞）、家玫、家璋、家珪、家璨、家珸。讚曰：「稚齡即岐嶷，早知為國器。王謝江東話，今日喜堪繼。」年眷友生彭蠡譔。

第四十九世[乾]

聲淋公之長子，（乾）家甲，字□□，行□□。娶□氏。

聲淋公之次子，（乾）家乙，字□□，行□□。娶□氏。

聲淋公之幼子，（乾）家丙，字□□，行□□。娶□氏。

聲澍公之長子，（乾）家書，字□□，行□□。娶□氏。

聲澍公之次子，（乾）家易，字□□，行□□。娶□氏。

聲澍公之三子，（乾）家禮，字□□，行□□。娶□氏。

聲卿公之長子，（乾）家仁，字□□，行□□。娶□氏。

聲卿公之次子，（乾）家義，字□□，行□□。娶□氏。

聲卿公之三子，（乾）家智，字□□，行□□。娶□氏。

聲相公之長子，（乾）家孝，字□□，行□□。娶□氏。

聲相公之次子，（乾）家友，字□□，行□□。娶□氏。

聲相公之三子，家睦，字□□，行□□。娶□氏。

聲雲公之長子，家風，字□□，行□□。娶□氏。

聲雲公之次子，家訓，字□□，行□□。娶□氏。

聲雲公之三子，家誦，字□□，行□□。娶□氏。

聲孝公之長子，苟老，字□□，行□□。娶□氏。

聲孝公之次子，蓮老，字□□，行□□。娶□氏。

肆、雷氏族譜

雷氏大成宗族總譜　卷肆

建昌松山支譜世錄

第三十八世

　　文遠公之子，本莊，字爾珍，號東興，生洪武乙卯年二月初八日酉時。娶鄒氏。生子景庸、景行。繼娶李氏，生洪武乙丑年四月十六日卯時，葬燕山，即今老婆山。生子，景昂、景常、景昇。俱居北山。

第三十九世

　　本莊公之次子，景行，字□□，行□□。娶□氏。生子，仲美。

第四十世

　　景行公之子，仲美，字□□，行□□。娶鄭氏。繼娶莫氏，歿，葬祖山炭坑，北向。生子一，中霹。

第四十一世

　　仲美公之子，中霹，字□□，行□□。娶李氏。生子一，正榮。

第四十二世

　　中霹公之子，正榮，字□□，行□□。娶趙氏。生子一，永時。

第四十三世

　　正榮公之子，永時，字佐峰。娶梅氏。生子一，玉裕。

第四十四世

　　永時公之子，玉裕，字仰輝，歿，葬老婆山西向。娶廖氏，歿，葬松山。生子二，鼎臣、輔臣。

第四十五世

　　玉裕公之長子，鼎臣，字君調。娶山口吳氏，歿，葬楊梅山。

　　玉裕公之次子，輔臣，字君讚。娶草坳李氏。生子二，發泉、發昇。

第四十六世

　　輔臣公之長子，發泉，字子源。娶東谷鄒氏。生子二，金標、金柳、

金槐、金樌。

輔臣公之次子，發昇，字明生。娶鄧氏。生子一，金榜。

第四十七世

發泉公之長子，金標，字名章。娶雷坊吳氏。生子五，聲龍、聲虎、聲鳳、聲凰、聲鸞。

發泉公之次子，金柳，字楊先。娶章坳李氏。生子一，聲正。

發昇公之子，金榜，字□□，行□□。娶鄒氏。生子一，聲賢。

第四十八世

金標公之長子，聲龍，字起雲。娶牛皮楞鄒氏。

金標公之次子，聲虎，字拜揚。娶□氏。

金標公之三子，金【聲】鳳，字儀廷。娶北山彭氏。

金標公之四子，聲凰，字□□，行□□。娶德化倪氏。

金標公之五子，聲鸞，字□□，行□□。娶爐溪鄒氏。

金柳公之子，聲正，字□□，行□□。娶□氏。

金榜公之子，聲賢，字聖文。娶鄒氏。生子一，文【繼】祿。

第四十九世

聲賢公之子，文【繼】祿，字□□，行□□。娶鄒氏。

建昌縣舍岡支譜世錄

第三十四世

溥，字□□，行□□。娶□氏，生子，季材。

第三十五世

溥公之子，季材，字□□，行□□。娶□氏。生子，文炳。

第三十六世

季材公之子，文炳，字□□，行□□。娶□氏。生子，名遠。

第三十七世

文炳公之子，名遠，字□□，行□□。娶□氏。生子，宗泰、宗義。

第三十八世

名遠公之長子，宗泰，字□□，行□□。娶□氏。生子，孟炳。

名遠公之幼子，宗義，字□□，行□□，樟坊支祖。娶□氏。生子，

□□。

第三十九世

宗泰公之子，孟炳，字□□，行□□。娶□氏。生子，朝文。

第四十世

孟炳公之子，朝文，字□□，行□□。娶□氏。生子，瑞玉。

第四十一世

朝文公之子，瑞玉，字□□，行□□。娶□氏。生子，致元。

第四十二世

瑞玉公之子，致元，字□□，行□□。娶□氏。生子，永錦。

第四十三世

致元公之子，永錦，字□□，行□□。娶□氏。生子，其萬、其千。

第四十四世

永錦公之長子，其萬，字□□，行□□。娶□氏。生子，轟。

永錦公之幼子，其千，字□□，行□□，娶□氏。

第四十五世

其萬公之子，轟，字□□，行□□。娶□氏。生子，善希。

第四十六世

轟公之子，善希，字□□，行□□。娶□氏。生子，渙【煥】。

第四十七世

善希公之子，煥，字□□，行□□。娶□氏。生子，鳴正、鳴顯、鳴應、鳴琢。

第四十八世

渙公之子，鳴琢，字□□，行□□。娶□氏。生子，玉霆、玉震、玉霽、玉電。

第四十九世

鳴琢公之長子，玉霆，字□□，行□□。娶陳氏。歿，葬屋後。生子，正聲、正清、正霹、正靂、中【正】一。

鳴琢公之次子，玉震，字□□，行□□。娶李氏。俱歿。生子，正轟、正烈、正發、正動。

鳴琢公之三子，玉霽，字□□，行□□。娶劉氏。俱歿。生子，正興、正

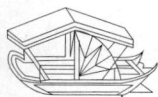

顯、正旺。

鳴琢公之幼子，玉電，字□□，行□□。娶董氏，葬屋後。生子，正鳴、正雨。

第五十世

玉霆公之子，正聲，字□□，行□□。娶王氏。俱歿。生子，天祥、天道。

玉震公之長子，正轟，字□□，行□□。娶□氏。生子，天明、天留。

玉震公之次子，正烈，字□□，行□□。娶□氏。生子，□□。

玉震公之三子，正發，字□□，行□□，歿。娶□氏。生子，□□。

玉震公之幼子，正勳，字□□，行□□。娶□氏。生子，□□。

玉霽公之長子，正興，字□□，行□□。娶張氏。俱歿，生子，祥三。

玉霽公之次子，正顯，字□□，行□□。娶魏氏。俱歿，生子，天德、天輝。

玉霽公之幼子，正旺，字□□，行□□。娶帥氏。俱歿，生子，天斗、天科。

玉電公之長子，正鳴，字□□，行□□。娶□氏。生子，天聖。

玉電公之幼子，正雨，字襲泉，行□□。娶張氏。歿，生子，天貴、天顯、天揚、天耀【燿】、天榜。

第五十一世

正聲公之長子，天祥，字有真，葬屋後。娶熊氏，歿，葬陳司壠鄧家嘴。生子，文堯。

正聲公之幼子，天道，字□□，歿。娶郝氏。俱歿，生子，文德。

正旺公之子，天斗，字□□，歿。娶□氏。生子，文貴。

正雨公之子，天榜，字開生，行□□。娶戴氏，歿，葬渡頭湖超林嘴。生子，文位。

第五十二世

天祥公之子，文堯，字舜先，生康熙戊申年。娶熊氏，俱歿。生子，章昭、章榮、章華、章富。長女適汪，次女適郝，三女適周，四女適邵。

天道公之子，文德，字□□，歿。娶□氏。生子，□□。

天斗公之子，文貴，字□□，行□□。娶□氏。生子，章忠。

天榜公之子，文位，字正達，生康熙壬申年，歿乙亥年，葬超林嘴。娶萬氏，生乙卯年，歿癸酉年，夫妻合葬。生子，章恭、章寬、章信。長女適李、次女適淦。

第五十三世

文堯公之長子，章昭，字明友，行□□。娶李氏，歿。生子，繼仁、繼義、繼禮、繼智。女適彭。

文堯公之次子，章榮，字仁友，行□□。娶魏氏。生子，繼位、繼龍、繼虎、繼豹、繼象、繼蛟。女適王。

文堯公之三子，章華，字錦玉，生康熙壬午年，歿乾隆壬申年。娶陳氏，俱歿。生子，繼鳳、繼凰、繼道、繼禹、繼善。長女適熊，次女適周。

文堯公之幼子，章富，字求玉，行□□。娶羅氏，俱歿。生子，繼麒、繼麟、繼獅。女適燕。

文貴公之子，章忠，字□□，行□□。娶□氏。生子，□□。

文位公之長子，章恭，字得先，生戊戌年，歿壬申年，葬超林嘴。娶徐氏，出。生子，繼雲。

文位公之次子，章寬，字來萬，生乙巳年。娶吳氏。生子，繼典、繼謨。

文位公之幼子，章信，字以成，生雍正庚戌年。娶劉氏。生子，繼訓。

第五十四世（乾）

章昭公之長子，繼（乾）仁，字榮長，生康熙庚子年。娶呂氏。生子，先祿，長女適坪樂玩熊，次女適鄧先封。

章昭公之次子，繼（乾）義，字次宜，生癸卯年十月廿五日。娶傅氏。生子，先龍，生女一。

章昭公之三子，繼（乾）禮，字三脩，生雍正丁未年。娶□氏。生子，□□。

章昭公之幼子，繼（乾）智，字四達，生雍正庚戌年。娶□氏。生子，□□。

章榮公之長子，繼（乾）位，字士尚，生康熙己亥年。娶王氏。生子，先爵。

章榮公之次子，繼（乾）龍，字伯彩，生雍正丁未年。娶□氏。生子，□□。

章榮公之三子，繼（乾）虎，字武臣，生雍正己酉年。娶塘圓陳氏。生

子，先壽。

　　章榮公之四子，繼（乾）豹，字□□，生雍正壬子年。娶羅氏。生子，□□。

　　章榮公之五子，繼（乾）象，字□□，行□□，生雍正乙卯年。娶□氏。生子，□□。

　　章榮公之六子，繼（乾）蛟，字□□，行□□，生乾隆辛酉年。娶□氏。生子，□□。

　　章華公之長子，繼（乾）鳳，字□□，行□□，生雍正戊申年。娶□氏。生子，□□。

　　章華公之次子，繼（乾）凰，字□□，行□□，生乾隆丙辰年。娶□氏。生子，□□。

　　章華公之三子，繼（乾）道，字□□，行□□，生乾隆庚申年。娶□氏。生子，□□。

　　章華公之四子，繼（乾）禹，字□，行□，生乾隆壬戌年。娶□氏。生子，□□。

　　章華公之五子，繼（乾）善，字□□，行□□，生乾隆乙丑年。娶□氏。生子，□□。

　　章富公之長子，繼（乾）麒，字□□，行□□，生雍正辛亥年。娶□氏。生子，□□。

　　章富公之次子，繼（乾）麟，字□□，行□□，生乾隆戊午年。娶羅氏。生子，□□。

　　章富公之幼子，繼（乾）獅，字□□，行□□，生乾隆己巳年。娶□氏。生子，□□。

　　章恭公之子，繼（乾）雲，字□□，行□□，生壬戌年。娶□氏。生子，□□。

　　章寬公之長子，繼（乾）典，字□□，行□□，生庚午年。娶□氏。生子，□□。

　　章寬公之次子，繼（乾）謨，字□□，行□□，生癸酉年。娶□氏。生子，□□。

　　章信公之子，繼（乾）訓。

第五十五世（坤）

继仁公之子，先（坤）禄。

继位公之子，先（坤）爵。

继虎公之子，先（坤）寿。

建昌縣馹【驛】南支譜世錄

第三十四世

源，字□□，行□□。娶□氏。生子，德彰。

第三十五世

源公之子，德彰，字□□，行□□。娶□氏。生子，任。

第三十六世

德彰公之子，任，字□□，行□□，徙千秋江。娶吕氏。生子，桂。

第三十七世

任公之子，桂，字□□，行□□。娶陳氏。生子，錠。

第三十八世

桂公之子，錠，字□□，行□□。娶余氏。生子，文其。

第三十九世

錠公之子，文其，字□□，行□□。娶彭氏。生子，景安、榮琥。

第四十世

文其公之長子，景安，字□□，行□□，移居驛南。娶□氏。生子，鎮。

文其公之幼子，榮琥，字□□，行□□，移居學士壠。娶□氏。生子，□□。

第四十一世

景安公之子，鎮，行□□。娶□氏。生子，鳴春。

第四十二世

鎮公之子，鳴春，字□□，行□□。娶陳氏。生子，廷。

第四十三世

鳴春公之子，廷，字美玉，生成化丁酉年六月廿三日，歿嘉靖甲子年正月廿二，葬下坡土橋嘴。娶龔氏。生子，重仁、重義、重豪。

第四十四世

廷公長子，重仁，字□□，行□□。娶劉氏，歿。生子，□□。

廷公次子，重義，字□□，行□□。娶德安俞氏，歿。生子，□□。

廷公幼子，重豪，字□□，行□□。娶寺前甘氏，歿。生子，材、梧、棟、梁。

第四十五世

重豪公之長子，材，字愛川，生前明壬午年，歿康熙丁酉年，扸【扦】作坐戌向。娶杜氏，生明癸巳年，歿清戊子年。生子三，得顯、春鳴、春發

重豪公之次子，梧，字□□，行□□。娶□氏。生子，□□。

重豪公之三子，棟，字□□，行□□。娶□氏。生子，□□。

重豪公之幼子，梁，字□□，行□□。娶□氏。生子，□□。

第四十六世

材公之長子，得顯，字□□，行文八，歿，葬土橋嘴。娶趙氏，歿，葬屋基上邊。生子一，一龍

材公之次子，春鳴，字震生，行□□。娶胡氏。生子二，啟龍、化龍

材公之幼子，春發，字翠華，歿，葬下坡土橋嘴。娶周氏，歿，葬栗山燕姓門首東嘴上。生子二，遇龍、得龍

第四十七世

德顯公之子，一龍，字雲生，生甲子年，歿辛酉年。娶羅氏，生丙辰年，歿壬申年。生子三，文榮、文華、文富。

春鳴公之長子，啟龍，字□□，行□□，早歿。娶余氏，歿。生子，□□。

春鳴公之幼子，化龍，字雲生，行□□。娶廖氏。生子二，文仁、文義。

春發公之長子，遇龍，字雲從，生康熙辛酉年，歿己未年，在外身故。娶李氏。生子，文元。

春發公之幼子，得龍，字祥子，生癸亥年三月十八日，歿丁卯年三月初八日。娶德邑凌氏，生戊寅年，歿戊辰年，葬後義壠英台嘴。生子，文長。

第四十八世

一龍公之長子，文榮，字仁也，生庚辰年，歿。娶高氏，卒。生子，章祖。

一龍公之次子，文華，字仲美，殁，葬祖墳蓄山。娶余氏，卒。生子，□□。

一龍公之幼子，文富，字天孚，生癸未年。娶鄒氏。生子，章炤、章耀、章榮。生女二，長適近鄉楊，次適東山涂。讚曰："金玉圭璧，咸仰其光。出話不苟，然諾亦莊。與物無忤，柔中有剛。心存濟世，橘井流芳。"愚弟文龍從先讚。

化龍公之長子，文仁，字子信，行□□。娶王氏，無出。

化龍公之幼子，文義，字質也，行□□。娶胡氏。生子，章宗（殁）。女適官莊余。

遇龍公之子，文元，字聖會，生甲寅年。娶□氏。生子，□□。

得龍公之子，文長，字達先，生己酉年三月初十日。娶□氏。生子，□□。

第四十九世

文榮公之長子，章祖，字宗先，生癸卯年正月廿七日。娶□氏。生子，□□。

文富公之長子，章炤，字□□，生己未年，繼嗣人□□。娶□氏。生子，□□。

文富公之次子，章耀，字□□，生甲戌年。娶□氏。生子，□□。

文富公之幼子，章榮，字□□，生甲戌年。娶□氏。生子，□□。

建昌縣軍山支譜世錄

第三十七世

宗韞公之次子，文行，字□□，行□□。娶□氏。生子，國太。

第三十八世

文行公之子，國太，字□□，行□□。娶□氏。生子，瑋。

第三十九世

國太公之子，瑋，字□□，行□□。娶□氏。生子，科。

第四十世

瑋公之子，科，字□□，行□□。娶□氏。生子，世旭。

第四十一世

    科公之子，世旭，字□□，行□□。娶□氏。生子，釦。

第四十二世

    世旭公之子，釦，字□□，行□□。娶□氏。生子，子先。

第四十三世

    釦公之子，子先，字□□，行□□，徙居西城。娶□氏。生子，貴文。

第四十四世

    子先公之子，貴文，字□□，行□□。娶□氏。生子，世榮。

第四十五世

    貴文公之子，世榮，字□□，行□□。娶□氏。生子，守源。

第四十六世

    世榮公之子，守源，字□□，行□□。娶□氏。生子，志仁。

第四十七世

    守源公之子，志仁，字□□，行□□。娶□氏。生子，震啟。

第四十八世

    志仁公之子，震啟，字□□，行□□。娶□氏。生子，應權。

第四十九世

    震啟公之子，應權，字□□，行□□。娶□氏。生子，有道、有聲。

第五十世

    應權公之長子，有道，字□□，行□□。娶虹津江氏。生子七，文煥、文炳、文烺、文煌、文光、文炤、文煜。

    應權公之幼子，有聲，字近洲，拔貢生，任南寧府[①]司教，葬長代壠。娶余氏。生子，文燧、文煒。

第五十一世

    有聲公之長子，文燧，字□□，行□□。娶苗氏。生子，繼鰲、起昆、起朋。

    有聲公之幼子，文煒，字□□，行□□。娶□氏。生子，□□。

---

①   南寧府，元定泰元年（公元1324年）改邑州路置，治所在宣化（今南寧市），轄境相當今廣西南寧市及邑寧、武鳴的一部分。明改為府，轄境擴大，東至今橫縣，西北至今蘋果，西南至今上思。據《辭海》第134頁，上海辭書出版社1985年8月版。

第五十二世

文燧公之長子，繼鰲，字□□，行□□，歿。娶□氏。生子，□□。

文燧公之次子，起昆，字伯友，歿，葬鄉田山。娶帥氏，歿，葬軍山廟前坡余峯嘴。生子二，一霖、奮霖。

文燧公之三子，起朋，字□□，行□□，歿。

第五十三世

起昆公之長子，一霖，字蘇子，歿。娶燕氏，歿，葬屋浚中嘴山。生子，天漢、天清。

起昆公之幼子，奮霖，字仲起，歿，葬中嘴山。娶饒氏，歿，葬屋浚【後】中嘴山。生子二，天澄、天演。

第五十四世

一霖公之長子，天漢，字作雲，歿，葬中嘴山。娶周氏，歿，葬白坑。生子，文錦。

一霖公之次子，天清，字季玉，歿。娶熊氏，歿，俱葬中嘴山。生子，文獻、文升【昇】、文光，女一，適劉。

奮霖公之長子，天澄，字子清，行□□。娶燕氏，歿，俱葬中嘴山。生子，文為、文正、文高、文虎。

奮霖公之幼子，天演，字子明。娶燕氏，歿，俱葬中嘴山。生女，適陳坂燕。

第五十五世

天漢公之子，文錦，字□□，行□□。娶劉氏，歿，葬中嘴山。生子，章達，章道。女適白京何。

天清公之長子，文獻，字可徵，行□□。娶燕氏。生子，章龍、章鳳、章豹，女適墻下燕。

天清公之次子，文升【昇】，字□□，行□□。娶□氏。生子，□□。

天清公之幼子，文光，字□□，行□□。娶□氏。生子，□□。

天澄公之長子，文爲，字□□，行□□，生乙巳年。娶□氏。生子，□□。

天澄公之次子，文正，字□□，行□□，生辛亥年。娶□氏。生子，□□。

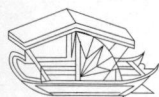

天澄公之三子，文高，字□□，行□□，生戊午年。娶□氏。生子，□□。

天澄公之幼子，文虎，字□□，行□□。娶□氏。生子，□□。

第五十六世

文錦公之長子，章達，字□□，行□□。娶□氏。生子，□□。

文錦公之幼子，章道，字□□，行□□。娶□氏。生子，□□。

文獻公之長子，章龍，字□□，行□□。娶□氏。生子，□□。

文獻公之次子，章鳳，字□□，行□□。娶□氏。生子，□□。

文獻公之幼子，章豹，字□□，行□□。娶□氏。生子，□□。

建昌縣學仕壠支譜世錄

第四十世

文其公之子，榮琥，字□□，行□□。娶□氏。生子，永濟。

第四十一世

榮琥公之子，永濟，字松軒。娶帥氏，歿。生子一，珪。

第四十二世

永濟公之子，珪，字□□，行□□。娶方氏。生子一，化。

第四十三世

珪公之子，化，字正還，歿，葬屋基上邊，乾巽向。娶劉氏，歿。生子，國相。

第四十四世

化公之子，國相，字升【昇】還，歿，葬上邊團山。娶余氏，歿，葬背後窑下山。生子一，正紀。

第四十五世

國相公之子，正紀，字江叔，歿，葬傍祖為塋。娶徐氏，歿。生子四，文震、文秀、文林、文富。女三，長適溫塘魏，次適燕窩呂，幼適石嘴趙。

第四十六世

正紀公之長子，文震，字元子，生丁亥年。娶胡氏。生子，章麒、章麟。女一，適德邑墩上胡。

正紀公之次子，文秀，字文芳，生癸巳年八月十五日。娶羅氏。生子，章鳳。女搶姑，未配。

正紀公之三子，文林，字爾作，生丙申年九月十九日。娶張氏。生子，
章龍。

正紀公之幼子，文富，字天來，生丙午年八月初九日。娶胡氏。生子，
章虎。

第四十七世

文震公之長子，章麒，字□□，行□□，生庚申年。娶□氏。生子，
□□。

文震公之幼子，章麟，字□□，行□□，生丁卯年。娶□氏。生子，
□□。

文秀公之子，章鳳，字□□，行□□。娶□氏。生子，□□。

文林公之子，章龍，字□□，行□□。娶□氏。生子，□□。

文富公之子，章虎，字□□，行□□。娶□氏。生子，□□。

建昌河蒲塘支譜世錄

第三十六世

宗學，字廷珍，行□□。娶□氏。生子，文榜。

第三十七世

宗學公之子，文榜，字□□，行□□。娶□氏。生子，存勳。

第三十八世

文榜公之子，存勳，字□□，行□□。娶□氏。生子，時顯。

第三十九世

存勳公之子，時顯，字□□，行□□。娶□氏。生子，仲芳、仲華。

第四十世

時顯公之長子，仲芳，字□□，行□□。娶□氏。生子，玉榮、玉瓚、玉
金、玉輝。

時顯公之幼子，仲華，字□□，行□□。娶□氏。生子，□□。

第四十一世

仲芳公之長子，玉榮，字□□，行□□。娶□氏。生子，漢康。

仲芳公之次子，玉瓚，字□□，行□□。娶□氏。生子，□□。

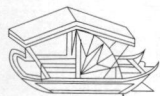

仲芳公之三子，玉金，字□□，行□□。娶□氏。生子，□□。

仲芳公之幼子，玉輝，字□□，行□□，早歿。娶□氏。

第四十二世

玉榮公之子，漢康，字□□，行□□。娶王氏。生子，應角。

第四十三世

漢康公之子，應角，字□□，行□□，娶蔡氏，俱歿。生子，亢四。

第四十四世

應角公之子，亢四，字□□，行□□。娶方氏，歿，葬對門祖山。生子，元朝、元煥、元化、元用。

第四十五世

亢四公之長子，元朝，字榮宇，行□□。娶何氏，歿，葬對門祖山。生子，啟霖。

亢四公之次子，元煥，字□□，行□□。娶傅氏，歿。生子，發霖、恒霖。

亢四公之三子，元化，字□□，行□□。娶張氏，歿。生子，心霖。

亢四公之幼子，元用，字□□，行□□。娶劉氏，歿。生子，茂霖。

第四十六世

元朝公之子，啟霖，字□□，行□□。娶李氏，歿。生子，章經、章謨、章福、章喜。女適南岸胡。

元煥公之長子，發霖，字□□，行□□。娶熊氏，歿。生子，章宇。

元煥公之幼子，恒霖，字成也，行□□。娶淦氏。生子，章龍、章虎。

元化公之子，心霖，字□□，行□□。娶吳氏，歿。生子，章銘。

元用公之子，茂霖，字□□，行□□。娶杜氏。生子，章亨、章詳【祥】。

第四十七世

啟霖公之長子，章經，字金倫，歿。娶□氏。生子，□□。

啟霖公之次子，章謨，字子誥，歿。娶□氏。生子，□□。

啟霖公之三子，章福，字子萬。娶羅氏。生子，□□。

啟霖公之幼子，章喜，字子和，生康熙癸未年。娶張氏，生康熙癸巳年。生子，繼文、繼武、繼貴。

發霖公之子，章宇，字□□，行□□。娶□氏。生子，□□。

恒霖公之長子，章龍，字利見，歿。娶熊氏。生子，□□。

恒霖公之幼子，章虎，字豹若，歿。娶□氏。生子，□□。

心霖公之長子，章銘，字□□，歿。娶□氏。生子，□□。

茂霖公之長子，章亨，字□□，歿。娶□氏。生子，□□。

茂霖公之幼子，章詳【祥】，字□□，歿。娶□氏。生子，□□。

第四十八世

章喜公之長子，繼文，字□□，行□□，生乾隆癸亥年。娶□氏。生子，□□。

章喜公之次子，繼武，字□□，行□□，生乾隆丙寅年。娶□氏。生子，□□。

章喜公之幼子，繼貴，字□□，行□□。娶□氏。生子，□□。

建昌縣起塢與周坊支譜世錄

第三十九世

時英，字□□，行□□。娶□氏。生子，仲柏【栢】。

第四十世

時英公之子，仲栢，字堅郎，行□□。娶李氏，歿，俱葬普誌寺。生子，玉琮、玉鐺。

第四十一世

仲栢公之長子，玉琮，字□□，行□□。娶泗溪程氏。生子，漢斌。

仲栢公之次子，玉鐺，字□□，行□□。娶楊氏。生子，漢賽、漢賢、漢迪。

第四十二世

玉琮公之子，漢斌，字南湖，行□□。娶顧氏，歿葬南山。生子，啟乾、啟化、啟元。

玉鐺公之子，漢賽，字可泉，邑庠生，歿，葬屋基東。娶蔡氏，歿，葬南山。生子，啟龍、啟震、啟雨。

第四十三世

漢斌公之長子，啟乾，字秋五，行□□。娶淦氏。生子，震乾、震坤。

漢斌公之次子，啟化，字肖南，行□□。娶鄧氏。歿，葬西院山。生子，□□。

漢斌公之幼子，啟元，字慎所，鄉飲大賓。娶熊氏。續娶徐氏，歿，葬基後園。生子，震中、震字【宇】、迅中、洞中。

漢賽公之子，啟龍，字心泉，歿，葬基東。娶陳氏，歿，葬本基陳姓屋後。生子，天斗、天宿、天鳴。

第四十四世

啟乾公之長子，震乾，字伯林，行□□。娶熊氏，俱歿。生子，聲高、聲遠、聲顯、聲應。

啟乾公之幼子，震坤，字□□，行□□，娶蔡氏，俱歿。生子，聲轟、聲亮。

啓元公之長子，震字【宇】，字雲溪，行□□，娶鄧氏，俱歿。生子，□□。

啓元公之次子，震中，字伯升，邑庠生。娶呂氏、曾氏，歿，葬桂家壠。生子，聲龍。

啟元公之三子，迅中，字仲升，行□□。娶杜氏，歿，葬屋後。生子，聲鳴、聲浩、聲宇、聲霖、聲富。

啓元公之幼子，洞中，字季升，行□□，娶杜氏，俱歿。生子，天祥、聲龍、聲德、聲貴。

啟龍公之長子，天斗，字少泉，歿，葬陳姓基東。娶胡氏，歿，葬本基西。生子，在天、在中、在申。

啟龍公之次子，天宿，字正宇，歿，葬陳姓基東。娶胡氏。生子，在雲。長女適沙灣黃，次適陳。

啟龍公之三子，天鳴，字伯成，行□□。娶陳氏，葬陳姓基東。生子，在德。

第四十五世

震乾公之子，聲顯，字名揚，生順治己巳年，歿，葬南山。娶涂氏。生子，文明、文道、文禮、文忠，女適安義楊。

迅中公之長子，聲鳴，字九臯，行□□，娶劉氏，俱歿。

迅中公之次子，聲霖，字雨生。娶劉氏，歿，葬屋基浚【後】。生子，文金、文清、文祿、文壽。

迅中公之三子，聲富，字□□，行□□，歿。娶□氏。生子，□□。

天斗公之子，在天，字三星，行□□。娶王氏，歿，俱葬熊家園。生子，文忠、文科。

天宿公之子，在雲，字二其，行□□。娶蔡氏，歿，合葬南山。生子，文仁、文義、文禮、文智、文信、文富、文貴。

天鳴公之子，在德，字章善，行□□。娶況氏，歿，俱葬基側。生子，文國、文正、文天、文心、文順。生女，長適淦，次適陳，幼適余。

囹四十六世

聲顯公之長子，文明，字素傳，行□□。娶袁氏，歿，俱葬。生子，□□。

聲顯公之次子，文道，字聖傳，生康熙辛亥年，歿雍正戊申年。娶劉氏，歿，葬太公塌。生子，章先、章光。長女適丁坊燕。次女適塗埠蔡。

聲顯公之三子，文禮，字□□，行□□，歿。娶□氏。生子，□□。

聲顯公之幼子，文忠，字□□，行□□，歿。娶□氏。生子，□□。

聲霖公之長子，文金，字世珍，生康熙庚辰年。娶郝氏。生子，章錦。長女適張，次女適蔡。

聲霖公之次子，文清，字□□，行□□，歿。娶□氏，生子，□□。

聲霖公之三子，文祿，字在中，行□□，生康熙己亥年。娶蔡氏。生子，□□。

聲霖公之幼子，文壽，字□□，行□□，歿。娶□氏。生子，□□。

在雲公之長子，文仁，字章卿，行□□。娶李氏，生康熙甲寅年，歿雍正丁未年葬村後涂家壠。生子，章龍。

在雲公之次子，文義，字□□，行□□，歿。娶□氏。生子，□□。

在雲公之三子，文禮，字□□，行□□，歿。娶□氏。生子，□□。

在雲公之四子，文智，字□□，行□□，歿。娶□氏。生子，□□。

在雲公之五子，文信，字□□，行□□，歿。娶□氏。生子，□□。

在雲公之六子，文富，字□□，行□□，歿。娶□氏。生子，□□。

在雲公之幼子，文貴，字□□，行□□，歿。娶□氏。生子，□□。

在德公之長子，文國，字□□，行□□，歿。娶□氏。生子，□□。

在德公之次子，文正，字□□，行□□，歿。娶□氏。生子，□□。

在德公之三子，文天，字□□，行□□，生庚寅年，歿乾隆甲戌年，葬陳家園。娶余氏，歿葬□□□□。生子，章虎。女適馬路口帥。

在德公之四子，文心，字□□，行□□，生康熙甲午年。娶湯氏。生子，□□。

在德公之幼子，文順，字子治，生康熙壬寅年。娶淦氏。生子。長女適江口江。

第四十七世

文道公之子，章先，字昭復，生康熙乙酉年。娶湯氏。生子，繼聖、繼文、繼章、繼可、繼立、繼身。長女適遼溪江，次適涂埠涂。讚曰："行己端方，品重圭璋。出話不苟，然諾亦莊。與物無忤，柔中有剛。卓哉懿行，咸頌鄉邦。"愚弟文龍從先讚。

文金公之子，章錦，字雲惠，生雍正癸丑年。娶程氏。生子，□□。

文仁公之子，章龍，字雲從，生康熙戊戌年。娶范氏。生子，□□。

文天公之子，章虎，字□□，生乾隆己巳年，娶□氏。生子，□□。

第四十八世（乾）

章先公之長子，繼（乾）聖，字斯世，生雍正辛亥年，歿乾隆乙亥年，葬太公塢傍祖。娶李氏。生子，先角、先亢。

章先公之次子，繼（乾）文，字可謨，生乾隆癸亥年。娶□氏。生子，□□。

章先公之三子，繼（乾）章，字可聞，生乾隆丙寅年。娶□氏。生子，□□。

章先公之四子，繼（乾）可，字□□，行□□，生乾隆己巳年，娶□氏。

章先公之五子，繼（乾）立，字生采。

章先公之幼子，（乾）繼身，字□□，行□□。

第四十九世（坤）

繼聖公之長子，先（坤）角，字□□，行□□，生乾隆癸酉年。娶□氏。生子，□□。

繼聖公之幼子，先（坤）亢，生乾隆乙亥年。娶□氏。生子，□□。

建昌縣在市與三溪橋支譜世錄

第三十八世

文敬公之三子，存智，字□□，行□□。娶□氏。生子，時新。

第三十九世

存智公之子，時新，字□□，行□□。娶□氏。生子，仲端、仲傑。

第四十世

時新公之長子，仲端，字□□，行□□。娶楊氏。生子，玉珊、玉瑚、玉
瑋、玉環、玉璃。

時新公之幼子，仲傑，字□□，行□□。娶□氏。生子，玉琥、玉金。

第四十一世

仲端公之長子，玉珊，字□□，行□□。娶張氏。生子，漢震、漢朝、漢
楚、漢轟、漢雲。

仲端公之次子，玉瑚，字□□，行□□。娶□氏。生子，漢義、漢禮、漢
智、漢信。

仲端公之三子，玉瑋，字□□，行□□。娶□氏。生子，漢洲、漢明、
漢光。

仲端公之四子，玉環，字□□，行□□。娶□氏。生子，漢詳【祥】、
漢魁。

仲端公之五子，玉璃，字□□，行□□。娶陳氏。生子，漢清、漢箕、漢
表、漢顯。

第四十二世

玉珊公之長子，漢震，字遠文，號秋江，歿。娶易氏。生子，霍、霨、
霰、霧。

玉珊公之次子，漢朝，字□□，行□□。娶李氏。生子，霹、霽、雲、雨。

玉珊公之三子，漢楚，字□□，行□□。娶劉氏，繼娶羅氏。生子二，
霆、電。

玉珊公之四子，漢轟，字□□，行□□，歿。娶陶氏。生子，霓、霖。

玉珊公之幼子，漢雲，字□□，行□□。娶杜氏。生子，賓、靁。

玉瑚公之長子，漢義，字□□，行□□。娶彭氏，俱歿。生子，孝保。

玉瑚公之次子，漢禮，字□□，行□□，娶羅氏，俱歿。生子，□□。

玉瑚公之三子，漢智，字□□，行□□。娶□氏，歿。生子，□□。

玉瑚公之四子，漢信，字□□，行□□。娶□氏，歿。生子，□□。

玉公瑋之長子，漢洲，字□□，行□□。娶涂氏，歿。生子，□□。

玉瑋公之次子，漢明，字□□，行□□。娶□氏，歿。生子，□□。

玉瑋公之幼子，漢光，字□□，行□□。娶□氏，歿。生子，□□。

玉環公之長子，漢祥，字□□，行□□，歿。娶□氏。生子，□□。

玉環公之幼子，漢魁，字□□，行□□，歿。

玉公之長子，漢清，字□□，行□□，歿。

玉瓏公之次子，漢箕，字□□，行□□。娶陳氏。生子，靄。繼娶湯氏，生子，靄、茂，女適灣張。

玉瓏公之三子，漢表，字□□，行□□，俱歿。娶朱氏。生子，龍、瑞。

玉瓏公之幼子，漢顯，字□□，行□□，娶周氏。生子，廉、春、毛、保（歿）。

第四十三世

漢震公之長子，霍，即起堅。娶陳氏。生子，天國、天邦。

漢震公之次子，靄，字□□，行□□。娶夏氏，俱歿。

漢震公之三子，霽，字□□，行□□，歿。娶黃氏，俱歿。

漢震公之幼子，霧，字□□，行□□，歿，娶□氏。

漢朝公之長子，霹，字□□，行□□。娶陳氏，俱歿。生子，天明、天象。

漢朝公之次子，霽，字□□，行□□，歿。娶□氏。生子，□□。

漢朝公之三子，雲，字□□，行□□，歿。娶□氏，俱歿。

漢朝公之幼子，雨，字□□，行□□，娶陳氏，俱歿。

漢楚公之長子，霆，字□□，行□□，娶袁氏，俱歿。

漢楚公之幼子，電，字□□，行□□，娶黃氏，俱歿。

漢轟公之長子，霓，字□□，行□□，娶□氏，俱歿。

漢轟公之幼子，霖，字□□，行□□，娶陳氏，俱歿。生子，□□。

漢雲公之長子，賓，字□□，行□□，娶艾氏，俱歿。生子，□□。

漢雲公之幼子，霪，字□□，行□□，娶□氏，俱歿。

漢義公之子，孝保，字□□，行□□，娶□氏，俱歿。

漢箕公之長子，䨻，字□□，行七一，娶劉氏，俱歿。生子，天衢、天錫。

漢箕公之次子，靄，字□□，行□□，娶水西潘氏，俱歿。生子，正保。

漢箕公之幼子，茂，字□□，行□□，娶孔氏，俱歿。生子，□□。

漢表公之長子，龍，字□□，行□□，娶饒氏，俱歿。生子，□□。

漢表公之幼子，瑞，字□□，行□□，娶黃氏，俱歿。生子，□□。

漢顯公之長子，廉，字□□，行□□，娶□氏，俱歿。生子，□□。

漢顯公之幼子，春，字□□，行□□，早夭，歿。

第四十四世

霍公之長子，天國，字匡銘，行□□。娶黃氏，歿，葬普誌寺。生子三，在龍、在鳳、在春。生女二，長適浪瑚李，次適水門黃。

霍公之幼子，天邦，字□□，行□□，娶王氏，俱歿。生子，在明。

霹公之長子，天明，字□□，行□□，娶□氏，俱歿。

霹公之幼子，天象，字□□，行□□，娶□氏，俱歿。

䨻公之長子，天衢，字若軒，行葵二，娶劉氏，俱歿。生子，國明。

䨻公之幼子，天錫，字明軒，行葵六，歿，葬縣西門外南山合墓，寅申向。娶□氏。生子，國聖、國賢、國用、國志。

第四十五世

天國公之長子，在龍，字得雲，歿，葬普誌寺。娶□氏。生子，文芳、文榮、文華。長女適彭，次女適蔡。

天國公之次子，在鳳，字□□，行□□，早歿。

天國公之幼子，在春，字□□，行□□，早歿。

天錫公之子，國志，字既立，行□□。娶何氏，歿，葬三溪官山嶺合墓，辛乙向。生子，文達、文進、文選、文週、文傑。

第四十六世

在龍公之長子，文芳，字茂蘭，生康熙己未年。娶李氏，歿，葬南山。生子，章明。長女適蔡，次女適孫。

在龍公之次子，文榮，字英及，生康熙癸酉年三月廿九日。娶唐澔劉氏，歿，葬普誌寺。生子，章彩、章先。

在龍公之幼子，文華，字□□，行□□，歿。

國志公之長子，文達，字德孚，捐典史。娶何氏。生子，章賢（夭）。繼娶張氏。生子，章堅【聖】（夭）。副娶胡氏。生女酉姑，適趙。副續羅氏。生子，章斌、章敏。讚曰："羨兄氣概異尋常，清高自守日月光。仗義疏財儔能比，賑困扶危頌鄉邦。精通醫學勤利濟，橘井甘泉長流芳。名登吏籍通上國，車馬遙臨樂未央。"愚弟文龍從先拜讚。

國志公之次子，文進，字秀文，行□□。娶胡氏。生子，章藩、章藻。

國志公之三子，文選，字遴升【昇】，行□□。娶劉氏。生子，章宗。

國志公之四子，文週，字惠文，行□□。娶何氏。生子，章宣、章鳳。

國志公之幼子，文傑，字俊文，行□□。娶張氏。生子，章衍、章衡。

第四十七世

文芳公之子，章明，字□□，行□□，生雍正甲辰年。娶李氏。生子，□□，女適鄒。

文榮公之長子，章彩，字華玉，生雍正庚戌年六月十六日。娶浪湖舒氏。生子，繼聖。

文榮公之幼子，章先，字卜岸，生壬子年。娶□氏。生子，□□。

文達公之長【三】子，章斌，字左文，行□□。娶國學生彭魁先之女。生子，□□。

文達公之次【四】子，章敏，字右文，行□□。娶□氏。生子，□□。

文進公之長子，章藩，字□□，行□□。娶□氏。生子，□□。

文進公之次子，章藻，字□□，行□□。娶□氏。生子，□□。

文選公之子，章宗，字□□，行□□。娶□氏。生子，□□。

文週公之長子，章宣，字□□，行□□。娶□氏。生子，□□。

文週公之次子，章鳳，字□□，行□□。娶□氏。生子，□□。

文傑公之長子，章衍，字□□，行□□。娶□氏。生子，□□。

文傑公之次子，章衡，字□□，行□□。娶□氏。生子，□□。

建昌縣在市支譜世錄

第三十六世

善道公長子，宗韞，字廷玉，行□□。娶□氏。生子文敬、文行、文忠、文信。

第三十七世

　　宗輨長子，文敬，諱琦，明永樂戊子科舉人，任教諭。娶□氏。生子，存玄、存轟、存智、存昇。

　　宗輨公次子，文行，字□□，行□□，軍山支祖。娶□氏。

　　宗輨公三子，文忠，字□□，行□□。娶□氏。生子，□□。

　　宗輨公幼子，文信，字□□，行□□。娶□氏。生子，□□。

　　宗學公次子，文榜，字□□，行□□。在市支祖。娶□氏。生子，□□。

第三十八世

　　文敬公長子，存玄，字□□，行□□。娶□氏。生子，時真。

　　文敬公次子，存轟，字□□，行□□。娶□氏。生子，時革。

　　文敬公三子，存智，字□□，行□□。分支在市三溪橋。娶熊氏。生子，時新。

　　文敬公幼子，存昇，字□□，行□□。娶□氏。生子，時慶、時英、時榮、時寬。

　　文信公公子，存正，字□□，行□□。娶陳氏。生子，時銘。

第三十九世

　　存正公之子，時銘，字□□，生於正統甲子年四月二十一日亥時。娶涂氏。生子，仲堅，葬普誌寺。

第四十世

　　時銘公之子，仲堅，字□□，行□□。娶熊氏。生子，玉琴。

第四十一世

　　仲堅公之子，玉琴，字□□，行□□。娶周氏。生子，漢廷。

第四十二世

　　玉琴公之子，漢廷，字□□，行□□，娶胡氏。生丁亥二月初六日，歿乙丑五月十二日，生子，烈。

第四十三世

　　漢廷公之子，烈，字鍾衢，邑庠生，歿，葬鄒家堰。娶山溪謝氏。生子，天祥、天福、天禎、天祚。

109

雷氏大成宗族總譜　卷肆

第四十四世

　　烈公之長子，天祥，字和宇，行□□。娶王氏。生子，兆春、泰春、奮春。

　　烈公次子，天福，字濟生，邑庠生。娶□氏。生子，□□。

　　烈公三子，天禎，字春澤，邑庠生，生丙申年。娶彭氏。生子，□□。

　　烈公幼子，天祚，字□□，行□□。娶□氏。生子，□□。

第四十五世

　　天祥公之長子，兆春，字伯順，生順治乙酉年，歿康熙戊戌年。娶閔氏。生子，文祖。

　　天祥公之次子，泰春，字□□，行□□。娶□氏。生子，□□。

　　天祥公之幼子，奮春，字淑騰，生順治甲午年，奉例捐納，考授縣尉，遵部文捷取進京候選，歿。娶□氏。生子，□□。

第四十六世

　　兆春公之子，文祖，字克繩，行□□。娶熊氏，歿，葬南山。生子二，□□、□□。

建昌縣在市支譜世錄

第三十六世

　　宗學，字□□，行□□。娶□氏。生子，文榜。

第三十七世

　　宗學公之子，文榜，字□□，行□□。娶□氏。生子，存勳。

第三十八世

　　文榜公之子，存勳，字□□，行□□。娶□氏。生子，時中。

第三十九世

　　存勳公之子，時中，字□□，行□□。娶□氏。生子，仲英。

第四十世

　　時中公之子，仲英，字□□，行□□。娶□氏。生子，玉藻。

第四十一世

　　仲英公之子，玉藻，字□□，行□□。娶□氏。生子，漢富。

第四十二世

玉藻公之子，漢富，字□□，行□□。娶□氏。生子，霹光。

第四十三世

漢富公之子，霹光，字子耀，行□□。娶北門陳氏。生子，鳴春、鳴坊。

第四十四世

霹光公之長子，鳴春，字少洲，歿，葬北關外花園壠，與妻合墓。娶雙井黃氏。生子，應朝、應祖、應忠。

霹光公之幼子，鳴坊，別號南州。娶徐氏。生子，應煥、應燧、應燿、應煜【熤】。

第四十五世

鳴春公之長子，應朝，字□□，行□□，歿。娶□氏。生子，□□。

鳴春公之次子，應祖，字慕洲，歿，葬北關外栗祖壠。娶西津夏氏，、歿，葬栗祖壠。生子，梁彥、梁棟、梁柱。

鳴春公之幼子，應忠，字□□，行□□，歿。

鳴坊公之長子，應煥，字□□，行□□，歿。

鳴坊公之次子，應燧，字□□，行□□，歿。

鳴坊公之三子，應燿【燿】，字□□，行□□，歿。

鳴坊公之幼子，應煜【熤】，字□□，行□□，歿。

第四十六世

應祖公之長子，梁彥，字□□，行□□，歿。

應祖公之次子，梁棟，字來成，行□□。娶李氏。續娶皮氏，歿。生子，文宇、文宙、文綱、文紀，生女一，適西城劉。

應祖公之幼子，梁柱，字良友，生順治丁未年八月初十日，歿康熙壬寅六月初九日戌時。娶尖山王氏，生康熙丁未年，歿雍正癸丑年。生子，文龍。

第四十七世

梁棟公之長子，文宇，字□□，行□□，歿。

梁棟公之次子，文宙，字□□，行□□，早歿。

梁棟公之三子，文綱，字□□，行□□，早歿。

梁棟公之幼子，文紀，字常卿，歿，葬北關外。娶李氏，繼娶李氏，又娶尖山陳氏。生子一，章龍。女適橋下徐新文。

梁柱公之子，文龍，字際雲，生康熙壬申年九月廿六日辰時，歿雍正壬子三月初六日午時，葬北關外花園壠。娶張氏。繼娶朱氏、余氏，葬方家嶺周家地。生子，章選、章遂、章達，女適白坑周賛寧。

第四十八世

文紀公之子，章龍，字□□，歿。娶李氏。生子，繼雨。

文龍公之長子，章選，字青萬，生康熙辛卯年，歿雍正甲寅年。娶東關外況氏。女一，適東岸吳。

文龍公之次子，章遂，字薦奇，行□□。娶東莊燕氏。生子，繼元、繼聖，女一。

文龍公之幼子，章達，字儀文，生雍正丁未年，卒乾隆癸酉年，葬北關外。娶夷塘趙氏。生子，繼祥、繼魁、繼師。

第四十九世（乾）

章龍公之子，繼（乾）雨，字秀風，生乾隆丙子年。娶□氏。生子，□□。

章遂公之長子，繼（乾）元，字□□，行□□。娶黃善鄒氏。生子，□□。

章遂公之次子，繼（乾）聖，字□□，行□□。娶□□氏。生子，□□。

章達公之長子，繼（乾）祥，字□□，行□□。娶□氏。生子，□□。

章達公之次子，繼（乾）魁，字□□，行□□。娶□氏。生子，□□。

章達公之三子，繼（乾）師，字□□，行□□。娶□氏。生子，□□。

伍、雷氏族譜

雷氏重修宗譜世錄　卷壹

北山上房支

雷氏宗譜世錄

第一世

　　敦公（萬雷公），諱敦[1]，號庖犧。俞跗舉公，察明堂，究脉{脈}自，踵成《內經》。要【娶】依氏女。生子，异【異】。

第二世

　　敦公之子，异【異】。娶孟氏。生子，豈。

第三世

　　异【異】公之子，豈。娶姜氏。生子，陞。

第四世

　　豈公之子，陞，生五月，能言，年十六，繼重為南正。娶姬氏。生子，渠援。

第五世

　　陞公之子，渠援，天資明敏，好讀詩書。娶周氏。生子，焄。

第六世

　　渠援公之子，焄，五十無子。始娶夙沙氏。繼娶姜氏。生子二，頡、頏。

第七世

　　焄公之子，頏，賦性聰敏，不修小節。娶勝氏。生子，麃。

第八世

　　頏公之子，麃。娶荀氏。生子，梟。

第九世

　　麃公之子，梟。娶僖氏。生子，瑀。

---

[1] 敦，南朝人，善研藥學，譔成《炮灸論》一書，記載藥物的炮、灸、炒、煆、曝、露等製藥法十七種。原書已散佚，其內容為歷代本草所收錄，有些製藥法至今仍被採用，近人張驥輯有《雷公炮灸論》。據《中國人名大辭典·歷史人物卷》第624頁，上海辭書出版社1990年2月版。

第十世

帠公之子，瑀。娶析氏。生子二，公弇、公卉。

第十一世

瑀公長子，公弇。要【娶】依氏。生子三，孟雄、孟雌、孟華。

第十二世

公弇公三子，孟華。娶筬氏。生子，祿夫。

第十三世

孟華公之子，祿夫。娶姬氏。生子二，夢祥、夢禎。

第十四世

祿夫公長子，夢祥。

祿夫公幼子，夢禎。娶仲姜氏。生子，臺光。

第十五世

夢禎公之子，臺【臺】光。娶芊氏。生子，大德。

第十六世

臺光公之子，大德。娶佗氏。生子，龍駿。

第十七世

大德公之子，龍駿。娶姚妹，四十無子，祀於少華，得以生子，因名長庚。

第十八世

龍駿公之子，長庚。娶皋氏。生子，蔀。

第十九世

長庚公之子，蔀。娶皋【綦】氏。生子二，翬、翟，居於泳。

第二十世

蔀公之子，翬。娶媯氏。生子，昂。

第廿一世

翬公之子，昂。娶奚容氏。生子二，閣、開。

第廿二世

昂公長子，閣。娶孟氏。生子，倡。

昂公幼子，開，爲下大夫。

第廿三世

閣公之子，倡。娶祝氏。生子二，元奇、震公。

第廿四世

倡公長子，元奇。娶卻氏。生子，驤。

倡公幼子，震公，為周之元戎，外封馮翊郡。周王伐紂，公為先鋒，斬妲己，有功于王室，封豫章郡①侯。享年四十二，終，葬興鄉蜈蚣山，今名先鋒凹。娶呂氏。生子三，長聲、次瞽、幼輯。

第廿五世

元奇公之子，驤。娶仲氏。生子二，健可、建可。

震公長子，聲。娶徐氏。生子二，艮、坤。

震公次子，瞽。

震公幼子，輯，字伯輿。娶姬氏，終身守節，後旌貞節坊。

第廿六世

驤公長子，健可。

驤公次子，建可。娶毛氏。生子，鎧定。

聲公長子，艮，字九思，歿，葬大雷岡東。娶焦氏。生子三，長葉【燁】、次炬、幼煬。

聲公幼子，坤，字載華。娶邵氏、楊氏。生子一，炤。

第廿七世

建可公之子，鎧定。娶翟氏。生子，君求。

艮公長子，葉【燁】，字光臣。娶吳氏。生子二，長自成、幼自達。

艮公次子，炬，字斗南，歿，葬和南鄉。娶彭氏。生女名媛。

艮公幼子，煬。娶鄭氏，未娶而歿，年十七。

坤公之子，照【炤】，廣西未回，其後未詳。

第廿八世

鎧定公之子，君求，早歿。娶姚氏。遺腹生子，仲紀。

葉【燁】公長子，自成。娶郭氏，歿，合葬蔡家坑。生子一，旺。

葉【燁】公幼子，自達，其後未詳。

---

① 豫章郡，楚漢之際，治所在南昌（今南昌市），轄境相當今江西省地。三國魏以後，轄境逐漸縮小。南朝陳時包含有今江西錦江流域、南昌市、清江等縣地。隋開皇九年（公元589年）廢棄。大業及唐天寶、至德時又曾改洪州為豫章郡。據《辭海》第437頁，上海辭書出版社1985年8月版。豫章郡系雷氏與馮翊郡並立的郡望。

第廿九世

君求公之子，仲紒。娶文氏。生子一，休。

自成公之子，旺，字茂元。娶哀氏。生子二，長陵、幼隊。

第三十世

仲紒公之子，休。娶東方氏。生子二，寅豪、申豪。

旺公長子，陵。娶牧氏。生子一，宜，早歿。

旺公幼子，隊，字公遠。娶顏氏。生子三，軾、輅、轅。

第三十一世

休公長子，寅豪。

休公幼子，申豪。娶孔氏。生子寵渥，自二十三世至□□世，元士。

隊公長子，軾，字子轍，繼父職，徙居遼西。

隊公次子，輅。娶羅氏，歿，同葬小源坑。生子一，昌。

隊公幼子，轅，字伯闓。娶陳氏。無嗣。

第三十二世

申豪公之子，寵渥。娶宋氏。生子二，長振、幼雍，徙於洛。

輅公之子，昌。娶黎氏、王氏、馬氏。生子一，尚幼，又遭兵火之厄，其後子孫衰落，世久未誄①。

第三十三世

寵渥公長子，振，字季鷥。娶周氏。生子，諒。

寵渥公幼子，雍，字子肅。

第三十四世

振公之子，諒，字元直，任【仕】周。娶石氏。生子，瑕。

第三十五世

諒公之子，瑕，字玉潤。娶子氏。生子，偓。

第三十六世

瑕公之子，偓，字子仰。娶荊氏。生子二，纘、緒。

第三十七世

偓公長子，纘，字紹先，仕周。娶王氏。生子，覒。

---

① 古代悲哀地叙述逝者德行以定謚號的一种文體。〔晋〕摯虞《文章流别論》曰："哀辭者、誄之流也。"〔梁〕劉勰《文心雕龍·誄碑》有言："誄者，累也，累其德行，旌之不朽也。"

偃公幼子，緒，字季倫。

第三十八世

　　纘公之子，睨，字思遇。娶仲氏。生子，彀。

第三十九世

　　睨公之子，彀，字良璧。娶孫氏。生子，麾。

第四十世

　　彀公之子，麾，字子清。娶劉氏。生子，畚。

第四十一世

　　麾公之子，畚，字德器。娶張氏。生子，瓵。

第四十二世

　　畚公之子，瓵，字上玉。娶王氏。生子，雒。

第四十三世

　　瓵公之子，雒，字子駿，仕魏。娶萬氏。生子，俠。

第四十四世

　　雒公之子，俠，字克俊。娶上官氏。生子，趯。

第四十五世

　　俠公之子，趯，字超躍。娶羅氏。生子，民皥。

第四十六世

　　趯公之子，民皥，字世淳。娶徐氏。生子二，佾、份。

第四十七世

　　民皥公長子，佾，字雍甫。娶季氏。生子，軌。

　　民皥公幼子，份，字作仁。

第四十八世

　　佾公之子，軌，字子轍，仕周。娶朱氏。生子，鄢。

第四十九世

　　軌公之子，鄢，字懋德。娶劉氏。生子，鐮。

第五十世

　　鄢公之子，鐮，字子樂。娶程氏。始居鄱邑小雷岡，生子，元嘉。

第五十一世

　　鐮公之子，元嘉，字國瑞。娶張氏。生子，洩。

第五十二世

元嘉公之子，洩，字運父。娶楊氏。生子，通。

第五十三世

洩公之子，通，字達正。娶傅氏。生子，博文。

第五十四世

通公之子，博文，字潛夫，仕漢。娶陸氏。生子，捷。

第五十五世

博文公之子，捷，字一舉。娶陳氏。生子，安民。

第五十六世

捷公之子，安民，字子澤。娶顏氏。生子二，遇、遡。

第五十七世

安民公長子，遇，字兆巷。娶翟氏，立弟遡公第五子中德為嗣。

安民公幼子，遡，字兆源。娶朱氏。生子六，智德、仁德，聖德、義德、中德、和德。中德出繼於兄為嗣。

第五十八世

遡公長子，智德，字明善。

遡公二子，仁德，字元善。娶吳氏。生子，義。

遡公三子，聖德，字純善。

遡公四子，義德，字宜善。

遡公五子，中德，字材實，出繼于伯父遇名下為嗣，後徙于越。

遡公幼子，和德，字濟善。

第五十九世

仁德公之子，義，字仲公，《饒州府志》載鄱陽郡[①]人。娶查氏。生子二，乾陽、奭。

第六十世

義公長子，乾陽，字龍德。娶桂氏。生子，景明。

---

① 鄱陽郡，東漢建安十五年（公元210年）孫權分豫章郡置，治所在鄱陽（今江西省鄱陽縣），轄境相當今江西省鄱陽湖東岸、進賢縣以東及信江、樂安江流域（婺源縣除外）。晉移治廣晉（今江西省波陽縣北）。南朝齊複治鄱陽。隋開皇九年（公元589）廢棄。大業及唐天寶、至德時又曾改饒州為鄱陽郡。據《辭海》第455頁，上海辭書出版社1985年8月版。

義公幼子，㬥，字召生。娶胡氏夫人。生子二，憲模、憲法。

乾陽公之子，景明，字瑞徵。娶胡氏。生子，甄。

㬥公長子，憲模。娶和氏夫人。生子三，長祈【祁】、次郊、幼郏。

㬥公幼子，憲法。娶劉氏。生一女，適石門張，無繼。

景明公之子，甄，字□□。娶徐氏。生子，傑父。

憲模公長子，祈【祁】，號會川。娶黎氏。生一女，適江。

憲模公次子，郊，字左元，歿於太康九年，葬東坑。娶呂氏。生子，煥。

憲模公幼子，郏，字仲元，年二十一，感瘋疾而歿。娶余氏，年少無繼。

甄公之子，傑父，字人瑞。娶甘氏。生子，煥。

考鄱陽譜系，煥公爲郊公之子，而南昌等處譜系則如此。今兩存之，以俟知者，不敢輕爲易也。按吾雷族譜，自唐萬碩公石碑刻載孔章以來，而後之賢達者，皆世守焉，無所事於荒遠難稽者也。近考譜誌，乃自雷敤公始，今悉仍其舊，自雷敤公至傑父公，凡六十三世爲一卷，而以孔章復爲一世祖起，則據豐城之舊譜，亦所以示信也。

雷氏宗譜世録

第一世　煥

煥，字孔章，鄱陽小雷崗人。晉元康八年，與司空張華①登樓，見紫氣沖漢。公曰："此寶劍之精，應在豐城。"華遂補公豐城令。後獄中得龍泉太阿，至今縣稱劍邑。邑人載公之德，建廟崇祀，葬故縣渡之翁港源。娶陶氏、陳氏。生子二，長華，幼葉。

---

① 張華（公元232—300年），西晉范陽方城（今河北固定西南）人，子茂先。晉初任中書令、散騎常侍，助武帝定滅吳之計。統一後爲賈充、荀勖所忌，出爲都督幽州諸軍事。惠帝時，任侍中、中書監、司空。爲趙王倫所殺。張華以博學著稱，其詩辭藻華麗。原有文集，已散佚。後人集爲《張司空集》，另著有《博物誌》傳世。據《中國人名大辭典·歷史人物卷》第334頁，上海辭書出版社1990年2月版。

第二世

　　煥公長子，華，字十英，官建安從事。娶王氏。世系詳雷坊。

　　煥公幼子，葉，字士永，小雷岡人。娶趙氏。生子，執。在任繼娶盛氏。生子，明【典】。女適綿竹叅{參}軍趙昌期，盛氏所生。

第三世

　　葉公長子，執，字九中，生於晉元康八年，咸和七年，復歸豫章。

　　葉公幼子，明【典】，字惟中，生於晉永嘉六年，歿於咸安二年。娶李氏，歿，合祔父塋。生子一，錦，生女二，長適石泉張，幼適本城王。

第四世

　　典公之子，錦，字文繡，生於咸和八年，歿於元興二年。娶王氏，歿，合葬玉岡，西向。生子二，澄、清。

第五世

　　錦公長子，澄，字若水，生於升平二年，歿於義興十年。娶劉氏，歿，俱附葬玉崗。生子，柏【栢】齡。

　　錦公幼子，清，字若木，生於升平五年，歿於元嘉二年。娶萬氏，合葬玉崗。生子二，松齡、桂齡。

第六世

　　澄公之子，栢齡，字翠林，生於晉大元七年。娶宗氏。宦寓長安。

　　清公長子，松齡，字茂休【林】，生於晉大元九年，歿於元嘉廿八年。娶張氏，歿，合葬伏虎扳【坂】。生子，守照，女適陳。

　　清公幼子，桂齡，字馥林，生於晉大元十五年，宦寓洛陽。

第七世

　　松齡公之子，守照，字孟明，生於晉義熙四年，歿於大明八年，葬玉岡。娶都駙尉趙元彭女，葬虎形山。生子一，登成【城】，女一適陳。

第八世

　　守照公之子，登成【城】，字克鞏，生於元嘉九年，歿於天監三年。娶曹氏，繼娶邊氏，俱葬松林崗，東向。生子二，綿遠、繩遠。

第九世

　　登成【城】公長子，綿遠，字永叔，生於建元二年，歿於大寶元年，葬虎形山。娶上官氏，繼娶雲氏，俱葬松林崗。生子，珪、璋、璧。女適城南王瑋，字仲玉，生於大通二年，歿於光大二年，葬後岡。娶陳氏。

登成【城】公幼子，繩遠，字武叔，生於永明元年。娶蕭氏，享八十一壽而終，葬松林崗上。

第十世

綿遠公長子，珪，字孟玉，生於普通六年。

綿遠公幼子，璧，字李玉，生於大通四年，歿於開皇三年，葬長源塽。娶蕭氏，歿，葬松林左邊。生子二，學詩、學禮。女一，適少司空王。

第十一世

璧公長子，學詩，字廷詔，生於陳天嘉三年，歿於隋大業二年，葬金星腦水窩穴。娶施氏，葬金星左。生子二，長忠、幼廉。女一，適朱。

璧公幼子，學禮，字廷最，生於陳天康元年，歿於隋仁壽四年。娶魯氏，歿，合葬白石崗。生子二，孝、節。

第十二世

學詩公長子，忠，字守誠，生於隋開皇十年，歿於唐貞觀三十年，葬長源。娶宗室楊氏。妾孫氏。生子，暘。

學詩公幼子，廉，字守清，生於隋開皇十五年，娶鐘氏。

學禮公長子，孝，字守先，生於隋開皇十二年，歿于唐貞觀廿八年，葬附父塋。娶卞氏，歿，葬松林。生子，煦。

學禮公幼子，節，字守貞，生於隋仁壽元年，歿於唐永徽五年。娶十氏，歿，合葬白石堆。繼娶黃氏，歿，葬松林。生子二，長明、幼旴。

第十三世

忠公之子，暘，字東升【昇】，生於大業六年，歿於唐嗣聖十年。娶李氏，繼娶蔣氏，俱葬同州①北關外。生子一，承祐。

孝公之子，煦，字東邕，生於義寧二年，歿於唐貞觀二十八年。

節公長子，明，字東燦，生於唐貞觀廿五年，歿於景隆元年，葬附祖墳。娶秦氏。生子五，承祐、承祚、承祥、承福、承祿。

節公幼子，旴，字東旭，生於唐貞觀三十二年，歿於嗣聖十年，葬河北北

---

① 同州，西魏廢帝三年（公元554年）改華州置，治武鄉縣（今陝西省大荔縣），屬關內道。唐轄境約爲今陝西省大荔、合陽、韓城、澄城、白水等縣市地。清雍正初升爲直隸州。據《中國古今地名大詞典》第1141頁，上海辭書出版社2005年7月版。

關外獅形。娶李氏。繼娶陳氏。生子二，承祁，娶楊氏；承禘，娶德氏。

第十四世

暘公之子，承祐，字大德，生於唐貞觀十年。娶卞氏。繼娶陳氏，歿，俱葬同州西關外。生子一，紹先。

明公四子，承福，字天受。娶柴氏。生子二，遇春、萬春。

第十五世

承祐公之子，紹先，字克家，號芝田，生於唐永徽二年。娶劉氏。繼娶周氏。副室王室【氏】。生子，裕、容。

第十六世

紹先公之子，裕，字文饒，生於儀鳳二年，歿於開元廿年。娶李氏。生子二，玭、琚。

第十七世

裕公長子，玭，字學文，號荊陽，生於景雲庚戌，歿於大歷戊午。娶陳氏。復娶冷氏，歿，葬太乎【平】鄉。生子一，登。

裕公幼子，琚，字學武。

第十八世

玭公之子，登，字惟俊，生於開元丁丑，歿於元和已亥。娶曹氏，歿，附葬□□。生子一，賈。

第十九世

登公之子，賈，字覆雲，號錦川，生於大歷己酉，歿於大中辛未。娶角氏。生子，衡。

第二十世

賈公之子，衡，字克平。娶朱氏。生子一，謙。

第廿一世

衡公之子，謙，字思益，生於唐大中庚午，歿後唐同光甲申，葬蕉坑枇杷崙【嶺】嘴上。娶張氏。妾呂氏。生子八，仁肱、仁智、仁藹、仁壽、仁顯、仁翁、仁彰（俱張出）、仁傑（呂出）。

第廿二世

謙公長子，仁肱，字輔德，登進士第，生唐中和辛丑，歿大中祥符戊申，葬太乎【平】塘源。娶冷氏，歿，葬焦源坑杉樹下木麻坑口。生子四，承禮、承亮、承宣、承志。

謙公次子，仁智，字厚德，行二，生於唐中和甲辰年。娶李氏。生子二，賁、軒。

謙公三子，仁藹，字昭德，行八，生於唐光啟丙午年。娶張氏。生子一，永。

謙公四子，仁壽，字立德，行十一。娶吳氏。生子，達楚，徙居建昌縣千秋岡【崗】，後詳本支。

謙公五子，仁顯，字炳德，行十三。娶陳氏，寓南鄉山斜上莊。生子三，冕、亶、澤。

謙公六子，仁翁，字□□，行□□，入贅新建熊氏。生子一，眖【況】。

謙公七子，仁彰，字明德，生於唐光化己未，梁龍德二年贅塘藍。生子一，承旭。

謙公幼子，仁傑，字仁忠，行□□。娶柴氏，徙西新喻。

第廿三世

仁肱公長子，承禮，字立本。娶劉氏。生子一，新。

仁肱公次子，承亮，字本生，生於梁乾化辛未，歿於宋開寶庚午。娶胡氏，歿，俱葬城門。生子，震爽、昭。

仁肱公三子，承宣，字本德。娶楊氏。續娶周氏。生子四，象、獻（楊出）；宏、宥（周出）。

仁肱公幼子，承志，字本善。娶楊氏。繼娶周氏。生子二，隨（楊出）；昂（周出）。

仁智公長子，賁，字本質，行十二。娶高氏。生子一，宸。

仁智公幼子，軒，字本昂。娶戚氏，生子一，聖【舜】。

仁藹公之子，永，字本實，行五。娶莫氏。生子二，旻【昊】、順。

仁顯公長子，冕，字本周，行六。娶王氏。生子一，克義。

仁顯公次子，亶，字本信，行七。娶陳氏。生子二，忠隱、克己。

仁顯公幼子，澤，字大恩，行九。娶劉氏。生子一，克濟。

第廿四世

承禮公之子，新，字鼎臣，生於宋雍熙甲申，歿於皇祐癸巳，葬桂林菴。娶毛氏。生子四，就、因、衢、發。

承亮公長子，震爽，字明臣。娶尤氏，歿，俱葬太平岡。生子二，炳、葉

【燁】。

承亮公幼子，昭，字亮平。娶王氏。生子一，炤。

承宣公長子，象，字直卿。娶陳氏，歿，俱葬太平岡。生子一，堯仁。

承宣公次子，獻，字懋鄉。娶馮氏，側室朱氏。生子，堯聞。

承宣公三子，宏，字洪卿，行四七，官樂乎【平】縣①尉。娶王氏。生子三，堯弼、堯輔、堯能。

承宣公幼子，宥，字仁卿，行四八。娶莫氏。生子三，堯臣、堯問、堯思。字聖問，行九一，娶辛氏，歿。

承志公長子，隨，字鼎卿。娶簡氏。生子，倬。

賁公之子，宸，字□□，行念二。娶萬氏。生子二，黼、衛。

軒公之子，聖【舜】，字善卿。娶王氏。生子一，臣。

永公長子，旻【昊】，字蕭卿，行十。娶姜氏。生子二，筠、松。

永公幼子，順，字道卿，行四。娶徐氏。繼娶陳氏。生子六，岑、嵩、嶽【岳】、岱（徐出），雲興（止），雲賢（陳出）。

冕公之子，克義，字宜卿，行十二。娶沈氏。生子一，益。

亶公長子，忠隱，字直卿，行十五。娶呂氏。生子一，遵。

亶公幼子，克己，字禮復，行十七。娶陳氏。生子一，巡。

澤公之子，克濟，字會卿，行三十。娶王氏。生子一，遨。遨，字方士，行八十六，遨娶章氏。生子，念二，念二娶張氏。

廿五世

新公長子，就，字有道，行九一，生於宋明道癸酉年，享九十八歲，歿於紹興庚申年，葬桂林前坡之右。娶蔡氏。生子，孚。

新公次子，因，字名周。娶□氏。生子一，師湯。

新公三子，衢，字日升【昇】，生於康定庚辰，歿於紹興甲子。娶郭氏。生子三，怡【頤】、暉、綱。娶毛氏。生子，性安。

新公幼子，發，字日興，生於慶曆甲申，歿於紹興己酉。娶毛氏。生子二，震、雲。

震爽公長子，炳，字日章。娶白氏。生子三，解、巽、震。

---

① 此樂平縣即江西省東北部樂安江橫貫，唐置縣。非漢魏時期統轄山西沾縣（相當今山西陽泉市、平定、昔陽、和順等縣地）之郡縣。據《辭海》第79頁，上海辭書出版社1985年8月版。

震爽公幼子，葉【燁】，字日華。娶何氏。生子二，極、傑。極，字先建，娶周氏。生子，持。持娶錢氏。生子，茂亨。

昭公之子，炤，字日明。娶吳氏。生子，俊。

象公之子，堯仁，字廣及。娶何氏。生子，煜。娶吳氏。生子，當可。娶楊氏。

獻公之子，堯聞，字聖容。娶張氏。生子一，燁。

宏公長子，堯弼，字聖俞。娶傅氏。生子一，克。

宏公次子，堯輔，字帝喻。娶幸氏。生子二，圭、熙。

宏公幼子，堯能，字謙士，號隱亭，邑庠生。娶趙氏。生子三，廷隨、廷發、廷昇。

宥公長子，堯臣，字都俞。娶白氏。生子一，浩【顥】。

宥公次子，堯問，字聖容。娶毛氏。生子一，作。

昂公之子，朗，行九九，娶□氏。生子一，桂。

宸公長子，蕭。娶廖氏。生子一，佑。

宸公幼子，衛。娶郭氏。生子一，拱。

舜公之子，臣，字君佐。娶戚氏。生子一，淳，字伯強。

旻公長子，筠，字仲堅。娶胡氏。生子一，初。

旻公幼子，松，字季茂。娶李氏。生子二，祈、祚。

克己公之子，巡。娶胡氏。生子一，念一，遷居新俞【喻】。

第廿六世

就公之子，孚，字保信，生於宋元豐甲子，歿於乾道丙戌，葬府治西洞山寺背。娶張氏，岐國夫人，葬桂林前坡之右。嬴國夫人廖氏，葬黛田叚心杉樹下。慶國夫人胡氏，葬城門蛇形墳山，衆房照管。生子三，孝友（張出）、孝欽、（廖出）、孝勉（張出）。

因公之子，師湯，字先哲。娶黃氏。生子二，為善、為膏。

衢公長子，怡【頤】，字養正。娶劉氏。生子一，如南。

衢公幼子，綱。娶白氏。生子二，如山、如乾【圭】。

發公長子，震，字東興。娶潘氏。生子四，極持、極華、極傑、極爽。

發公幼子，雲，字作霖。娶張氏。生子，威。

炳公之子，解，字先登。娶陳氏。生子二，常輝、天壽。

葉【燁】公幼子，傑，字先發。娶吳氏。生子二，豐、爽。

炤公之子，俊，字先臣。娶李氏。生子一，房，字大安。房娶趙氏。生子四，查、收、受、恭。

堯聞公之子，燁。娶張氏。生子一，介。

堯輔公長子，圭，字君信。娶黃氏。生子一，霆。

堯輔公幼子，熙，字敬緝。娶劉氏。生子一，轂。

堯能公長子，廷隨，字仲遂。娶劉氏。生子一，名漢。

堯臣公之子，浩【顥】。娶白氏。生子一，大中。

堯問公之子，作，字大起。娶毛氏。生子三，椿、梓、森。

朗公之子，雅，行三。娶胡氏。生子一，拜衡。

繡公之子，佑，字應科，又名祐。

衛公之子，拱，字應辰。娶王氏，俱葬黨田叚心。生子一，實。

筠公之子，初，字厥生。娶張氏。生子二，義、羨。羨娶楊氏，生子千三。千三娶趙氏，生子，八五、角應。

松公長子，祈，行十一。娶周氏。生子四，赴、趨、赳、趑。

松公幼子，祚，行十二。娶姚氏。生子二，起、越。

第廿七世

孚公長子，孝友，字季仲，生於建炎庚戌，歿於嘉定戊寅。娶葉氏。生子，洙（葉出）。娶李氏。生子沂、伯英。

孚公幼子，孝欽，字仲叔。娶王氏。生子，深。

師湯公長子，為善，字大樂。娶劉氏。生子四，忠恕、忠厚、忠彥、忠長【良】。

怡【頤】公之子，如南，字衡甫。娶陳氏。生子四，忠忱、忠文、忠武、忠德。

傑公長子，豐，字大有。娶周氏。生子一，廷佐【庭佑】。

傑公幼子，爽，字大明。娶方氏。生子四，廷【庭】楊、廷【庭】實、廷【庭】欲、廷【庭】堅。

廷隨公之子，漢，字倬然，號左山，生於宋元祐八年癸酉，歿壬午，享年七十，葬附父塋。娶陳氏。生子一，龍。

浩【顥】公之子，大中。娶李氏。生子一，興祖。興祖娶劉氏。生子，居謙。

作公長子，椿。娶沈氏。生子二，樵、羔。

作公次子，梓。娶張氏。生子三，萃、元敞、友龍。

作公幼子，森，字玉立。娶劉氏。生子二，誼、諡。

雅公之子，拜衡。娶盧氏。生子一，鎮。

拱公之子，寘，字守道。娶楊氏，俱葬高安①荷山。生子二，忻、偘
【愰】。

初公長子，義，字子直。娶李氏。生子二，有良、有交。

第廿八世

孝友公長子，洙，字習之，生於乾道丁亥，歿於寶佑乙卯。娶梁氏。繼娶
鄒氏，葬狗眼菴。生子三，樞、楷，梁出，柄，鄒出。

孝友公次子，沂，字永之，又字永文。中宋嘉定十五年壬午科舉人，任浙
江湖州②通判。生於淳熙甲午，殉於景定癸亥，葬城門思敬庵。娶馮氏。生子
四，渠、杓【构】、枡、窠。

孝友公幼子，伯英，字才叔。娶陳氏，歿，葬黨田杉樹嘴祖墳側。生子
二，恂、忱。

孝欽公之子，深，字巨源。娶楊氏，歿，俱葬桂林。生子二，棟、柱。

為善公三子，忠彥，字□□，行□□。娶和氏。生子三，紹、經、統。

豐公之子，庭佐，字王臣。娶吳氏。生子一，若宗。

爽公長子，庭揚，字聲彰、紹興庚午、丙子、壬午三科鄉舉，官建昌尉。
娶周氏。生子若川、若情、若谷。

爽公次子，庭實，字君平【乎】。娶王氏。生子一，革。

爽公三子，庭欲，字穀應。娶章氏。生子二，宋【宗】煥、列【宗烈】。

爽公幼子，庭堅，字季土。娶邢氏。生子二，洞、淵。娶翁氏，生子，
千入。

---

① 古代城邑高安，即戰國趙邑高安（在今山西省臨猗縣西南）。這裏的"高安"當指江西省高安
縣，在江西省西北部，錦江支流中游，漢置建城縣，唐改高安縣。據《辭海》第2044頁，上海辭書出
版社1985年8月版。

② 湖州，隋仁壽二年（公元602年）置，治烏程縣（今浙江省湖州市），隋唐時因瀕臨太湖而得
名，轄今浙江湖州市、德清、安吉、長興等市縣地。南宋寶慶元年（公元1225年）改爲安吉州。據
《中國古今地名大詞典》第2929頁，上海辭書出版社2005年7月版。

漢公之子，龍，字從雲，號石潭，邑庠生，生於宋政和二年壬辰，歿於淳熙三年丙申，葬祖塋側。娶熊氏。生子一，天肇。

森公長子，誼，字季和。娶劉氏。生子二，處恭、處仁，行二。娶童氏。生子，倫，行壽一。娶白氏。生子二，起、垣。

森公幼子，謐，字季甯。娶羅氏，歿，合葬石陂坑南畔。生子二，有聲、有成。

寘公長子，忻，字怡則，行太一，號梅隱。娶陳氏。生子三，長仁德。繼娶郭氏，後遷新吳赤墩。次仁傑，遷新吾【吳】。幼仁可，歿。

義公之子，有良。娶張氏。生子二，恢、昕。

洸公幼子，柄，字汝權，號季懷，葬高安旌義。娶季氏。生子，煃。

沂公長子，渠，字貴齊，文名渠，國學生。娶劉氏，繼娶藍氏。生子四，俎、炯、棋【烘】、烜。

沂公次子，杓，字濟川。

沂公三子，枡，字升【昇】伯。娶吳氏。生子一，光。

沂公幼子，㮤，字詢伯，生於紹定戊子，歿於至元甲午。娶張氏，俱葬太平岡。生子一，炯。

伯英公長子，恂，字信先。娶甘氏。生子二，智明、秉明。

伯英公幼子，忱，字□□。娶王氏。生子一，簽。

深公長子，棟，字東立。娶張氏。生子一，震烈。

深公幼子，柱，字石亭，娶楊氏。

廷堅公長子，洞。娶馮氏。生子四，克明、克迅、克迅娶汪氏。生子，元龍，三十五，歿。幼，克遠【遶】。娶劉氏，生子，震龍。

龍公之子，天肇，字正初。娶萬氏。生子四，曰驎、曰馴、曰驥{驥}、曰駿。

忠彥公長子，紹，字承生。娶趙氏。生子一，大政。

柄公之子，煃，字文仲，號立齋。娶朱氏。生子七，垌、均。

渠公長子，俎【烜】，字明卿。娶盧氏。生子二，城、型。

渠公次子，炯，字文卿。娶劉氏。繼娶陳氏。生子三，堦、圾、坵。

渠公三子，烘，字祥卿。娶陳氏。生子二，墉、壤。

渠公幼子，炟，字俊卿。娶簡氏。生子，填。繼娶喻氏。生子，塔。

枡公之子，光，諱熺，字光卿。娶張氏。生子四，長，基，遷新建①桃花鄉；次，坙，遷新建下鄉沙井；三，堪【壩】，贅南昌霞山；幼，垣，徙建昌縣。

燊公之子，炯，字明卿，號敏齋。娶毛氏。生子一，洪孫。 洪孫 娶張氏。生子，瓚。瓚娶趙氏。生子二，德周、德立，俱徙新建下鄉。

恂公長子，智明，字大庚。娶龔氏。生子五，震武、震威、震祥、震衡、震雅。

棟公之子，震烈，字盛甫。娶毛氏，歿，葬施源。生子，垠。

洞公長子，克明，字□□，行□□。娶周氏。生子三，若龍、季一、季二。

天肇公長子，曰驎，字孟班，生於宋紹興三十二年壬午，歿於寶慶三年丁亥。娶鄒氏。生子，大惠。

天肇公次子，曰馴，字仲善，生於乾道元年乙酉，嘉泰四年甲子鄉試經元，擢饒州府②教諭，歿於景定五年甲子。娶劉氏。生子五，九善、九河、九康、九震、九習。

天肇公三子，曰驥{驥}，字叔德，邑庠生，生於乾道六年庚寅，歿於端平三年丙申。娶徐氏。生子二，光宗、啟宗。

天肇公幼子，曰駿，字季之，生於宋乾道九年，歿於嘉熙四年八月十三日丑時。娶徐氏，合葬桂竹園。生子二，副宗、利宗。

紹公之子，大政，字□□，行□□。娶嚴氏。生子四，楫、格、枸、權。

第三十一世

烇公次子，坰，字志大。娶蕭氏。生子一，鋏。

烇公三子，塤，字和大，官將仕郎。娶蕭氏。歿，合葬棚嶺。生子二，鑒、鎮。

---

① 此處"新建"即江西省南昌市所轄新建縣，而非安徽省懷遠縣新建鎮。新建縣在江西省南昌市西部、贛江下游西岸，濱臨鄱陽湖。宋置縣。據《辭海》第1483頁，上海辭書出版社1985年8月版。

② 饒州府，隋開皇九年（公元589年）置州，治所在鄱陽湖（今江西省波陽縣）。唐轄境相當今江西省鄱江、信江兩流域（婺源、玉山兩縣除外）。元至元中升為路，明初改鄱陽府，旋即改饒州府。清置饒州府。據《辭海》第842頁，上海辭書出版社1985年8月版。

煃公六子，垣，字□□。娶毛氏。生子五，鍵、鋈、銉、鐇、性。

烜公長子，城，字景文，郡庠生。娶傅氏，歿，俱葬黃秋港蓮坪。生子二，釭、鐸。

智明公長子，震武。娶林氏。生子四，義仲、鳴仲、應仲、文仲。

克明公之子，若龍，字□□，行□□。娶□氏。生子，登瑞。

驎公之子，大惠，字汝明，生於宋開祥二年丙寅，歿於景定五【丑】年甲子。娶洙氏。生子，盈六（遷嶺前），盈七（遷建昌）。

馴公長子，九善，字汝元，生於紹熙元年庚戌，歿於景定五年甲子。娶龔氏。生子，省二、省三。

馴公次子，九河，字汝木，生於紹熙五年甲寅，歿於咸淳二年丙寅，葬大岡。娶裘氏。生子一，均佐，居木里棗樹園。

馴公三子，九康，字汝寧，生於紹熙九年，歿於景定三年壬戌。娶張氏，合葬大岡。生子一，均佑。

馴公四子，九震，字汝東，生於嘉泰四年甲子，端平甲午，領鄉試十一名，乙未成進士，授浙江金華府①知府，因亂致仕，歿于咸淳十年甲戌。娶倪氏。生子三，文唐、文晉、文漢。

馴公幼子，九習，字汝悅。娶劉氏。合葬大岡。生子，省六。

駿公長子，副宗，字汝周。娶楊氏。生子二，均承、均譽。

駿公幼子，利宗，字汝顯。

第三十二世

城公長子，釭，字友仁。娶胡氏。生子三，潭、澤（諱潤）、川。

震武公長子，義仲，字國明。娶余氏。生子二，明發、明復（行二，歿，止）。繼娶冷氏，歿，俱附葬。

震武公次子，鳴仲，字國瑞。娶李氏。生子三，明豫、明鎮、明奮。

若龍公之子，登瑞，字□□，行□□。娶□氏。生子，書九。

九河公之子，均佐，號楷軒。娶吳氏，歿，合葬大岡山。生子，時忠、時傑（行啟二）、（幼）時泰（行啟三）。

---

① 金華府，元至正二十年（公元1360年）朱元璋改寧越府置，治金華縣（今浙江省金華市），屬浙江布政使司，轄今浙江省金華、蘭溪、東陽、義務、永康、武義、蒲江等市縣。清代屬浙江省，1912年廢弃。據《中國古今地名大詞典》第1856頁，上海辭書出版社2005年7月版。

九震公長子，文唐，字景淵，生於宋淳祐二年壬寅，歿於至治三年癸亥。娶劉氏。生子五，應時、應運（俱遷象湖）、（三）應宗（生理湖廣）、（四）應瑞（遷建昌）、（幼）應春。

九震公次子，文晉，字昭景，生於淳祐七年丁未六月初十日子時，歿於泰定二年乙丑。娶師氏，歿，葬建昌縣。生子二，應麟、應鳳。

九震公幼子，文漢，字景雲，生於淳祐十二年壬子，歿於至和元年戊辰。娶杜氏。生子五，應鶯、應龍、應祥、應麒、應章（遷武寧）。

汝周公長子，均承，字武列，邑庠生，生於嘉熙元年丁酉十月廿二午時，歿於至大三年二月十二日申時。娶鄧氏。生子二，時德、時俊。

第三田三世

釭公長子，潭，字志遠，邑庠生，生於至元十六年己卯，歿于□□。娶柳氏。生子一，返昌。

義仲公長子，明發。娶余氏。生子一，躍龍。

文唐公次子，應運，字世瑞，生於元大德四年庚子，歿於至正廿七年庚寅。娶李氏。生子一，慶常。

文唐公幼子，應春，字師元，生於大德十年丙午，歿於至正五年乙酉。娶倪氏。生子一，輝。

文晉公長子，應麟，字師文，生於元大德元年丁酉，廩膳生，歿於至正廿八年戊申。娶李氏、鄒氏，歿，俱葬大崗山。生子四，（長）昇擢、（次）昇豫、（三）昇益、（幼）昇觀（二俱徙建昌縣）。

文晉公幼子，應鳳，字師夔，生於元大德六年，歿於明洪武廿五年壬申。娶朱氏、龔氏、張氏，歿，合葬本里大崗山祖墓側，癸丁向。生子五，仁、義、禮、智、信。

均承公長子，時德，字天祥，生於景定二年丁巳四月初八日。娶鄧氏。生子二，允{九}元、允{九}亨。

第三田四世

潭公之子，返昌，字純觐，邑庠生。娶王氏。生子二，昇雲、殷雲。

明發公之子，躍龍。娶葉氏。生子二，政伯、元伯。

時忠公之子，允{九}恭，字繼軒。娶楊氏，生子二，秉常、秉初。

應運公之子，慶常，字倫善。娶□氏。生子，祥雲。

應春公之子，輝，字觀電，生於至正元年辛巳正月廿日丑時。娶鄧氏。生子二，慶鳳、慶凰。

應鳳公長子，仁，字亨謙，生於元統甲戌，歲貢，授太和①教諭。娶陳氏。生子二，讚政、讚善。

應鳳公次子，義，字用謙，生於至元五年己卯，廩膳生。娶余氏。生子五，贊成、贊郁、贊易、贊仁、贊文。

應鳳公三子，禮，字受謙，生於至正八年戊子，娶黃氏。

應鳳公四子，智，字益謙，生於至正十六年丙申，歿於永樂三年乙酉。娶劉氏。生子，贊祥。

應鳳公幼子，仁【信】，字仕謙，生於至正廿三年癸卯，歿於永樂十二年甲午，娶鄧氏。

時德公長子，允{九}元，字尚謙，邑庠生，生於至正七年三月初八日戌時。娶趙氏。生子，秉義。

第三田五世

逞昌公之子，昇雲，字從龍。娶金氏，歿，俱葬長樂崗。生子五，秀【莠】興、義興、華【萃】興、茂興，萬興。

躍龍公長子，政【玫】伯，字□□。娶湯氏。生子二，重一、重二。

躍龍公幼子，元伯。娶盛氏。生子二，崇甫、雲甫。

慶常公之子，祥雲。娶□氏。生子，致仁。

義公長子，笏，字贊成，生於大明洪武十年丁巳。娶章氏。生子三，紹安、紹禹、紹益，大房支祖。

義公次子，篁，字贊郁，生於洪武十五年壬戌。娶黃氏。生子二，紹舜、紹清。

義公三子，箕，字贊易，生於洪武廿六年癸酉。娶□氏。生子三，紹隆、紹武、紹英，三房支祖。

義公四子，簪，字贊仁，生於洪武廿九年癸酉，歿，葬太岡山祖英塋側。娶曾氏。生子二，紹和、紹烈，八房支祖。

義公幼子，籍，字贊文。娶熊氏。生子，紹堯。

---

① 太和即太和縣，在安徽省西北部，潁河斜貫南部。秦新陽縣地，隋改置潁陽縣，宋改泰和縣，元改太和縣。據《辭海》第639頁，上海辭書出版社1985年8月版。

允{九}元公之子，秉義，字萬和，生於至大三年五月初八。娶萬氏。生子一，安能。

第三囲六世

昇雲公幼子，萬興，字邦國，生於元統二年甲戌。娶陳氏。生子四，受一、受二、受三、受四。

玖伯公長子，重一，字石梁。娶余氏。生子五，慶一、慶二、慶三、慶四、慶五。

玖伯公幼子，重二。娶朱氏。生子三，季三、季四、季七（同兄徙長茅）。

元伯公長子，崇甫。娶蕭氏。生子一，子振，其後子孫居奉鄉松林。

元伯公次子，雲甫。娶黃氏。生子三，長子壽（居崇鄉下祐）、（次）子賢、（幼）子章。子章生子，尋茂，止。

祥雲公之子、致仁。娶□氏。生子，中貴。

秉義公之子，安能，字啓明，生於至□八年十一月初三日卯時，歿，葬何家園，亥巳向。娶徐氏。生子二，瑞端、象端【瑞象】。女三，長適王、次適徐、幼適黃。

第三囲七世

萬興公長子，受一，字偉誠，生於元至正九年己丑二月十一辰時。娶叚【段】氏。生子，明三。

萬興公次子，受二，字偉謙，生於元至正十一年辛卯十月廿日子時，公洪武三年徙都邑三十八都程家領居也。娶王氏，夫婦俱葬祖山。生子一，祿堂。

萬興公三子，受三，字偉六，生於元至正十三年癸巳九月十四卯時，洪武三年遷居於都昌縣①五都之山汉港而居也。娶羅氏。生子一，世賢。

萬興公幼子，受四，遷居星子。

雲甫公之子，子賢。娶余氏。生子二，尋芳、尋萼（歿）。

致仁公之子，中貴，字□□，行□□。娶□氏。生子，和晴、和映。

安能公長子，瑞端，字繼之，生於洪武十八年八月十六子時。娶余氏，娶熊氏。生子五，璧、奎、冗、箕、參。

---

① 都昌縣，在江西省北部，濱臨鄱陽湖。唐置縣。據《辭海》第451頁，上海辭書出版社1985年8月版。

第三田八世

　　子賢公之子，尋芳。娶龔氏。生子，源演。

　　中貴公長子，和晴，字□□。娶厚田譚氏。生子，信鄉（徙厚田崗上）。

　　中貴公幼子，和映，字□□。娶赤岸葉氏。生子，思文（徙桐崗）。

　　瑞端公長子，廷瑞，諱璧，字紹許，生於永樂五年七月初二寅時。娶楊氏。生子一，以榮。

　　瑞端公次子，廷譽，諱奎，字振南，生於永樂八年四月廿六寅時。娶張氏。生子三，以誠、以富、以華。

第三田九世

　　尋芳公之子，源演。娶陳氏。生子，自一。

第四十世

　　源演公之子，自一，字述萬，生於洪武十三年庚申十二月初八午時，歿於正統甲子八月初八寅時。娶羅氏。生子，長居乾（未詳）、次居坤、幼居兌（止）。

第四田一世

　　自一公次子，居坤，字天泰，生於永樂廿年壬寅八月初五亥時，歿於宏治戊午年七月初二日卯時。娶盧氏。生子二，良貴、良伯。

雷氏北山上房支譜世錄

第二田二世

　　謙公之子，仁壽，字立德。娶吳氏。生子，達楚，徙建昌縣千秋崗。

第二田三世

　　仁壽公之子，達楚，字□□，行□□。娶□氏。生子，申錫。

第二田四世

　　達楚公之子，申錫，字□□，行□□。娶□氏。生子，植。

第二田五世

　　申錫公之子，植，字□□，行□□。娶□氏。生子，度。

第二田六世

　　植公之子，度，字□□，行□□。娶□氏。生子，世。

第二田七世

度公之子，世，字□□，行□□。娶□氏。生子，濚。

第二十八世

世公之子，濚，字□□，行□□。娶□氏。生子，瑚。

第二十九世

濚公之子，瑚，字□□，行□□。娶□氏。生子，安忠。

第三十世

瑚公之子，安忠，字□□，行□□。娶□氏。生子，思文。

第三十一世

安忠公之子，思文，字德遠，行□□。娶□氏。生子，震亨。"評事五經，博通文詞。鄉省試魁，國學修譔。褒貶賢愚，德讓御史。侍宸密機，上表乞恩。歸田晚享，自宜優哉游燕；眉年上壽。咨，樂乎天命復奚疑？"

第三十二世

思文公之子，震亨，字驚遠。娶李氏。生子，起龍。女如圭，適歸義鄉醴泉燕宗沐，號古梅。甥國材，號五峰之貴出於雷，外甥承相徵驗也。

第三十三世

震亨公之子，起龍，字叔雲，號北山翁，享年八十八壽，生於宋紹定壬辰年七月十五日子時。娶燕氏夫人，享年七十七壽，生於宋端平乙未年七月廿日，歿，葬，至治壬戌十月甲申日，祔葬魯山。生子三，洪、溥、源。孺人墓右，公有自記一篇，錄載卷端。"世系難以枚舉，姑以上三世祖世居千秋崗，系家平山之北，號曰北山翁。娶同州燕叔炳女蘭瑞，謹約勤儉，內治有則，延師教子學成。長洪，登進士，任南碓石城縣尹。次溥，試科舉人，任陝州①儒學教論【諭】，後陞奉新縣主簿。幼源，任陵路東山②書院山長。女適□□查起南，任黿山書院山長。大元世宗元年庚寅春，先廬毀失，諱言鄰火。築三宅，命洪居東宅，溥居中宅，源居西宅，是以永傳弗替。是為序。"

第三十四世

起龍公長子，洪，字宏【弘】輔，號忠愛，生於宋寶祐甲寅年正月初八日

---

① 陝州，北魏太和十一年（公元487年）置，治北陝縣（北周改陝縣，今河南三門峽市西舊陝縣），轄境相當今河南省三門峽、陝縣、洛寧、澠池、靈寶等市縣及山西省平陸、芮城二縣和運城市東北部地。據《中國古今地名大辭典》第1966頁，上海辭書出版社2005年7月版。

② 東山，即江蘇省南京市江甯區東山鎮山名，本名土山。據《中國古今地名大辭典》第790頁，上海辭書出版社2005年7月版。

子時。徙居東宅，性禀聰敏，好學勤修，科舉中選，拔進士、吏部右丞。娶燕氏，繼娶孫氏、劉氏。生子五，善性、善道、善正、善教、善遜。女二，長適王，次適龍。

第三十五世

洪公次子，善性，字貴發，號玉山。娶李氏。生子，宗正。生一女，如珍，適本里大塘吳，撥畲產田地二十畝。

第三十六世

善性公之子，宗正，字廷昌，號雲谷。娶羅泉劉氏懿玉，歿，葬樟【樟】坳弓坑嘴，碑銘存。生子，文遠。公留{罟}奉新市住，另娶□氏。歿，招魂葬魯山。

第三十七世

宗正公之子，文遠，行昭八，號東山翁。娶杜氏。生子，本莊。嗣子本端，公壽八十卒，歿，葬本家張山芭茅尖下中太公嘴，亥山巳向。公有自記一篇，錄載卷端。

第三十八世

文遠公之子，本莊，字爾珍，號東興居士，生於洪武乙卯二月初八日酉時，歿，葬本里西埇大尖下。娶鄒氏，歿，葬樟坊。生子二，景庸、景行。繼娶李氏，生於洪武乙丑四月十六卯時，歿，葬燕山。生子三，景昂、景常、景昇。

"公天姿明朗，疏暢機圓，應物各當。富而不驕，鄉黨所仰。崇儒重道，訓子義方。隱德而躍，優遊林泉。善紹箕裘，充【克】廣田園。開闢池塘，利益人天。功照【昭】前烈，慶衍綿綿。東興居士，善哉其傳。"

第三十九世

本莊公次子，景行。娶□氏。生子，仲美（松山之祖）。

本莊公五子，景昇，號梅峯，生於明永樂戊戌二月初五亥時。娶羅泉劉氏，生於永樂戊戌二月十八亥時。繼娶李氏，生於明宣德癸丑六月十二日，歿，與公合葬燕山。生子六，仲熙、仲舒、仲安、仲權、仲衡、仲璇。"公性明敏，志就經史。北山家世，功昭前烈。東宅衣冠，讀書精舍，身樂太平。歸邑賢士，名讚有記。"

第四十世

景昇公長子，仲熙，字君【玄】明，生於正統己未二月廿一戌時。娶鄒氏。生子，中道。

景昇公次子，仲舒，字元【玄】文。娶熊氏。生女一，適赤岡呂。

景昇公三子，仲安，行聖三九，喚轟十四，生於明天順丁丑二月十六酉時，歿，葬婆坑。娶麻潭州董氏，生於明景泰癸酉二月初二戌時，歿，葬閔住背。生子三，中義、中智、中倫。生女貞秀，適虬津江。

景昇公四子，仲權。娶安邑窯【搖】頭趙氏。

景昇公五子，仲衡，字元【玄】樞。娶箬坑彭氏。生女，適雙州董。

景昇公五子，仲璇。娶爐溪鄒氏。生子，中福，女適談。

第四十一世

仲熙公之子，中道，生於明成化癸卯十月初五日亥時。娶歸鄉鄧氏。生子，正常。

仲安公長子，中義，生於明成化乙未六月初十未時，歿，葬塘壋嶺。娶磨刀李氏，生於明成化丁酉年十一月廿四寅時，歿，葬婆坑仲安公右。生子，正轟、正輔、正軒。生女瑞秀，適赤江呂。

仲安公次子，中智，字□□，行□□。娶□氏。

仲安公三子，中倫，字□□，行□□。娶□氏。

仲璇公之子，中福，字□□，行□□。娶□氏。

第四十二世

中道公之子，正常。娶□氏。生子，永俊。

中義公長子，正轟，號朴夫，行一，生於明正德丙寅四月十四卯時。受生，歿明萬曆十二年七月初五日未時，葬楊梅嶺茱萸園，甲山庚向。娶德安周氏，生於正德丁丑三月廿五日未時，歿萬曆己未四月初四日巳時，葬楊梅茱萸園後山。生子五，永龍、永虎、永鳳、永凰、永鸞。墓碑文附後："食力勵志，圂勉克勤。作德無偽，拓振家聲。置膏腴以貽後裔，教詩書以承先烈。"

中義公次子，正輔。娶何氏，歿，葬井頭嶺。生子，永泰。

中義公三子，正軒。娶□氏。

第四十三世

正常公之子，永俊，生於弘治乙丑七月□日戌時。娶歸鄉胡氏。生子一，玉美。

正轟公長子，永龍。娶□氏。生子，玉榮、玉華、玉富、玉貴。

正轟公次子，永虎，號南橋，生於明嘉靖甲辰十月十七日卯時。娶木環周氏，生於明嘉靖戊午正月十九日午時，歿，葬楊梅嶺，甲山庚向。生子三，玉成、玉瓚、玉琛。

正轟公三子，永鳳，行百九，號慕泉，生於丁未年九月廿七卯時。娶東谷鄒氏。生子二，玉俊、玉秀。女引英，適山口吳。副娶劉氏。生子一，喬保，早歿。

正轟公四子，永凰，字□□，行□□。早歿。

正轟公五子，永鸞。娶安邑港下周氏。生子，玉堂、玉翰。

正輔公之子，永泰，字□□，行□□。娶□氏。生子，玉柱。

第四十四世

永俊公之子，玉美。娶蒲邑殷氏。生子，三保、振化。

永虎公長子，玉成，號繼橋，生於庚辰八月廿四巳時，歿於順治十一年二月十八戌時，葬楊梅嶺，甲山庚向。娶德安①木環范氏，生於萬曆癸未十一月十九亥時，葬於隱枝背，寅申向。生子六，振聲、振龍、振霄、振宇、振宙、振世。

永虎公次子，玉瓚。娶大塘吳氏，夫妻俱葬楊梅嶺。生子二，振選、振足。女適馬嘴孟。

永虎公三子，玉琛。娶□氏。生子，振道。

永鳳公長子，玉俊，字□□，行□□。娶□氏。

永鳳公次子，玉秀，字□□，行□□。娶□氏。

永鳳公三子，喬保，字□□，行□□。早歿。

永鳳公四子，玉國，字明珍，生於乙巳九月十二酉時，歿，葬婆墳坑中嘴，碑銘存。娶芭茅彭氏。生子三，振傲、振儀、振像。女適白槎許。

永鸞公長子，玉堂，字□□，行□□。娶□氏。

永鸞公次子，玉翰，字啓吾。娶楊梅塘吳氏，歿，葬梅楊嶺。生子，振興。

永泰公之子，玉柱，字□□。娶□氏。

---

① 德安縣，在江西省北部。五代吳置縣。據《辭海》第808頁，上海辭書出版社1985年8月版。

第四冊五世

玉美公長子，三保，少歿。

玉美公次子，振武。娶□氏。壬【生】子，發宜【宣】。

玉成公長子，振聲，字以時。娶郭氏、羅氏。生子，發達，遷居金陵之始。

玉成公次子，振龍。娶鄒氏。

玉成公三子，振霄。

玉成公四子，振宇。娶郭氏。生子，發字【宇】。

玉成公五子，振宙。娶□氏。詳許北京支下。

玉成公六子，振世，字各之，生於庚午年三月，歿於康熙三十八年八月十四午時。娶李氏，歿葬老婆山。生子，發麟、發鳳。

玉瓚公之子，振選，字□□，行□□。娶□氏。

玉瓚公次子，振足，字美生。娶德安生氏。生子，發龍、發雲、發傑、發虎。

玉琛公之子，振道，字道生。娶鄒氏。生子，發紀。

玉國公長子，振傲，字文明，生於崇禎癸亥三月廿三日，歿於康熙六年，正月初五□時。娶吳氏。生子，發來。

玉國公次子，振儀，字君之，生於崇禎癸酉正月初八，歿於康熙甲申九月三十日，葬閔住背。娶郭氏。生子，發經。繼娶劉氏。

玉國公三子，振像，字君明，行橡【像】三，生於崇禎丙子正月初十巳時，壽六十七。娶楊家邊鄒氏，生於順治戊子八月初八寅時，壽七十二，合葬祖山閔住背後，各立碑。生子六，發位、發統、發錦、發謀、發憤、發顯。女二，長適芭茅彭，幼適六山鄒。

玉翰公之子，振興。娶米均【朱坳】李氏，歿，葬棠槎嶺。生子，發永。

第四冊六世

振武公之子，發宜，字子霞。娶蔣氏。生子，金印。

振世公次子，發鳳，字來宜【儀】，生於戊戌年七月廿日亥時，歿，葬楊梅嶺。娶北山坂彭氏，壬戌十一月初十卯時。生子一，金祥。女一，適月塘鄒。

振宇公之子，發字【宇】，字子遠。娶徐氏。生子，金林。

振足公長子，發龍，字先成。娶徐【喻】氏，繼娶白馬山徐氏。生子二，金表、金裏。

振足公次子，發雲，字克成。娶萬氏，繼娶劉氏。葬燕山傍祖。

振足公三子，發傑，字天成，生於康熙乙丑年二月十九日辰時，歿於乾隆己巳年六月十一申時，葬楊梅嶺。娶德安漂【栗】山陳氏，生於康熙己卯年正月廿五辰時，歿，葬長西港外地。生子，金魁、金邦、金星、金朝、金鐸。

振足公四子，發虎，字充【克】成。娶□氏。

振敖【傲】公之子，發來，字□□。娶□氏。

振儀公之子，發經，字又謀。娶對門劉氏。生子，金虎。

振像公長子，發位，字純【紀】臣，生於康熙丁未十月廿七亥時，歿於乾隆癸亥年四月廿二巳時。娶雷家坊吳氏，生於康熙丙午年二月廿七申時，俱葬閏住背。生子，金璜、金鳴。女適安下壠劉。

振像公次子，發統，字繼也，無出，葬婆坑。

振像公三子，發錦，字坤成【臣】。娶□氏。生子，金班、金珏。女適芭茅彭。

振像公四子，發謀，字儒成【臣】，生於康熙戊午年。娶安邑寨下陳氏，生於康熙癸酉年六月十一日，歿，葬閏住背。生子五，金仁、金禮、金遜、金讓、金花。

振像公五子，發憤，字又蘇，號尋樂，邑庠生，庠名騰蛟公，生於康熙廿三年甲子五月初四亥時，康熙辛卯科試道元。騰蛟公有自記一篇，錄載卷端。提督學院冀雨亭評曰："筆如簾泉，布嚴而下者三十餘派，其味為海昏第一。"歿，葬塘里草坪，立石羅圍，娶蒲邑大西門張家灣邑增生周楫長女瑞貞，生於康熙丁丑年五月廿八日未時。生子三，金詔、金誥、飛龍。

振像公六子，發顯，字微彰，生於康熙□□年。娶安義【邑】金雞山李氏。生子二，金義、金信。

振道公之子，發紀，字君鑒。娶鄒氏。生子，金謨。

振興公之子，發永，字公遠。娶大塘坂鄒氏。生子四，金璧、金璣、金璋、金珮。女適黃土墩【大坪】李芳智。

第四田七世

發經公之子，金虎，字文彪。娶□氏。生子□□。

發位公長子，金璜，字男珍，生於康熙己卯年六月十八午時，歿，葬桃步坑。娶官莊吳氏。生於癸未年十月廿五巳時。生子三，聲揚、聲顯、聲宏【弘】。生女一，適糜。

發位公次子，金鳴，字高岡【崗】，生於乙酉年六月廿二午時。娶老屋談氏。生子，聲廣。

發錦公長子，金班，字□□，行□□。娶□氏。

發錦公次子，金珏，字二玉。娶張家坊吳氏。生子，聲拔。

發謀公長子，金仁，字□□，行□□。娶□氏。

發謀公次子，金禮。

發謀公三子，金遜。

發謀公四子，金讓，字禮實，生於雍正戊戌年八月十一亥時，歿於乾隆己酉年七月十五寅時。娶堰塢上李氏，生於乾隆甲子年，歿於乾隆庚子年十一月十六子時，合葬閔住背。生子三，聲閔、聲騫、聲樂。生女一，適鄧家壠李恕臣。

發謀公五子，金花，字□□。娶□氏。

發憤公長子，金詔，字品三，生於康熙戊戌年二月初九辰時，歿，葬閔住背。娶歸鄉羅塘陳氏鳳姑，生於康熙乙未年八月廿二日，合葬閔住背。生子四，聲淋、聲澍、聲卿【鄉】、聲相。女適官莊吳必翰。

發憤公次子，金誥，字大初，生於康熙六十年辛丑九月十二辰時，葬閔住背祖母右。娶石橋李氏，生於雍正五年丁未七月廿八未時，歿，合葬閔住背。生子一，聲雲。

發憤公幼子，飛龍，字鱗九，號如水【海亭】，太學生。生於雍正甲寅年八月初六辰時，歿于乾隆丁亥年又七月十六辰時。乾隆丙寅年，奉旨欽授貢院。飛龍公有自記一篇，錄載卷端。娶蒲邑沙坪貢元郭萬肇長女，生於雍正庚戌年臘月初一申時。生子二，聲泮、聲宮。繼娶顧氏，生於乾隆癸亥年臘月廿七申時，歿於乾隆戊子年五月廿三戌時，夫婦俱葬閔住背。生子二，聲科、聲弟【第】。

發永公長子，金璧。

發永公次子，金璣，字有文。娶鄒氏。

發永公三子，金璋，字文彩。娶□氏。

發永公四子，金珮，字文榮，業儒。娶鄒氏，無出。

發顯公長子，金義，字制宜。

發顯公次子，金信，字士誠。

發鳳公之子，金祥，字真【禎】有，生於己丑年三月廿五亥時，歿於乾隆乙巳年三月初四亥時，葬楊梅嶺。娶陳家山鄒氏，生於雍正戊申年正月初九酉時，歿於乾隆戊申年臘月十六亥時，葬楊梅嶺。生子五，聲震、聲重、聲珍、聲黃、聲鐘。生女一，適鄒。

發龍公長子，金表，字□□，生於雍正辛丑年三月十五日午時。娶董氏。

發龍公次子，金裏。

發傑公長子，金魁，字勝【聖】先，生於康熙己亥年九月廿日，歿，葬楊梅嶺。

發傑公次子，金邦，字友【有】道，生於康熙壬寅年十月初十戌時，歿，葬楊梅嶺。娶江氏。

發傑公三子，金星，字燦文，生於雍正乙巳年八月十六日子時，歿，葬於外地。

發傑公四子，金朝，丙午年，歿於外地。

發傑公五子，金鐸，字教【覺】先，生於雍正癸丑年十月廿日申時，歿於乾隆戊申年十月廿五日丑時。娶鄒氏，生於乾隆庚午年，歿於丙辰三月吉日，夫婦俱葬楊梅嶺西邊。生子三，聲騰、聲輝、聲甘。生女一，適鄒宏棟。

發宜公之子，金印，字庭【廷】舉。娶伍氏。生子聲孝、聲弟。女，長適戴，次適王。

發字【宇】公之子，金林，字□□。娶德化劉氏。生子聲榮、聲華、聲富、聲貴。

發紀公之子，金謨，字次典。娶王氏。生子，聲其【修】。

發成公之子，德非。娶懷安□氏。生子，聲清、聲祥。

第四田八世

金璜公長子，聲揚，字□□。娶李氏。

金璜公次子，聲顯，字達夫，生於壬子年八月十三未時，歿，葬閔住背。

金璜公幼子，聲宏【弘】，字士寬，生於戊午年三月初八辰時，歿，葬閔住背。

金鳴公之子，聲廣，字心逸，生於乾隆庚午年七月。

金讓公長子，聲閔，字文照，生於乾隆辛巳六月初六日。娶□氏。生子，□□。

金讓公次子，聲騫，字地山，生於乾隆己丑年臘月初六寅時。娶□氏。生子，□□。

金讓公幼子，聲樂，字韶美，生於乾隆丁酉年三月十一寅時。娶□氏。生子，□□。

金珏公之子，聲拔。

金詔公長子，聲淋，字濟川【沐野】，生於乾隆丙辰年九月初一酉時，歿於癸酉又三月廿六申時，葬閔住背。娶淦氏，生於丙辰年九月廿七亥時，歿於己未年三月初八日，葬淦祖山。生女一，適呂。

金詔公次子，聲澍，字澤郊，生於戊午年，歿於戊寅年三月，葬桃步嶺。娶鄒氏。

金詔公三子，聲鄉，字位初【一】，生於乾隆戊辰年冬月初九卯時，歿於乾隆丙戌九月廿二寅時，葬桃步嶺。娶陳氏。

金詔公四子，聲相，字廷侍【佐震】，生於乾隆戊辰年冬月初九辰時。娶聶氏，生於乾隆丁卯年四月初五丑時，歿於丁未年三月十六巳時，葬閔住背。生子，家瑚、家璉、春保（夭）。女長適吳，次適鄒。

金誥公長子，聲雲，字雨亭【油然】，號楊麓，生於乾隆乙丑八月十九亥時。娶東盤塘吳氏，生於乾隆壬戌臘月初四戌時，歿於嘉慶己未年三月初二巳時，葬閔住背。生子，家珅、家榜、家瑞、家玫、家璋、家珪、家璨、家梧【珸】。

飛龍公長子，聲泮，字月池，號松軒，國學生，生於乾隆癸酉年冬月初五子時。娶國學生吳克之女，生於乾隆癸酉年九月廿三亥時。生子一，家珪【桂】。女，長蘭秀，適官莊國學生吳應麟之次子；次蘭圓，適彭。

飛龍公次子，聲宮，字映沼，生於乾隆壬子年三月廿八巳時，歿於乾隆戊戌年六月十四巳時，葬桃步坑。娶燕氏。俱早歿。

飛龍公三子，聲科，字學海，號碧峯，国學生，生於乾隆甲申年七月廿日辰時。娶白槎太學貢元許芬之女，生於乾隆壬午年二月初八午時。生子四，家柱、家杶、家榦、家栝。女三，長蘭芳，適泥灣敕授鄉進士文林郎候選知

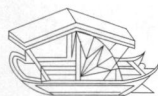

縣顧純之子；次蘭醮，適德安庠生郭載傳之子；幼蘭花，適雷坊庠生吳振東之次子。

飛龍公幼子，聲弟【第】，字席波，生於乾隆丙戌年六月廿三亥時。娶德安寺橋郭氏，生於癸未年，歿於甲辰年。繼娶德安李氏，生於乙酉年八月初三日亥時。生子四，家松、家棟、家梁、家桃。女，適燕山談。

金祥公長子，聲震，字徐方，生於乾隆乙丑年正月十四辰時，歿於乾隆戊戌年六月十三卯時，葬楊梅嶺。

金祥公次子，聲重，字華廷，生於乾隆丁卯年九月十一日亥時。娶□氏。生子，□□。

金祥公三子，聲珍，早歿。

金祥公四子，聲黃，字良恆，生於乾隆戊寅年九月初八戌時，歿於北京熱河，葬獅子溝。

金祥公五子，聲鐘，字鳴庭，生於乾隆乙酉年三月廿三午時。娶吳氏，生於癸卯年二月廿四亥時。

金鐸公長子，聲騰，字超遠，生於乙未年正月初九日辰時。娶□氏。生子，□□。

金鐸公次子，聲輝，字燦文，生於戊戌年十一月初十日亥時。娶□氏。生子，□□。

金鐸公幼子，聲甘，字受和，生於乙巳年正月十六日子時，娶□氏。

金印公長子，聲孝。娶□氏。生子，荀老、蓮老。

金印公次子，聲第。

金林公長子，聲榮。

金林公次子，聲華。

金林公三子，聲富。

金林公幼子，聲貴。

金謨公之子，聲其【修】，歿年未詳。

德非公長子，聲清。

德非公次子，聲祥。

第四十九世

聲相公長子，家瑚，字懷真，生於乾隆壬辰年七月廿一日卯時。娶□氏。

生子，□□。

聲相公次子，家璉，字商貽，生於乾隆己亥年六月十七日子時。娶□氏。生子，□□。

聲雲公長子，家珋（風），字步鰲，號活源，邑庠生，庠名定魁。生於乾隆癸未年四月初七未時。娶造功燕氏，生於乾隆壬午年六月十二巳時。生子，先灼、先炘。女，長適燕，次適鄒。

聲雲公次子，家榜（訓），生於乾隆丁亥年八月初一亥時，早歿。

聲雲公三子，家瑞（誦），字洛書，生於乾隆辛卯年正月廿五酉時。娶月塘鄒氏，生於乾隆辛卯冬月初七酉時。生子，先炘、先炳。女適德安郭。

聲雲公四子，家玫，字水玉，生於乾隆癸巳臘月初八亥時。娶官莊吳氏，生於乾隆甲午年冬月十一戌時。生子二，先輝、先煌。

聲雲公五子，家璋（天）。

聲雲公七子，家燦，字輝堂，號廉泉，邑庠生。生於乾隆壬寅年十二月廿五日丑時。娶皮家山鄒氏，生於乾隆癸卯四月十七寅時。生子，先焰。

聲泮公之子，家桂，字芳五，號靜嵐，郡庠生，庠名定春。生於乾隆壬寅年九月十七酉時。娶鄧氏，生於乾隆丙午年二月初七日巳時。生子，先熙、先照【聰】。

聲科公長子，家柱，字丹山，號溪渠，郡庠生，生於乾隆乙巳年冬月初五子時。娶太學生彭作賓之女，生於乾隆丙午年八月十三午時。生子，先烈。

聲科公次子，家杶，字荊錫，號竹園，庠生，生於乾隆五十四年己酉九月十五寅時。娶饒氏，生於乾隆丁未年六月廿一日卯時。生子二，先然、先煦。

聲科公三子，家榦，字峙楨，生於乾隆辛亥年十月十七日申時。娶德安袁通坂國學生李經衢之女，生於乾隆辛亥年七月廿九日亥時。生子二，先熊、先羆。

聲科公四子，家栝，字挺青，生於嘉慶壬戌年臘月十八申時。娶張坊國學生吳必興之女，生於嘉慶癸亥年臘月十六日午時。

聲第公長子，家松，字□□，生於乾隆乙酉年正月初十未時，歿於嘉慶戊午年二月十九辰時。

聲第公次子，家棟，字巨材，生於乾隆乙卯年六月初十未時。娶□氏。生子，□□。

聲第公三子，家梁，字美贊，生於嘉慶戊午年七月初七午時。娶吳氏，生於嘉慶庚午年六月廿日申時。

聲第公四子，家桃，字□□，生於嘉慶庚申冬月初七日戌時。

第五十世

家珥公長子，先灼，字兼三，生於嘉慶戊午年十月十九日寅時。

家珥公次子，先炘，字□□，生於嘉慶十三年八月廿日巳時，娶□氏。

家瑞公長子，先炘，字光耀，生於乾隆甲寅年臘月二十一日辰時。娶李氏，生於丁巳年四月十三日寅時。生子，□□。

家瑞公次子，先炳，字顯明，生於嘉慶庚申年五月初二日午時。娶呂氏，生於壬戌年七月十四日未時。

家玫公長子，先輝，字炳章，生於嘉慶丁巳年八月二十三日寅時。娶郭氏，生於乾隆乙卯八月三十日申時。生子，□□。

家玫公次子，先煌，字煥然，生於嘉慶五年五月初八日戌時。娶王氏，生於辛酉年三月初三日子時。

家燦公之子，先焝，字□□，生於嘉慶丙寅七月十四日酉時。娶鄒氏，生於丁卯年九月十二日申時。

家珸公之子，先炯，字□□，生於嘉慶乙丑年九月二十五日酉時。娶熊氏，生於丁卯年正月三十日未時。

家桂公長子，先熙，字□□，生於嘉慶己巳年六月二十四日酉時。娶彭氏，生於庚午年八月初七日午時。

家桂公次子，先照【聰】，字□□，生於嘉慶己巳年六月二十四日亥時。娶彭氏，生於戊辰年三月初十日酉時。

家桂公之子，先烈，字□□，生於嘉慶癸酉年八月十八日酉時。娶□氏。

家杶公長子，先然，字□□，生於嘉慶甲戌年正月十六日申時。娶□氏。

家杶公次子，先煦，字□□。娶□氏。

家翰公長子，先熊，字□□，生於嘉慶庚午年十一月初五日子時。娶白馬山國學生徐光國之孫女，生於嘉慶壬申年五月二十九日。

家翰公次子，先羆，字□□，生於嘉慶癸酉十二月十三日子時。娶□氏。

家棟公之子，先勳，字□□，生於嘉慶十九年正月二十日辰時。娶□氏。

家梁公之子，先燾，字□□。娶□氏。

陆、雷氏族譜

雷氏松山支譜世係圖　卷貳

北山前房支　灘溪支　在市支

河蒲塘支　起塢與周坊　舍岡支　樟房支

雷氏松山支譜系圖

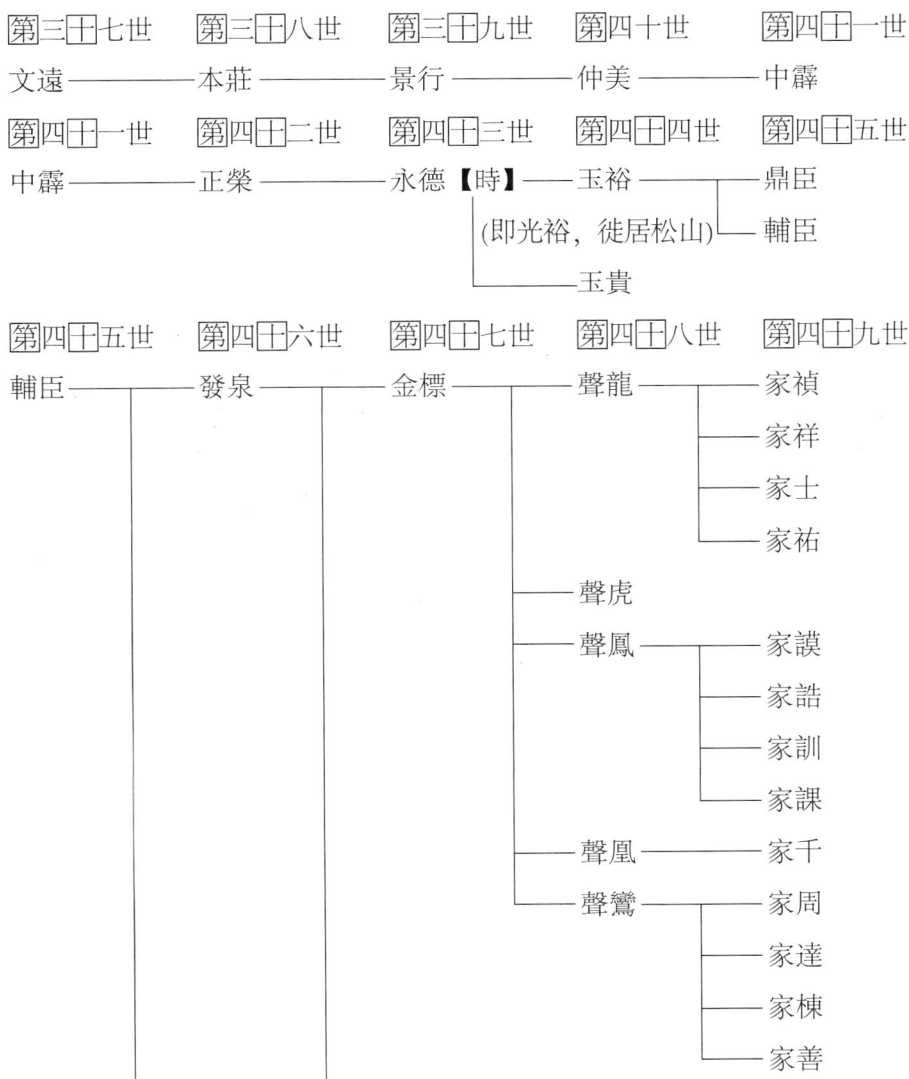

第三十七世	第三十八世	第三十九世	第四十世	第四十一世
文遠 ——	本莊 ——	景行 ——	仲美 ——	中霹

第四十一世	第四十二世	第四十三世	第四十四世	第四十五世
中霹 ——	正榮 ——	永德【時】 (即光裕，徙居松山) ——	玉裕 ——	鼎臣 輔臣
		玉貴		

第四十五世	第四十六世	第四十七世	第四十八世	第四十九世
輔臣 ——	發泉 ——	金標 ——	聲龍 ——	家禎
				家祥
				家士
				家祐
			聲虎	
			聲鳳 ——	家謨
				家誥
				家訓
				家課
			聲凰 ——	家千
			聲鸞 ——	家周
				家達
				家棟
				家善

```
                        ┌──── 金槐
                        ├──── 金柳 ──────── 聲鵬【正】──── 家柱
                        ├──── 金椿
        └──── 發昇 ──────── 金榜 ──────── 聲賢 ──────── 繼祿
```

第四田九世　　　第五十世　　　　第五田一世　　　第五田二世　　　第五田三世

```
家禎 ──┬──── 先楊
       └──── 先樹 ──────── 志球

家祥 ──┬──── 先長 ──────── 志璜
       ├──── 先興 ──────── 志琳
       └──── 先才

家士 ──────── 先濤 ──────── 志琅
家祐

家謨 ──────── 先傳 ──────── 志玨
家誥 ──────── 先順 ──────── 志璧
家訓 ──────── 先怡 ──────── 志瑞
家千 ──────── 先波 ──────── 志琛
家周 ──────── 先序
家達 ──────── 先應
家棟 ──────── 先庸
繼祿 ──┬──── 先愷 ──┬──── 志蘭
       │            └──── 志桂
       │
       ├──── 先惻
       └──── 先悌
```

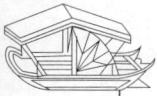

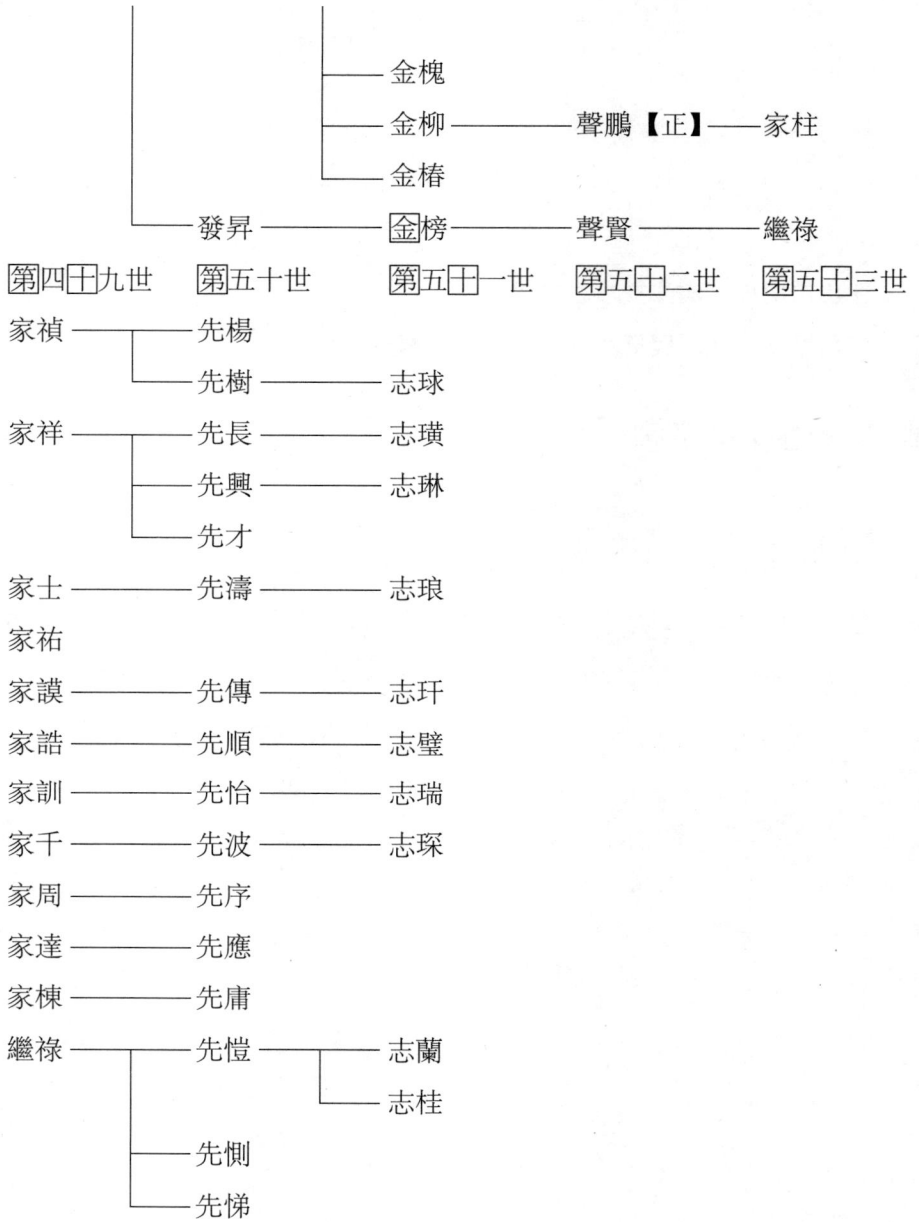

北山前房支譜系圖

第三田四世　　　第三田五世　　　第三田六世　　　第三田七世　　　第三田八世

洪 ──────── 善性 ──────── 宗正 ──────── 文遠 ──────── 本莊

第三十八世	第三十九世	第四十世	第四十一世	第四十二世

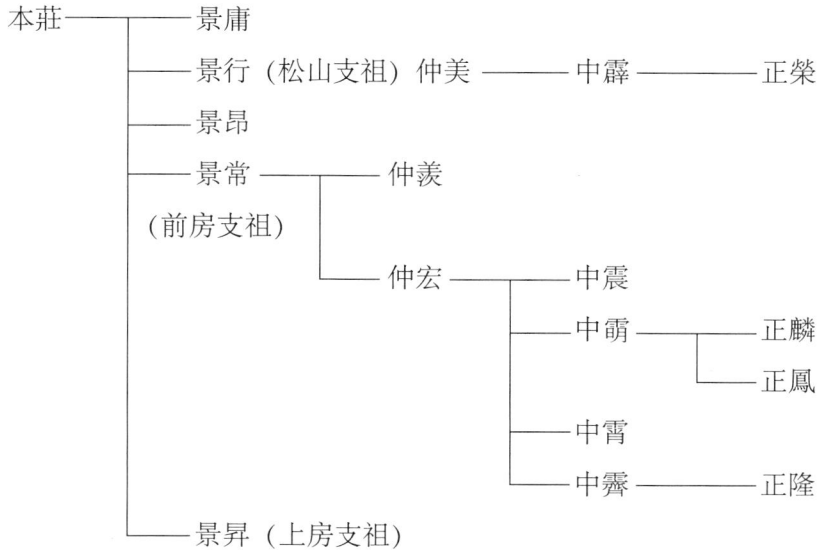

```
本莊 ──┬── 景庸
       ├── 景行（松山支祖）仲美 ──── 中霹 ──── 正榮
       ├── 景昂
       ├── 景常 ──┬── 仲羨
       │  （前房支祖）
       │          └── 仲宏 ──┬── 中震
       │                      ├── 中霅 ──┬── 正麟
       │                      │          └── 正鳳
       │                      ├── 中霄
       │                      └── 中霽 ──── 正隆
       └── 景昇（上房支祖）
```

第四十二世	第四十三世	第四十四世	第四十五世	第四十六世

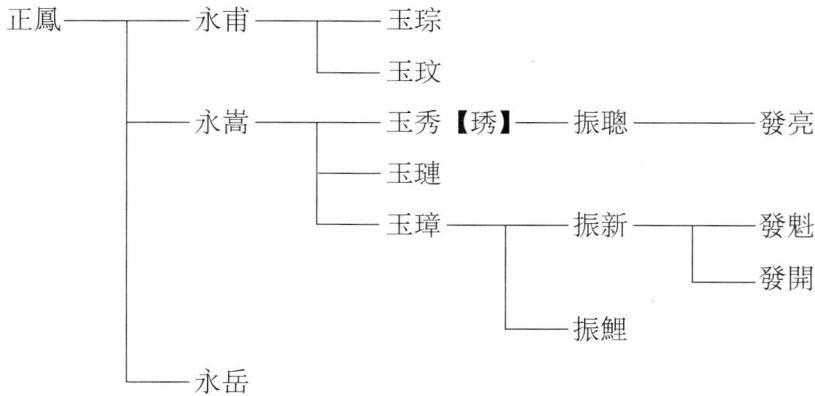

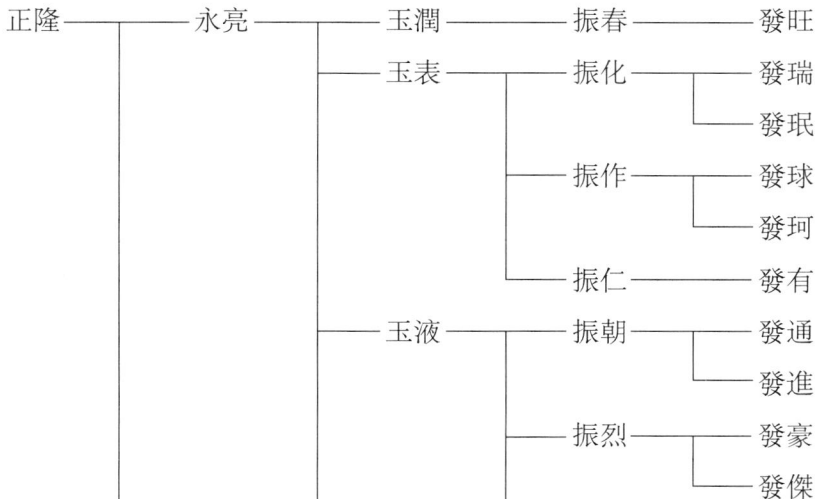

```
正鳳 ──┬── 永甫 ──┬── 玉琮
       │          └── 玉玟
       ├── 永嵩 ──┬── 玉秀【琇】── 振聰 ──── 發亮
       │          ├── 玉璉
       │          └── 玉璋 ──┬── 振新 ──┬── 發魁
       │                      │          └── 發開
       │                      └── 振鯉
       └── 永岳
正隆 ──┬── 永亮 ──┬── 玉潤 ──── 振春 ──── 發旺
       │          ├── 玉表 ──┬── 振化 ──┬── 發瑞
       │          │          │          └── 發珉
       │          │          ├── 振作 ──┬── 發球
       │          │          │          └── 發珂
       │          │          └── 振仁 ──── 發有
       │          └── 玉液 ──┬── 振朝 ──┬── 發通
       │                      │          └── 發進
       │                      └── 振烈 ──┬── 發豪
       │                                  └── 發傑
```

149

雷氏松山支譜世係圖　卷貳

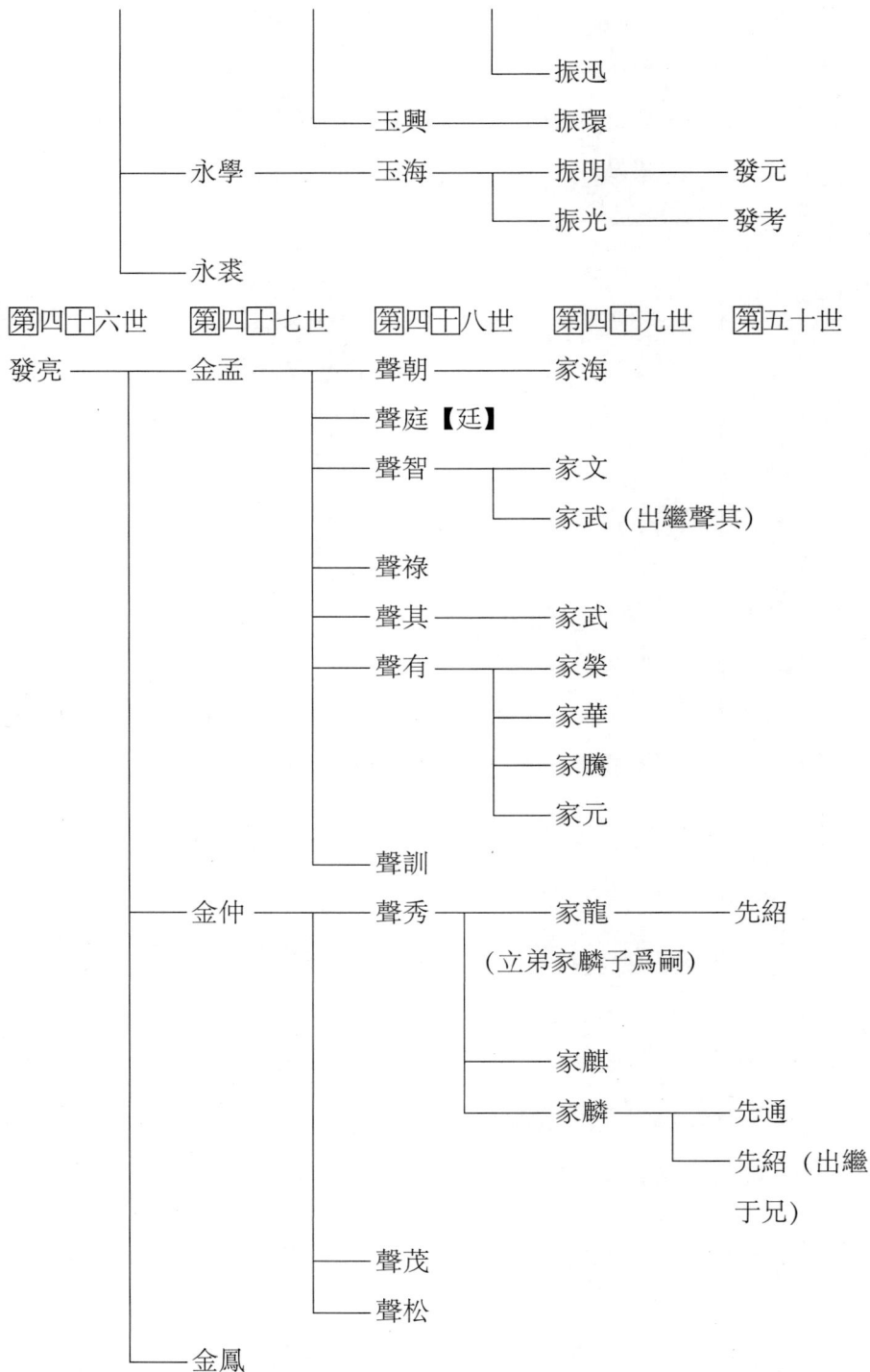

150

```
                                                    ┌──── 振迅
                                    ┌──── 玉興 ─────┤
                                    │               └──── 振環
              ┌──── 永學 ──────── 玉海 ──┬──── 振明 ──────── 發元
              │                          └──── 振光 ──────── 發考
              │
              └──── 永裒
```

| 第四□六世 | 第四□七世 | 第四□八世 | 第四□九世 | 第五十世 |

```
發亮 ──┬── 金孟 ──┬── 聲朝 ──────── 家海
       │          │
       │          ├── 聲庭【廷】
       │          │
       │          ├── 聲智 ──┬── 家文
       │          │          └── 家武（出繼聲其）
       │          │
       │          ├── 聲祿
       │          │
       │          ├── 聲其 ──────── 家武
       │          │
       │          ├── 聲有 ──┬── 家榮
       │          │          ├── 家華
       │          │          ├── 家騰
       │          │          └── 家元
       │          │
       │          └── 聲訓
       │
       ├── 金仲 ──┬── 聲秀 ──┬── 家龍 ──────── 先紹
       │          │          │   （立弟家麟子爲嗣）
       │          │          │
       │          │          ├── 家麒
       │          │          └── 家麟 ──┬── 先通
       │          │                      └── 先紹（出繼
       │          │                           于兄）
       │          ├── 聲茂
       │          └── 聲松
       │
       └── 金鳳
```

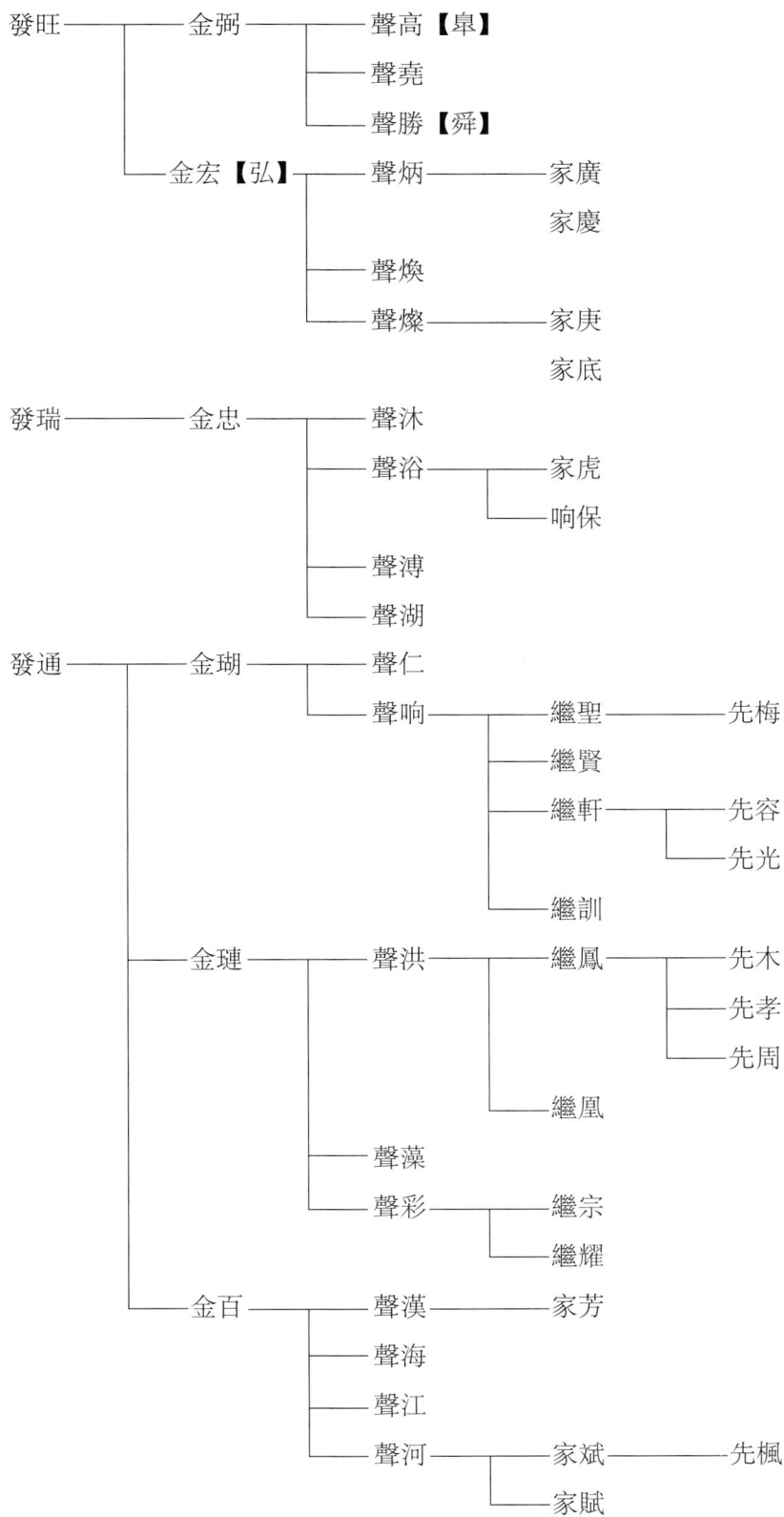

```
發旺 ─────── 金弼 ─────── 聲高【皐】
                      ├── 聲堯
                      └── 聲勝【舜】
         └── 金宏【弘】 ── 聲炳 ─────── 家廣
                                      家慶
                      ├── 聲煥
                      └── 聲燦 ─────── 家庚
                                      家底

發瑞 ─────── 金忠 ─────── 聲沐
                      ├── 聲浴 ─────── 家虎
                      │             └── 响保
                      ├── 聲溥
                      └── 聲湖

發通 ─────── 金瑚 ─────── 聲仁
         │            └── 聲响 ─────── 繼聖 ─────── 先梅
         │                         ├── 繼賢
         │                         ├── 繼軒 ─────── 先容
         │                         │             └── 先光
         │                         └── 繼訓
         │
         ├── 金璉 ─────── 聲洪 ─────── 繼鳳 ─────── 先木
         │            │                         ├── 先孝
         │            │                         └── 先周
         │            │             └── 繼凰
         │            ├── 聲藻
         │            └── 聲彩 ─────── 繼宗
         │                         └── 繼耀
         │
         └── 金百 ─────── 聲漢 ─────── 家芳
                      ├── 聲海
                      ├── 聲江
                      └── 聲河 ─────── 家斌 ─────── 先楓
                                   └── 家賦
```

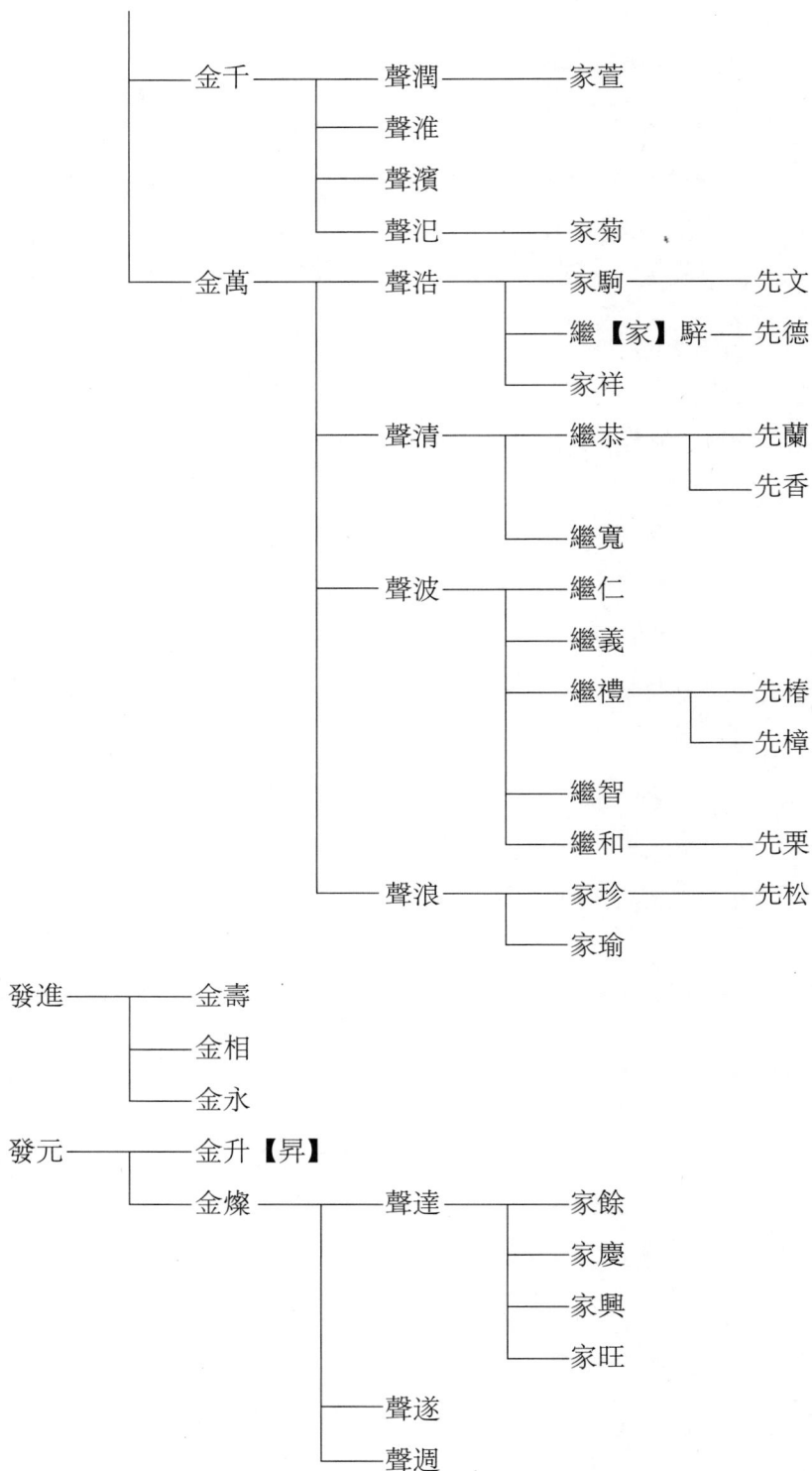

```
            ┌── 金千 ─┬── 聲潤 ──────── 家萱
            │        ├── 聲淮
            │        ├── 聲濱
            │        └── 聲汜 ──────── 家菊
            │
            └── 金萬 ─┬── 聲浩 ─┬── 家駒 ──────── 先文
                      │         ├── 繼【家】騂 ── 先德
                      │         └── 家祥
                      │
                      ├── 聲清 ─┬── 繼恭 ─┬── 先蘭
                      │         │         └── 先香
                      │         └── 繼寬
                      │
                      ├── 聲波 ─┬── 繼仁
                      │         ├── 繼義
                      │         ├── 繼禮 ─┬── 先椿
                      │         │         └── 先樟
                      │         ├── 繼智
                      │         └── 繼和 ──────── 先栗
                      │
                      └── 聲浪 ─┬── 家珍 ──────── 先松
                                └── 家瑜


發進 ─┬── 金壽
      ├── 金相
      └── 金永

發元 ─┬── 金升【昇】
      └── 金燦 ─┬── 聲達 ─┬── 家餘
                │         ├── 家慶
                │         ├── 家興
                │         └── 家旺
                │
                ├── 聲遂
                └── 聲週
```

先文————志高

先容————志遠

雷氏灘溪支系圖

第四十二世　　第四十三世　　第四十四世　　第四十五世　　第四十六世

漢元————應龍————迅霖————發春————文清
　　　　　　　　　　　　　　　　　　　文星【新】

　　　　　　　　　　　　　　起春

　　　　　　　　　　　　　　興春

　　　　　　　　行霖————鬪春————文珍
　　　　　　　　　　　　　　　　　　文鸞
　　　　　　　　　　　　　　　　　　文沖

　　　　　應虬————發霖

　　　　　　　　沛霖

　　　　　　　　同霖————孟春————文烈
　　　　　　　　　　　　　　　　　　文謨
　　　　　　　　　　　　　　　　　　文訓
　　　　　　　　　　　　　　　　　　文誥

　　　　　　　　　　　　仲春————文進
　　　　　　　　　　　　　　　　　　文松
　　　　　　　　　　　　　　　　　　文栢
　　　　　　　　　　　　　　　　　　文桂
　　　　　　　　　　　　　　　　　　文梅

　　　　　　　　　　　　叔春————文蘭
　　　　　　　　　　　　　　　　　　文菊

　　　　　　　　　　　　季春————文芳
　　　　　　　　　　　　　　　　　　文茂
　　　　　　　　　　　　　　　　　　文榮
　　　　　　　　　　　　　　　　　　文華

　　　　　　　　　　　　富春————文舒

應奎 ——— 洞霖 ┬─ 榮春
　　　　　　　　├─ 華春
　　　　　　　　└─ 貴春（居四川）

第四十六世　　第四十七世　　第四十八世　　第四十九世　　第五十世

文清 ——┬── 章麒 ——— 繼禮
　　　　　　（立弟三子）
　　　　├── 章麟 ──┬─ 繼仁 ─┬─ 先春
　　　　　　　　　　　　　　　　└─ 先景
　　　　　　　　　　├─ 繼義（出繼于弟）
　　　　　　　　　　└─ 繼禮（出繼于兄）
　　　　├── 章鳳 ——— 繼義（立兄二子）
　　　　└── 章鵬 ——— 繼龍

文新 ——— 章馳 ——— 繼林 ——— 先榮

文鸞 ——┬── 章榮 ──┬─ 繼孟
　　　　　　　　　　└─ 繼告 ─┬─ 先剛
　　　　　　　　　　　　　　　　└─ 先柔
　　　　├── 章華 ──┬─ 繼勝 ——— 先河
　　　　　　　　　　├─ 繼棟
　　　　　　　　　　└─ 繼梁
　　　　├── 章富 ——— 繼志 ——— 先雄
　　　　├── 章貴 ──┬─ 繼善 ─┬─ 先豪
　　　　└── 章金　　　　　　　└─ 先英
　　　　　　　　　　└─ 繼美 ——— 先傑

文烈 ——┬── 章禮
　　　　├── 章義
　　　　└── 章信 ——— 秋保

文謨 ——┬── 章申【聲】
　　　　├── 章明【名】
　　　　└── 章顯

文訓 ── 章春 ─────── 繼旺
　　├─ 章夏 ──┬─ 繼城 ─────── 先建
　　│　　　　├─ 繼富
　　│　　　　└─ 繼貴
　　├─ 章秋 ─────── 繼坤 ─────── 先道
　　└─ 章冬

文誥 ── 章起【啓】┬─ 繼龍 ─────── 先棗
　　│　　　　　└─ 繼鳳 ─────── 先燥
　　├─ 章發 ─────── 繼聖
　　└─ 章友 ──┬─ 繼元 ─────── 先沐
　　　　　　　└─ 繼語

文進 ── 章時
　　├─ 章曜
　　├─ 章暎
　　└─ 章暄【暐】

文松 ─────── 章宇【暐】

文柏 ─────── 章昭

文桂 ── 章映【暎】
　　└─ 章虎

文梅 ── 章晞
　　└─ 章曉

文蘭 ─────── 章孔 ──┬─ 繼琚
　（現居四川）　　　│
　　　　　　　　　　└─ 繼璧

文芳 ─────── 章其

文榮 ── 章凰
　　└─ 章鳳

文華 ── 章鄰
　　└─ 章師

雷氏松山支譜世係圖　卷貳

雷氏在市支譜系圖

第三十六世	第三十七世	第三十八世	第三十九世	第四十世
宗韞	文敬（詳三溪橋）			
	文行（詳軍山支）			
	文忠			
	文信	存正	時銘	仲堅

第四十世	第四十一世	第四十二世	第四十三世	第四十四世
仲堅	玉琴	漢廷	烈	添【天】祥
				天福
				天正【禎】
				天祚

第四十四世	第四十五世	第四十六世	第四十七世	第四十八世
添【天】祥	兆春	文祖		
	泰春			
	奮春			

雷氏在市支譜系圖

第三十六世	第三十七世	第三十八世	第三十九世	第四十世
宗學	文榜	存動	時中	仲英

第四十世	第四十一世	第四十二世	第四十三世	第四十四世
仲英	玉藻	漢富	霹光	鳴春
				鳴坊

第四十四世	第四十五世	第四十六世	第四十七世	第四十八世
鳴春	應朝			
	應祖	梁彥		
		梁棟	文宇	
			文宙	
			文綱	
			文紀	章龍

梁柱 ——— 文龍 ——— 章選
　　　　　　　　　　章遂
　　　　　　　　　　章達

應忠

坊 ——— 應煥
　　　　應燧
　　　　應燿
　　　　應煜【熤】

第四十八世	第四十九世	第五十世	第五十一世	第五十二世

章龍 ——— 繼雨

章遂 ——— 繼元 ——— 先宇 ——— 志簡
　　　　　　　　　　　　　　　志笏

　　　　繼聖 ——— 先饒 ——— 志榮
　　　　　　　　　　　　　　志華

　　　　　　　　先敬

　　　　　　　　先興 （出繼于兄）

　　　　　　　　先紹 ——— 志渠

　　　　　　　　先福

　　　　　　　　先壽

章達 ——— 繼祥
　　　　繼魁
　　　　繼師

雷氏河蒲塘支譜系圖

第三十六世	第三十七世	第三十八世	第三十九世	第四十世

宗學 ——— 文榜 ——— 存動 ——— 時顯 ——— 仲芳
　　　　　　　　　　　　　　　　　　仲華

第四十世	第四十一世	第四十二世	第四十三世	第四十四世
仲芳	玉榮	漢康	應角	亢四
	玉瓚			
	玉金			
	玉輝			

第四十四世	第四十五世	第四十六世	第四十七世	第四十八世
亢四	元朝	啓霖	章經	
			章謨	
			章福	
			章喜	繼文
				繼武
				繼富
				繼貴
	元漢【煥】	發霖	章宇	
		恆霖	章龍	繼華
			章虎	
	元化	心霖	章銘	
	元用	茂霖	章亨	
			章詳	

第四十八世	第四十九世	第五十世	第五十一世	第五十二世
繼文	先恭	志元		
繼貴	先寬			
	先信			
	先敏			
繼華	先春	志長		
	先錦			

雷氏起塌與周坊支系圖

第三十九世	第四十世	第四十一世	第四十二世	第四十三世
時英	仲栢	玉琮	漢斌	啓乾
				啓化
				啓元
		玉堂【鏜】	漢賽	啓龍
				啓震
				啓雨

第四十三世	第四十四世	第四十五世	第四十六世	第四十七世
啓乾	震乾	聲高		
		聲遠		
		聲顯	文明	
			文道	章先
				章光
			文禮	
			文忠	章宗
				章祖
		聲應		
	震坤	聲轟	文龍	章謨
		聲亮		
啓元	震中	聲龍		
	震宇			
	迅中	聲鳴		
		聲浩		
		聲宇		
		聲霖	文金	章錦
			文清	
			文祿	
			文壽	
		聲富		

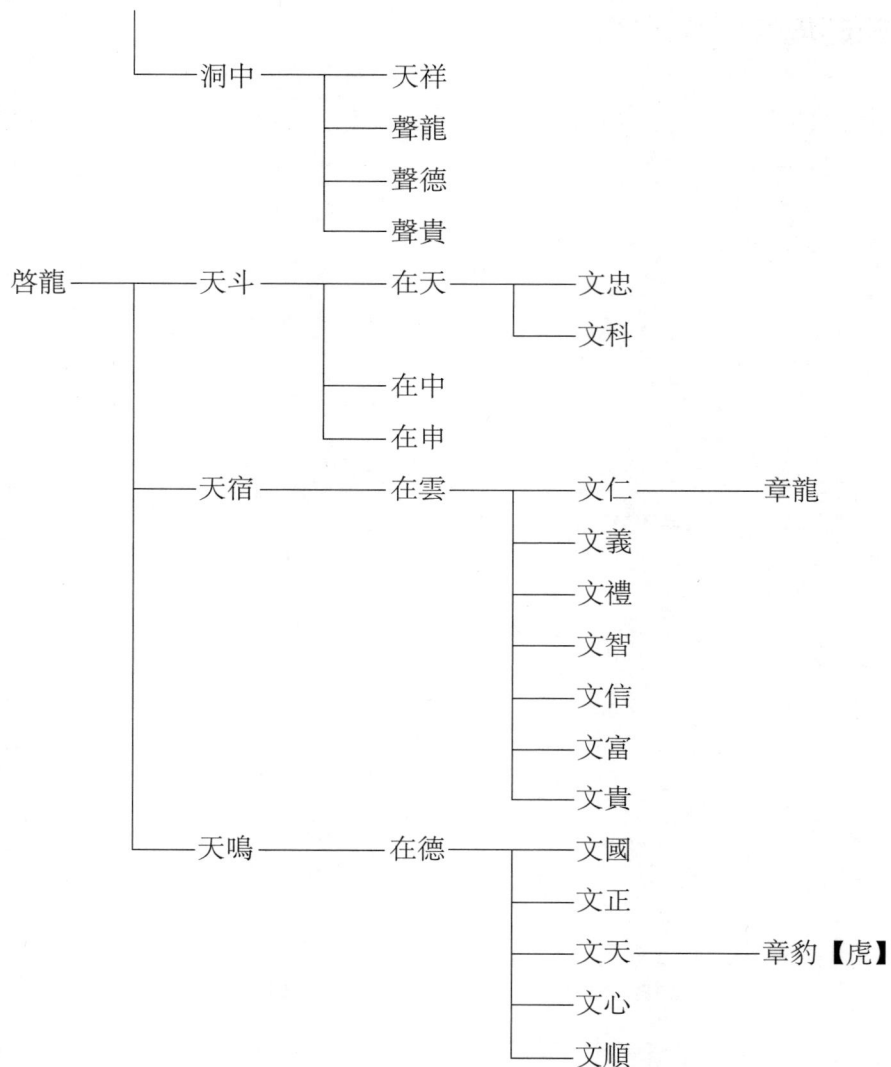

洞中 ┬ 天祥
　　├ 聲龍
　　├ 聲德
　　└ 聲貴

啓龍 ┬ 天斗 ┬ 在天 ┬ 文忠
　　　　　　　　　　└ 文科
　　　　　├ 在中
　　　　　└ 在申
　　　├ 天宿 ── 在雲 ┬ 文仁 ── 章龍
　　　　　　　　　　　├ 文義
　　　　　　　　　　　├ 文禮
　　　　　　　　　　　├ 文智
　　　　　　　　　　　├ 文信
　　　　　　　　　　　├ 文富
　　　　　　　　　　　└ 文貴
　　　└ 天鳴 ── 在德 ┬ 文國
　　　　　　　　　　　├ 文正
　　　　　　　　　　　├ 文天 ── 章豹【虎】
　　　　　　　　　　　├ 文心
　　　　　　　　　　　└ 文順

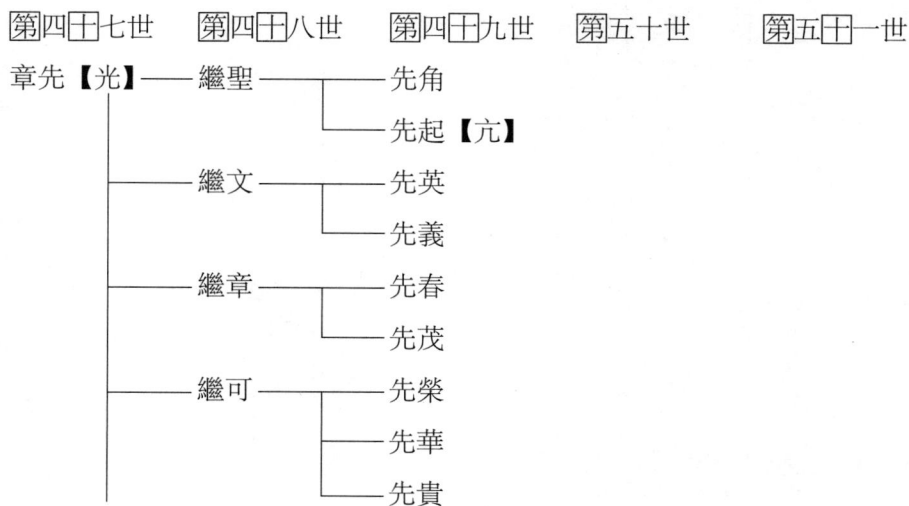

第四田七世　　第四田八世　　第四田九世　　第五十世　　第五田一世

章先【光】 ┬ 繼聖 ┬ 先角
　　　　　　　　　　└ 先起【亢】
　　　　　　├ 繼文 ┬ 先英
　　　　　　　　　　└ 先義
　　　　　　├ 繼章 ┬ 先春
　　　　　　　　　　└ 先茂
　　　　　　└ 繼可 ┬ 先榮
　　　　　　　　　　├ 先華
　　　　　　　　　　└ 先貴

```
                 ┌── 繼立 ────┬── 先太
                 │            └── 先陽
                 └── 繼身
章錦 ──┬── 繼松
       ├── 繼栢 ──── 先長
       └── 繼茂
章豹 ──── 繼桂
```

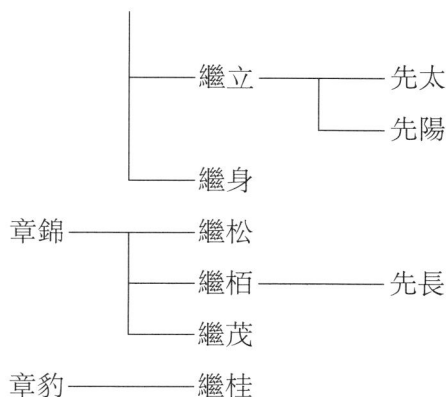

雷氏舍岡支譜系圖①

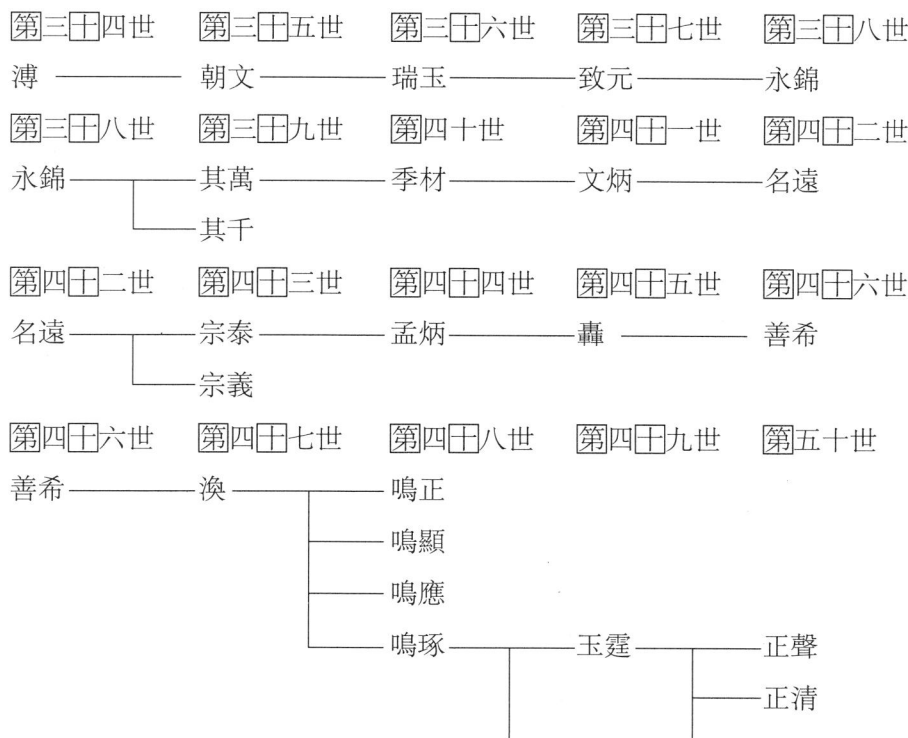

```
第三十四世    第三十五世    第三十六世    第三十七世    第三十八世
溥 ───────── 朝文 ──────── 瑞玉 ──────── 致元 ──────── 永錦

第三十八世    第三十九世    第四十世      第四十一世    第四十二世
永錦 ──┬── 其萬 ──────── 季材 ──────── 文炳 ──────── 名遠
       └── 其千

第四十二世    第四十三世    第四十四世    第四十五世    第四十六世
名遠 ──┬── 宗泰 ──────── 孟炳 ──────── 轟 ───────── 善希
       └── 宗義

第四十六世    第四十七世    第四十八世    第四十九世    第五十世
善希 ──────── 渙 ──┬── 鳴正
                   ├── 鳴顯
                   ├── 鳴應
                   └── 鳴琢 ──────── 玉霆 ──┬── 正聲
                                             └── 正清
```

---

① 《雷氏族譜·雷氏大成宗族宗譜》卷貳《建昌縣舍岡支譜系圖》、《雷氏族譜·雷氏大成宗族宗譜》卷肆《建昌縣舍岡支譜世錄》第三十四世至四十七世家族世系成員依次是第三十四世溥—第三十五世季材—第三十六世文炳—第三十七世名遠—第三十八世宗泰、家義—第三十九世孟炳—第四十世朝文—第四十一世瑞玉—第四十二世致元—第四十三世永錦—第四十四世其萬、其千—第四十五世轟—第四十六世善希—第四十七世渙。《雷氏族譜·雷氏重修宗譜世錄》卷貳《建昌縣舍岡支譜系圖》第三十四世至四十七世世系成員的次序與前兩者相左，且次序混亂。參照相應世錄，當以前兩者的次序為准。

雷氏松山支譜世係圖　卷貳

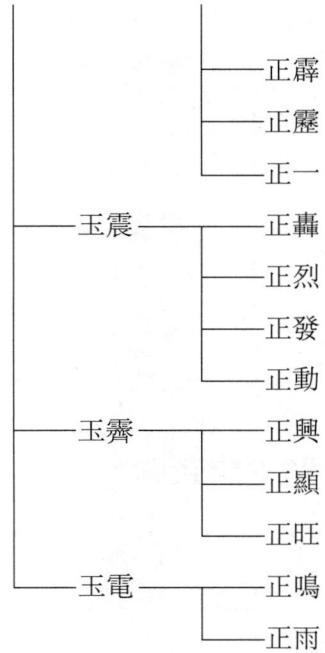

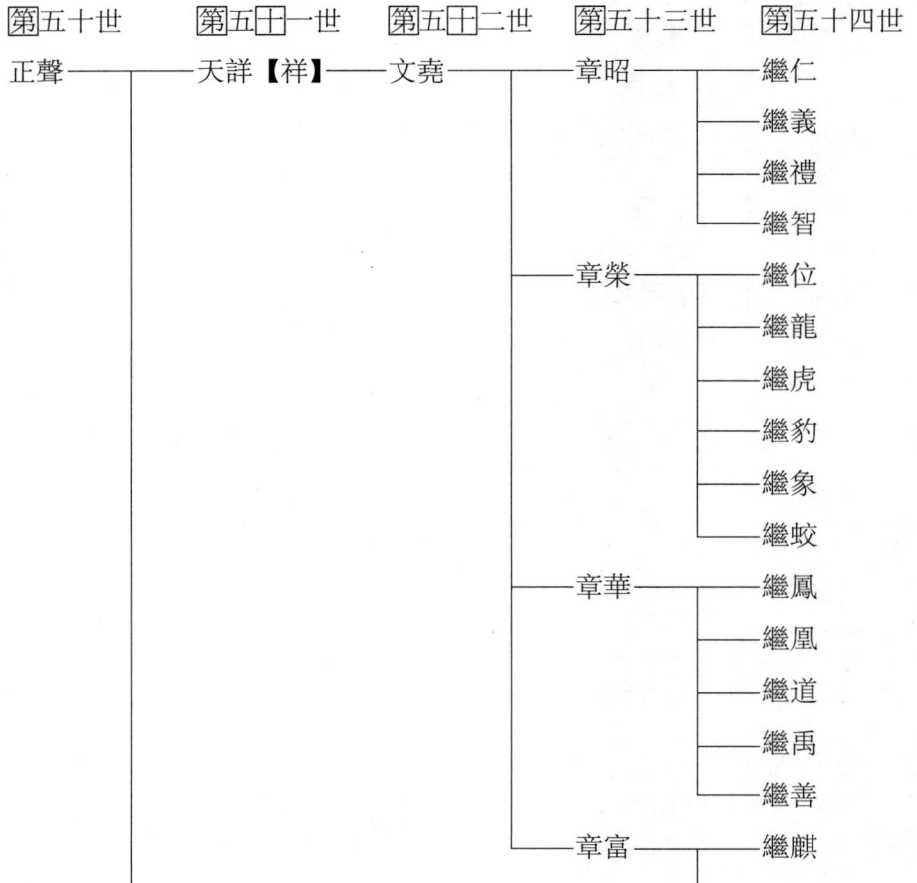

玉震 ┬ 正霹
     ├ 正靂
     ├ 正一
     ├ 正轟
     ├ 正烈
     ├ 正發
     └ 正動

玉霽 ┬ 正興
     ├ 正顯
     └ 正旺

玉電 ┬ 正鳴
     └ 正雨

第五十世	第五田一世	第五田二世	第五十三世	第五十四世
正聲	天詳【祥】	文堯	章昭	繼仁
				繼義
				繼禮
				繼智
			章榮	繼位
				繼龍
				繼虎
				繼豹
				繼象
				繼蛟
			章華	繼鳳
				繼凰
				繼道
				繼禹
				繼善
			章富	繼麒

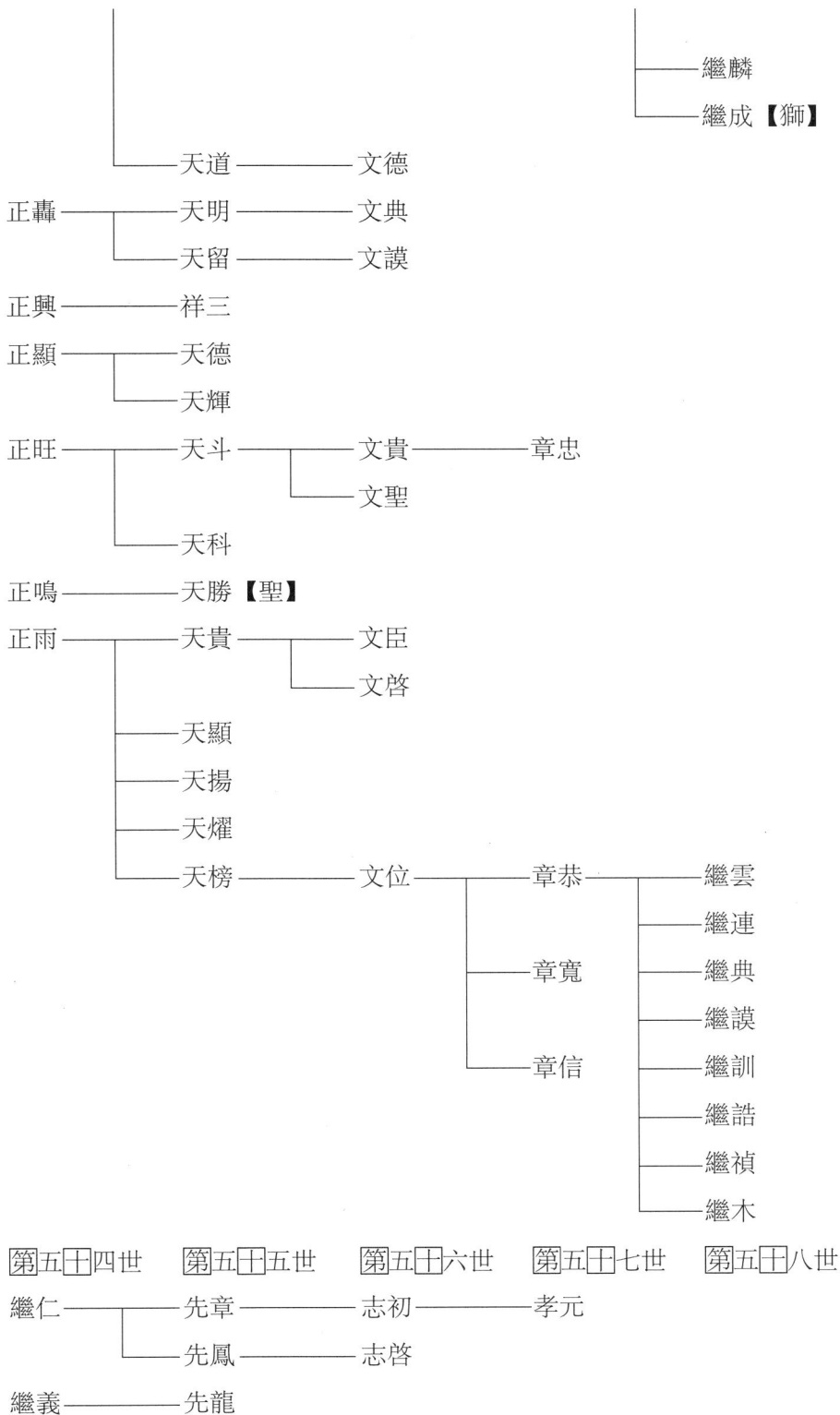

```
                                          ├── 繼麟
                                          └── 繼成【獅】

              ┌── 天道 ──────── 文德
正轟 ────────┼── 天明 ──────── 文典
              └── 天留 ──────── 文謨

正興 ──────── 祥三

正顯 ────────┬── 天德
              └── 天輝

正旺 ────────┬── 天斗 ────────┬── 文貴 ──────── 章忠
              │                 └── 文聖
              └── 天科

正鳴 ──────── 天勝【聖】

正雨 ────────┬── 天貴 ────────┬── 文臣
              │                 └── 文啓
              ├── 天顯
              ├── 天揚
              ├── 天燿
              └── 天榜 ──────── 文位 ────────┬── 章恭 ────────┬── 繼雲
                                                │                 ├── 繼連
                                                │                 ├── 繼典
                                                │                 ├── 繼謨
                                                ├── 章寬         ├── 繼訓
                                                │                 ├── 繼誥
                                                │                 ├── 繼禎
                                                └── 章信         └── 繼木
```

第五田四世　　第五田五世　　第五田六世　　第五田七世　　第五田八世

```
繼仁 ────────┬── 先章 ──────── 志初 ──────── 孝元
              └── 先鳳 ──────── 志啓

繼義 ──────── 先龍
```

163

雷氏松山支譜世係圖　卷貳

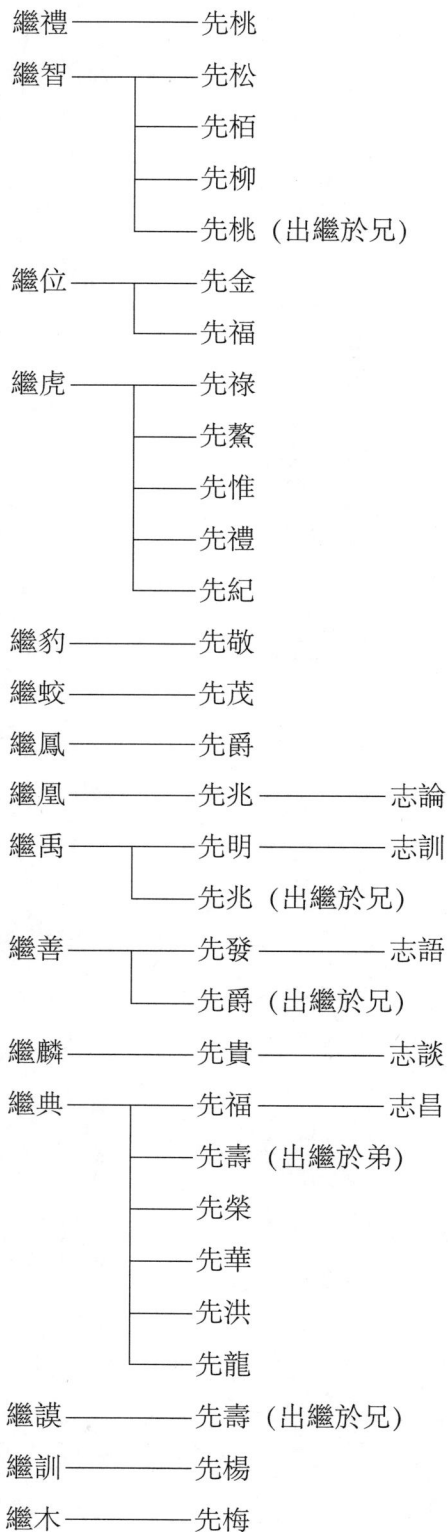

繼禮 ———— 先桃

繼智 ———— 先松
　　　　　先栢
　　　　　先柳
　　　　　先桃（出繼於兄）

繼位 ———— 先金
　　　　　先福

繼虎 ———— 先祿
　　　　　先鰲
　　　　　先惟
　　　　　先禮
　　　　　先紀

繼豹 ———— 先敬

繼蛟 ———— 先茂

繼鳳 ———— 先爵

繼凰 ———— 先兆 ———— 志論

繼禹 ———— 先明 ———— 志訓
　　　　　先兆（出繼於兄）

繼善 ———— 先發 ———— 志語
　　　　　先爵（出繼於兄）

繼麟 ———— 先貴 ———— 志談

繼典 ———— 先福 ———— 志昌
　　　　　先壽（出繼於弟）
　　　　　先榮
　　　　　先華
　　　　　先洪
　　　　　先龍

繼謨 ———— 先壽（出繼於兄）

繼訓 ———— 先楊

繼木 ———— 先梅

雷氏樟坊支系圖

第三十四世	第三十五世	第三十六世	第三十七世	第三十八世
溥 ——————	季材 ——————	文炳 ——————	名遠 ——┬——	宗泰（舍崗支祖）
			└——	宗義（樟坊支祖）

第三十八世	第三十九世	第四十世	第四十一世	第四十二世
宗義 ——————	孟郁 ——┬——	守信 ——————	志遠 ——————	一霹
	└——	守仁 ——————	志受 ——————	一靂

第四十二世	第四十三世	第四十四世	第四十五世	第四十六世
一霹 ——┬——	永興 ——————	玉輝 ——————	振常 ——————	發春
	永發 ——————	玉明 ——┬——	振宇	
			振宙 ——┬——	發珍【禎】
				發祿
			振發	
	永富 ——————	玉喜 ——————	振綱 ——————	發煥
一靂 ——————	永明 ——————	玉白 ——┬——	振先 ——————	發明
			振啓	
			振楚 ——┬——	發質
				發辰
			振國	

第四十六世	第四十七世	第四十八世	第四十九世	第五十世
發春 ——┬——	金明 ——————	聲勇 ——┬——	家（文）鳳	
			家（文）彩	
		聲躍 ——┬——	家（文）龍 ——	先（章）松
			家（文）瑞 ——	先（章）楷
			家（文）鸞 ——	先（章）相
				先（章）柏

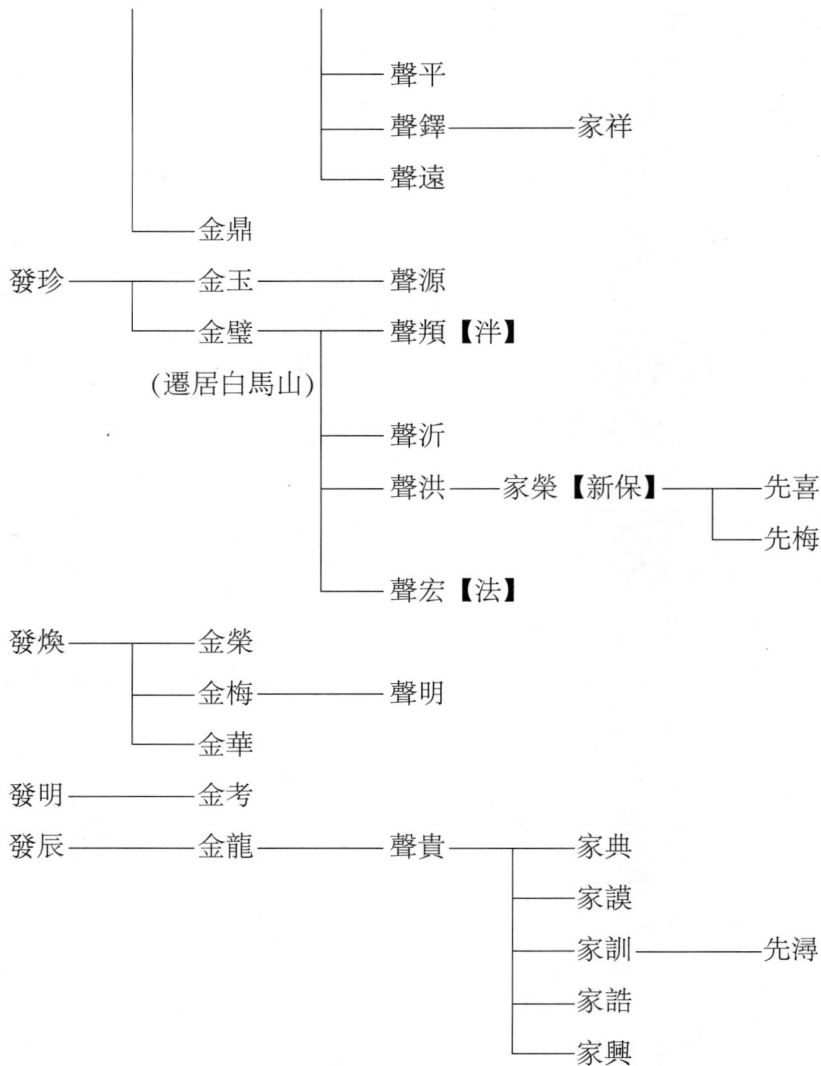

聲平

聲鐸————家祥

聲遠

金鼎

發珍————金玉————聲源

金璧————聲頫【泮】

(遷居白馬山)

聲沂

聲洪——家榮【新保】——先喜

先梅

聲宏【法】

發煥————金榮

金梅————聲明

金華

發明————金考

發辰————金龍————聲貴————家典

家謨

家訓————先濤

家誥

家興

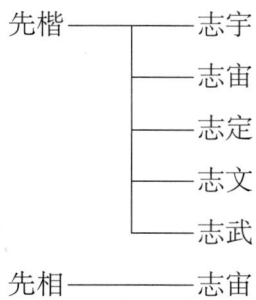

第五冊二世　　第五冊三世

先楷————志宇

志宙

志定

志文

志武

先相————志宙

柒、雷氏族譜

雷氏重修大成宗譜總序世係圖　卷叄

建昌縣分支　北山上房支
北山上房支分居金陵復遷北京世係圖

雷氏重修大成宗譜總序

古者三十年為一世，亦父子相繼為一世。吾族自明天啓甲子年修輯宗譜，昭穆已定。奈一燬【毀】於兵火，再蕩於干戈。傳至國初，其所存者，大都斷簡殘編，雖欲徵信，安從考耶？雍正五年，新建邦傑公倡修一次。乾隆二十一年，進賢[①]躍龍公將雷氏歷代祖宗功德條分縷析纂錄而表 圉 之，於今違六十年矣，而詢其所自出之祖為何人？所卜居之時爲何代？有茫乎其莫辨者。然則譜牒之修也，不綦急乎。純甫成童，固未諳譜事，第常聞諸庭訓："予有志而未逮，汝異日讀書有成，當善承余志。"純謹識勿忘，奈在壯歲，以惟專攻舉業，及後叨祖宗餘庇成進士，而歷職部屬科道者，又二十餘年矣。迨嘉慶甲子，得家書云修譜，純聞之， 圉 不自禁，乃又出任廣平府事。前歲，始解組旋里，問及譜修否，族眾曰："未"。純此時感愧交集，恨不能傾解宦囊，畧捐資費，以為同姓之光。幸賴首事向溪支輝池、鐔舍支兩濟、北山支徵祥、泰浦支華國者，伏【仗】義資贈，起局會省公祠，司事各宗長同心協力。純惟任勞筆墨，集江西之全省纂雷氏之大成，自始祖及各分遷支祖，皆載入總系圖，如樂之大成也。至分遷以後，則各詳支譜，另為一集，猶樂之小成也。是合衆小成以爲大成，又折總大成以為小成。誠可謂千秋盛舉矣，敢曰我獨賢勞耶？若云十年小修，三十年大修，又將于復【後】人有厚望焉爾。

皇清嘉慶十九年（1805年）歲甲戌秋月吉旦

---

① "東南之藩蔽，閩浙之門戶"的進賢縣，位於江西省中部偏北，鄱陽湖南岸、撫河、信江下游，東臨撫州市東鄉縣，南接撫州市臨川區，西隔撫河與南昌縣、豐城市相望，是江西省會南昌市的東大門。進賢原名爲鐘陵縣，建於晋太康元年，隸屬揚州豫章郡，唐武德八年，取孔子學生淡台滅明（字子羽，七十二賢人之一）曾南游於此之意更名改爲進賢鎮。至今建縣九百年。

賜進士出身、誥授朝議大夫、掌廣東道監察御史、原任直隸廣平府^①事、南昌茶園支裔孫純號鐍泉拜序

雷氏遷居金陵述^②

本支系江西南康府建昌縣千秋崗分派。元延祐初，起龍公移居本縣新城鄉北山社上社堡地方。公墓葬於北山，歷有年矣。蓋因明末流寇四出，賦稅日重，人民離散，地土荒蕪。予祖振宙公、伯祖振聲公棄儒南來貿易，以應家之差役，遂暫居金陵之石城。國朝定鼎，縣經兵火，路當孔道，差徭役百出，被累不堪。是以先君發宣公、先伯發宗公於康熙元年正月奉祖母李、伯祖母郭、伯母鄒、堂伯發達公、發興公、發明公俱南來暫避，計圖返棹。乙巳，父娶母氏，乃祥甫呂公次女，亦同縣巨族，地名百斛頭，呂亦避兵於金陵。至辛亥歲，正欲還鄉，不期冬月，先伯發宗公竟卒於南。祖父悲思故土，於乙卯春，率眷屬西還，值吳逆拒命於荊，阻居皖城數載。不幸，己未夏五月，祖卒於皖。祖妣於次年五月，亦卒於皖。時年大旱，艱苦非常。先君無力奔二柩歸鄉，合葬於安慶北門外陳家庵之陽，立有碑記。父經兩喪，回鄉不果。癸亥冬，父以藝應募赴北，仍携眷屬復居石城。時伯祖父母、堂伯父母俱卒於金陵，并葬於安德門石子崗於南之陽。諸堂兄弟候補於京師，予弟兄亦忝入太學，皆祖父之庇訓。甲申冬，父返江寧，已抱老恙，每以不能回鄉并祭掃先墓為

①　廣平府，舊地名。《禹貢》屬冀州地。春秋時屬晉。戰國屬趙。秦為邯鄲郡地。漢初置廣平郡。武帝征和二年，改平幹國。宣帝五鳳二年，複為廣平國，治廣平。後漢省入巨鹿郡。魏複置廣平郡。《三國志》漢建安十七年，割廣平屬魏郡。十八年，分魏郡為東、西部。魏黃初二年，以魏郡西部為廣平郡，仍治廣平。晉及後魏因之徙治曲梁。後周宣政元年，置洺州。隋大業初，改為武安郡。唐複為洺州。《唐書》武德元年，改武安郡為洺州。宋仍曰洺州亦曰廣平郡。金人因之。元初亦為洺州，初置邢洺路，兼領邢、磁、威三州。尋又為洺磁路，兼領磁、威二州。至元中，升為廣平路。明洪武元年（1368年）改廣平路為廣平府，隸屬直隸京師，治永年縣（今河北省永年縣），明末領九縣，永年，雞澤，曲周，肥鄉，廣平，成安，威縣，邯鄲，清河。清末轄永年（今河北省永年縣）、曲周縣（今河北省曲周縣）、肥鄉（今河北省肥鄉縣）、雞澤（今河北省雞澤縣）、廣平（今河北省廣平縣）、邯鄲（今河北省邯鄲市）、成安（今河北省成安縣）、威縣（今河北省威縣）、清河（今河北省清河縣）共九縣；磁州（今河北省磁縣）一散州。民國二年（公元1913年）廢廣平府。
②　雷金兆為雷發達堂兄弟雷發宣之子。《北京晨刊》1935年6卷第9期刊登雷金兆撰寫的《雷氏遷居金陵述》一文，這是繼朱啟鈐1934年發表《樣式雷考》之後，又一篇在正式刊物上介紹清代建築世家樣式雷家族變遷的重要歷史文獻。同期《北京晨刊》還刊有陸伯忱《雷氏同族爭工的短札》一文介紹樣式雷與同行之間競爭的情況。

憾。謂予兄弟曰：“予建昌世族，尚書公後，世代業儒。因遭兵火，流落江左數世矣。觀今之勢，量不能回，汝等異日當勉爲之。”言之不覺淚下。不幸，戊子春，先君竟棄予兄弟長逝。哀哉！痛心疾首，欲奔柩歸家，或奔於皖城，奈家日繁重，姻戚牽纏，未遂所願，只得卜地葬先人於江寧邑小山之陽。壬辰春，堂叔發倖公來南，始抄祖譜大略攜來。丙申夏，堂叔騰蛟公復以譜稿見遺，始知祖居建昌已數百世矣。今居金陵，亦三世矣於茲。己亥春，予書其前由、述其本末，以俟後人知木本水源，亦有所宗焉。

時{當}康熙己亥春正月上元日，裔孫金兆拜述耳孫澤等敬書。

雷氏遷居北京新序

萬物本乎天，人本乎祖者，亦猶魚之依水，木之依土也。木無土則枯，魚無水則死。故譜者，人之序昭穆、列少長、致雍睦也。雖千百載，千百人，乃其初一人之身耳，溯其源而知所依矣。吾之源遠，考譜載悉詳，近自江西而遷金陵，由金陵而至京都。康熙己亥年，叔祖金兆公、叔聲澤公，已將前由本末詳細備述矣。瑞讀之，不覺潸然淚下。思吾祖父，每以面回南痛念，囑子孫當勉爲之。瑞何嘗不切切於心？奈家口愈見繁重，姻戚倍加牽纏，墳冢疊疊，基址叠叠，此心何能得稱。然而水源木本，祖脉宗靈，關山雖隔，雁書頻通。乾隆癸卯年，堂叔聲科公着叔聲凰賚送族譜來京，瑞再拜而受，得知本源矣。嘉慶甲子年，聲科公復遣書命修，未果。瑞感悔交集，銘刻難忘。幸今癸酉年，叔聲科公不憚水遠山遙到京矣，是瑞久有修譜之志，而叔敬爲修譜而來。細談之餘，始信吾先人之有靈也。瑞生四十有四，艱於嗣息。此年叨產一子，益信吾先人之有靈也。當茲譜牒告成，余亦勉強從事，以承先志，即支蕃派衍，而溯流尋源，明昭穆、別尊卑，滴滴各全水味，灣灣相湊，不猶是一潭之源乎？不猶是一家之人乎？又何分於南北之異居歟？天耶，人耶。金兆公之手澤不磨，玉成公之後人有慶，神物終當復合，於斯猶信。

時{當}皇清嘉慶十九年（1805年）歲在甲戌秋月　吉日

裔孫家瑞謹序

雷氏大成總譜主副修

主　修

進賢{贇}縣向溪支聲劍，字輝池，邑庠生。

除丁費譜價外，捐銀一百兩。

豐城縣鐔舍支翔飛，字雨濟，國學生。

除丁費譜價外，捐銀壹佰兩。

副　修

建昌縣北山支遷居北京家瑞，字徵祥。

除丁費譜價外，捐銀伍拾兩。

南昌縣[①]泰浦支鳴盛，字華國。

除丁費譜價外，捐銀伍拾兩。

雷氏大成總譜各府州縣各支纂輯辦事局長

進賢{贇}縣白崖支聲揚，字期上，邑庠生。

篠塘支鳴球，字國琳，郡庠生。

靖安縣[②]團岡支晅，字貢三，歲貢生。

奉新縣[③]易山支龍光，字廷珍，國學生。

張坊支金榜，字紹登，邑庠生。

新建縣石皋支先春，字達五，佾生。

珠橋支繼煌，字際照，郡庠生。

南昌縣西溪支初復，字衛郢，童生。

茶園支應谷，字崑奇，國學生。

豐城縣鐔舍支家章，字有華，邑庠生。

城波支聲濟，字劍光，邑庠生。

義寧州茶嶺支均和，字輝恒，童生。

---

① 南昌縣，在江西省南昌市南部，贛江下游，濱臨鄱陽湖。漢置縣。據《辭海》第1135頁，上海辭書出版社1985年8月版。

② 靖安縣，在江西省西北部、修水支流潦水上游。五代南唐置縣。據《辭海》第1789頁，上海辭書出版社1985年8月版。

③ 奉新縣，在江西省西北部、修水支流潦水上游。東漢置新吳縣，五代南唐改奉新縣。據《辭海》第1610頁，上海辭書出版社1985年8月版。

東谷支春作，字光吉，國學生。

武寧縣①官田支卓蘭，字馨香，邑庠生。

坳頭支金冬，字雪濤，童生。

安義縣②中洲支聖經，字傳簡，邑庠生。

石塢支鳴衢，字贊廷，郡庠生。

新昌縣③黨田支聘及，字應註，邑庠生。

鄱陽縣前山支起蟄，字繡占，郡庠生。

都昌縣左蠡支朋重，字友鑑，童生。

三汊【汉】港支繼時，字節有，庠生。

星子縣④高良支聲樂，字武成，郡庠生。

建昌縣團岡支文池，字汝惠，邑庠生。

北山支聲科，字學海，國學生。

臨川縣⑤雷坊支先壽，字東山，邑庠生。

余千【干】⑥縣倉前支金璧，字期玉，國學生。

倉後支聖瑞，字祥占，邑庠生。

德化縣⑦譚家坂自銘支章珍，字世銓，庠生。

德安縣臺村支聖典，字有謨。

高安縣鹽湖支繼照，字明遠，國學生。

楊橋支茂興，字財順。

① 武寧縣，在江西省西北部、修水中游，比鄰湖北省。東漢置西安縣，晉改豫寧縣，唐改武寧縣。據《辭海》第717頁，上海辭書出版社1985年8月版。
② 安義縣，在江西省西北部、修水支流潦水流域。明置縣。據《辭海》第1000頁，上海辭書出版社1985年8月版。
③ 新昌縣，在浙江省東部曹娥江上游。五代吳越置縣。據《辭海》第1483頁，上海辭書出版社1985年8月版。
④ 星子縣，在江西省北部、鄱陽湖西岸、廬山南麓。五代吳置星子鎮，宋改星子縣。據《辭海》第1393頁，上海辭書出版社1985年8月版。
⑤ 臨川縣，在江西省東北部、撫河中游。漢置臨汝縣，隋改臨川縣。據《辭海》第61頁，上海辭書出版社1985年8月版。
⑥ 余干縣，在江西省東北部、信江下游，西濱鄱陽湖。漢置余汗縣，南朝宋改余干縣。據《辭海》第320頁，上海辭書出版社1985年8月版。
⑦ 德化縣，五代南唐改潯陽縣置，治所在今江西省九江市。南唐及宋為江州治所，元為江州路治所，明清為九江府治所。據《辭海》第808頁，上海辭書出版社1985年8月版。

東鄉縣①塘尾支行方，字可立，邑庠生。

瑞昌縣②觀溪支邦佐，字英華，國學生。

東莊支文榜，字卓然，郡庠生。

雷氏宗譜

建昌縣泒【派】行

文章繼先志　　孝友啟真傳

汝惟承祖德　　爵祿定連綿

巳【以】前

文與金同　　章與聲同

繼與家同　　先與修同

志與思同

以後統此一派

雷氏宗譜建昌各支總系圖

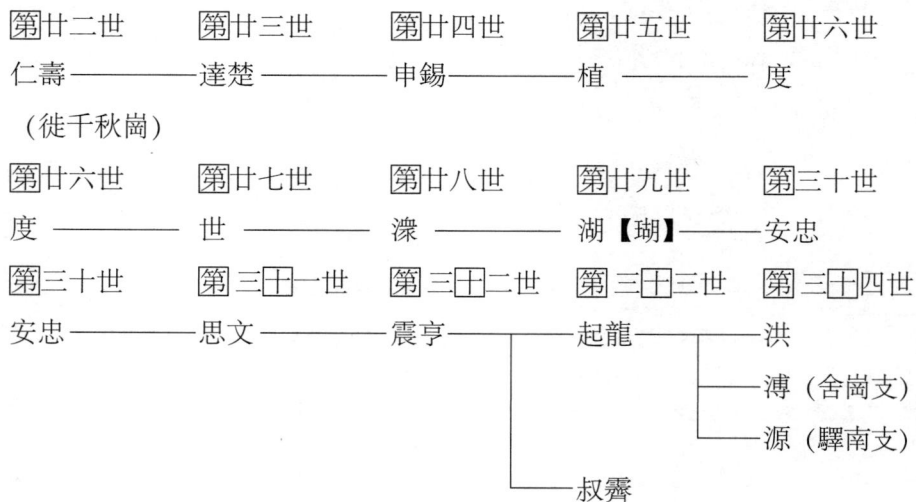

第廿二世　第廿三世　第廿四世　第廿五世　第廿六世

仁壽————達楚————申錫————植————度

（徙千秋崗）

第廿六世　第廿七世　第廿八世　第廿九世　第三十世

度————世————濚————湖【瑚】————安忠

第三十世　第三卅一世　第三卅二世　第三卅三世　第三卅四世

安忠————思文————震亨————起龍————洪

溥（舍崗支）

源（驛南支）

叔霽

---

① 東鄉縣，在江西省東北部。明置縣。據《辭海》第46頁，上海辭書出版社1985年8月版。

② 瑞昌縣，在江西省北部、長江南岸，比鄰湖北省。名源於漢，五代南唐置縣。清同治《瑞昌縣誌》釋縣名：“漢建安中，孫吳大將程普駐軍此地（今桂林鄉桂林橋一帶），忽有赤烏來鳴、以為祥瑞、旋得赤壁捷報，遂名其地曰赤烏鎮、又曰瑞昌鎮，後改縣因鎮名。”據《辭海》第1844頁，上海辭書出版社1985年8月版。

第三十四世　　第三十五世　　第三十六世　　第三十七世　　第三十八世

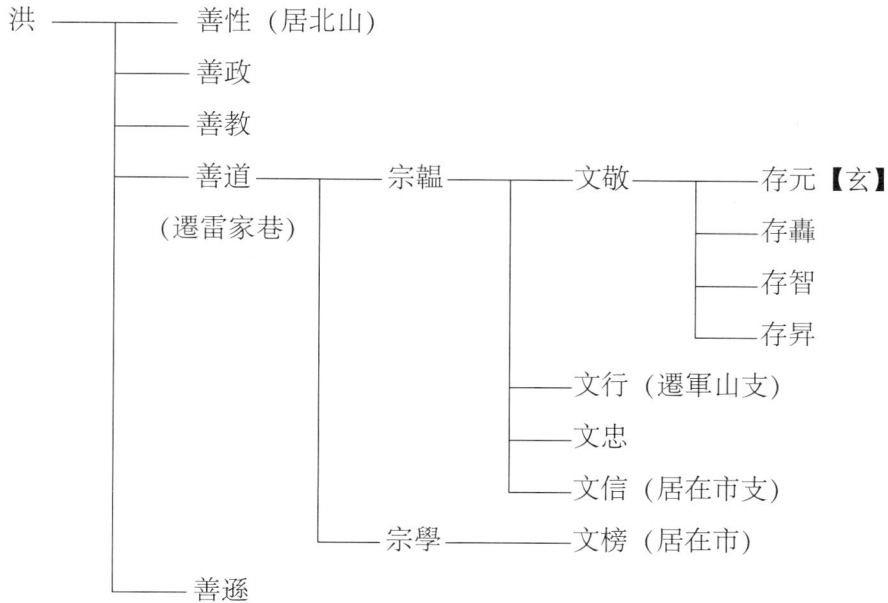

洪 ————— 善性（居北山）

├— 善政

├— 善教

├— 善道 ————— 宗輼 ————— 文敬 ————— 存元【玄】

　　（遷雷家巷）　　　　　　　　　　　　├— 存轟

　　　　　　　　　　　　　　　　　　　├— 存智

　　　　　　　　　　　　　　　　　　　└— 存昇

　　　　　　　　　　　　├— 文行（遷軍山支）

　　　　　　　　　　　　├— 文忠

　　　　　　　　　　　　└— 文信（居在市支）

　　　　　　　└— 宗學 ————— 文榜（居在市）

└— 善遜

第三十八世　　第三十九世　　第四十世　　第四十一世　　第四十二世

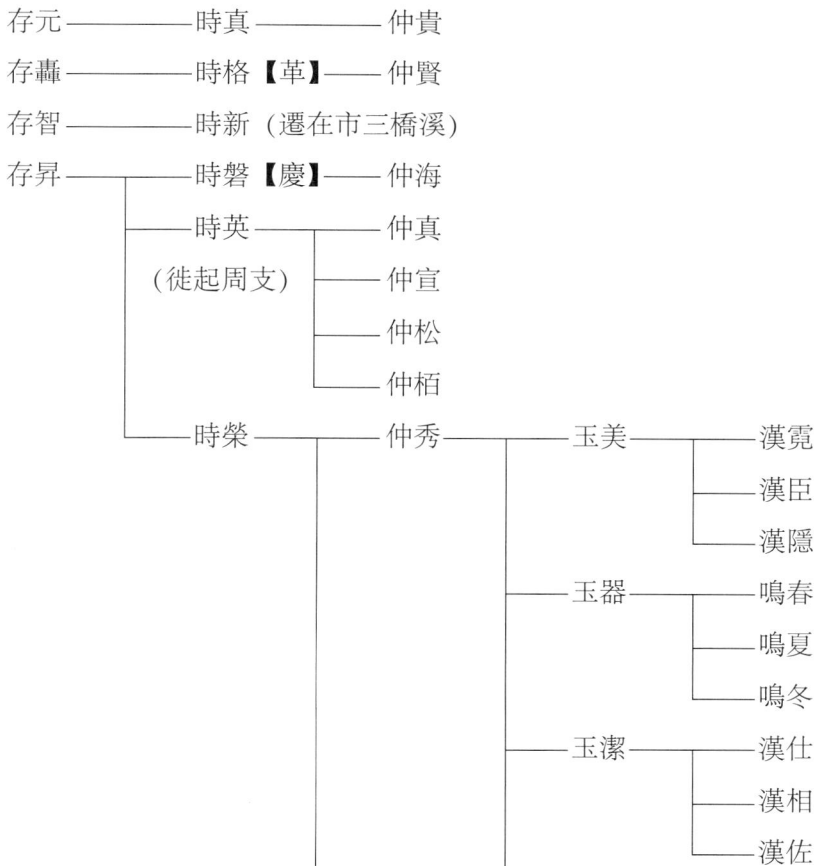

存元 ————— 時真 ————— 仲貴

存轟 ————— 時格【革】— 仲賢

存智 ————— 時新（遷在市三橋溪）

存昇 ————— 時磐【慶】— 仲海

├— 時英 ————— 仲真

　（徙起周支）├— 仲宣

　　　　　　├— 仲松

　　　　　　└— 仲栢

└— 時榮 ————— 仲秀 ————— 玉美 ————— 漢霓

　　　　　　　　　　　　　　　　├— 漢臣

　　　　　　　　　　　　　　　　└— 漢隱

　　　　　　　　　　　　├— 玉器 ————— 鳴春

　　　　　　　　　　　　　　　　├— 鳴夏

　　　　　　　　　　　　　　　　└— 鳴冬

　　　　　　　　　　　　└— 玉潔 ————— 漢仕

　　　　　　　　　　　　　　　　├— 漢相

　　　　　　　　　　　　　　　　└— 漢佐

173

雷氏重修大成宗譜總序世係圖　卷叁

┌— 玉麟 ┌— 漢偉
└— 漢元（遷居灘溪）

仲武 —— 玉印
仲寬

雷氏北山上房支譜系圖

| 第三十四世 | 第三十五世 | 第三十六世 | 第三十七世 | 第三十八世 |

洪 ——— 善性 ——— 宗正 ——— 文遠 ——— 本莊

| 第三十八世 | 第三十九世 | 第四十世 | 第四十一世 | 第四十二世 |

本莊 ┬— 景庸
├— 景行（松山支祖）
├— 景昂
├— 景常（前房支祖）
└— 景昇 ┬— 仲熙 —— 中道 —— 正常
（上房支祖）
├— 仲舒
├— 仲安 ┬— 中義 ┬— 正轟
│ │ ├— 正輔
│ │ └— 正軒
│ ├— 中智
│ └— 中倫
├— 仲權
├— 仲衡
└— 仲璇 —— 中福

| 第四十二世 | 第四十三世 | 第四十四世 | 第四十五世 | 第四十六世 |

正常 ——— 永梭【俊】— 玉美 ┬— 振武 ——— 發宜
└— 三保

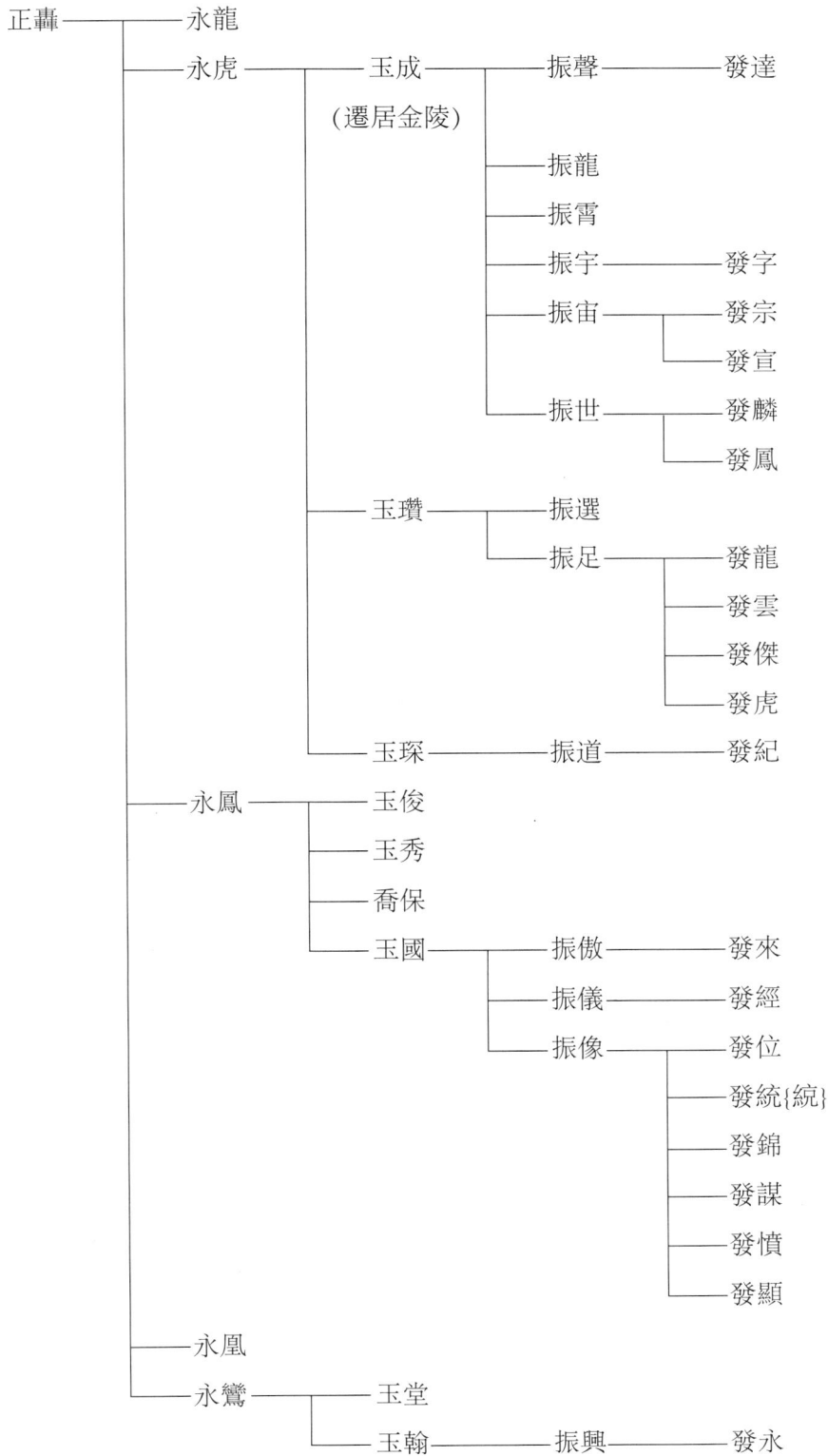

```
正轟 ─────── 永龍
         └── 永虎 ───────── 玉成 ───────── 振聲 ───────── 發達
                          （遷居金陵）
                                        ├── 振龍
                                        ├── 振霄
                                        ├── 振宇 ───────── 發宇
                                        ├── 振宙 ───────── 發宗
                                        │              └── 發宣
                                        └── 振世 ───────── 發麟
                                                       └── 發鳳
                          ├── 玉瓚 ───────── 振選
                          │              └── 振足 ───────── 發龍
                          │                             ├── 發雲
                          │                             ├── 發傑
                          │                             └── 發虎
                          └── 玉琛 ───────── 振道 ───────── 發紀
         ├── 永鳳 ───────── 玉俊
         │              ├── 玉秀
         │              ├── 喬保
         │              └── 玉國 ───────── 振傲 ───────── 發來
         │                             ├── 振儀 ───────── 發經
         │                             └── 振像 ───────── 發位
         │                                            ├── 發統{統}
         │                                            ├── 發錦
         │                                            ├── 發謀
         │                                            ├── 發慎
         │                                            └── 發顯
         ├── 永凰
         └── 永鸞 ───────── 玉堂
                        └── 玉翰 ───────── 振興 ───────── 發永
```

正輔————— 永泰 ————— 玉柱

第四十六世　　第四十七世　　第四十八世　　第四十九世　　第五十世

發經————— 金虎

發位————┬— 金璜 ——┬— 聲揚
　　　　　│　　　　 ├— 聲顯
　　　　　│　　　　 └— 聲宏【弘】
　　　　　└— 金鳴 ——— 聲廣

發錦————┬— 金班
　　　　　└— 金珏 ——— 聲拔

發謀————┬— 金仁
　　　　　├— 金禮
　　　　　├— 金遜
　　　　　├— 金讓 ——┬— 聲閔
　　　　　│　　　　 ├— 聲騫
　　　　　│　　　　 └— 聲樂
　　　　　└— 金花

發憤————┬— 金詔 ——┬— 聲淋
　　　　　│　　　　 ├— 聲澍
　　　　　│　　　　 ├— 聲鄉
　　　　　│　　　　 └— 聲相 ——┬— 家瑚（孝）
　　　　　│　　　　　　　　　　├— 家璉（友）
　　　　　│　　　　　　　　　　└— 春保（睦）
　　　　　└— 金誥 ——— 聲雲 ——┬— 家玶（風）——┬— 先灼
　　　　　　　　　　　　　　　　│　　　　　　　 └— 先炘
　　　　　　　　　　　　　　　　├— 家榜（訓）
　　　　　　　　　　　　　　　　├— 家瑞（誦）——┬— 先炘
　　　　　　　　　　　　　　　　│　　　　　　　 └— 先炳
　　　　　　　　　　　　　　　　├— 家珪
　　　　　　　　　　　　　　　　└— 家玫 ——┬— 先輝
　　　　　　　　　　　　　　　　　　　　　 └— 先煌

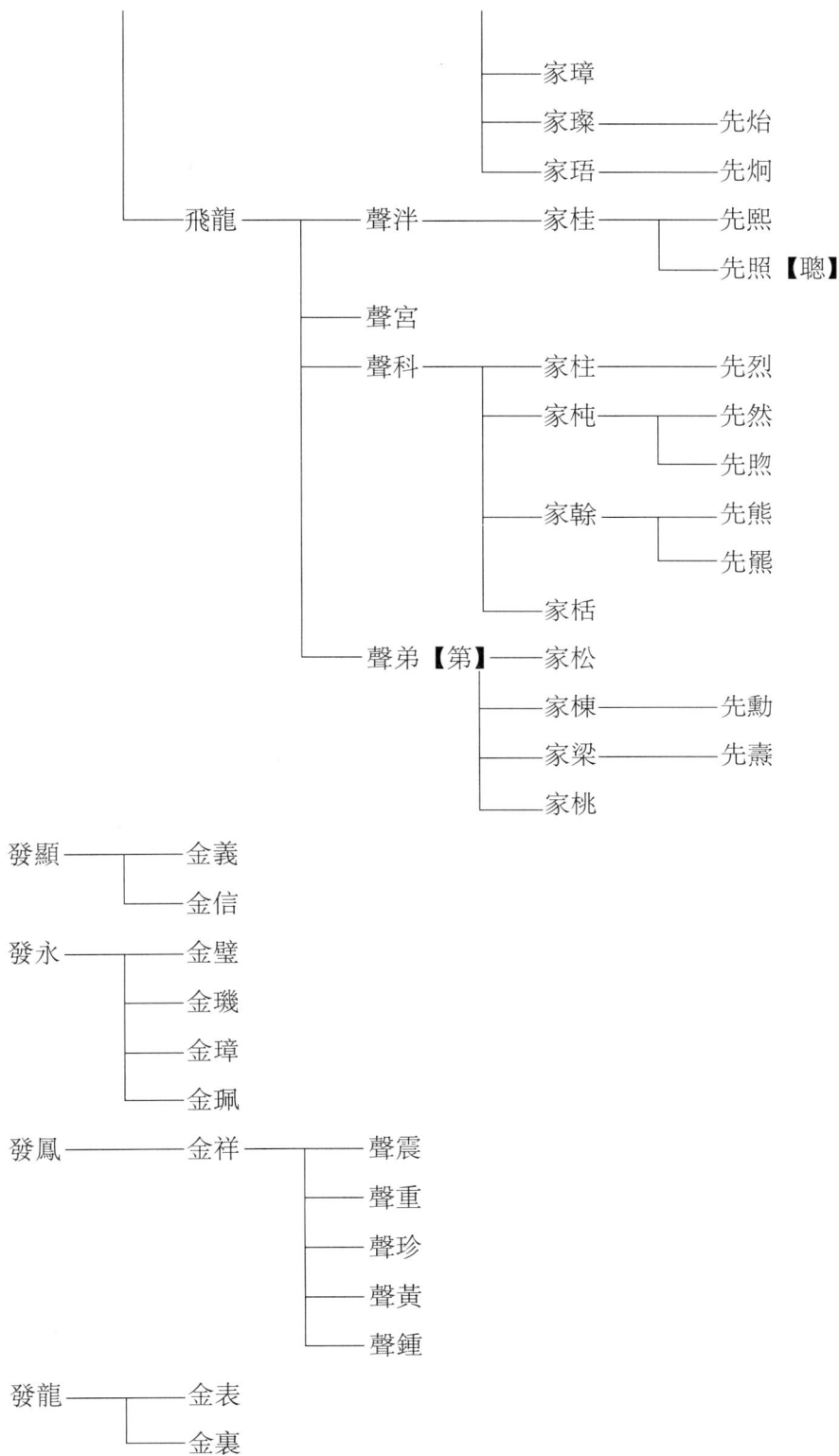

```
                                    ┌── 家璋
                                    ├── 家璨 ──────── 先焰
                                    ├── 家珸 ──────── 先炯
              飛龍 ──┬── 聲泮 ──── 家桂 ──┬── 先熙
                     │                    └── 先照【聰】
                     │
                     ├── 聲宮
                     │
                     ├── 聲科 ──┬── 家柱 ──────── 先烈
                     │          ├── 家杶 ──┬── 先然
                     │          │          └── 先煦
                     │          ├── 家幹 ──┬── 先熊
                     │          │          └── 先羆
                     │          └── 家栝
                     │
                     └── 聲弟【第】─┬── 家松
                                    ├── 家棟 ──────── 先勳
                                    ├── 家梁 ──────── 先燾
                                    └── 家桃

發顯 ──┬── 金義
        └── 金信

發永 ──┬── 金璧
        ├── 金璣
        ├── 金璋
        └── 金珮

發鳳 ──── 金祥 ──┬── 聲震
                  ├── 聲重
                  ├── 聲珍
                  ├── 聲黃
                  └── 聲鍾

發龍 ──┬── 金表
        └── 金裏
```

發傑 —— 金魁
　　　—— 金邦
　　　—— 金星
　　　—— 金朝
　　　—— 金鐸 —— 聲騰
　　　　　　　—— 聲輝
　　　　　　　—— 聲甘

發宜【宣】—— 金印 —— 聲孝 —— 荀老
　　　　　　　　　　　　　—— 連【蓮】老
　　　　　　　　　 —— 聲弟

發字 —— 金林 —— 聲榮
　　　　　　　—— 聲華
　　　　　　　—— 聲富
　　　　　　　—— 聲貴

發紀 —— 金謨 —— 聲修

發成 —— 德非 —— 聲清
　　　　　　　—— 聲祥

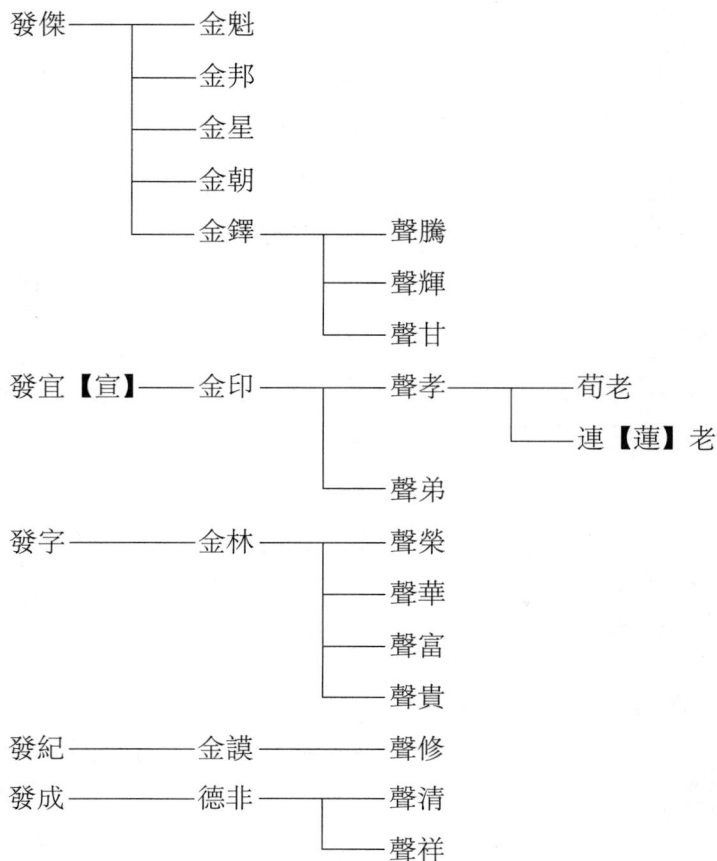

北山上房支分居金陵復遷北京系圖

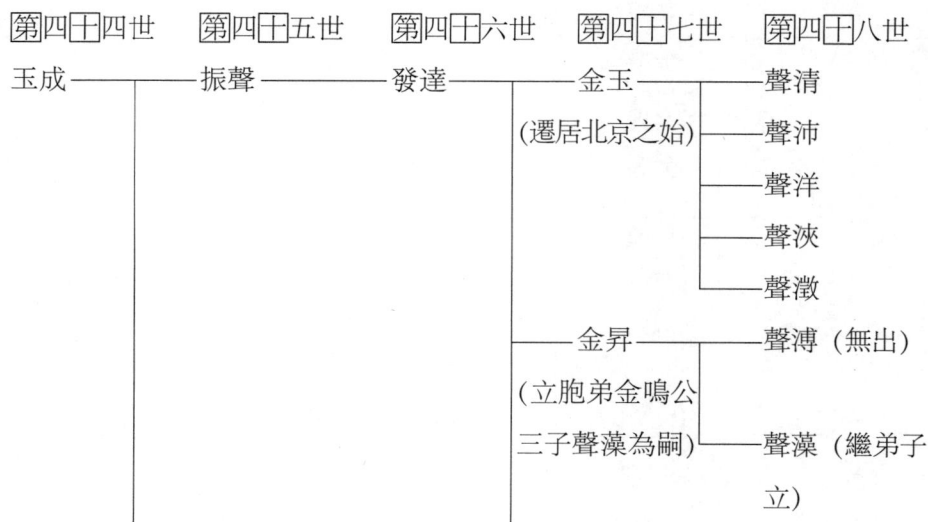

第四十四世	第四十五世	第四十六世	第四十七世	第四十八世
玉成	振聲	發達	金玉 (遷居北京之始)	聲清
				聲沛
				聲洋
				聲浹
				聲澂
			金昇 (立胞弟金鳴公 三子聲藻為嗣)	聲溥（無出）
				聲藻（繼弟子 立）

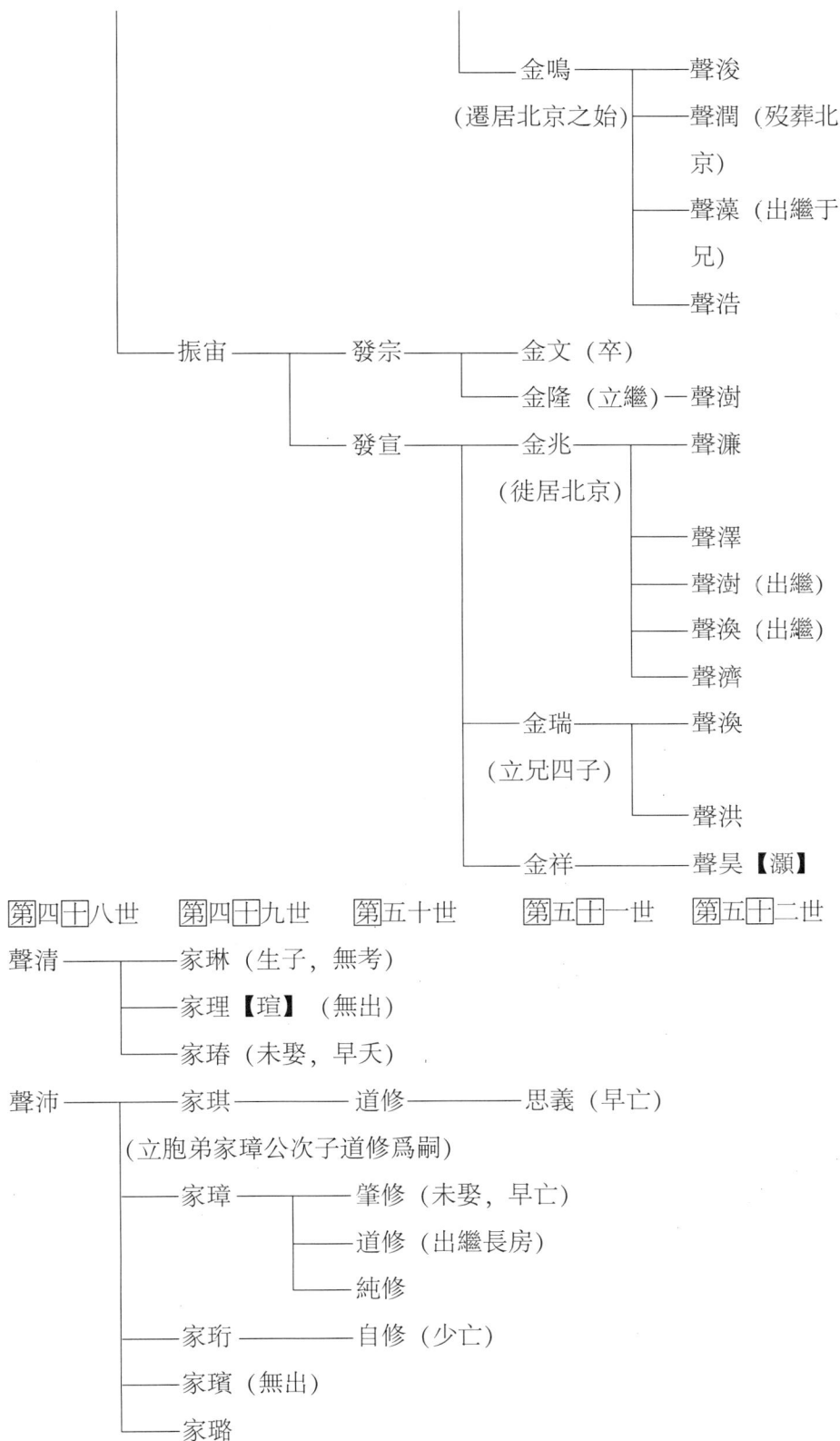

```
                        ┌── 金鳴 ──────┬── 聲浚
                        │  (遷居北京之始)  │
                        │                  ├── 聲潤 (殁葬北
                        │                  │         京)
                        │                  │
                        │                  ├── 聲藻 (出繼于
                        │                  │         兄)
                        │                  │
                        │                  └── 聲浩
                        │
  ┌── 振宙 ──┬── 發宗 ──┬── 金文 (卒)
  │          │          │
  │          │          └── 金隆 (立繼) ── 聲澍
  │          │
  │          └── 發宣 ──┬── 金兆 ──────┬── 聲濂
  │                     │  (徙居北京)     │
  │                     │                 ├── 聲澤
  │                     │                 ├── 聲澍 (出繼)
  │                     │                 ├── 聲渙 (出繼)
  │                     │                 └── 聲濟
  │                     │
  │                     ├── 金瑞 ──────┬── 聲渙
  │                     │  (立兄四子)     │
  │                     │                 └── 聲洪
  │                     │
  │                     └── 金祥 ────────── 聲昊 【灝】
```

第四十八世	第四十九世	第五十世	第五十一世	第五十二世

```
聲清 ──┬── 家琳 (生子,無考)
       ├── 家理 【瑄】 (無出)
       └── 家瑃 (未娶,早夭)

聲沛 ──┬── 家琪 ────────── 道修 ────────── 思義 (早亡)
       │  (立胞弟家璋公次子道修爲嗣)
       │
       ├── 家璋 ──┬── 肇修 (未娶,早亡)
       │          ├── 道修 (出繼長房)
       │          └── 純修
       │
       ├── 家珩 ────────── 自修 (少亡)
       ├── 家璸 (無出)
       └── 家璐
```

179

雷氏重修大成宗譜總序世係圖　卷叁

聲洋 ── 家瑛 ┬── 聿修 ──── 思奮 ┬── 廷輔
│   └── 廷相
│
├── 進修
│
└── 己修 ──── 思續 ──── 廷弼

家玥 ──── 業修 ┬── 福保（勳）┬── 二成
│   ├── 廷琛
│   ├── 二雨
│   ├── 廷璋
│   └── 廷璉
├── 思英（少亡）
└── 思恭

聲浹 ──── 家琇 ┬── 懋修
└── 敏修

聲澂 ┬── 家瑋 ──── 德修 ┬── 思義 ──── 廷帥
│   ├── 思敬
│   ├── 思雲
│   └── 思明
│
└── 家璽 ┬── 廣修 ──── 思躍 ┬── 廷棟
（誥封榮祿大夫）（誥封榮祿大夫）   └── 廷桂
│
└── 景修 ┬── 思起 ┬── 廷昌
（誥封榮祿大夫）├── 廷增（少亡）
│   └── 廷發（少亡）
├── 思振 ──── 廷煜
├── 思泰 ┬── 廷芳
│   ├── 廷霖
│   └── 廷荃
├── 思森 ┬── 廷正（少亡）
│   ├── 廷鐸
│   └── 廷秀
└── 思茂（少亡）

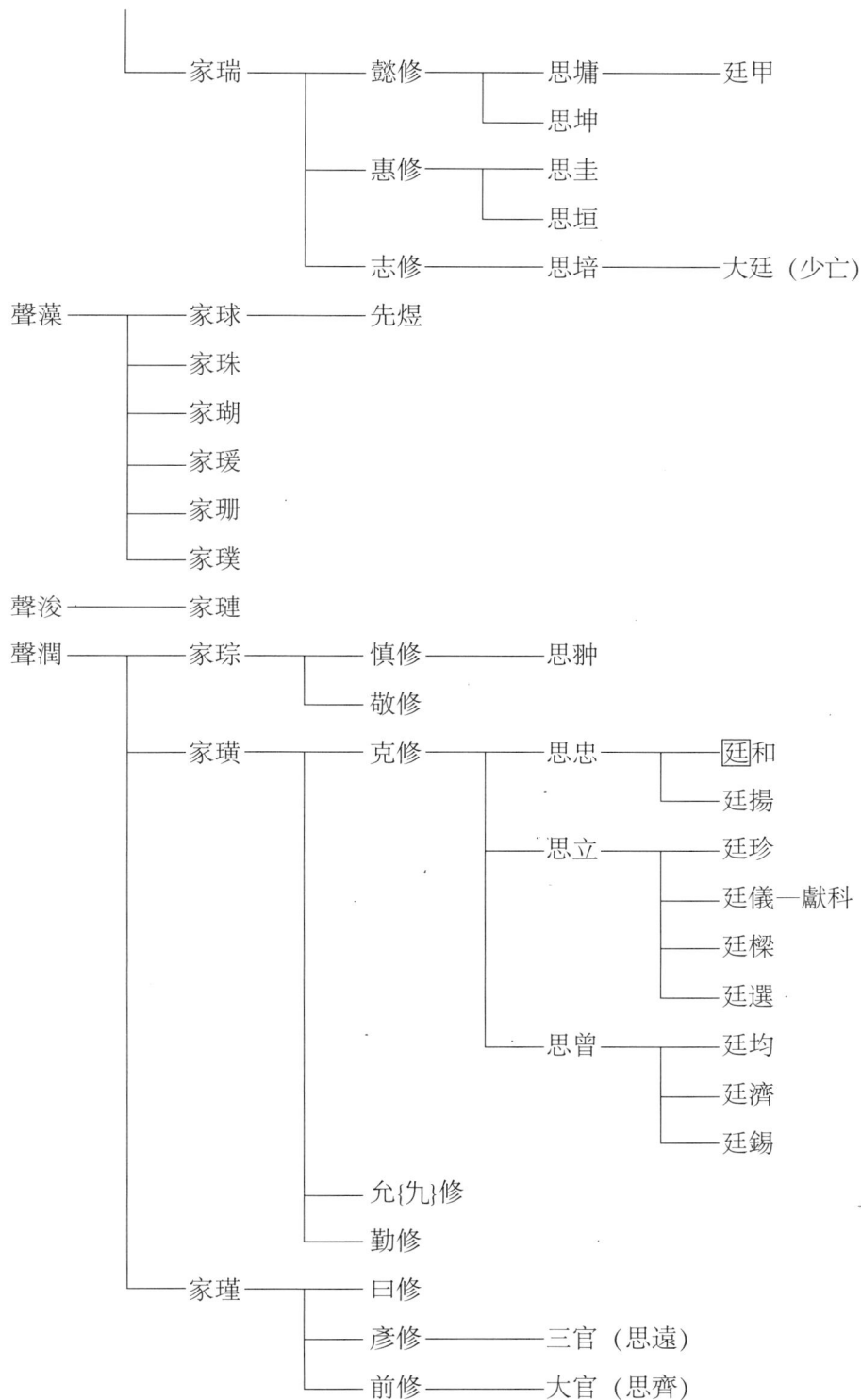

家瑞 —— 懿修 —— 思墉 —— 廷甲
　　　　　　　思坤
　　　　惠修 —— 思圭
　　　　　　　思垣
　　　　志修 —— 思培 —— 大廷（少亡）

聲藻 —— 家球 —— 先煜
　　　家珠
　　　家瑚
　　　家瑗
　　　家珊
　　　家璞

聲浚 —— 家璉

聲潤 —— 家琮 —— 慎修 —— 思翀
　　　　　　敬修
　　　家璜 —— 克修 —— 思忠 —— 廷和
　　　　　　　　　　　廷揚
　　　　　　　　思立 —— 廷珍
　　　　　　　　　　　廷儀—獻科
　　　　　　　　　　　廷樑
　　　　　　　　　　　廷選
　　　　　　　　思曾 —— 廷均
　　　　　　　　　　　廷濟
　　　　　　　　　　　廷錫
　　　　　允{九}修
　　　　　勤修
　　　家瑾 —— 曰修
　　　　　彥修 —— 三官（思遠）
　　　　　前修 —— 大官（思齊）

聲浩 ———— 家玠 ┬—— 晋修
　　　　　　　　　　└—— 貴修

聲澤 ———— 繼楷

聲渙 ———— 繼植

聲洪 ———— 繼椿

聲昊 ———— 繼祖

捌、雷氏族譜

雷氏北山上房支遷居金陵復遷居北京世錄　卷肆

松山支　灘溪支　前房支　在市支

雷氏遷居北京順天府宛平縣①所屬之海淀②槐樹街中間路北龍劍堂。自高祖金玉公傳至七世子孫，人丁繁衍。先考景修公，因圓明園③咸豐十年（1861年）八月被焚後停止差務，遷居西直門內東觀音寺路北，七年光景（咸豐八年二月，年五十六歲，報捐從九品職，請封奉政大夫），先考安居樂業，朝夕兢理家務，未嘗一日不勤儉。不幸，於同治五年（1867年）十月初二日辭世，享年六十四壽。子思起等痛心泣血，闔家悲惶痛苦，追念先考一生，苦志創成家業，開立生理三座，置產五十餘處，共數拾萬金。家道整齊，皆先考苦志所成。子等追念父考一生，勤苦至老，每祝親安之念，不意先考勞其心，至同治五年十月辭世，實子等之大不孝也。願後之賢孝子孫，當以祖考之苦心爲念，是誠於兢理家道，加意保守成規，則庶乎近焉。思起謹書。

同治二年（1864年）七月初七日，孫廷昌呈請由戶部捐銅局報，

遵旨事，據布政司理問銜雷廷昌遵例報捐，加二級。

請覃恩封典，貤封祖父景修、祖母尹氏五品封典誥命二軸。現銀二佰七十六

---

① 宛平縣，遼開泰元年（公元1012年）改幽都縣置，治所在今北京城西南，與析津縣（金改名大興縣）同為南京析津府治所。金為中都大興府，元為大都路，明、清為京師順天府治所，轄都城西偏。1913年移治盧溝橋，1952年始併入北京市，屬北京市豐台區。據《辭海》第1016頁，上海辭書出版社1985年8月版。

② 海淀位於京西禦園南側，歷史上曾被稱為海店、海淀莊、海甸、海淀鎮。最早北海淀、南海淀係兩小湖之名稱，後以湖名作為居民聚落名稱。至康熙初年，海淀仍僅為北京巴溝低地東側海淀臺地上的一個小村莊。參見張寶章、雷章寶、張威編輯《建築世家樣式雷》第13頁，北京出版社2003年6月版。

③ 圓明園，清代名園，遺址現在北京市海淀區清華大學西門外。始建於康熙四十八年（公元1709年），為環繞福海的圓明、萬春、長春三園的總稱。四周約十餘公里。鑿胡堆山，種植奇花異木，羅列國內外名聖勝四十景，有建築物一百四十五處。其中除具有獨創形式的廷園建築外，長春園中還有海晏堂、遠瀛觀、等西洋風格的建築群。圓明園利用長廊、牆垣、橋樑與自然景觀相聯繫，具有較高的科學、藝術、歷史價值，被譽為"萬園之園"。咸豐十年（公元1860年）八月，英法聯軍劫掠圓明園珍寶，並縱火焚毀園林及其建築，現僅存圓明園殘跡。據《辭海》第778頁，上海辭書出版社1985年8月版。

兩，銀票二佰七十六兩。七月初八日，由戶部捐銅局上兌收訖，換給執照。

光緒元年九月初七日，子思起呈請戶部，為遵旨事，安徽巡撫冊報候選同知雷思起遵例報捐，准予加五級，並請祖父家璽、祖母張氏，父景修、母尹氏二品。

覃恩封典，誥命四軸，現銀八伯【佰】八十八兩，捐米一百七十七石六斗，由戶部換給執照收訖。

雷氏北山上房支遷居金陵復遷居北京

第四十五世

玉成公長子，振聲，字以時，行□。娶郭氏、羅氏。生子，發達。

玉成公次子，振宙，字叔宏，號殿旭，生於萬曆丙辰年十一月初一日□時，歿於康熙己未年五月初五日□時，葬安慶陳家庵。娶鄒氏，歿於建昌縣。繼娶李氏，歿，亦葬陳家庵。生子二，發宗、發宣。

第四十六世

振聲公之子，發達，字明所，生於萬曆己未年二月廿二日亥時，歿於康熙癸酉年八月十一日戌時。葬安德門外頂寶石，癸山丁向。娶江氏、陳氏，生於崇禎四年正月初五日戌時，歿於康熙五十一年十月初七日卯時。生子三，金玉、金昇、金鳴。

振宙公長子，發宗，字萬子，歿，葬金陵三山門外。娶鄒氏。生子二，金文、金隆。

振宙公幼子，發宣，字茂生，生於順治丙戌臘月廿一日□時，歿於康熙戊子三月初三日□時，葬江陵小山，乾巽向。娶呂氏，生於順治癸巳年四月廿二日，歿於雍正甲寅年十一月初六日□時，誥封孺人。生子三，金兆、金瑞、金祥，生女一，適龍門。

第四十七世

發達公長子，金玉，字良生，行一，生於順治己亥年八月十六日巳時，國學生，考授州同，歿於雍正己酉年冬月初十日戌時。欽賜內務府七品官，食七品俸。歿時，仰蒙恩賞盤費銀一百餘金，奉旨馳驛歸葬江寧府江寧縣安德門外西善橋，坤山艮向。覃恩追封為奉政大夫。娶劉氏，生、歿無考。繼娶栢氏，生於康熙丙申年臘月初四日子時，歿於康熙丁亥年七月廿二日未時。又娶潘氏，生於康熙辛酉年八月十五日子時，歿於乾隆戊午年正月十一日卯時。又娶鈕氏，生、歿無考。俱合葬江寧府江寧縣安德門外西善橋，坤山艮向。又娶吳氏，生於康熙十三年臘月初三日戌時，歿於乾隆九年正月廿六日申時，葬順天府宛平縣西直門外小南莊①。娶張氏，生於康熙壬申年七月廿二日巳時，歿於乾隆辛巳六月初一日卯時，立葬順天府宛平縣西直門外聚善村，丙山壬向，兼子午三分。生子五，聲清、聲沛、聲洋、聲浹、聲澂。生女二，長適楊，次適閔。於同治四年，重孫景修敬立石碑一通【統】於墓左，以表太祖妣之德政也。

發達公次子，金昇，字繼生，生於康熙三年九月初七日寅時，歿於康熙五十八年五月廿七日酉時。娶夏氏，生於康熙戊申年三月初三日亥時，歿於雍正丙午年八月廿五日子時，俱合葬鳳台門外麻田少家莊。生女，適張。生子，聲溥，太學生，候補州同（歿）。立弟金鳴公之三子聲藻為嗣。

發達公幼子，金鳴，字麟生，生於康熙壬子年七月初六日寅時，歿於乾隆丁巳年正月十九日戌時。娶王氏，生於康熙丙辰年三月初十日寅時，歿於乾隆甲子年冬月廿四日辰時，俱合葬安德門外西善橋，坤山艮向。生子四，聲浚、聲潤、聲藻（出繼于兄金昇公為嗣），（幼）聲浩。生女，適周。

發宗公長子，金文，字子禹，歿于金陵。

發宗公次子，金隆，字子玉，生於康熙丁未年十月初七日□時，歿於雍正辛亥年十月初三日□時，內務府效力，候補序班用。娶盧氏，生於康熙戊午年十月廿七日，歿於丙申年二月初六日，俱合葬小山石子崗。繼娶何氏，生於康熙乙丑年八月十八日，歿於乾隆壬戌年十月廿三日，立弟金兆公三子聲澍為嗣。生女，適何。

發宣公長子，金兆，字雲昇，太學生，生於康熙壬子年六月十三，歿於雍正甲寅年四月初九日。娶陳氏，生於康熙己未年五月十八日，歿於康熙戊子年冬月初十日。繼娶顧氏，生於康熙甲子年二月初三日，歿於乾隆乙丑年五月十三日。生子五，聲灝、聲澤、聲澍（出繼從兄金隆公為嗣）、（四子）聲渙（出繼於弟金瑞公為嗣）、（幼子）聲濟【濂】。

發宣公次子，金瑞，字雲從，縣丞，生於康熙甲寅年九月十七日，歿於雍正甲寅年四月廿一日。娶劉氏，生於康熙乙丑年三月廿五日，歿，無攷。繼娶

---

① 小南莊，即現在北京海淀區小南莊。小南莊位於萬泉莊南二里，原為海淀的一個小村，現建成居民大樓，為海淀街道所轄小南莊社區，位於今蘇州橋西北側。

徐氏，生於康熙庚申年十月初八日，歿於雍正壬子年十月十二日。立兄金兆公四子聲渙為嗣。生子，聲洪。

發宣公幼子，金祥，字雲龍，由職員考授從事郎，生於康熙戊午年十月十四日，歿於康熙己亥年冬月十六日。娶奚氏，生於康熙甲申年四月廿二日，歿於雍正辛亥年二月初六日。生子，聲昊【灝】。

第四田八世

金玉公長子，聲清，字問先，生於康熙乙酉年六月廿八日亥時，歿於乾隆壬辰年十月初五日丑時，葬於順天府宛平縣西直門外聚善村第二穴，丙山壬向，兼子午三分。娶韓氏，生於康熙丁亥年八月十五日子時，歿於乾隆戊午年四月十三日未時，葬江寧府江寧縣安德門外西善橋，坤山艮向。繼娶楊氏，生於康熙丁酉年五月廿一日子時，歿於乾隆辛亥年四月初八日子時。副娶陳氏，生於康熙丙申年臘月初七日，歿，無攷，葬江寧府江寧縣安德門外西善橋。生子，家琳、家理、家琇。女，長適宋，次適張。

金玉公次子，聲沛，字雨蒼，行二，生於康熙丁亥年二月廿二日寅時，歿於乾隆己丑年六月廿五日亥時。娶陳氏，生於康熙戊子年四月廿七日，歿於乾隆丁卯年五月廿三日。又娶高氏，生於康熙癸巳年七月初三日未時，歿於乾隆己酉年三月廿三日戌時。副娶謝氏，生於乾隆庚申年二月十三日戌時，歿於乾隆甲寅年正月廿一日午時。生子五，家琪、家璋、家珩、家璸、家璐。生女六，長適孔，次適劉，三適葉，四未嫁（歿），五適胡，六適楊。夫婦俱合葬順天府宛平縣西直門外聚善村第三穴。

金玉公三子，聲洋，字萬育，行三，生於康熙辛卯年八月十五日，歿於乾隆戊寅年二月廿一日。娶徐氏，生於康熙辛卯十月初二日，歿於乾隆壬子六月初五日。副娶蘇氏，生於雍正辛亥年十月十七日，歿於乾隆乙丑年二月十三日，俱合葬順天府宛平縣西直門外聚善村，丙山壬向，兼子午三分第四穴。生子二，家瑛、家玥。生女二，長適諶，次適楊。

金玉公四子，聲浹，行四，生於康熙癸巳年六月廿三日未時，歿於乾隆丁丑年八月廿一日□時。娶賀氏，生於康熙甲子年五月十五日巳時，歿於乾隆壬戌年七月十五日□時。又娶黃氏，生、歿無攷，俱合葬順天府宛平縣西直門外小南莊。生子一，家琇。生女二，長適魏，次適張。

金玉公幼子，聲澂，字藻亭，行六，國學生，生於雍正己酉年七月三十日丑時，歿於乾隆壬子年八月廿一日午時。娶初氏，生於雍正庚戌四月廿一日子時，歿於嘉慶庚申二月初二日申時。合葬順天府宛平縣西直門外聚善村第五穴，丙山壬向，兼子午三分。生子三，家瑋、家璽、家瑞。生女四，長未嫁，歿，次適湯，三適呂，四適王。

金昇公長子，聲溥，國學生，候補州同。生、歿，俱無考。

金昇公次子，聲藻，字芹友，生於康熙癸未年十月初三日，歿，無攷。娶涂氏，生於康熙壬午年九月十二日，歿，無考，俱合葬江寧府江寧縣安德門外西善橋。生子六，家球、家瑚、家珠、家瑗、家珊、家璞。生女一，適尤。

金鳴公長子，聲浚，字鼓萬，行一，職員候補經廳，生於康熙戊寅年九月廿日，歿，無考。娶施氏，生於康熙辛巳年三月廿八日，歿，無攷。生子一，家璉。

金鳴公次子，聲潤，字德徵，行五，生於康熙辛巳年十二月廿二日亥時，歿於乾隆辛未年閏五月廿二日巳時。娶吳氏，生於康熙壬午年六月廿六日午時，歿於雍正丙午年冬月十八日申時。又娶吳氏，生於康熙壬辰年正月初二日寅時，歿於乾隆丙辰年四月十八日丑時。又娶艾氏，生於康熙癸巳年十二月初三日子時，歿於乾隆壬申年六月十九日未時，俱合葬順天府宛平縣西直門外聚善村正穴，丙山壬向兼子午三分。生子三，家琮、家璜、家瑾。生女二，長適龍，次適王（未嫁，歿）。

金鳴公幼子，聲浩，字□□，行□□，生、歿、葬、娶□氏，俱有【無】考。生子一，字【家】玠。

金隆公嗣子，聲澍，字于南，生於康熙辛卯年正月廿七日，歿、葬俱無考。中順天府辛酉鄉試，候補推守府，例封雲騎尉。娶張氏，生於康熙己丑年七月十五日，歿、葬俱無攷。生女一，□□。

金兆公次子，聲澤，字敷世，生於康熙辛巳年九月初九日，禮部儒士考授經廳。歿，無考。娶陳氏，生於康熙甲申年正月初八日，歿於乾隆癸亥年二月十九日。生子一，繼楷。生女一，□□。

金兆公五子，聲濟，字汝楫，生於雍正丁未年十月十六日，號石溪。歿，無攷。娶□氏。生子，□□。

金瑞公嗣子，聲渙，字在中，生於康熙丙申年十月初三日。歿、葬、娶，俱無攷。中順天辛酉科鄉試，知湖北宜昌府長陽縣，丁卯科同回考試官，調安

陸府京山縣知縣。

金瑞公次子,聲洪,字百川,生於康熙丙申年十月十一日,順天府庠生。歿、葬,俱無攷。娶郭氏,生於康熙丙申二月十六日。生子一,繼椿。生女二,□□、□□。

金祥公之子,聲昊【灝】,字警世,生於康熙乙酉年十月廿九日。禮部儒士,考授縣丞。娶王氏,生於康熙甲申年六月廿三日。生子一,繼祖。

第四頁九世

聲清公長子,家琳,生於乾隆己未年六月十三日。歿,未詳。娶陳氏,生、歿無攷。

聲清公次子,家理,字中黃,行二,生於乾隆甲子年八月廿四日。歿,無攷。娶張氏,生於乾隆丁丑年三月初四日丑時,歿於乾隆丁未年十月廿三日未時,俱合葬順天府宛平縣西直門外聚善村。

聲清公幼子,家瑃,行三,生於乾隆乙丑年七月初一日。歿,未詳。

聲沛公長子,家琪,字毓東,行一,生於雍正丁未年三月廿二日辰時,邑庠生,歿於乾隆丁酉年五月初七日丑時。娶楊氏,生於雍正己酉年五月廿五日寅時,歿於乾隆乙未年六月初八日巳時。副娶張氏,生於乾隆甲子年十月十三日亥時,繼弟家璋公次子道修爲嗣,厝葬順天府宛平縣西直門外雙榆樹①。

聲沛公次子,家璋,字奉周,生於雍正癸丑年六月廿三日未時,行二,國學生,歿於乾隆壬寅年四月十三日申時。娶趙氏,生於雍正十三年臘月初九日子時,歿於乾隆丙午年十月初三日辰時,厝葬順天府宛平縣西直門外雙榆樹。生子三,肇修、道修(出繼于兄家琪公爲嗣)、純修。

聲沛公三子,家珩,字楚白,行三,生、歿無攷。娶陸氏,生、歿未詳,厝葬順天府宛平縣西直門外雙榆樹。繼娶張氏,生、歿未詳。生子一,自修(早夭)。生女三,長適張,次□□,幼□□(未嫁,歿)。

聲沛公四子,家璸,字震東,行五,生於乾隆甲申年八月廿四日巳時,歿於嘉慶壬申年臘月十二日丑時。娶孫氏,生於乾隆壬辰年臘月初九日巳時。

聲沛公幼子,家璐,行六。娶王氏,生於乾隆己丑年四月初八日。

---

① 雙榆樹,即現在北京海淀區雙榆樹村。雙榆樹村位于北京海淀鎮南二里處,20世紀50年代,中國人民大學在此地建校,并將小村全部占地拆遷。現今的雙榆樹東里、南里、西里、北里四個社區位于原雙榆樹村東南方。

聲洋公長子，家瑛，字廷光，行一，生於雍正戊申年八月初十日酉時，國學生，歿于乾隆壬子年冬月初六日卯時。娶陳氏，生於雍正壬子年正月廿一日未時，合葬順天府宛平縣西直門外聚善村穆第一穴，丙山壬向，兼子午三分。生子三，聿修、進修、已【己】修。

聲洋公次子，家玥，字貢淮，行二，生於乾隆壬申年臘月十四日辰時，歿於嘉慶丁卯年九月廿一日巳時。娶崔氏，生於乾隆壬申年臘月初二日辰時，葬順天府宛平縣西直門外聚善村五穴，丙山壬向，兼子午三分。生子業修，生女適張。

聲浹公之子，家琇，字螢膽，行二，生於乾隆庚申年三月十九日□時，歿於嘉慶辛未年冬月十七日子時。娶李氏，生於乾隆庚申年四月廿八日，歿於嘉慶己巳年七月十四日寅時，葬順天府宛平縣西直門外小南莊。生子二，懋修、敏修。生女二，長適陸、次適朱。

聲澂公長子，家瑋，字席珍，行一，生於乾隆戊寅年十月初五日丑時，卒於道光乙巳年正月初四日辰時。娶李氏，生於乾隆乙亥年四月廿六日戌時，歿於嘉慶丁巳年六月廿四日未時。續娶楊氏，生於乾隆戊戌年二月廿八日辰時，歿於嘉慶辛未年二月廿三日丑時，葬於順天府宛平縣西直門外聚善村五穴，丙山壬向，兼子午三分。續娶王氏，生於乾隆丙申年十月十三日卯時，繼弟家璽公長子誠修爲嗣。生子德修。

聲澂公次子，家璽，字國寶，行二，生於乾隆甲申年四月初二日丑時，卒於道光乙酉年正月十五日子時，誥封榮祿大夫。娶張氏，生於乾隆丁亥年九月十八日寅時。生子，誠修（出繼于兄家瑋公爲嗣）、廣修、璟修。

於同治四年，少男璟修，長孫思起敬立誥封奉直大夫石碑一統。

聲澂公幼子，家瑞，字徵祥，行三，生於乾隆庚寅年六月廿日丑時，卒於道光庚寅年十月廿六日巳時。娶婁氏，生於乾隆甲午年十二月初七日丑時。副娶王氏，生於乾隆戊申年十月廿六日亥時。葬西直門外小煤廠①。生子，懿修、惠修、志修。生女，長升姐、次二姐。

聲藻公長子，家珠，字樹三，生於康熙庚子年九月初一日，歿於乾隆己巳年三月初五日。娶劉氏，葬海甸【淀】黑和尚廟後身。娶彭氏，生於康熙庚子

---

① 小煤廠，即現在北京海淀區四季青鎮小煤廠村。小煤廠村現隸屬北京海淀區四季青鎮遠大村管轄，位于四環路西側。

年臘月初三日，歿，未詳。繼弟家球公之子先煜爲嗣。

聲藻公次子，家瑚，字禹璧，生於康熙壬寅年五月初十日。歿，未詳。娶胡氏，生、歿，未詳。生子一，未詳。

聲藻公三子，家球，字尚賓，生於雍正甲辰年七月初七日。娶曹氏，生於雍正乙巳年十月初三日，歿，俱未詳。生子一，先煜，出繼於兄家珠公爲嗣。

聲藻公四子，家瑗，字銳三，生於雍正丙午年十月廿五日。娶吳氏。生子，未詳。

聲藻公五子，家珊，生於雍正己酉年正月初十日，歿，未詳。娶韓氏，生於雍正辛亥年四月初十日。生子，無攷。

聲藻公六子，家璞，生於雍正癸丑年九月初三日未時。

聲浚公之子，家璉，字景蘧，生於雍正甲辰年三月初四日。娶蔣氏，生於雍正甲辰年三月初四日，歿、葬俱未詳。

聲潤公長子，家琮，字禮黄，行一，生於雍正庚戌年九月初一日午時，邑廩生，歿於嘉慶丁巳年冬月十三日子時，葬榆樹林。娶郭氏，生於雍正庚戌年正月十五日。繼娶張氏，生於雍正癸丑年十月初五日亥時，歿於嘉慶庚申年正月廿三日卯時。生子二，慎修、敬修。

聲潤公次子，家璜，字啓東，生於乾隆丁巳年正月十八日未時，行二，國學生。歿於嘉慶甲子年五月初二日戌時，葬於順天府宛平縣西直門外聚善村昭第三穴，丙山壬向，兼子午三分。娶張氏，生於乾隆戊午年正月廿六日。副娶張氏，生於乾隆乙丑年十月初二日。生子三，克修、允【九】修、勤修（歿）。生女四，長適龍、次適吳、三適鄭、四適張。

聲潤公幼子，家瑾，字韞華，行四，生於乾隆壬戌年冬月十九日子時，歿於嘉慶己未年冬月十二日未時，葬於順天府宛平縣西直門外聚善村昭第四穴，丙山壬向，兼子午三分。娶馬氏，生於乾隆年。生子三，曰修、彦修、前修。

聲浩公之子，家玠，行一，生於雍正癸丑年十二月初九日。娶□氏。生子二，晋修、貴修。

聲澤公之子，繼楷，字□，生於乾隆丁巳年九月初二日。娶□氏。生子。

聲渙公之子，繼植，字□，生於乾隆乙巳年三月初三日。娶□氏。生子。

聲洪公之子，繼椿，字□，生於乾隆戊辰年七月廿六日。娶□氏。生子。

聲昊公之子，繼祖，字鳴春，生於雍正庚戌年七月初四日。娶黄氏，生於雍正庚戌年冬月十六日。生子，□□。

家琪公之子，道修，字自立，行七，生於乾隆癸未年八月廿三日酉時。娶丁氏，生於乾隆壬辰年五月初六日卯時。副娶王氏，生、歿無考。生子一，思義。生女一，莊兒。

家璋公長子，肇修，行二，生、歿未詳。

家璋公次子，純修，生於乾隆己丑年七月十六日亥時。

家瑛公長子，聿修，字懋堂，行一，生於乾隆辛未年十月廿六日丑時，歿於乾隆戊戌年十月初九日卯時。娶沈氏，生於乾隆戊辰年七月廿二日未時。生子一，思奮。生女適丁。

家瑛公次子，進修，字勤圃，行六，生於乾隆丙戌年十月十三日辰時。

家瑛公幼子，已【己】修，字勉之，行四，生於乾隆壬辰年十月初五日辰時，歿於嘉慶丁卯年正月廿八日子時。娶鄭氏，生於乾隆四十一年正月初一日戌時。繼姪思奮公次子廷弼爲孫。

家玥公之子，業修，字□□，生於乾隆壬寅年八月十一日戌時。娶劉氏。生子，福兒。生女，八四。

家琇公長子，懋修，字□□，行四，生於乾隆年。

家琇公次子，敏修，字□□，行六，生於乾隆年。娶李氏，生、歿無攷。

家瑋公次子，德修，字先勇，號維馨，行四，生於嘉慶戊辰年八月十四日寅時，卒於同治十二年十月。欽賜從九品。

家璽公長子，廣修，字俊齊，行二，生於嘉慶五年四月廿五日丑時，卒於同治六年七月二十九日□時，另立祖塋小煤廠路南，丙山壬向。

家璽公次子，璟修，字白璧，行三，生於嘉慶癸亥年十月廿九日辰時，卒於同治五年十月初二日子時，另立祖塋之左聚善村，丙山壬向。誥封榮祿大夫。

家瑞公長子，懿修，字秉彝，行五，生於嘉慶癸酉年七月十八日子時，卒於同治十一年。

家珠公之子，先煜，字□□，生，歿未詳。

家琮公長子，慎修，字永之，行三，生於乾隆年。娶陳氏，生子一，思沖【翀】。

家琮公次子，敬修，字□□，行四，生於乾隆年。

家璜公長子，克修，字雨田，行五，生於乾隆壬辰年六月初八日寅時，邑庠生。娶李氏，生於乾隆甲午年四月初二日□時。生子三，思忠、思敬【立】、順格【思曾】，生女二，大姐、二姐。

家璜公次子，允{九}修，字彥明，行六，生於乾隆壬寅年五月十六日□時。

家瑾公長子，曰修，字永思，生於乾隆庚寅年。

家瑾公次子，彥修，字直俟，生於乾隆壬辰年。娶施氏，生於乾隆□□年，生子，三官，生女一。

家瑾公幼子，前修，字邁五，生於乾隆□□年，行七。娶王氏，生於乾隆□□年，生子一，大官。

家玠公長子，晋修，字受三，行大，生於乾隆□□年。娶□氏。生子，□□。

家玠公次子，貴修，行四，生於乾隆□□年。娶□氏。生子，□□。

第五十一世

道修公之子，思義，字□□，生於嘉慶□□年。

聿修公之子，思奮，字□□，行九，生於乾隆四十一年冬月初一日午時。娶田氏，生於乾隆四十一年二月廿九日子時。生子，廷輔、廷弼【相】（繼叔己修公爲孫）。

業修公之子，福児，字□□，生於嘉慶十七年六月初三日未時。

慎修公之子，思翀，字□□，生於嘉慶□□年。娶王氏，生於□□年。

克修公長子，思忠，字□□，生於嘉慶辛酉年十月初四日。娶邵氏。生子，□□。

克修公次子，思敬【立】，字□□，生於嘉慶甲子年十二月十二日。娶武氏、史氏。生子，廷儀。

克修公幼子，順格【思曾】，字□□，生於嘉慶壬申年九月廿二日。娶范氏、杜氏。生子，廷濟。

彥修公之子，三官，字□□，生於嘉慶□□年。娶□氏。生子。

前修公之子，大官，字□□，生於嘉慶□□年。娶□氏。生子。

第五十二世

思奮公長子，廷輔，字□□，生於嘉慶六年四月廿五日辰時。娶□氏，生子，□□。

已修公之孫，廷弼，字□□，生於嘉慶八年七月三十日戌時。娶□氏，生子，□□。

雷氏松山支世録

第三十八世

　　文遠公之子，本莊，字爾珍，號東興，生於洪武乙卯年二月初八酉時，行□□，歿，無考，葬本里西埇大尖下。娶鄒氏，生、歿無考，葬樟房。生子景庸、景行。繼娶李氏，生於洪武乙丑年四月十六日卯時，歿，無攷，葬燕山。生子景昂、景常、景昇，俱居北山。

第三十九世

　　本莊公次子，景行，字□□，行□□。娶□氏。生子，仲美。

第四十世

　　景行公之子，仲美，字□□，行□□。娶鄭氏，繼娶莫氏，歿，葬祖山炭坑，北向。生子，中霳。

第四十一世

　　仲美公之子，中霳，字□□，行□□。娶李氏。生子一，正榮。

第四十二世

　　中霳公之子，正榮，字□□，行□□。娶趙氏。生子一，永德【時】。

第四十三世

　　正榮公之子，永時，字佐峰。娶梅氏。生子一，玉裕。

第四十四世

　　永時公之子，玉裕，字仰輝，歿，葬老婆山。娶廖氏，歿，葬松山。生子二，鼎臣、輔臣。

第四十五世

　　玉裕公長子，鼎臣，字君調。娶山口吳氏，歿，葬楊梅山。

　　玉裕公次子，輔臣，字君讚。娶李氏。生子二，發泉、發昇。

第四十六世

　　輔臣公長子，發泉，字子源。娶鄒氏。生子四，金標、金柳、金槐、金椿。

　　輔臣公幼子，發昇，字明生。娶鄧氏。生子一，金榜。

第四田七世

發泉公長子，金標，字名章。娶吳氏。生子五，聲龍、聲虎、聲鳳、聲凰、聲鸞。

發泉公次子，金柳，字楊先，生，無考，歿於乾隆四十九年正月十二日卯時，葬，無考。娶李氏，生、歿無考。生子一，聲鵬【正】。

發昇公之子，金榜，字秀達，生於康熙癸亥年，歿，無攷，葬松山背後。娶鄒氏，生於康熙癸亥年，歿於乾隆壬戌年四月初十日。生子，聲賢。

第四田八世

金標公長子，聲龍，字起雲，生於雍正甲辰年七月初五日申時，歿於乾隆戊申年三月三十日戌時。娶鄒氏，生於乾隆辛酉年四月十七日子時，歿於乾隆三十九年九月廿六日子時。生子四，家禎、家祥、家士、家祐。

金標公次子，聲虎，早歿。

金標公三子，聲鳳，字儀廷，生於雍正十三年九月初十日申時。娶彭氏，生於乾隆癸亥年七月廿七日戌時，歿於嘉慶元年正月初一日巳時，葬於東邊門首。生子四，家謨、家誥、家訓、家課。生女二，長適鄒、幼適談。

金標公四子，聲凰，字廷瑞，生於乾隆戊午年三月初四日亥時，歿於乾隆乙未年臘月十一日亥時，葬於老婆山。娶倪氏，生於乾隆辛未年九月初三日申時，歿於乾隆丙午年六月廿三日子時。生子一，家千。

金標公幼子，聲鸞，字羽文，生於乾隆壬戌年正月初三日辰時。娶鄒氏，生於乾隆甲戌年十月廿六日子時。生子四，家周、家達、家棟、家善。生女一，適吳。

金柳公之子，聲鵬【正】，字萬成，生於乾隆丙子年十月廿日亥時。娶李氏，生子一，家柱。生女一，適李。

金榜公之子，聲賢，字聖文，生於康熙癸未年九月廿五未時，歿於乾隆甲午三月十二辰時。娶鄒氏，生於康熙乙未十一月初九寅時，歿於乾隆十一年四月十八日戌時。生子，繼祿。

第四田九世

聲龍公長子，家禎，字元吉，生於乾隆庚辰年十月初四午時。娶談氏，生於乾隆癸未年正月十二亥時。生子二，先楊、先樹。女一，適祝。

聲龍公次子，家祥，字預兆，生於乾隆乙酉年十二月十七日卯時。娶吳氏，生於乾隆乙酉年三月廿五日卯時。生子三，先長、先興、先才。生女一，適談。

聲龍公三子，家士，字尚志，生於乾隆戊子年十月十二日未時，歿於嘉慶元年五月十八日午時。娶鄒氏，生壬辰年十月廿六日巳時。生子，先濤。生女一，適談。

聲龍公幼子，家祐，早歿。

聲鳳公長子，家謨，字嘉言，生於乾隆壬午年十月初五日巳時。娶鄒氏，生於乾隆丙戌年冬月初一日戌時。生子一，先傳。生女二，長適鄒，次適彭。

聲鳳公次子，家誥，字周書，生於乾隆乙酉年九月十四日丑時。娶彭氏，生於乾隆壬辰年五月二十九辰時。生子一，先順。生女二，俱適鄒。

聲鳳公三子，家訓，字言川，生於乾隆甲午年八月十六日申時。娶鄒氏，生於乾隆癸卯年三月廿日卯時。生子一，先怡。

聲鳳公幼子，家課，歿。

聲凰公之子，家千，字上選，生於乾隆甲午年六月十三日丑時。娶吳氏，生於乾隆戊戌年臘月初三日酉時。生子一，先波。生女一，□□。

聲鸞公長子，家周，字至德，生於乾隆癸巳八月廿八日酉時。娶徐氏，生於乾隆丙申八月十七日亥時。生子一，先序。

聲鸞公次子，家達，字四聰，生於乾隆庚子年正月十六日午時。娶鄒氏，生於乾隆壬寅年六月十七日丑時。生子一，先應。

聲鸞公三子，家棟，字朝選，生於乾隆乙巳年十月初六戌時。娶鄒氏，生於乾隆甲辰年十一月初五子時。生子一，先應【庸】。

聲鸞公幼子，家善，字□□，生於嘉慶己未年八月初一日申時。娶□氏。

聲鵬公之子，家柱。

聲賢公之子，繼祿，字廷錫，生於乾隆丁巳年十月十二日戌時。娶鄒氏，生於乾隆丁卯年七月十一日寅時。生子三，先愷、先惻、先悌。

第五十世

家禎公長子，先楊，字師召，生於乾隆乙巳九月十一日卯時。娶吳氏，生於乾隆丁未四月十一日寅時。

家禎公次子，先樹，字春茂，生於乾隆乙卯年三月廿日寅時。娶李氏，生於丁巳年臘月初七日午時。生子，志球。

家祥公長子，先長，字有序，生於乾隆辛亥年六月初九日巳時。娶何氏，生於乾隆辛亥年八月十七日午時。生子，志璜。

家祥公次子，先興，字集財，生於嘉慶丙辰年二月三十日子時。娶戴氏，生於嘉慶甲寅年三月廿日卯時。生子，志琳。

家祥公三子，先才，字能成，生於嘉慶己未年三月十六日子時。娶□氏。

家士公之子，先濤，字涌波，生於嘉慶丙辰年五月廿八日未時。娶王氏，生於嘉慶丁巳年六月十八日巳時。生子，志琅。

家謨公之子，先傳，字紹遠，生於乾隆丁未三月初五日卯時。娶吳氏，生於乾隆庚戌年十二月十六日戌時。生子，志玕。

家誥公之子，先順，字利南，生於嘉慶二年二月十三日子時。娶黃氏，生於嘉慶元年正月三十日辰時。生子，志璧。

家訓公之子，先怡，字和鳴，生於乾隆甲寅年六月初六日午時。娶趙氏，生於乾隆乙卯年九月十九日未時。生子，志瑞。

家千公之子，先波，字浪汲，生於嘉慶元年二月十四日子時。娶周氏，生於乾隆甲寅年八月十七日卯時。生子，志琛。

家周公之子，先序，字有本，生於庚申年十月二十日午時。娶鄒氏，生於庚申年十月廿六日亥時。

家達公之子，先應，字□□，生於辛酉年正月初七日巳時。娶□氏。生子，□□。

家棟公之子，先庸，字□□，生於嘉慶十二年十一月十五日亥時。娶□氏，生子，□□。

繼祿公長子，先愷，字自南，生於乾隆庚寅年五月廿五日辰時。娶鄒氏，生於乾隆庚寅年二月廿二日午時。生子，志蘭、志桂。

繼祿公次子，先惻，字仁存，生於乾隆癸巳年二月廿九日丑時。娶鄒氏，生於乾隆己亥年四月廿三日卯時。生子，□□。

繼祿公幼子，先悌，字登魁，生於乾隆戊戌年十月十六日子時。娶鄒氏，生於乾隆丁未年三月初八日子時。生子，□□。

第五十一世

先愷公長子，志蘭，字香亭，生於乾隆癸丑年十月十八日卯時。娶□氏。生子，□□。

先愷公次子，志桂，字丹五，生於嘉慶戊午年四月初八日申時。娶□氏。生子，□□。

先樹公之子，志球，字□□，生於嘉慶癸酉年七月廿日卯時。娶范氏。生子，□□。

先長公之子，志璜，字□□，生於嘉慶辛未年五月十七日辰時。娶李氏。生於嘉慶庚午年六月初五日午時。

先興公之子，志琳，字□□，生於嘉慶壬申年八月十三日戌時。娶□氏。生子，□□。

先濤公之子，志琅，字□□，生於嘉慶甲戌年正月初二日酉時。娶□氏。生子，□□。

先傳公之子，志玗，字□□，生於嘉慶庚午年二月廿三日亥時。娶熊氏，生於嘉慶辛未年八月初五日子時。

先順公之子，志璧，字□□，生於嘉慶癸酉年四月初五日寅時。娶陳氏，生於嘉慶壬申年六月廿八日卯時。

先怡公之子，志瑞，字□□，生於嘉慶辛未年九月十七日午時。娶□氏。

先波公之子，志琛，字□□，生於嘉慶甲戌年正月初十日亥時。娶□氏。

雷氏北山前房世錄

第三十九世

本莊公四子，景常，行能十，生於永樂辛卯年七月廿五日巳時。娶段【叚】氏，歿於成化十年三月十八日戌時。生子二，仲羨、仲宏。

第四十世

景常公長子，仲羨，字□□，娶□氏。

景常公次子，仲宏，字元【玄】正，生於宏【弘】治乙丑年十月廿三日戌時。娶陳氏，歿於正德庚辰年臘月十九寅時。生子四，中震、中、中霄、中霽。

北山前房世錄

第四十一世

仲宏公長子，中震，字□□，娶談氏。

仲宏公次子，中翯，轅十二。娶吳氏。生子二，正麟、正鳳。

仲宏公三子，中霄，字□□，行□□。娶燕氏。

仲宏公幼子，中霽，字立惠。娶呂氏。生子，正隆。

第四十二世

中翯公長子，正麟，字□□，行□□。娶□氏。

中翯公幼子，正鳳，字□□，行□□。娶鄒氏。生子三，永甫、永嵩、永岳。

中霽公之子，正隆，字廷明。娶李氏，繼娶劉氏，俱葬楊梅嶺。生子三，永亮、永學、永裘。

第四十三世

正鳳公長子，永甫，字□□，行祥四，號北山。娶鄒氏。生子二，玉琮、玉文【玟】。

正鳳公次子，永嵩，字□□，行祥五。娶戴氏。生子三，玉琇、玉璉、玉璋。

正鳳公三子，永岳，字□□，行□□。娶□氏。

正隆公長子，永亮，字左泉。娶劉氏。生子，玉潤、玉表、玉夜、玉興。

正隆公次子，永學，字□□，行□□。娶唐氏。生子，玉海。

正隆公三子，永裘，字□□，行□□。娶□氏。

第四十四世

永嵩公長子，玉琇，行綱九，生於萬曆庚辰年八月十四子時，歿於順治庚寅年九月十一巳時。娶□氏。生子，振聰。

永嵩公次子，玉璉，行綱十，生於萬曆己亥正月初二日子時，歿於金陵。

永嵩公三子，玉璋，字□□，行□□。娶周氏。生子二，振新、振鯉。

永亮公長子，玉潤，字潤泉，行□□，歿，葬楊梅嶺。娶李氏。生子，振春。

永亮公次子，玉表，字神泉【君育】。娶鄒氏。生子三，振化、振作、振仁。

永亮公三子，玉液，字慕雲，生於萬曆丙辰年臘月十二子時，歿於順治癸巳年二月廿八日午時。娶岑氏。生子，振朝、振迅（早夭）。繼娶戈氏。生子，振烈。

永亮公四子，玉興，字□□，行□□。娶鄒氏。生子，振環。

永學公之子，玉海，字隆五，生於萬曆乙未年八月十六日亥時，歿葬楊梅嶺。娶李氏，生於萬曆己亥年臘月初七日辰時，歿於乙巳年六月十五日午時。
生子二，振明、振光。

第四十五世

玉琇公之子，振聰，字臨生，生於崇禎庚午年三月初六日寅時。歿，無考。娶劉氏，生於順治壬辰年八月初三日子時，歿，無考。生子，發亮。生女三，長適李，次適鄒，三適彭。

玉潤公之子，振春，字環甫，行應三，生、歿無考。娶李氏，繼娶鄒氏。生子，發旺。

玉表公長子，振化，字君欲，行□□。娶鄒氏。生子，發序【瑞】、發珉。

玉表公次子，振作，字起明，行□□。娶黃氏，歿，合葬楊梅嶺。生子，發球（早夭），發珂。

玉表公三子，振仁，字德先，娶□氏。生子，發有。

玉液公長子，振朝，字聘之，生於天啓丁卯年十月初三日子時，歿於康熙庚辰年八月初八日巳時。娶胡氏，生於天啓辛酉五月初八日未時，歿於丙辰年三月初二日亥時。生子，發通、發進。

玉液公次子，振烈，字成之。娶沈氏，俱葬楊梅嶺。生子，發豪、發傑。

玉液公三子，振迅，字□□，行□□。娶□氏。止。

玉璋公之子，振新，字□□，生□□□□。娶□氏。生子，發魁、發開。

玉海公長子，振明，字德甫，生於萬曆丁未年八月廿六日辰時，歿葬於張家山，丑未向。娶岑氏，生於乙巳年五月廿六日寅時，歿於康熙三年二月十八日申時。生子，發元。

玉海公次子，振光，字□□，行□□。娶吳氏。生子，發考，止。

第四十六世

振聰公之子，發亮，字明彩，生於康熙己酉年七月初九日申時，歿於康熙四十九年十月廿六日午時。娶鄒氏，生於康熙庚戌年十二月十二日辰時，歿於雍正年。生子，金孟、金仲。

振春公之子，發旺，字子興，歿，葬於張家山季槎垅。娶鄒氏。生子，金弼、金弘。

振化公長子，發瑞，字專玉，歿葬於楊梅山傍。娶鄒氏。生子，金忠。

振化公次子，發珉，字明玉。娶李氏，歿。生女一，適李。

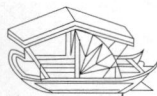

振作公次子，發珂，字可玉。娶胡氏。生女二，長適鄒、次適彭。

振仁公之子，發有，字美玉。

振朝公子，發通，字伯達，生於順治乙未年三月十三日酉時，歿於乾隆甲子年九月十七日申時，葬楊梅嶺。娶吳氏，生於康熙甲辰五月二十六日丑時，享年八十一壽，歿于乾隆七年十月十二日申時。生子，金瑚、金璉、金百、金千、金萬。

振朝公次子，發進，字子性，生於順治年。娶李氏，生於順治年。生子三，金壽、金相、金永。

振烈公之子，發豪，字傑士，生於康熙庚辰年九月廿九日巳時。娶祝氏，歿。

振明公之子，發元，字啟珍【貞】，生於順治庚寅年正月十二日辰時，歿於康熙甲申年十月十二日申時。娶鄒氏，生於康熙丁酉年正月十九日卯時，歿於雍正六年八月十七日亥時。生子，金升【昇】（早夭）、金燦。

第四十七世

發亮公長子，金孟，字又軻，生於康熙辛未年七月初二日子時，歿於乾隆庚午年七月廿一日子時。娶鄒氏，生於康熙乙酉年十月十三日辰時，歿於乾隆庚辰年正月十六日辰時。生子七，聲朝、聲廷、聲智、聲祿、聲其、聲有、聲訓。

發亮公次子，金仲，字又泥，生於康熙乙亥年冬月初一日辰時，歿於乾隆甲戌年九月廿六日子時。娶談氏，歿於乾隆八年七月十一日辰時。生子三，聲秀、聲茂、聲松。

發旺公長子，金弼，字甫成，生於康熙丙戌年二月二十日申時，歿，葬于楊梅嶺。娶熊氏。生子三，聲高【皋】、聲堯、聲勝【舜】。

發旺公次子，金宏【弘】，字義成，生於康熙戊子年三月初十日辰時。娶熊氏。生子三，聲炳、聲煥、聲燦。

發瑞公之之子，金忠，字國呈【臣】，生於康熙辛巳年六月廿三日巳時，歿於乾隆庚寅年五月□日□時。娶鄒氏，歿。生子四，聲沐、聲浴、聲溥、聲湖，生女一。

發通公長子，金瑚，字夏珍，生於康熙丁卯年五月初六日辰時，歿於乾隆壬申年六月初九日寅時。娶吳氏，生於康熙己巳年正月廿四日子時，歿於乾隆甲子年三月十九日卯時。生子二，聲仁（早夭）、聲响。

發通公次子，金璉，字商珍，生於康熙庚午年三月廿六日辰時。娶鄒氏，生於康熙癸酉年臘月初二日未時，歿於乾隆十六年又五月初二日申時。生子三，聲洪、聲藻、聲彩【深】。生女一，適大屋彭。

發通公三子，金百，字福先，生於康熙丁丑年七月十六日辰時。娶関氏，生於康熙壬午年八月初一日子時，歿於乾隆庚午年正月廿八日寅時。生子四，聲漢、聲海、聲江、聲河。

發通公四子，金千，字萬次，生於康熙庚辰年六月廿二日巳時。娶羅氏，生於康熙庚寅年八月初十日酉時。生子四，聲潤、聲淮、聲滇、聲汜。

發通公五子，金萬，字萬明，生於康熙乙酉年二月十二日辰時，歿於乾隆癸未年七月初七日亥時。娶楊氏，生於康熙戊子年九月初八日辰時，歿於乾隆己亥年四月初六日卯時。生子四，聲浩、聲清、聲波、聲浪。生女一，適雙州趙章【文】英。

發進公長子，金壽，字子復【福】，生於康熙辛巳年三月初三日巳時。

發進公次子，金相，字子旺，歿，無考。

發進公三子，金永，字長人，生於康熙丙戌年四月初十日酉時。娶九江費氏，生於雍正乙巳年七月十七日巳時。

發元公之子，金燦，字子文，生於康熙丁丑年三月十五日未時，歿於乾隆辛巳年十二月初五日。娶李氏，生於康熙丙子年十月廿七日亥時，歿於乾隆三十五年正月廿一日。生子三，聲達、聲遂（歿）、聲週（歿）。

第四田八世

金孟公長子，聲朝，字對楊【其宗】，生於雍正丁未年九月十八日申時，歿於乾隆壬寅年正月廿二日寅時。娶鄒氏，繼娶吳氏，生於乾隆甲子年十二月初一日亥時。生子，家海。

金孟公次子，聲廷，字在宗，生於雍正丁未年九月十八日酉時，歿於乾隆四十七年八月□日□時。娶鄒氏，生於雍正丙午年十月二十六日寅時。

金孟公三子，聲智，字信先，生於雍正甲寅年八月初二日酉時，歿於乾隆己亥年二月十八日寅時。娶鄒氏，生於乾隆己巳年十一月初四日午時。生子二，家文、家武（出繼聲其公爲嗣）。

金孟公四子，聲祿，字在中，生於乾隆丁巳年二月初七日巳時，歿於乾隆辛亥年二月十四日辰時。

　　金孟公五子，聲其，字仁先，生於乾隆庚申年九月十一日申時，歿於乾隆
己亥年四月□日□時。娶□氏。立兄聲智公次子家武爲嗣。

　　金孟公六子，聲有，字勇先，生於乾隆癸亥年十一月廿一日子時。娶吳
氏，生於乾隆癸酉年九月十二日午時。生子四，家榮、家華、家騰、家元。

　　金孟公七子，聲訓，字浪【教】先，生於乾隆戊辰年四月初七日戌時，歿
於乾隆戊申年十月。

　　金仲公長子，聲秀，字次武，生於雍正庚戌年三月十五日亥時，歿於乾隆
癸卯年十月二十日申時。娶鄒氏，生於雍正庚戌年九月十七日亥時，歿於乾隆
戊申年正月初四日未時。生子三，家龍、家麒、家麟。

　　金仲公次子，聲茂，字勝柏【林生】，生於乾隆戊午年正月廿九日午時。

　　金仲公幼子，聲松，字孔海【以栢】，生於乾隆庚申年七月廿七日未時，
歿於乾隆己亥年三月。

　　金弼公長子，聲高【皋】，字輝文，生於雍正庚戌年十月初十日亥時，歿
於乾隆戊戌年四月初七日卯時。

　　金弼公次子，聲堯，字景【紹】文，生於雍正甲寅年九月十七日巳時，歿
於乾隆丙午年。葬寧縣，未詳地名。

　　金弼公幼子，聲勝【舜】，字漢彩【繼文】，生於乾隆丁巳年九月初九日
未時，歿於嘉慶元年三月初四日辰時。

　　金宏【弘】公長子，聲炳，字錦文，生於雍正戊申年十一月廿七日亥時。

　　金宏【弘】公次子，聲煥【渙】，字彩名【明彩】，生於雍正庚戌年正月
廿日子時。娶□氏。生子二，家廣、家慶。

　　金宏【弘】公幼子，聲燦，字啓名【明】，生於雍正丙辰年十月初三日巳
時。娶王氏，生於丁巳年八月十八日子時。生子，家庚、家底。

　　金忠公長子，聲沐，字文【又】清，生於雍正丁未年又三月初二日亥時。

　　金忠公次子，聲浴，字漢彩【上清】，生於雍正辛亥年二月初二日戌時，
歿於乾隆丁未年七月。娶鄒氏，生於乾隆辛未年，歿於乾隆丁未年六月。生
子，家虎、响保（歿）。

　　金忠公三子，聲溥，字海川【川來】，生於乾隆癸亥年八月二十三日寅
時。娶郭氏，生於乾隆丁亥年，歿於嘉慶五年正月初二日未時。

　　金溥公幼子，聲湖，字海文，生於乾隆丙寅年七月初五日巳時，娶岑塘吳氏。

金瑚公幼子，聲响，字定閏，生於康熙丙申年十月十二日戌時，歿於乾隆丁未年四月初一日未時。娶劉氏，生於雍正甲辰年八月廿五日巳時，歿於乾隆丙戌年三月二十六日子時。生子四，繼勝【聖】、繼賢、繼軒、繼訓。

金璉公長子，聲洪，字大也，生於雍正乙巳年三月初六日未時。娶吳氏，生於雍正甲寅年四月初六日酉時，歿於乾隆乙未年三月十四日辰時。生子二，繼鳳、繼凰。

金璉公次子，聲藻，字華先，生於雍正己酉年臘月初八日子時，歿於乾隆甲寅年三月十二日子時。

金璉公幼子，聲彩【深】，字美先，生於雍正戊子年二月初三日亥時，歿於乾隆壬寅年正月廿六日辰時。娶李氏。生子二，繼宗、繼耀。

金百公長子，聲漢，字朝祥【洋】，生於雍正己酉年又七月廿八日戌時，歿于乾隆丁未年四月初七日。娶李氏。續娶江山吳氏，生於乾隆辛酉年十月初十日酉時。生子，家芳。

金百公次子，聲海，字南友【有】，生於雍正壬子年二月十四日戌時，歿於乾隆甲午年正月十八日丑時。

金百公三子，聲江，字應川，生於乾隆元年五月廿日亥時，歿於乾隆五十七年七月初十日申時。

金百公幼子，聲河，字清士【來】，生於乾隆戊午年九月廿日子時，歿於乾隆丁未年五月十四辰時。娶徐氏，生於乾隆庚午年六月廿日巳時。生子二，家斌、家賦。女一，適鄒。

金千公長子，聲潤，字若夫，生於雍正乙卯年三月廿八日申時。娶談氏，生於乾隆丙辰年九月廿。生子，家萱。

金千公次子，聲淮，字百川，生於乾隆庚申年九月廿二日未時。

金千公三子，聲滇，字得遇，生於乾隆壬戌年臘月十五日子時。

金千公幼子，聲汜，字江有【東來】，生於乾隆丁卯四月十三日丑時。娶王氏，生於乾隆甲戌年三月初三日辰時。生子，家菊。

金萬公長子，聲浩，字大成【天城】，生於雍正乙巳年三月二十六日午時，歿於嘉慶己未年五月初十日申時。娶鄒氏，生於雍正癸丑年四月十四日酉時。生子三，家駒、家驛、家祥（早歿）。

金萬公次子，聲清，字開泰，生於雍正壬子年十月十二日辰時，歿於乾隆戊

子年冬日十四日戌時。娶吳氏，生於乾隆戊午年九月初四午時。生子一，繼恭。

金萬公三子，聲波，字文潤，生於乾隆丙辰年三月十九日辰時。娶吳氏，生於乾隆甲子年五月十八日辰時，歿於乾隆戊申五月初十日申時。生子五，繼仁、繼義、繼禮、繼智、繼和。

金萬公幼子，聲浪，字三汲，生於乾隆己未年七月廿日申時。娶談氏，生於乾隆己巳年二月初十日亥時，歿于乾隆壬寅年二月初六日戌時。生子，家珍。

金燦公之子，聲達，字在邦，生於康熙戊戌年七月廿日申時，歿於乾隆三十五年四月十一日。娶趙【吳】氏，生於雍正庚戌年三月十八日酉時。生子四，家餘、家慶、家興、家旺。

第四田九世

聲朝公之子，家海，字禹疏，生於乾隆癸巳年十二月初九日寅時。娶□氏。

聲有公長子，家榮，字耀廷，生於乾隆壬辰年三月十九日巳時。

聲有公次子，家華，字盛枝，生於乾隆己亥年正月十一日亥時。

聲有公三子，家騰，字超驤，生於乾隆辛丑十一月初五日亥時。

聲有公幼子，家元，字及第，生於乾隆戊申年四月三十日辰時。

聲秀公長子，家龍，字雲會，生於乾隆壬申年四月十六日申時。

聲秀公次子，家麒，字仁祥，生於乾隆乙酉年八月廿二日申時，歿於嘉慶丙辰年六月廿二日辰時，葬項家塘山。

聲秀公幼子，家麟，字玉書，生於乾隆戊子年七月初八日子時。娶伏什鄒地真之女，生於乾隆甲午年四月初四日子時。生子二，先通、先近。

聲煥公長子，家廣，字□□，生於嘉慶壬戌年九月三十日辰時。娶方氏，生於嘉慶甲子年八月二十日子時。

聲煥公次子，家慶，字□□，生於嘉慶甲子年六月初六日寅時。娶吳氏，生於乙丑年三月初七日卯時。

聲燦公長子，家庚，字□□，生於嘉慶丙寅年二月十八日子時。娶王氏，生於嘉慶丁卯年四月廿一日卯時。

聲燦公次子，家底，字□□，生於嘉慶戊辰年三月十八日寅時。娶涂氏，生於嘉慶辛未年二月十七日。

聲漢公之子，家芳，字□□，生於嘉慶己巳年八月十八日寅時。娶李氏，生於嘉慶辛未年二月十七日。

聲潤公之子，家萱，字□□，生於嘉慶庚午年二月十五日戌時。娶桃氏，生於嘉慶壬申年四月初七日午時。

聲汜公之子，家菊，字□□，生於嘉慶庚午年二月十八日寅時。娶□氏。

聲浴公長子，家虎，字炳然，生於乾隆戊戌年六月十七日申時。

聲响公長子，家聖，字國棟【文通】，生於乾隆戊辰年十二月初一日子時。娶鄒氏，生於乾隆丁亥年二月廿二日卯時。生子，先梅。

聲响公三子，繼軒，字一若，生於乾隆戊寅年五月二十二日午時。娶吳氏，生於乾隆辛卯年六月二十六日子時。生子二，先容、先光。

聲响公幼子，繼訓，字師諄，生於乾隆辛巳年九月十九日丑時。

聲洪公長子，繼鳳，字鳴岐，生於乾隆丁丑年十一月十六日亥時。娶鄒氏，生於乾隆己丑年十一月初十日寅時。生子三，先木、先孝、先周。

聲洪公幼子，繼凰，字來儀，生於乾隆癸巳年四月初六日未時。

聲彩公長子，繼宗，字光祖，生於乾隆甲午年十二月初三日戌時。

聲彩公幼子，繼耀，字輝先，生於乾隆丁酉年十二月廿六日辰時。

聲河公長子，宗【家】斌，字雙能，生於乾隆戊戌年三月十八日卯時。娶李氏，生於乾隆庚子年九月廿五日子時。生子，先楓。

聲河公幼子，家賦，字敷陳，生於乾隆癸卯年九月廿二日戌時。

聲浩公長子，家駒，字獻廷，生於乾隆甲戌年九月十三日亥時。娶鄒氏，生於乾隆甲戌年九月十八日亥時。生子，先文。

聲浩公次子，家驛，字美質，生於乾隆壬午年六月初一日午時。娶吳氏，生於乾隆丁亥年十一月初六申時。生子，先德。

聲浩公幼子，家祥，生於乾隆辛卯年十一月十八日子時，歿于壬寅年。

聲清公長子，繼恭，字敬廷，生於乾隆庚辰年七月廿三日戌時。娶鄒氏，生於乾隆戊子年十月廿日子時。生子，先蘭。

聲波公長子，繼仁，字海林，生於乾隆庚辰年十二月廿四日戌時。

聲波公次子，繼義，字事宜，生於乾隆乙酉年正月初九日戌時。

聲波公三子，繼禮，字節性，生於乾隆丙戌年十月十五日戌時。娶吳氏，生於乾隆戊戌年正月初五日辰時。生子，先椿、先樟。

聲波公四子，繼智，字克達，生於乾隆丙申正月初二日戌時。

聲波公五子，繼和，字為貴，生於乾隆甲辰年六月初六日亥時。娶談氏，

生於乾隆癸丑年四月廿二日申時。生子，先栗。

聲浪公長子，家珍，字必重，生於乾隆丙戌年十月初十日□時。娶孔氏，生於乾隆乙未年七月十四日巳時。生子，先松。

聲浪公幼子，家瑜，字□□，生、歿無考。

聲達公長子，家餘，字以有，生於乾隆戊寅年二月十日卯時。

聲達公次子，家慶，字國顯，生於乾隆辛巳年十月十五日亥時。

聲達公三子，家興，字財集，生於乾隆甲申年六月廿日午時。

聲達公幼子，家旺，生於乾隆丁未年九月初五日卯時，歿於乾隆甲寅年十二月初十巳時。

第五十世

家龍公之子，先紹，字承祖，生於嘉慶丙辰年九月廿九日戌時。娶談氏，生於乾隆乙卯年四月廿八日亥時。生子，志辰。

家麟公之子，先通，字永傳，生於乾隆甲寅年二月初二日亥時。娶吳氏，生於嘉慶四年□月十五日卯時。生子，志宿。

繼聖公之子，先梅，字選萬，生於乾隆癸丑年正月十二日未時。娶鄒氏，生於乾隆乙卯年九月二十日亥時。生子，志秋。

繼軒公長子，先容，字對照，生於乾隆癸丑年五月初十日寅時。娶鄒氏，生於嘉慶己未年二月初五亥時。生子，志遠。

繼軒公次子，先光，字四明，生於嘉慶丁巳年二月初八日巳時。娶范氏，生於嘉慶丙辰四月初十日寅時。生子，志冬。

繼鳳公長子，先木，字春生，生於乾隆辛亥年十二月廿日申時。娶鄒氏，生於乾隆壬子年十一月初八日午時。生子，志夏。

繼鳳公次子，先孝，字敬上，生於乾隆甲寅年二月十二日戌時。娶馮氏，生於乾隆乙卯年九月十八日辰時。生子，志春。

繼鳳公三子，先周，字獻瑞，生於嘉慶丁巳年八月初四日辰時。

家駒公之子，先文，字勝質，生於乾隆戊戌年八月十八日辰時。娶南坡鄒天林之女，生於乾隆壬寅年六月廿四午時。生子，志高。

家駢公之子，先德，字□□，娶□氏。

繼恭公長子，先蘭，字春茂，生於乾隆癸丑年二月十五日亥時。娶鄒彩文女，生于嘉慶丙辰年五月二十日子時。

繼恭公次子，先香，字□□，生於嘉慶戊午年二月十八日子時。

繼禮公長子，先椿，字美才，生於嘉慶庚申正月廿四日寅時。娶李氏，生於嘉慶辛酉年二月十九子時。

繼禮公次子，先樟，字□□，生於嘉慶癸亥年正月初七申時。

繼和公之子，先栗，字□□，生於嘉慶丁卯年九月廿一日辰時。娶吳氏。

家珍公之子，先松，字青茂，生於乾隆甲辰年十月十七日卯時。

家斌公之子，先楓，字□□，生於嘉慶庚申年七月十七日子時。

第五十一世

先文公之子，志高，字□□，生於嘉慶壬申年七月十六日申時。娶吳氏，生於嘉慶甲戌年正月初九日午時。

先紹公之子，志辰，字□□，生於嘉慶戊辰年十二月十七丑時。娶張氏，生於癸酉年十月廿日申時。

先通公之子，志宿，字□□，生於嘉慶辛未年八月十二日寅時。娶王氏，生於嘉慶庚午年七月十八日丑時。

先梅公之子，志秋，字□□，生於嘉慶癸酉四月十三日寅時。

先容公之子，志遠，字□□，生於嘉慶甲戌年正月初十日亥時，娶□氏。

先光公之子，志冬，字□□，生於嘉慶甲戌年二月初二日午時，娶□氏。

先木公之子，志夏，字□□，生於嘉慶庚午年九月十二日子時。娶淦氏，生於辛未年八月廿二日申時。

先孝公之子，志春，字□□，生於嘉慶辛未年五月十二日午時。娶□氏。

先蘭公之子，志雄，字□□，生於嘉慶癸酉年七月十二日未時。娶姜氏，生於嘉慶壬申年八月十八日。

雷氏灘溪支譜世録

第三十四世

起龍公長子，洪，字宏【弘】輔，號忠愛，生於宋寶祐甲寅年正月初八日子時，科舉中選，拔進士，吏部右丞。娶燕氏，繼娶孫氏、劉氏。生子五，善性、善政、善教、善道、善遜。生女二，長適王、次適龍。

第三十五世

洪公四子，善道，字□□，行□□，遷居雷家巷。娶□氏。生子，宗輻、

宗學。

第三囲六世

　　善道公長子，宗韞，字廷玉。娶□氏。生子，文敬、文行、文忠、文信。

　　善道公幼子，宗學，字廷珍，分支在市。娶□氏。生子，文榜。

第三囲七世

　　宗韞公長子，文敬，諱琦，明永樂戊子科舉人，任教諭。娶□氏。生子，存元【玄】、存轟、存智、存昇。

　　宗韞公次子，文行，字□□，行□□，軍山支祖。娶□氏。生子，□□。

　　宗韞公三子，文忠，字□，行□□。娶□氏。生子，□□。

　　宗韞公幼子，文信，字□□，行□□。娶□氏。生子，□□。

　　宗學公之子，文榜，字□□，行□□，在市支祖。娶□氏。生子，□□。

第三囲八世

　　文敬公長子，存元【玄】，字□□，行□□。娶□氏。生子，時真。

　　文敬公次子，存轟，字□□，行□□。娶□氏。生子，時華【革】。

　　文敬公三子，存智，字□□，行□□，分支在市三溪橋。娶熊氏。生子，時新。

　　文敬公幼子，存昇，字□□，行□□。娶□氏。生子，時磬【慶】、時英、時榮、時寬。

第三囲九世

　　存元【玄】公之子，時真，字□□，行□□。娶□氏。生子，仲貴。

　　存轟公三子，時革，字□□，行□□。娶□氏。生子，仲嫌【賢】。

　　存昇公長子，時慶，字□□，行□□。娶□氏。生子，仲海。

　　存昇公次子，時英，字□□，行□□，分支起塌周坊。娶□氏。生子，仲真、仲宣、仲松、仲栢。

　　存昇公三子，時榮，字□□，行□□，歿，葬北門外普誌寺。娶趙氏。生子，仲秀、仲武、仲寬。

　　存昇公幼子，時寬，字□□，行□□。娶□氏。生子，□□。

第四十世

　　時真公之子，仲貴，字□□，行□□。娶□氏。生子，□□。

　　時革公之子，仲賢，字□□，行□□。娶□氏。生子，□□。

時慶公之子，仲海，字□□，行□□。娶□氏。生子，□□。

時榮公長子，仲秀，號雲窩，字毓賢。娶胡氏，俱葬北門外普誌寺。生子，玉美、玉器、玉潔、玉麟。

時榮公次子，仲武，字晦軒，行。娶張氏，俱葬九里橋北。生子，玉印。

時榮公幼子，仲寬，字□□，行□□。娶□氏。生子，□□。

仲秀公長子，玉美，字朴軒，行□□。娶灘溪趙氏。生子，漢霓、漢臣、漢隱。

仲秀公次子，玉器，字□□，行□□。娶沙坪戴氏。生子，鳴春、鳴夏、鳴冬。

仲秀公三子，玉潔，字素軒，行□□，葬南山。娶雙井黃氏。生子，漢仕、漢相、漢佐。

仲秀公幼子，玉麟，號瑞軒，歿，葬歸義鄉。娶萬氏。生子，漢偉、漢元。

仲武公之子，玉印，字□□，行□□。娶熊氏。生子，□□。

玉美公長子，漢霓，字□□，行□□。娶□氏。生子，□□。

玉美公次子，漢臣，字□□，行□□。娶陳氏。生子，□□。

玉美公幼子，漢隱，字□□，行□□。娶□氏。生子，□□。

玉器公長子，鳴春，字漢雲，邑庠生。娶輅北周氏。生子，□□。

玉器公次子，鳴夏，字漢旺，邑庠生。娶皮氏。生子二，應秦、應泰。

玉器公幼子，鳴冬，字漢卿，邑庠生。歿，葬南山。娶義興張氏。生子三，應雲、應儒、應欂【檽】。

玉潔公長子，漢仕，字□□，行□□，歿。娶徐氏。

玉潔公次子，漢相，字□□，行□□，歿。娶呂氏。

玉潔公幼子，漢佐，字□□，行□□，夫婦俱葬灘溪。娶卜氏。生子，少劬。

玉麟公長子，漢偉，字□□，行□□。娶輅兆【北】周氏，早夭。

玉麟公幼子，漢元，字廷仁，號襲軒。娶鄒氏。生子，應龍、應虬、應奎。

漢元公長子，應龍，字霖生，邑庠生。娶蔡氏。生子，迅霖。繼娶熊氏，

生子，行霖。

漢元公次子，應虬，字雉淵，生於萬曆丁卯年二月初二日，歿於順治十七年。娶在市夏氏，葬灘下山涂姓基後。生子三，發霖、沛霖、同霖。

漢元公幼子，應奎，字文叔。娶魯氏。生子，洞霖。

第四十四世

應龍公長子，迅霖，字化生。娶丁坊陳氏。生子，發春、起春、興春。

應龍公幼子，行霖，字雨濟。娶陳氏。生子，鬪春。

應虬公長子，發霖，字□□，行□□，早歿。

應虬公次子，沛霖，字□□，行□□，早歿。

應虬公幼子，同霖，字雨順，生於順治丙申年正月初八日辰時，歿於雍正丙午年八月初六日寅時。娶淦氏。生子，孟春、仲春、叔春、季春、富春。

應奎公之子，洞霖，字時先。娶燕氏。生子，榮春、華春、貴春。

第四十五世

迅霖公長子，發春，字獻吉，生於康熙乙卯年十二月十五日丑時，歿於乾隆己未年二月初四日巳時。娶徐氏，生於己未年正月廿八日亥時，歿於甲子年十一月。生子，文清、文星【新】。

迅霖公次子，起春，字萬獻，娶熊氏。

迅霖公幼子，興春，字青來。娶郭氏，歿。

行霖公之子，鬪春，字開乾，生於庚戌年九月十九日，歿於甲寅年八月十三日，葬南山。娶淦氏，生於甲子年，歿於甲戌年八月初三日子時，葬南山。生子，文珍、文鸞、文沖。

同霖公長子，孟春，字萬新，生於康熙辛酉年十一月十七日未時，歿於乾隆甲申年三月初六日未時。娶呂氏，生於康熙庚申年十一月廿七日戌時，歿於乾隆甲戌年，葬南山。生子，文烈、文謨、文訓、文誥。

同霖公次子，仲春，字萬開，生於康熙甲子年十月二十九日辰時。娶燕氏，生於康熙辛未年五月十六日，歿於乾隆丙寅年正月廿三日亥時，葬南山。生子，文龍【進】、文松、文栢、文桂、文梅。

同霖公三子，叔春，字萬榮，生於康熙甲戌年，歿，葬南山。娶涂氏，生於康熙甲戌年，歿於乾隆戊辰年，葬南山。生子，文蘭、文菊。

同霖公四子，季春，字萬滋，生於康熙辛巳年，歿於乾隆丁酉年十月廿三日酉時。娶呂氏，歿於雍正甲寅年，葬南山。生子，文芳。繼娶熊氏，生於雍正癸未年冬月廿九日辰時，歿於乾隆戊戌年九月廿三日未時，葬交五山。生子，文榮、文華。

同霖公幼子，富春，字萬美，生於康熙乙酉年，歿於乾隆庚申年。娶淦氏。生子，文舒。

洞霖公長子，榮春，字□□，行□□，歿，無歿。娶□氏。生子，□□。

洞霖公次子，華春，字萬彩，客西蜀，未詳。

洞霖公幼子，貴春，字秋文，在四川巴縣成家。

第四⊞六世

發春公長子，文清，字既澄，生於康熙己丑年十月廿八日巳時，歿於乾隆廿三年八月初九日。娶魏氏，生於康熙癸巳年六月廿一日午時，歿於乾隆五十四年五月十五日。俱葬普誌寺，有碑。生子四，章麒、章麟、章鳳、章鵬。

發春公幼子，文星【新】，字拱北，生於康熙丙申年正月廿九日丑時，歿於乾隆癸丑年十二月初十子時。娶盧氏，生於康熙丁酉年五月初四日辰時，歿於乾隆庚寅年七月廿四日午時，葬南山。生子，章馳。

闓春公長子，文珍，字武玉，生於癸未年。娶鄒氏。生子，□□。

闓春公次子，文鵉，字武鳳，生於丙戌年八月初九日辰時，歿於乾隆十九年七月初二日未時。娶劉氏，生於乙未年臘月初五日酉時。生子五，章榮、章華、章富、章貴、章金。

闓春公幼子，文沖，字聖祥，生於癸巳年。娶劉氏。生子，□□。

孟春公長子，文烈，字武照【昭】，庠名春响，生於康熙乙酉年冬月二十一日子時，歿于丙戌年四月十四日酉時，葬南山。娶淦氏，生於康熙丁亥年八月初九日辰時，歿于丙申年八月初一日亥時，葬三七嶺。生子，章禮、章義、章信。

孟春公次子，文謨，字武承，生於康熙庚寅年十月二十日辰時，歿於丙申年二月廿七日亥時。娶涂氏，生於庚寅年冬月十一日未時，歿於丙申年八月初一日亥時。生子三，章申【聲】、章明【名】、章顯。

孟春公三子，文訓，字武典，生於康熙丙申年正月初三日戌時，歿於乾隆庚子年十月初二日辰時。娶董氏，生於丁酉年十月初一日戌時，歿於辛卯年正月廿四日亥時。生子，章春、章夏、章秋、章冬。

孟春公幼子，文誥，字武先，生於康熙戊戌年十一月十一日辰時，歿於乾隆丁酉年六月廿六日申時。娶劉氏，生於丙午年十月十五日辰時，歿於甲午年九月廿八日寅時。生子，章起【啓】。

仲春公長子，文進，字從先，庠名文龍，生於康熙辛卯年二月廿五日丑時，歿於辛卯年六月廿六日午時。娶燕氏，生於康熙辛卯年六月十四日酉時，歿於庚子年八月十九日寅時。俱葬南山。生子，章時、章曜、章暎、章暄【暕】。

仲春公次子，文松，字武茂，生於康熙丙申年六月初五日辰時，歿於乙巳年十月十二日辰時。娶呂氏，生於康熙丁酉年十月初六日戌時，歿於辛丑年二月三十日午時。生子，章宇【暐】。

仲春公三子，文栢，字殷望，生於康熙庚子年二月廿日戌時。娶麻潭萬氏，歿，葬於面前山。生子，章昭。續娶鄒氏，生於己亥年五月廿四日辰時，歿，葬於交伍山。

仲春公四子，文桂，字香亭，生於庚戌年冬月十三日戌時，歿於丙午年三月。娶羅氏，生於壬戌年八月廿八日卯時，歿於丙午。生子，章喚、章虎。

仲春公五子，文梅，字魁士，生於雍正癸卯年六月十七日戌時。娶倉下呂氏，生於乾隆乙丑年七月十一日丑時，歿於癸丑年九月廿七日卯時，葬於辟山。生子，章晞、章曉。

叔春公長子，文蘭，字武芳，生於康熙庚子年正月初十日戌時，歿於庚寅年三月二十一日寅時，葬南山。娶涂氏。生子，章孔（往蜀）。

叔春公幼子，文菊，字秋茂，娶□氏。

季春公長子，文芳，字茂先，生於雍正戊申年五月初十日酉時，歿於庚戌年二月十六日辰時。娶陳氏。生子，章其。

季春公次子，文茂，字□□，生於雍正辛亥年，歿，葬瑞翊山。娶廊下劉氏，生子，□□。

季春公三子，文榮，字華先，生於乾隆壬戌年二月廿九日子時。娶李氏，生於己巳年十一月廿九日子時。生子，章鳳、章凰。

季春公四子，文華，字宗先，生於乾隆丙寅年臘月十九日未時。娶劉氏，生於乾隆庚辰年正月初十日辰時。生子，章鄰、章師。

富春公之子，文舒，字□□，生於雍正癸丑年，歿，葬於老墳頭。

第四冊七世

文清公長子，章麒，字紹煥【煥】，生於雍正己酉年十二月廿四日寅時。娶□氏。生子，繼禮。

文清公次子，章麟，字應瑞，生於雍正癸丑年三月初三日丑時，歿於乾隆甲寅年三月十五日巳時，葬於南山。娶周氏，生於丙辰年七月初八日辰時。生子三，繼仁、繼義、繼禮。

文清公三子，章鳳，字儀廷，生於丙辰年八月十三日寅時。娶□氏。生子，繼義。

文清公幼子，章鵬【鵬】，字淩漢，生於戊辰年九月廿一日巳時，歿於五十九年三月初七日亥時，葬于南山。娶羅氏。生子，繼龍。

文新公之子，章馳，字鳳山，生於乾隆丁巳年三月初七日戌時。娶李氏，生於乾隆戊辰年九月十九日辰時。生子，繼林。

文鶯公長子，章榮，字顯信，生於雍正甲寅年十一月初五日辰時，歿於乾隆四十八年六月十七日未時。娶閔氏，生於壬戌年十月十四日亥時。生子，繼孟、繼告。

文鶯公次子，章華，字彩士，生於雍正戊午正月初二日辰時，歿於嘉慶三年七月十六日卯時。娶黃氏，生於丁丑年七月初四日卯時，歿於乾隆己亥年冬月廿六日亥時，生子繼勝。續娶熊氏。生子，繼棟、繼梁。

文鶯公三子，章富，字欲也，生於雍正甲子年三月廿一日辰時，歿於乾隆庚戌年二月廿六丑時。娶張氏，生於庚子年二月初四日巳時。生子，繼志。

文鶯公四子，章貴，字月華，生於雍正戊辰年十二月廿六日辰時，歿於乾隆五十八年二月廿九戌時。娶熊氏，生於己巳十月十二日亥時。生子，繼善、繼美。

文烈公長子，章禮，字□□，生於雍正甲寅年十月十四日戌時。娶淦氏。

文烈公次子，章義，字□□，生於雍正丁巳年十一月廿五寅時，歿於戊戌年九月十六日卯時，葬老墳頭。

文烈公三子，章信，字□□，生於雍正壬戌十一月十一卯時。娶淦氏。生子，秋保（早夭）。

文謨公長子，章申【聲】，字□□，生於乾隆戊午年十一月廿一日子時。娶龍氏，生於乾隆甲子八月初八日卯時。生女一。適燕鳳池。

文謨公次子，章明【名】，字□□，生於乾隆甲子六月初四午時。娶

□氏。

文謨公幼子，章顯，字□□，生於乾隆己巳三月初十申時。娶李氏。

文訓公長子，章春，字永茂，生於乾隆甲子年四月初二日未時。娶山下劉氏，生於乾隆甲戌年三月十三日戌時。生子，繼旺。

文訓公次子，章夏，字青茂，生於乾隆丙寅年五月十三日午時，歿於嘉慶己未年三月廿二日午時。娶陳氏，生於乾隆庚辰年十月廿日午時。生子，繼城、繼富、繼貴。

文訓公三子，章秋，字時茂，生於乾隆壬申年五月三十日亥時。娶馬灣饒氏，生於乾隆癸未八月初七日巳時。生子，繼坤。

文訓公幼子，章冬，字正茂，生於乾隆乙亥年十月初十日亥時，歿於乾隆戊申年二月十二日辰時，葬于三七嶺。娶馮氏。

文誥公長子，章起【啓】，字超騰，生於乾隆壬申年六月十三日寅時。娶燕氏，生於乾隆丁丑年五月廿七日辰時。生子，繼龍、繼鳳。

文誥公次子，章發，字育萬，生於乾隆丙子年四月十一日亥時。娶陳氏，生於乾隆丙戌年七月廿日未時。繼娶董氏，生於乾隆甲午年八月十二日未時，歿於嘉慶元年十二月廿九日未時。生子，繼聖。

文誥公幼子，章友，字育麟，生於乾隆甲申年六月十八日辰時。娶戴氏，生於乾隆庚寅年正月十七日亥時。生子，繼元。

文進公長子，章時，字聖宜，生於雍正壬子年七月廿一日卯時，歿於乾隆辛丑年八月十四日寅時，葬於□□山。

文進公次子，章耀【曜】，字聖明【觀陽】，生於雍正己未年九月廿八日亥時。娶熊氏。生子，和保（早夭）。

文進公三子，章暎，字聖彩，生於乾隆甲子年正月卅日午時。

文進公四子，章暟【暭】，字聖為，生於乾隆甲戌年九月初三日寅時。娶何氏。生子，長保。

文松公之子，章暐，字彩雲，生於乾隆乙亥年九月廿五日亥時，歿丙午年三月初十日卯時。娶陳氏。

文柏公之子，章昭，歿，葬竹山。

文桂公長子，章暎，字□□，行□□。娶□氏。

文桂公次子，章虎，字□□，生於乾隆癸巳年二月廿七日未時。

文梅公長子，章晞，字永思，生於乾隆壬午年九月廿九日子時。娶□氏。生子，□□。

文梅公次子，章曉，字永村，生於乾隆丁亥年十一月廿四日子時。娶□氏。生子，□□。

文蘭公之子，章孔，字□□，生於乾隆庚午年。娶楊氏。生子，繼琚、繼璧，生女一，未適。

文芳公之子，章暘，字祿中，生於乾隆丙申年十二月廿九日寅時。娶□氏。生子，□□。

文榮公長子，章凰，字瑞出，生於乾隆己酉年八月初三日戌時。娶□氏。生子，□□。

文榮公次子，章鳳，字祥來，生於乾隆甲寅年正月廿三日戌時。娶□氏。生子，□□。

文華公長子，章麟【隣】，字德有，生於乾隆癸卯年九月廿八日酉時。娶呂氏。生子，□□。

文華公幼子，章師，字以型，生於嘉慶戊午年正月廿五日辰時。娶□氏。生子，□□。

第四卌八世

章麟公之子，繼仁，字善良，生於乾隆丁丑年十月初六日卯時。娶朱氏，生於乾隆甲午年四月十四日未時。生子，先春、先景。女一，先貴，適□□。

章鳳公之子，繼義，字為上，生於乾隆辛巳年七月卅日辰時。娶杜氏，生於乾隆壬午年六月廿日午時。

章麒公之子，繼禮，字以成，生於乾隆壬辰年四月廿九日午時。

章鵬公之子，繼龍，字雲從，生於乾隆壬子年九月廿日戌時。

章馳公之子，繼林，字四茂，生於乾隆戊辰年二月初八日午時。娶淦氏，生於乾隆壬寅年十月廿日辰時。生子，先達【榮】。

章榮公之長子，繼孟，字敬廷，生於乾隆丁亥臘月初四未時，歿於乾隆乙卯三月二十戌時，葬衙背後。

章榮公之次子，繼告，字友訓，生於乾隆庚寅六月初十辰時。娶吳氏，生於乾隆辛丑八月廿五寅時。生子，先剛、先柔。

章華公長子，繼勝，字賢書，生於乾隆丁酉年八月初八日寅時。娶魏氏，

生於乾隆戊戌年二月十六日戌時。生子，先河。

章華公次子，繼棟，字良材，生於乾隆庚戌年三月初四日午時。娶□氏。生子，□□。

章華公幼子，繼梁，字國珍，生於乾隆壬子年九月卅日子時。娶□氏。生子，□□。

章富公之子，繼志，字士心，生於乾隆丁未年七月十二日午時。娶孫氏，生於乾隆己酉年四月十三日巳時。生子，先雄。

章貴公長子，繼善，字秉成，生於乾隆辛卯年十二月初四日戌時。娶黃氏，生於乾隆壬寅年十一月廿日子時。生子，先豪、先英。

章貴公次子，繼美，字里仁，生於乾隆乙巳年七月廿六日子時。娶袁氏，生於乾隆丙午年十一月廿八日子時。生子，先傑。

章春公之子，繼旺，字□□，行□□。娶□氏。

章夏公長子，繼城，字又高，生於乾隆戊申年四月初三日寅時。娶饒氏，生於乾隆戊申年正月十三日辰時。生子，先建。

章夏公次子，繼富，字大有，生於乾隆癸丑年十月十七日丑時。娶□氏。生子，□□。

章夏公幼子，繼貴，字廷選，生於嘉慶戊午年八月十一日戌時。娶□氏。生子，□□。

章秋公之子，繼坤，字以載，生於乾隆甲辰年四月廿五日寅時。娶涂氏，生於乾隆甲辰年正月廿三日辰時。生子，□□。

章起公長子，繼龍，字克躍，生於乾隆戊戌年五月十九日未時。娶涂氏，生於乾隆丁酉年三月十六日未時。生子，先貴【棗】。女一，細伭，未適。

章起公幼子，繼鳳，字鳴周，生於乾隆乙巳年八月初二日未時。娶胡氏，生於乾隆甲辰年七月十二日申時。生子，先燥。

章發公之子，繼聖，字得成，生於嘉慶丙辰年二月廿九日亥時。娶□氏。生子，□□。

章友公之子，繼元，字超拔，生於乾隆乙卯年九月廿九日戌時。娶余氏，生於乾隆甲寅年七月廿一日子時。生子，先沐。

章孔公長子，繼琚，字□□，生於嘉慶元年二月十二日戌時。娶范氏，生於嘉慶丁巳年三月十一日。生子，先屏。

章孔公次子，繼璧，字□□，生於嘉慶戊午年三月初四日子時。娶□氏。

第四十九世

繼仁公長子，先春，字□□，生於乾隆甲寅年臘月十七日丑時。娶沈氏，生於嘉慶丙辰年八月廿三日子時。

繼仁公幼子，先景，字□□，生於嘉慶丁巳年正月十五日申時。娶楊氏，生於嘉慶戊午年九月十八日卯時。

繼林公之子，先達【榮】，字□□，生於嘉慶甲子年八月廿二日辰時。娶方氏，生於嘉慶乙丑年九月初八日申時。

繼告公長子，先剛，字□□，生於嘉慶丙寅年四月廿三日子時。娶王氏，生於嘉慶甲子年三月十八日丑時。

繼告公幼子，先柔，字□□，生於嘉慶戊辰年八月十八日戌時。娶□氏。

繼勝公之子。先河，字□□，生於嘉慶丁卯年四月十六日子時。娶何氏，生於嘉慶丙寅年三月二十日丑時。

繼志公之子，先雄，字□□，生於嘉慶庚午年九月十七日申時。娶黃氏，生於嘉慶己巳年八月二十日酉時。

繼善公長子，先豪，字□□，生於嘉慶甲子年九月二十日戌時，娶□氏。

繼善公次子，先英，字□□，生於嘉慶戊辰年四月十二日子時。娶□氏。

繼美公之子，先傑，字□□，生於嘉慶庚午年三月廿三日巳時。娶李氏，生於嘉慶辛未年六月初七日辰時。

繼城公之子，先建，字□□，生於嘉慶庚午年八月十八日未時。娶呂氏，生於嘉慶辛未年七月廿二日申時。

繼坤公之子，先道，字□□，生於嘉慶丁卯年四月十二日午時。娶胡氏，生於嘉慶戊辰年三月廿四日戌時。

繼龍公之子，先貴【棗】，字□□，生於嘉慶甲子年十月廿四日子時。娶范氏，生於嘉慶乙丑年二月初八日申時。

繼鳳公之子，先燦，字□□，生於嘉慶乙巳年正月十七日辰時。娶王氏，生於嘉慶戊午年二月初八日申時。

繼元公之子，先沭，字□□，生於嘉慶辛未年九月十八日辰時，娶□氏。

繼琚公之子，先屏，字□□，生於嘉慶癸酉年七月十二日申時。娶左氏，生於嘉慶甲戌年正月十八日辰時。

雷氏在市支譜世録

第三田七世

　　宗韞公幼子，文信，字□□，行□□。娶熊氏。生子，存正。

第三田八世

　　文信公之子，存正，字□□，行□□。娶陳氏。生子，時銘。

第三田九世

　　存正公之子，時銘，字□□，生於正統甲子年四月廿一日亥時。娶涂氏。生子，仲堅，葬普誌寺。

第四十世

　　時銘公之子，仲堅，字□□，行□□，生於丁亥年十二月初六日，歿於乙丑年五月十二日子時，葬南山。娶熊氏，生於戊子年十月十一日巳時，歿於嘉靖乙巳年十月初五日卯時。生子，玉琴。

第四田一世

　　仲堅公之子，玉琴，字□□，行□□，生於甲寅年三月初二日辰時，歿於己亥年六月十二日申時。娶周氏。生子，漢廷。

第四田二世

　　玉琴公之子，漢廷，字前洲，生於戊寅年三月初六日卯時，歿於萬曆七年三月十九日辰時，葬鄒家堰。娶胡氏，生於丁亥年二月初六日，歿於乙丑年五月十二日。生子，烈。

第四田三世

　　漢廷公之子，烈，字鐘衢，邑庠生，生於戊午年四月初九日未時，歿於癸丑年五月初三日酉時，葬鄒家堰。娶山溪謝氏。生子，天祥、天福、天正【禎】、天祚。

第四田四世

　　烈公長子，天祥，字和宇，生於己亥年七月初四日子時，歿於甲子年八月初六日戌時。娶王氏，歿葬南山。生子，兆春、泰春、奮春。

　　烈公次子，天福，字濟生，邑庠生。娶□氏。

　　烈公三子，天正，字春澤，邑庠生，生於丙申年五月十一日辰時。娶彭氏，繼娶劉氏。

烈公幼子，天祚，字□□，行□□。娶□氏。

天祥公長子，兆春，字伯順，生於順治乙酉年八月十五日，歿於康熙戊戌年冬月二十日。娶閆氏，生於順治乙酉三月十六日戌時，歿於康熙丁丑年三月十三日亥時。生子，文祖。

天祥公次子，泰春，字□□，行□□，生於順治戊子年八月廿一日巳時，歿於己巳年三月初七日子時。娶□氏。生子，□□。

天祥公幼子，奮春，字淑騰，生於順治甲午年十一月廿日辰時。奉例捐納，考授縣尉。娶□氏。

兆春公之子，文祖，字克繩，生於康熙甲子年十月十六日戌時。娶熊氏，生於康熙丁卯年臘月廿二日酉時，歿，葬於南山。生子，章元。

雷氏在市支譜世錄

善道公幼子，宗學，字廷珍。娶□氏。生子，文榜。

宗學公之子，文榜，字□□，行□□。娶□氏。生子，存動。

文榜公之子，存動，字□□，行□□。娶□氏。生子，時中。

存動公之子，時中，字□□，行□□。娶□氏。生子，仲英。

時中公之子，仲英，字□□，行□□。娶□氏。生子，玉藻。

仲英公之子，玉藻，字□□，行□□。娶□氏。生子，漢富。

玉藻公之子，漢富，字□□，行□□。娶□氏。生子，霹光。

漢富公之子，霹光，字子耀。娶北門陳氏。生子，鳴春、鳴坊。

第四日四世

霹光公長子，鳴春，字少州。娶雙井黃氏。生子，應朝、應祖、應忠。

霹光公幼子，鳴坊，別號南州【洲】。娶徐氏。生子，應煥、應燧、應燿、應煜。

第四日五世

鳴春公長子，應朝，字□□，行□□。娶□氏。生子，□□。

鳴春公次子，應祖，字慕州【洲】。娶西津夏氏。生子，梁彥、梁棟、梁柱。

鳴春公幼子，應忠，字□□，行□□，早殁。

鳴坊公長子，應煥，殁。

鳴坊公次子，應燧，殁。

鳴坊公三子，應燿，殁。

鳴坊公幼子，應煜，殁。

第四日六世

應祖公長子，梁彥，殁。

應祖公次子，梁棟，字來成。娶李氏。生子，文宇、文宙、文剛、文紀。生女一，適西城劉。

應祖公幼子，梁柱，字良友，生於順治丁未年八月初十日，殁於康熙壬寅年六月初九日戌時。娶王氏，生於康熙丁未年，殁於雍正癸丑年。生子，文龍。

第四日七世

梁棟公長子，文宇，殁。

梁棟公次子，文宙，殁。

梁棟公三子，文剛【綱】，殁。

梁棟公幼子，文紀，字常卿，生於康熙庚午年七月初一日子時，殁於乾隆乙丑年三月十四日巳時。娶李氏，生、殁無考。繼娶陳氏，生於康熙壬午年九月，殁於乾隆丁酉年冬月初七日辰時。生子，章龍。

梁柱公之子，文隆【龍】，字際雲，生於康熙壬申年九月廿六日辰時，殁於雍正壬子年三月初六日午時。娶余氏，生、殁無攷。生子，章選、章遂、章達。生女，適白坑周贊寧。

第四日八世

文紀公之子，章龍，字雲山，生於雍正乙卯年十一月初四日，歿於乾隆甲戌年十一月。娶城內戴氏。生子，繼宇【雨】。

文隆【龍】公長子，章選，字青萬，生於康熙辛卯年，歿於雍正甲寅年。娶東門外況氏。

文隆【龍】公次子，章遂，字薦奇，生於康熙甲午年十一月十二日子時，歿於乾隆丁亥年四月十八日午時。娶燕氏，生於甲午年正月廿日子時，歿於乾隆丙戌年五月初九日未時。生子，繼元、繼聖。

文隆【龍】公幼子，章達，字遇文，生於雍正丁未年，歿於乾隆癸酉年七月十九日。娶趙氏，生於雍正己酉年又七月廿五日未時。生子三，繼祥、繼魁、繼師。

第四⊞九世

章龍公之子，繼雨，字秀風，生於乾隆丙子年七月初七日辰時。娶□氏。生子，□□。

章遂公長子，繼元，字殿選，生於雍正乙卯年十二月廿三日戌時，歿於嘉慶庚申年正月初七日申時。娶鄧氏，生於乾隆壬戌年冬月廿二日酉時，歿於乾隆壬【寅】午年又五月廿四日巳時。繼娶趙氏。生子，先宇。

章遂公次子，繼勝，字孔謙，生於乾隆戊午年冬月十四日辰時，歿於嘉慶丙辰年冬月廿四日午時。娶李氏，生於乾隆庚午年十月初六日寅時，歿於嘉慶丙辰年八月廿日午時。生子，先饒、先敬、先宇（出繼于兄）、先紹、先福、先壽。

章達公長子，繼祥，字□□。娶□氏。生子，□□。

章達公次子，繼魁，字□□。娶□氏。生子，□□。

章達公幼子，繼師，字□□。娶□氏。生子，□□。

第五十世

繼元公之子，先宇，字夏有，生於乾隆甲午年二月十一日戌時。娶□氏。生子，□□。

繼勝公長子，先饒，字富有，生於乾隆丙戌年正月十一日亥時。娶吳氏，生於乾隆壬辰年七月廿日子時。生子，志榮、志華。

繼勝公次子，先敬，字敏文，生於乾隆庚寅年十一月十二日寅時，歿於嘉慶己未年十一月二十三日卯時。娶戴氏，生於乾隆癸巳年三月十八日巳時。

繼勝公三子，先宇，字□□，生於乾隆壬辰年九月十二日申時。娶唐氏，生於乾隆甲午年八月二十八日戌時。生子，志簡、志笳。

繼勝公三子，先紹，字純武，生於乾隆己亥年冬月十五日辰時。娶胡氏，生於乾隆戊戌年十月廿三日寅時。生子，志渠。

繼勝公四子，先福，字東海，生於乾隆壬寅年六月十三日丑時。娶□氏。生子，□□。

繼勝公幼子，先壽，字南山，生於乾隆辛亥年四月初九卯時。娶□氏。生子，□□。

第五十一世

先饒公長子，志榮，字佩身，生於乾隆乙卯年又二月十五日午時。娶呂氏，生於嘉慶丙辰年四月十八日申時。生子，□□。

先饒公次子，志華，字月輝，生於嘉慶戊午年三月十八日子時。娶□氏。生子，□□。

先宇公長子，志簡，字□□，生於嘉慶辛酉年八月初三日。娶□氏，生於嘉慶壬戌年七月十二日申時。

先宇公次子，志笳，字□□，生於嘉慶丙寅年六月二十一日子時。娶胡氏，生於戊辰年三月十一日丑時。

先紹公之子，志渠，字□□，生於嘉慶丁卯年七月十八日戌時。娶陳氏，生於嘉慶己巳年九月三十日。

玖、雷氏族譜

雷氏重修遷居金陵復遷居北京世係圖　卷壹

雷氏重修大成宗譜總新舊序

天地闢而萬物生，萬物生而人民眾，人民眾而姓氏分。此古昔帝王所以建三極之道，端風化之源，爲萬世厚人倫、崇恩愛、遠禽獸、別婚姻而已。俾生相愛、死相哀，而奠後世有道之玄孫者，頓思其先人矣。慨自三代而下，澆風日熾，太朴莫還，士人爭尚閥閱，嫁娶必多奩財。王侯降同編戶，後嗣反玷家聲。玉石俱焚，冠裳倒置。此譜牒所由而作也。

大明洪武三年（1371年）　守承公謹撰舊序

蓋天地之間，木本有根，水本有源。人爲萬物之靈，可無祖乎？此一修也。俾子孫各知其所自出，不忘乎本源之自來。清昭穆，載譜牒，爲萬世子孫得以知某忠、某孝、某德、某賢，有所觀感而興起。"頑夫廉，懦夫<u>有</u>立志。"而不但此也，深願爲人子者，當念父功之刻苦；爲人孫者，當念祖德之勤勞。有此孝子賢孫，方爲世家望族矣。夫世家望族莫不有譜，亦莫不溯其流而窮其源。從流以溯源，亦即從源以治流耳。若我祖自萬雷公受氏以來，奕葉相傳，祖祖宗宗莫不溯其流、循其源而歸於一本也。故支<u>分</u>派衍，葉葉相承，洵[1]可爲世家望族矣。

守道公謹識舊序。

雷氏遷居金陵述

本支係江西南康府建昌縣千秋崗分派。元延祐初，起龍公移居本縣新城鄉北山社上社堡地方。公墓葬於北山，歷有年矣。蓋曰{因}明末流寇四出，賦稅日重，人民離散，地土荒蕪。予祖振宙公、伯祖振聲公棄儒，南來貿易，以應家之差役，遂暫居金陵之石城。國朝定鼎，縣經兵火，路當孔道，差徭百出，被累不堪。是以先君發宣公、先伯發宗公於康熙元年正月，奉祖母李、伯祖母

---

① "洵"，誠然、實在之意。

郭、伯母鄒、堂伯發達公、發興公、發明公、發清公，俱南來暫避，計圖返棹。乙巳，父娶母氏，乃祥甫呂公次女，亦同縣巨族，地名百斛頭，呂亦避兵於金陵。至辛亥歲，正欲還鄉，不期冬月，先伯發宗公竟卒於南。祖父悲思故土，於乙卯春，率眷屬西還。值吳逆拒命於荊，阻居皖城數載。不幸，己未夏五月，祖卒於皖。祖妣於次年五月，亦卒於皖。時年大旱，艱苦非常。先君無力奔二柩歸鄉，合葬於安慶北門外陳家庵之陽，立有碑記。父經兩喪，回鄉不果。癸亥冬，父以藝應募赴北，仍携眷屬復居石城。時伯祖父母、堂伯父母，俱卒於金陵，並葬於安德門石子崗之陽。諸堂兄弟候補於京師，予弟兄亦忝入於太學，皆祖父之庇訓。甲申冬，父返江寧，已抱老恙，每以不能回鄉並祭掃先墓爲憾，謂予兄弟曰："予建昌世族，尚書公後，世代業儒，曰{因}遭兵火，流落江左數世矣。觀今之勢，量不能回。汝等異日當勉爲之。"言之不覺淚下。不幸，戊子春，先君竟棄予兄弟長逝。哀哉！痛心疾首，欲奔柩歸家，或奔於皖城，奈家口繁重，姻戚牽纏，未遂所願。只得卜地葬先人於江寧邑小山之陽。壬辰春，堂叔發倖公來南，始抄祖譜大略攜來。丙申夏，堂叔騰蛟公復以譜稿見遺，始知祖居建昌以【已】數百世矣，今居金陵亦三世於茲。己亥春，予書其前由，述其始未，以俟後人知木本水源，亦有所宗焉。

皇清康熙己亥春正月上元日，金兆公拜述聲澤公等敬書

舊　序

嘗聞朝有信史，所以紀事；家有譜乘，所以誌系。其所載雖有不同，而徵信則一也。粵考吾族，自唐太宗詔修天下譜牒，雷氏首舉其事。爾時，族譜雖修，彰明較著，但朝幾更，世幾易，遞遷遞嬗，玉版金匱，未必完固而無傷。即至明太祖四年，雷氏義舉，族譜一修。古者三十年爲一世，父子相繼爲一世。吾族自天啓甲子年修輯宗譜，昭穆已定。奈一毀於兵火，再蕩於干戈。傳至國朝，其所存者大都斷簡殘篇，不過千百中之什一耳。雖欲徵信，何從考耶？雍正五年，新建邦傑公倡修一次。乾隆二十一年，進賢躍龍公將雷氏江西歷代祖宗功德條分縷析，纂錄而表章之。於今違【達】六十年矣，而詢其所自出，祖爲何人？所卜居之時爲何代？有茫乎其莫辨者。然則譜牒之修也，不綦急乎？純甫成童，固未諳譜事。第常聞諸庭訓："予有志而未逮，汝異日讀書有成，當善承余志。"純識勿忘。奈在壯歲以唯專攻舉業，及後叨祖宗餘庇成

進士，而歷職部屬科道者，又二十餘年矣。迨嘉慶甲子年，得家書云修譜，純聞之，葟不自禁。及又出任廣平府事，前歲始解組旋里。問及譜修否，族衆曰："未"。純此時感愧交集，恨不能傾解宦囊，略捐資費，以為同姓之光。幸賴首事向溪支輝池、鐔舍支雨濟、北山支徵祥、泰浦支華國者，伏【仗】義資贈，起局會省公祠，司事各宗長同心協力。純惟任勞筆墨，集江西之全省，纂雷氏之大成。自始祖及各分遷支祖，皆載入總系圖，如樂之大成也。至分遷以後，則各詳支譜，另為一集，猶樂之小成也。是合小成以爲大成，又折總大成以為小成。誠可謂千秋盛舉矣，敢曰我獨賢勞耶？若云十年小修，三十年大修，又將於復【後】人有厚望焉爾。

皇清嘉慶十九年（1805年）歲次甲戌秋月吉日，賜進士出身，誥授朝議大夫、掌廣東道監察御史、原任直隸廣平府①事、南昌茶園支純公號鐍泉。

舊　序

萬物本乎天，人本乎祖者，亦猶魚之依水、木之依土也。木無土則枯，魚無水則死。故譜者，人之序昭穆、列少長、致雍睦也。雖千百載，千百人，乃其初一人之身耳，溯其源而知所依矣。吾之源遠，考譜載悉詳，近自江西而遷金陵，由金陵而至京都。康熙己亥年，叔祖金兆公、叔聲澤公，已將前由本末詳細備述矣。瑋、璽、瑞②公讀之，不覺潸【潸】然淚下。思吾祖父，每以回南痛念，囑子孫當勉爲之。瑋、璽、瑞公，何嘗不切切於心？奈家口愈見繁重，姻戚倍加牽纏。墳冢壘壘，基址叠叠。此心何以得稱？然而，水源木本，祖脉宗靈，關山雖隔，雁書頻通。乾隆癸卯年，堂叔聲科公着{著}叔聲鳳公，賫送族譜來京。瑋、璽、瑞公再拜而受，始得知本源矣。嘉慶甲子年，聲科公復遣書命修，未果。瑋、璽、瑞公感愧交集，銘刻難忘。幸今癸酉年，叔聲科公不憚

---

① 廣平府，元至元十五年（公元1278年），改洺磁路置路，治所永年（今縣東南），轄境相當今河北省雞澤、永年、磁縣、邯鄲、曲周、武安、成安、肥鄉、廣平等縣。據《辭海》第844頁，上海辭書出版社1985年8月版。

② 這裏的瑋、璽、瑞，系指樣式雷第四代傳人雷家瑋、雷家璽、雷家瑞。雷家璽是雷金玉第五子雷聲澂的次子，與長兄雷家瑋、三弟雷家瑞同在樣式房任職。仨兄弟生活的時代正值康乾盛世"工役繁興之世"，乾隆皇帝大興土木、修建皇宮別苑"三山五園"以及承德避暑山莊、營建東西陵寢，仨兄弟受信於朝廷，爲施展家傳的建築才能提供了廣闊的空間。朱啓鈐在《樣式雷考》中有言："蓋當乾嘉盛時，樣房工作內外兼營，家瑋、家璽、家瑞兄弟三人通力合作，是以家道繁昌。家瑞又於南行時赴江西建昌祖籍重修《大成宗譜》。"

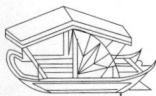

水遠山遙到京矣。是瑋、璽、瑞久有同心修譜之志，而叔敬爲修譜而來，細談之餘，始信吾先人之有靈也。瑞生四十有四，艱於嗣息，此年叩產一子，益信吾先人之有靈也。當茲同心協力，譜牒告成，余等亦勉強從事，以承先志。即支蕃派衍，而溯流尋源，明昭穆，別尊卑，滴滴各全水味，灣灣相湊，不猶是一潭之源乎？不猶是一家之人乎？又何分於南北之異居歟。天耶，人耶。金兆公之手澤不磨，玉成公之後人有慶。神物終當復合，於斯猶信。

皇清嘉慶十九年（1805年）歲在甲戌秋月吉日，裔孫家瑞、家瑋、家璽謹序。

雷氏大成總譜主副修族長、支派、修譜捐銀兩等，舊譜另有篇，錄載卷端，可考。雷氏大成總譜，各府州縣、各支纂輯辦事。局長，某支諱字，舊譜亦另有篇，錄載卷端，可考。

雷氏宗譜建昌縣派行：

文章繼先志　孝友啟真傳

汝惟承祖德　爵祿定連綿

以【已】前

文與金同　章與聲同

繼與家同　先與修同

志與思同

以【已】後統【統】此一派

大清道光七年（1828年），歲次丁亥孟夏月，克修自叙大成譜一部。

自　敘①

親親之義，由來舊【久】矣。萬物本夫天，人本夫祖考。故人道莫大於尊祖，尊祖莫先於敬宗，敬宗莫要於睦族。所慮者支分派遠，不知溯木本水源，遂有途人一脉之傷。有志者從而修明之，無慮此也。譜牒之作，所以尊祖敬宗，敦本睦族也。吾宗自萬雷公得姓受氏，雲礽②繁衍，傳百餘世，或居馮翊，或家豫章，或遷金陵，或止燕郊，支分派別，散處各方。至今，昭穆秩然，班班可考。固由祖澤綿長，亦子孫追遠收【收】族之思，相與維繫於無窮也。

---

① 此篇自敘由樣式雷第五代傳人雷景修編寫於清道光二十五年（公元1845年）仲夏，叙說樣式雷家族始居馮翊，繼遷豫章，迨有明萬曆年間，又遷金陵，後又遷居京城的來龍去脉。

② 礽"，"福"之意，見《現代漢語詞典》第1068頁，商務印書社2002年11月版。

宗祠垂【垂】示後人，俾知本支百世，源遠流長，派系雖別，而族屬無殊，成先志也。

景修自幼年侍先父、伯、叔考側，聰聽彝訓，心誌不忘。每以譜成後，閱，今有【又】三四十年。子姓益繁，未經增輯，懼後嗣散佚難稽。因{曰}取大成總譜，於世系圖考體例，謹將近支敘次成譜。自萬雷公以下一百一十餘世，凡分居三省子姓，咸皆考其支派，纂入譜牒。如是方可謂之譜，方可謂之修。若余今之所錄，僅載本支，獨詳服屬，揆之修譜之義，竊所未安。惟以吾宗始居馮翊，繼遷豫章，迨有明萬曆年間，又遷金陵。

本朝康熙初年，我曾祖金玉公行始來京師，卜居於順天府宛平縣西直門外海淀之槐樹街①。百餘年來，聚於此而居②，已傳七世。子孫繁衍，祖宅幾不能容。余復有執業，或遷居海淀村，或遷居內城，各應家之差矣。

《雷氏大成總譜》大派取《易》卦六十四卦輪序，自萬雷公起至煥公，凡六十四世，卦周復從煥公起一世，又首從乾卦，以次數，周再如前，周而復始。蓋生生不已，《易》道也，即人道也。其支派仍聽各支另取。

六十四卦歌

乾坤屯蒙需訟師	比小畜兮履泰否
同人大有謙豫隨	蠱臨觀兮噬嗑賁
剝復無忘【妄】大畜頤	大過坎離三十備
咸恒遁{遯}兮及大壯	晉與明夷家人睽
蹇解損益夬姤萃	升【昇】困井革鼎震繼
艮漸歸妹豐旅巽	兌渙節兮中孚至
小過既濟兼未濟	是為下經三十四

高祖以下，凡在五服，詳載於世系圖考，以著親親之義。自高祖以上，溯至萬雷公，凡一脈相傳者，備列于世系圖，以詳所自出。每代之同產兄弟，備書之以誌支派所由分。其旁支再傳則不書，從略也。其世系考，則始於第

---

① 槐樹街，因北京海淀樣式雷故居因海淀鎮北部中間的槐樹街從東到西種有一行中國槐樹而得名，現已夷爲平地，上面覆蓋的是北京北四環路。

② 劉敦楨（公元1897—1968年，中國營造學文獻部主任、東南大學教授，中國近現代著名建築史學家）在《同治重修圓明園史料》中記有："雷氏自發達以降，前後六世，卜居圓（明園）側海淀村。其世守之業，則圓明園楠木作與樣式房掌案二職也。自咸豐庚申之役，英、法聯軍焚掠園宮，始自海淀徙居城內。"參見《中國營造學社匯刊》1933年第四卷第二、三、四期。

三十八世。

　　祖本莊公，字、行、生爵、配嗣、卒葬，有可攷者必謹書之。不可攷者，闕之。亦載子幾人，而不及旁支，猶世系圖之例也。凡屬同宗，詢為某公之後，徵以是譜，足以悉原委而序尊卑。雖祇載本支，而全譜之意寓焉。倘族人咸仿此意，以鳩厥宗，萃而集之，即以成全譜不難矣。至舊譜序傳記述暨先代自記備錄卷端，其誌銘、短篇，仍附錄世系考中。俾子孫知祖宗積德之深、貽謀之遠，敦本善俗，而不乖乎先王以族教安之義，是則余所厚望者耳。

　　時{峕}大清道光貳拾五年（1846年）歲次乙巳孟夏月吉日，裔孫景修謹序。

　　祖本莊公，字雨珍，公舌【垂】示二十字為奕禩命名之世次，迄今十有五傳，是訓是行、罔或少紊，爰臚列于左，以示後人。從此瓜綿椒衍，二十字排次完竣，則發凡起【起】例，是又有望於後賢焉。

　　景仲中正永　　　　玉振發金聲
　　家修思廷獻　　　　文章冠世英
　　　　　　　　　　　裔孫景修敬書

　　皇清誥封榮祿大夫、皇清誥授奉政大夫、晉封朝議大夫、追封中憲大夫。

　　奉天承運

　　皇帝制曰：考績報循【循】良之最，用獎臣勞；推恩溯積累之遺，載揚祖澤。

　　爾雷景修乃{廼}布政司理問銜雷廷昌之祖父，錫光有慶，樹德務滋。嗣清白之芳聲，澤留再世；衍弓【兮】裘之令緒，篤祜一堂。茲以覃恩，貤封爾為奉政大夫之職，晉封朝議大夫，錫之誥命。於戲！聿修念祖，膺茂典而益勵新猷；有穀貽孫，荷殊恩而式彰舊德。

　　景修公常思念本莊公祖舌【垂】示命名二十字，至今十有六傳，又當接續舌【垂】示。為此晝夜思索，今得句二十字，本乎祖公之心為心，是訓是行，以示後人。從此立句，惟願後之賢孝子孫永遠遵行，則又有望於後賢焉。

　　萬代承恩遠　　　　錫光嘉蔭長
　　翰芳隆業慶　　　　賢俊兆禎祥
　　同治四年（1866年）春季吉旦　誥授奉政大夫景修敬題。

　　雷氏族大丁繁，本支子孫依次排列，則以祖考之心為心，則又有厚望焉。

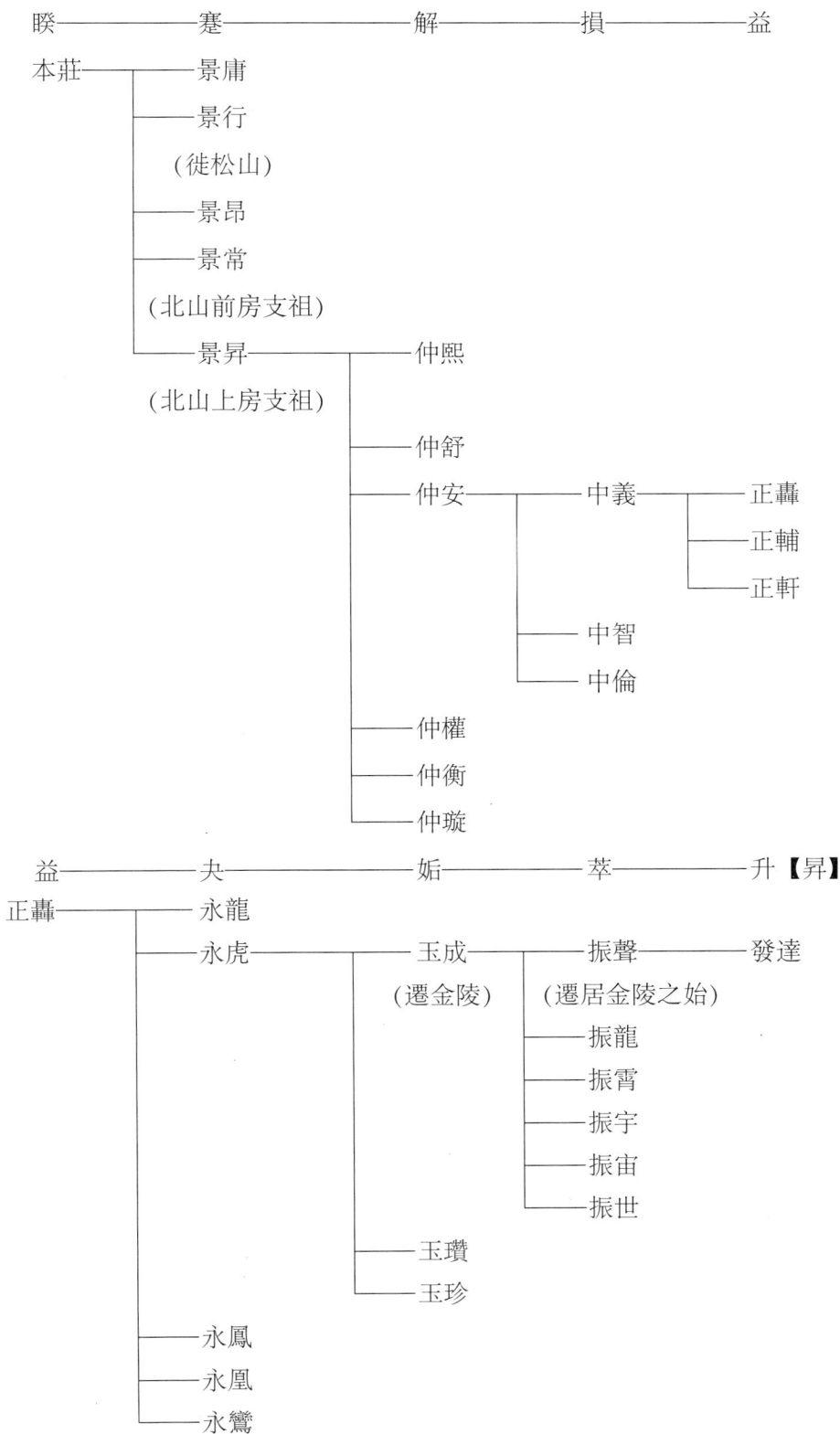

```
暌————————————塞————————————解————————————損————————————益

本莊————景庸

    ————景行

      （徙松山）

    ————景昂

    ————景常

   （北山前房支祖）

    ————景昇————————仲熙

   （北山上房支祖）

              ————仲舒

              ————仲安————————中義————————正轟

                                        正輔

                                        正軒

                        ————中智

                        ————中倫

              ————仲權

              ————仲衡

              ————仲璇


益————————————夬————————————姤————————————萃————————————升【昇】

正轟————永龍

    ————永虎————————玉成————————振聲————————發達

              （遷金陵）    （遷居金陵之始）

                        ————振龍

                        ————振霄

                        ————振宇

                        ————振宙

                        ————振世

              ————玉瓚

              ————玉珍

    ————永鳳

    ————永凰

    ————永鸞
```

229

雷氏重修遷居金陵復遷居北京世係圖　卷壹

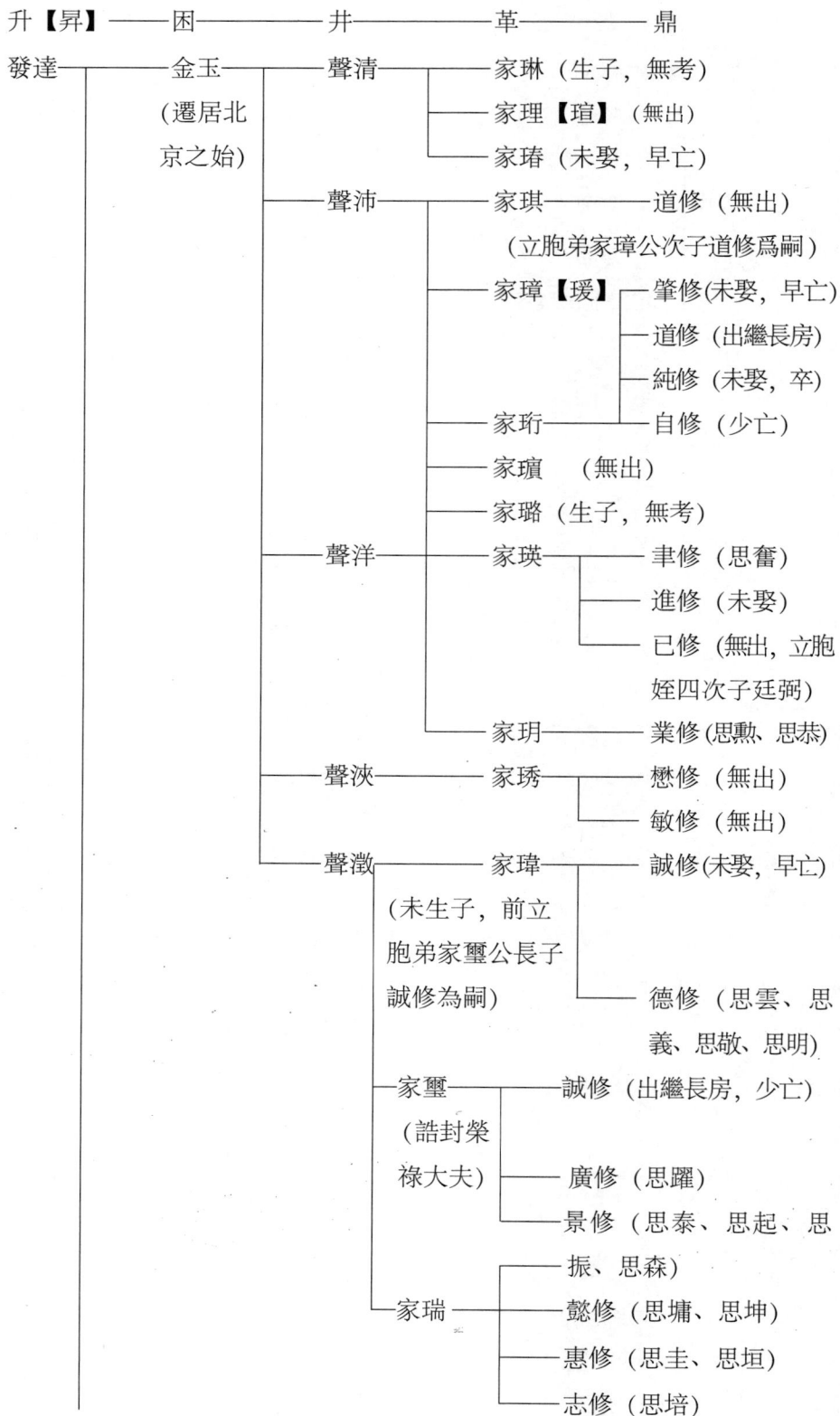

升【昇】——困————井————革————鼎

發達——金玉————聲清————家琳（生子，無考）

（遷居北京之始）

聲清————家理【瑄】（無出）

家瑃（未娶，早亡）

聲沛————家琪————道修（無出）

（立胞弟家璋公次子道修爲嗣）

家璋【瑗】——肇修（未娶，早亡）

道修（出繼長房）

純修（未娶，卒）

家珩————自修（少亡）

家瓊　（無出）

家璐（生子，無考）

聲洋————家瑛————聿修（思奮）

進修（未娶）

已修（無出，立胞姪四次子廷弼）

家玥————業修（思勳、思恭）

聲浹————家琇————懋修（無出）

敏修（無出）

聲澂————家瑋————誠修（未娶，早亡）

（未生子，前立胞弟家璽公長子誠修為嗣）

德修（思雲、思義、思敬、思明)

家璽————誠修（出繼長房，少亡）

（誥封榮祿大夫）

廣修（思躍）

景修（思泰、思起、思振、思森)

家瑞————懿修（思墉、思坤）

惠修（思圭、思垣）

志修（思培）

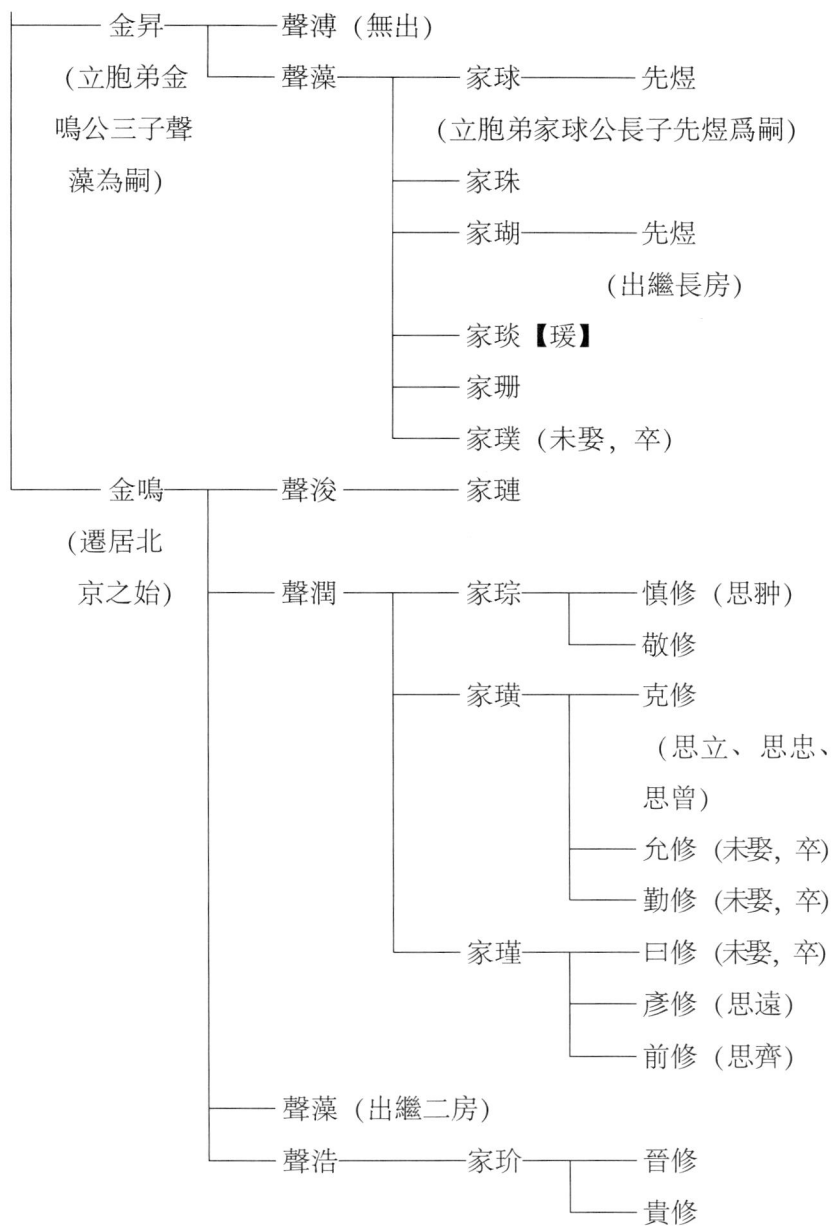

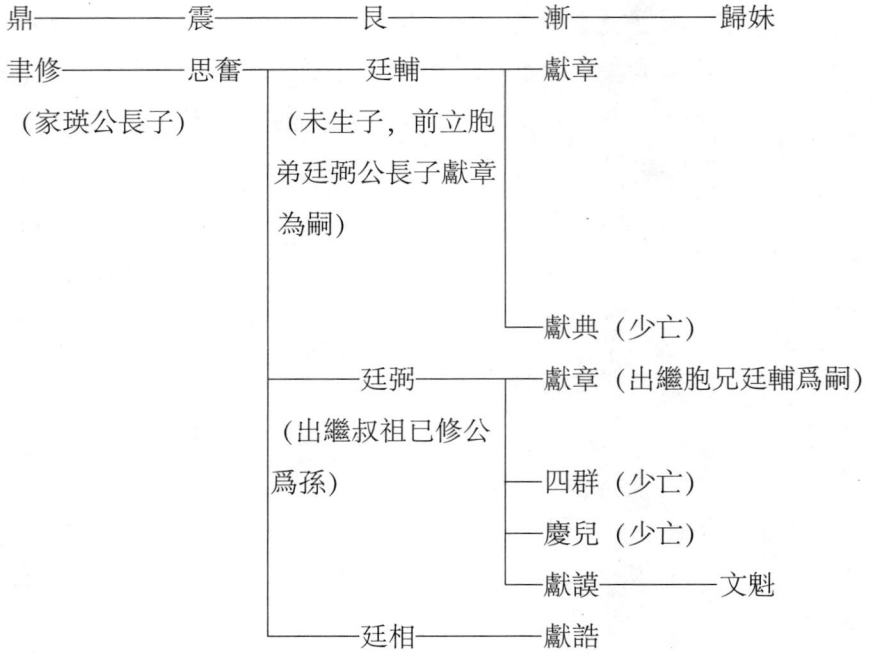

鼎————————震————————艮————————漸————————歸妹

聿修————————思奮————————廷輔————————獻章
（家瑛公長子）　　　　　　　（未生子，前立胞
　　　　　　　　　　　　　弟廷弼公長子獻章
　　　　　　　　　　　　　為嗣）

　　　　　　　　　　　　　獻典（少亡）

　　　　　　　　　　廷弼————————獻章（出繼胞兄廷輔爲嗣）
　　　　　　　　　（出繼叔祖已修公
　　　　　　　　　爲孫）
　　　　　　　　　　　　　四群（少亡）
　　　　　　　　　　　　　慶兒（少亡）
　　　　　　　　　　　　　獻謨————————文魁

　　　　　　　　　　廷相————————獻誥

鼎————————震————————艮————————漸————————歸妹
家瑛公次子
進修（未娶）

鼎————————震————————艮————————漸————————歸妹
家瑛公三子
已修
（無出，立胞侄思奮
次子廷弼爲孫）

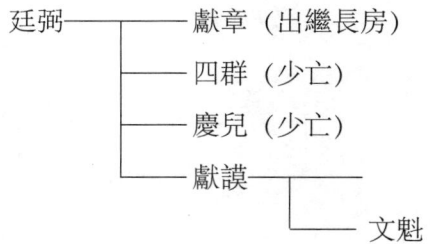

廷弼————————獻章（出繼長房）
　　　　　　四群（少亡）
　　　　　　慶兒（少亡）
　　　　　　獻謨
　　　　　　　　　　文魁

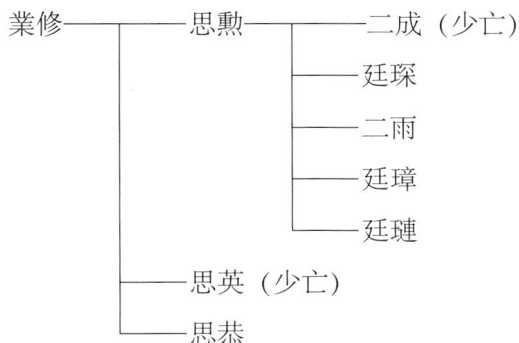

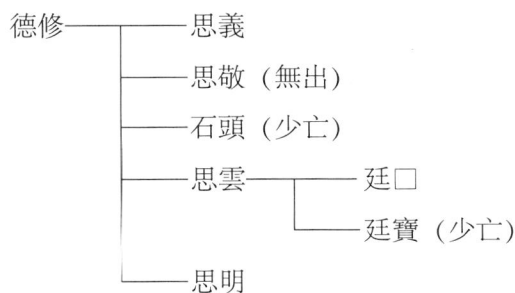

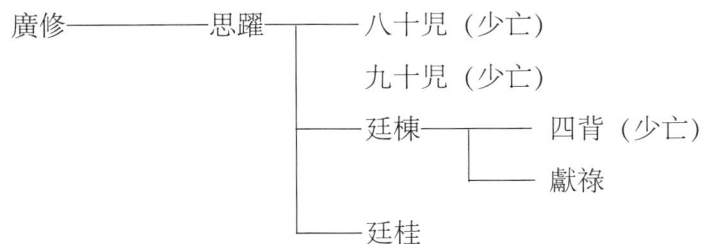

鼎————————震————————艮————————漸————————歸妹

家玥公長子

業修————┬————思勳————┬————二成（少亡）

　　　　　　　　　　　├————廷琛

　　　　　　　　　　　├————二雨

　　　　　　　　　　　├————廷璋

　　　　　　　　　　　└————廷璉

　　　　　├————思英（少亡）

　　　　　└————思恭

鼎————————震————————艮————————漸————————歸妹

家璋公次子

德修————┬————思義

　　　　├————思敬（無出）

　　　　├————石頭（少亡）

　　　　├————思雲————┬————廷□

　　　　　　　　　　　└————廷寶（少亡）

　　　　└————思明

鼎————————震————————艮————————漸————————歸妹

家璽公次子

廣修————————思躍————┬————八十児（少亡）

　　　　　　　　　　　├————九十児（少亡）

　　　　　　　　　　　├————廷棟————┬————四背（少亡）

　　　　　　　　　　　　　　　　　　└————獻祿

　　　　　　　　　　　└————廷桂

鼎————————震————————艮————————漸————————歸妹

家璽公三子

景修

（誥封奉政

大夫，誥封

榮祿大夫）

玖、雷氏族譜

234

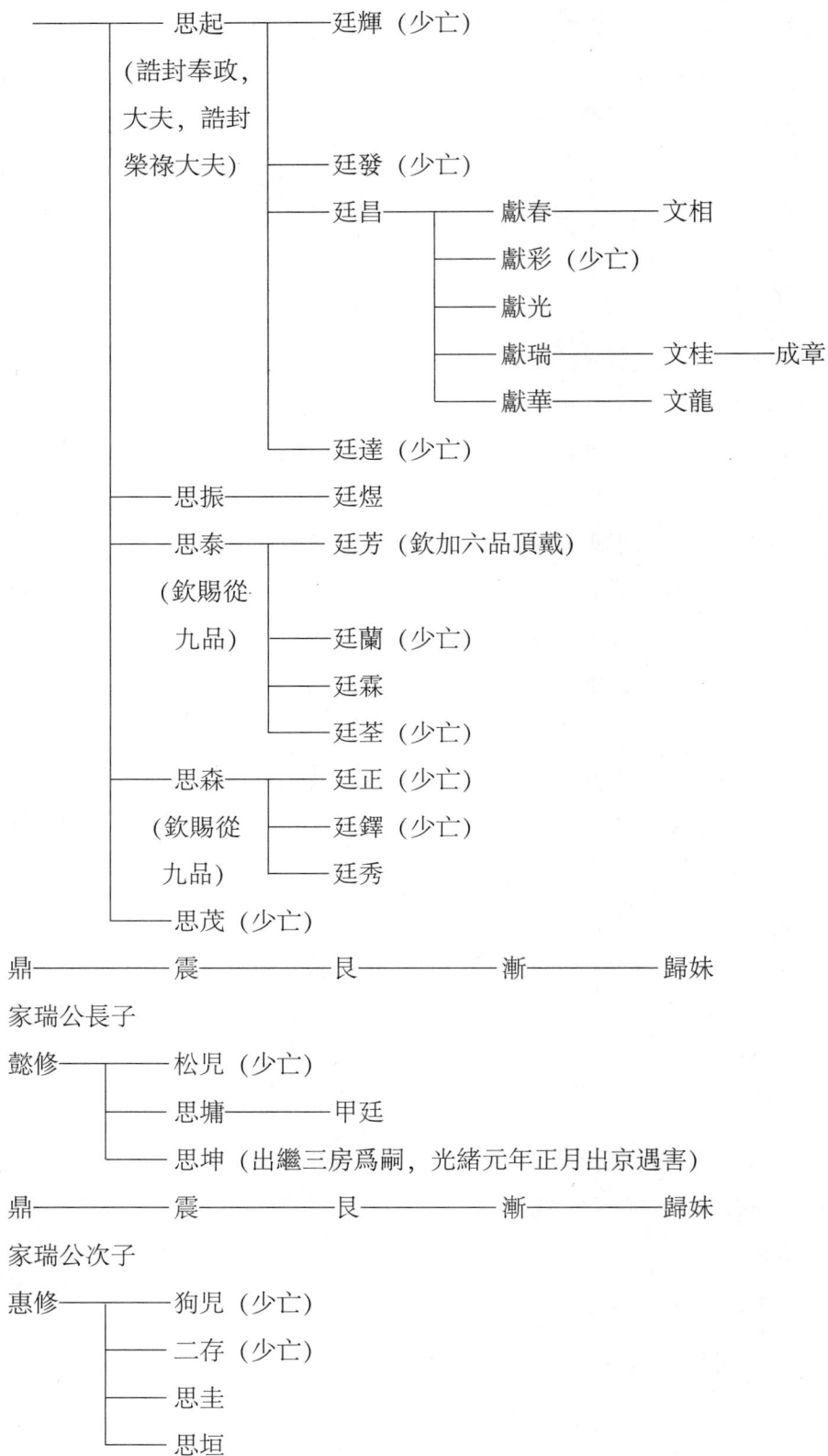

思起————廷輝（少亡）

（誥封奉政，

大夫，誥封

榮祿大夫）————廷發（少亡）

廷昌————獻春————文相

獻彩（少亡）

獻光

獻瑞————文桂————成章

獻華————文龍

廷達（少亡）

思振————廷煜

思泰————廷芳（欽加六品頂戴）

（欽賜從

九品）————廷蘭（少亡）

廷霖

廷荃（少亡）

思森————廷正（少亡）

（欽賜從————廷鐸（少亡）

九品）————廷秀

思茂（少亡）

鼎————震————艮————漸————歸妹

家瑞公長子

懿修————松兒（少亡）

思墉————甲廷

思坤（出繼三房爲嗣，光緒元年正月出京遇害）

鼎————震————艮————漸————歸妹

家瑞公次子

惠修————狗兒（少亡）

二存（少亡）

思圭

思垣

鼎————————震————————艮————————漸————————歸妹

家瑞公三子

志修————————思培————————大廷（少亡）

　　　　　　　　思坤（立胞兄次子為嗣，北京遇害）

鼎————————震————————艮————————漸————————歸妹

家琮公長子

慎修————————思翀（無出）

鼎————————震————————艮————————漸————————歸妹

家璜公長子

克修————————思忠————————定兒

　　　　　（立胞弟思

　　　　　立長子定兒

　　　　　為嗣，定兒

　　　　　少亡，又立

　　　　　胞弟思立

　　　　　第三子廷

　　　　　和為嗣）

　　　　　　　　　　————————廷和

　　　　　　　　　　————————廷揚（又出繼胞弟思立弟六子爲嗣）

　　　　————————思立————————定兒（少亡）

　　　　　　　　　　————————廷選

　　　　　　　　　　————————廷和（出繼長房）

　　　　　　　　　　————————廷儀————————獻科

　　　　　　　　　　————————長兒（少亡）

　　　　　　　　　　————————廷揚（出繼長房）

　　　　　　　　　　————————廷珍

　　　　————————思曾————————柱兒（少亡）

　　　　　　　　　　————————廷濟

　　　　　　　　　　————————廷均（少亡）

　　　　　　　　　　————————廷錫（少亡）

鼎————————震————————艮————————漸————————歸妹

家瑾公次子

彥修————————思遠

鼎————————震————————艮————————漸————————歸妹

家瑾公三子

前修————————思齊

鼎————————震————————艮————————漸————————歸妹

家玠公次子

貴修————————思聰

誥封奉政大夫、榮祿大夫。

顯考，諱景修公，一生謹慎、勤儉，處世和平中正，爲人存心忠厚。於同治五年（1867年）丙寅十月初二日子時壽終，享年六十四壽（在西直門觀音寺胡同路北正堂房內正寢。初三日，接三焰口車轎跟役四箱。一七禪經二天，二七前番經二天，二七道經二天，伴宿禪經一天，共十七天。出殯用六十四人大槓，金龍大罩，三十二人，銘旌十六人，金龍小請金漢執事全分二十四孝旅。金龍坐傘三把，引傘一把，黃曲柄龍傘、金龍旂、御杖、黃誥封亭、執龍扇、掌鳳扇，俱穿磩【綠】駕衣。影亭、配亭五座，松亭一座，松獅一對，松鶴鹿、松人二對，童男女□□對，金銀山、金銀器、尺頭桌八張，五堂旛傘、飛旂八對，八寶鏁八對，大刀四對，龍頭皮塑香旛二對。軍牢夜役。八抬官轎、官樣方頂車、坐馬小亮轎、官銜碑【牌】十六對。五城五營白牌後擁五排小拿衣冠帶珠練設十六盤，清音鼓手十六名，太平鑼鼓、槓夫一百二十八人。分兩撥，百步一換班。由觀音寺請至公用庫東口外大街上大槓，至西四牌樓，出阜成門[①]，過八里莊、田村，至聚善村中三聖巷路北大廟東配屏【殿】內停。至同治六年（1868年）正月初七日安葬，用龍鳳扇、龍旂、御杖、黃曲柄傘訐執事百壽，十六人夾槓。安葬念禪經一天，隨焰口樓庫共八分。五七、七七，六十天，均放焰口，念經一天）。子思起悲思痛念。

父考一生，幼年喪父清苦，一生勤儉，和宗睦族，大節凜然。至出殯之日，諸位同鄉親友公約在阜成門外關廂成搭大棚，擺列執事、鼓手、虎皮交

---

① 阜成門，位于北京內城西垣南側，元朝稱"平則門"，明、清稱阜成門，北京城內所需煤炭均由此運入。

椅。人民雲集路祭。聚善村眾鄉友、門頭村眾鋪戶、清河海甸【淀】、京南黃村、京東壩、高力營、城府，各店口又在墳地搭棚路祭。同鄉友、子等共用經理。大事畢，用卡【錢】一萬五仟吊文。

雷氏先塋

皇清誥封榮祿大夫

皇清誥封奉政大夫　丁卯　壬寅　丑戌　乙巳

雷公，諱景修之墓，立祖在同治六年（1868年）正月初七日巳時葬，子孫分昭穆從之。

丙山壬向，蕪【兼】丁巳丁亥分金，坐張星十三度，向危星十一度。

此地坐落京西聚善村東岔道路南①，計地十畝。在祖塋之左另立新塋，是為繪圖誌記。雷禹門恭繪（見下雷氏先塋圖）。

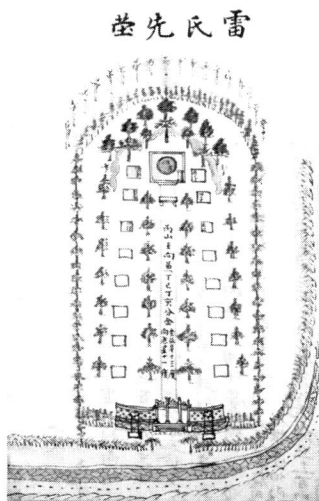

雷氏先塋圖

----

① 清代嘉慶八年，皇上賜給"樣式雷"家族一塊地作爲世襲墓地，地點在北京西山山麓巨山村（即現北京海淀區四季青鎮巨山村），旨在將散處在北京的樣式雷宗族故人"燕序一堂，以光千載"。"樣式雷"家族有門范姓親戚住在巨山村，族人便托范家購得土地和房産修建墓地。墓地占地三十餘畝（據說墓地的圖紙現存于"樣式雷"第十代孫媳婦于淑英處），由"樣式雷"第四代傳人雷家璽之三子第五代傳人雷景修設計與修建。雷景修是精通風水陰陽學說的建築學行家，他完全按照堪輿與風水學以及家族的道德觀念來設計墓地。整個墓地設計得像一艘西南—東北向停放的船隻，頭頂八大處（現北京西部石景山區八大處風景園林勝地），尾朝玉泉山（現北京西郊玉泉山），寓意"樣式雷"宗族的人死後其靈魂可以乘坐這條船回到江西故地永修縣梅棠鎮雷家村老家去。

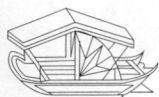

雷氏陽宅，路南。

此房①系在祖穴丁方，隔道路南，吉。後人保守修理，不可損壞。（見圖示）

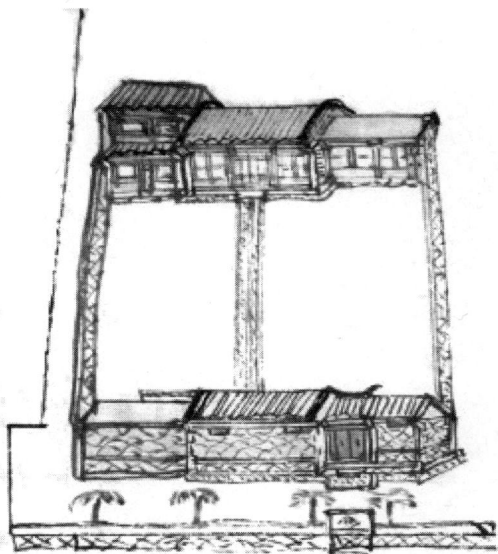

雷氏塋地陽宅圖

此房同治六年（1868年）正月二十四日破土，四月二十七日修理完竣。坐落在聚善村東路南，計地五畝，係置本村南頭范斌珍地，合錢七百伍拾吊文，稅本身雷姓紅契，合伍拾吊文。此房共計大木、門窻【窗】、磚瓦、灰斤、麻刀、方石、條石、碎磚、釘鐵、板片等材料，土、瓦、石作，夫匠人工一百天內告成。油什、葦棚，通共合用銀七百兩。塋地內祖塋栽種松、柳、果松、羅汗【漢】松、槐樹，合銀壹佰兩。祖先塋石碑三統，石牌樓、石桌、石月臺、石泊岸，合銀三百兩，共用銀一千【仟】一百兩。

同治七年（1869年），補種大白菓松三十九棵，羅漢松八棵。兩邊松樹二排，柳樹二百株。

添蓋陽宅西土房六間，添修石泊岸百餘丈，又用銀八百餘兩。

---

① 樣式雷先祖墳地陽宅在巨山村洪溝南岸，平時爲看墳人居住，共兩排十間房。大門在前排西頭，大門前離溝不遠處有一影壁，前排東頭有間廁所。後排東頭有間傳供孕婦生孩子的土樓，西頭是厨房和雜物間，往東是間停靈柩的房子。這些房子1949年後因破舊不堪被推平。參見張寶章等編著《建築世家樣式雷》第413—415頁。

祖塋添種白菓【果】松、馬尾松、栢樹、楊樹、千松、榆樹、柳樹，槐樹、楊柳城，石碑、石桌、木牌樓一座，花磚墻，石橋，泊岸，內土河，增修各座墳頂，又用銀六百餘兩。三共統用貳千【仟】七百兩。

拾、雷氏族譜

雷氏重修遷居金陵復遷居北京世錄　卷貳

景修公自道光二十一年（1842年）至同治四年（1866年），廿餘年，苦心苦志。謹將雷氏歷代大成總譜、支譜、世系圖、支分派衍皆錄纂。本京各支，班班可攷，實公一生德政耶。公每訓子孫言曰："此譜三年一小修，五年一大修。各支生、娶、卒、葬，按支注明，不可忽耶。"惟願後之子孫細心攷查，詳加記載。

雷氏自江西南康府建昌縣遷居江寧，復遷居北京之順天府海甸【淀】槐樹街，又遷居西直門內觀音寺①。此譜加意保守。

第三十八世

文遠公之長子，本莊，字爾珍，號東興居士，行、卒俱無考。生明洪武乙卯二月初八日酉時，卒，葬本里西埇大尖下。娶鄒氏，卒，葬樟房。生二子，景庸、景行。繼娶李氏，生明洪武乙丑四月十六日卯時，卒，葬燕山。生三子，景昂、景常、景昇。

"公，天資明朗，疏暢機圓，應物各當。富而不驕，鄉黨所仰。崇儒重道，訓子義方。隱德而躍，優遊林泉。善紹箕裘，充廣田園。開闢池塘，利益人天。功昭前烈，慶衍綿綿。東興居士，善哉其傳。"

第三十九世

本莊公之五子，景昇，號梅峰，字、行、卒，俱無考。生明永樂戊戌二月初五日亥時。娶羅泉劉氏，生明永樂戊戌二月十八日亥時。繼娶李氏，生明宣德癸丑六月十一日，卒，與公合葬燕山。生六子，仲熙、仲舒、仲安、仲權、仲衡、仲璇。

"公，性明敏，志耽經史。北山家世，功昭前烈。東宅衣冠，讀書精舍，身樂太平。歸邑賢士，各讓有記。"

第四十世

---

① 即劉敦楨在《同治重修圓明園史料》中攷證的樣式雷家族由海淀槐樹街遷徙城內的居住地觀音寺。參見《中國營造學社彙刊》1933年第2期。

景昇公之三子，仲安，行聖三九，喚轟十四，字、卒俱無攷。生明天順丁丑二月十六日酉時，卒，葬婆坑。娶麻潭州董氏，生明景泰癸酉二月初二日戌時，卒，葬閔住背。生三子，中義、中智、中倫。生一女，貞秀，適虬津江。

第四十一世

仲安公之長子，中義，字、行、卒俱無考。生明成化己未六月初十日未時，卒，葬塘坳嶺。娶磨刀李氏，生明成化丁酉十一月二十四日寅時，卒，葬婆坑仲安公右。生三子，正轟、正輔、正軒。生一女，瑞秀，適赤江呂。

第四十二世

中義公之長子，正轟，號樸夫，行一。生明正德丙寅四月十四日卯時，卒明萬曆十二年七月初五未時，葬楊梅嶺茉莢園，甲山庚向。娶德安周氏，生明正德丁丑三月二十五日未時，卒明萬曆己未四月初四日巳時，葬楊梅嶺茉莢園後山。生五子，永龍、永虎、永鳳、永凰、永鸞。墓碑文附後：食力勵志，黽勉克勤。作德無偽，拓振家聲。置膏腴以貽後裔，教詩書以承誌先烈。

第四十三世

正轟公之次子，永虎，號南橋，行、卒俱無攷，生明嘉靖甲辰十月十七日卯時。娶木環周氏，生明嘉靖戊午正月十九日午時，葬楊梅嶺，甲山庚向。生三子，玉成、玉瓚、玉珍。

第四十四世

永虎公之長子，玉成，號繼橋，行□，無考，生明萬曆庚辰八月二十四日巳時，卒順治十一年二月十八日戌時，葬楊梅嶺，甲山庚向。娶德安木環范氏，生明萬曆癸未十一月十九日亥時，卒明崇禎庚午二月十四日巳時，葬於隱枝，寅山申向。生六子，振聲、振龍、振霄、振宇、振宙、振世。

第四十五世

玉成公之長子，振聲，字、行、生、卒、葬俱無攷。娶郭氏、羅氏。生一子，發達。

第四十六世

　　振聲公之長子，發達①，字明所，行，無玫，生明萬曆己未二月二十一日亥時，卒大清康熙癸酉八月十一日戌時，葬江蘇江寧府江寧縣安德門外頂寶石，癸山丁向。娶江氏、陳氏，生明崇禎四年正月初五日戌時，卒大清康熙五十一年十月初七日卯時。生三子，金玉、金昇、金鳴。

第四十七世

　　發達公之長子，金玉②，字良生，行大，由國學生考授州同。欽賜命皇太子書"古稀"匾額二字。因七十正壽，欽賜內務府七品官，食七品俸。歿時仰蒙恩賞盤費銀一百餘金，奉旨馳驛歸葬江蘇江寧府江寧縣安德門外西善橋，坤山艮向。生順治己亥八月十六日巳時，卒雍正己酉十一月初十日戌時。娶劉氏，無出，生、卒無考。繼娶栢氏，生康熙丙申十二月初四日子時，卒康熙丁亥七月二十二日未時。生一子，聲沛。又娶潘氏，生康熙辛酉八月十五日子時，卒乾隆戊午正月十一日卯時。生二子，聲清、聲洋。又娶鈕氏，無出，生、卒無考，俱合葬江寧縣西善橋。又娶吳氏，生康熙十三年十二月初三日戌時，卒乾隆九年正月二十六日申時，葬順天府宛平縣西直門外小南莊，立甲向，蘇州街大道西。生一子，聲浹。又娶張氏，生康熙壬申七月二十二日巳時，卒乾隆辛巳六月初一日卯時，同治四年春立有碑誌，以報太祖妣之德政也。葬宛平縣聚善村地西南隅祖穴，丙山壬向，兼子午。生一子，聲澂。生二女，長適楊，次適閔。

第四十八世

　　金玉公之長子，聲清，字聞【問】先，行大，生康熙乙酉六月二十八日亥時，卒乾隆壬辰十月初五日丑時，葬順天府宛平縣西直門外聚善村第二穴，丙

---

① 據朱啓鈐《樣式雷考》記載：清初與其堂兄發宣（振宙子）以藝應募赴北京，又爲"樣式雷"家發祥之始祖。康熙中葉，營建三殿大工，發達以南匠供役期間；故老傳聞云："時太和殿缺大木，倉猝拆取明陵楠木梁柱充用。上梁之日，聖祖親臨行禮。金梁舉起，卯榫懸而不下，工部從官相顧愕然，皇恐失措；所司乃私畀發達冠服，袖斧猱升，斧落榫合。禮成。上大悅，面敕授工部營造所長班。時人爲之語曰：'上有魯般，下有長班，紫薇照命，金殿封官。'"年七十解役，歿葬金陵。長子金玉繼其業。朱啓鈐所說的故老傳聞是否屬實，有待進一步考證，但雷發達自應募進京入宮廷獲職，幷參與皇家宮殿修建在建築工程中立足，則是無可置疑的事實。

② 雷金玉繼承其父雷發達的營造職業，幷投充清朝內務府包衣旗，成爲雷氏家族第一任在執掌清廷內務府樣式房的人，此後兩百餘年一直爲雷氏家族幾代子孫承繼，直至清朝滅亡，以致成爲樣式雷世家。雷金玉是樣式雷真正的創始人。朱啓鈐在《樣式雷考》中說："雷氏家譜以金玉爲遷北京之支祖，樣式房一業終清之世，最有聲於匠家，亦自金玉始也。"

山壬向，兼子午三分。娶韓氏，無出，生康熙丁亥八月十五日子時，卒乾隆戊午四月十三日未時，葬江蘇江寧府江寧縣安德門外西善橋，坤山艮向。繼娶楊氏，無出，生康熙丁酉五月二十一日子時，卒乾隆辛亥四月初八日子時，合葬宛平縣聚善村。側室陳氏，生康熙丙申十二月初七日，卒，無攷，葬江寧縣西善橋。生三子，家琳、家理【瑄】、家椿【瑃】。生二女，長適宋，次適張。

第四十九世

聲清公之長子，家琳，行大，生乾隆己未六月十三日，字、卒無考。娶陳氏，生、卒無考，合葬江蘇江寧府江寧縣安德門外西善橋。生子，無攷。

聲清公之次子，家理【瑄】，字中黃，行二，生乾隆甲子八月二十四日，卒葬乾隆乙卯年二月十二日，葬順天府宛平縣西直門外聚善村穆四穴，丙山壬向，兼子午三分。娶張氏，生乾隆丁丑五月初四日丑時，卒乾隆丁未十月二十三日未時。繼娶王氏，無出，生乾隆丁亥四月二十一日子時，卒道光癸卯十二月初五日卯時，俱合葬宛平縣聚善村。

聲清公之幼子，家椿【瑃】，未娶，早亡，行三，生乾隆乙丑七月初一日，字、卒、葬俱無攷。

第四十八世

金玉公之次子，聲沛，字雨蒼，行二，生康熙丁亥二月二十二日寅時，卒乾隆己丑六月二十五日亥時，葬順天府宛平縣西直門外聚善村第三穴，丙山壬向，兼子午三分。娶陳氏，生康熙戊子四月二十七日，卒乾隆丁卯五月二十三日。生二子，家琪、家璋【瑗】。生二女，三適葉，五適胡。繼娶高氏，生康熙癸巳七月初三日未時，卒乾隆己酉三月二十三日戌時。生一子，家珩。生三女，長適孔。二、四未嫁，卒。側室謝氏，生乾隆庚申二月十三日戌時，卒乾隆甲寅正月二十一日午時。生二子，家璸、家璐，俱合葬宛平縣聚善村。妾李氏，生、卒、葬俱無攷。生一女，九，適楊。

第四十九世

聲沛公之長子，家琪，無出，立胞弟家璋公次子道修爲嗣。字毓東，行大，邑庠生，生雍正丁未三月二十二日辰時，卒乾隆丁酉五月初七日丑時，葬順天府宛平縣西直門外聚善村昭一穴，丙山壬向，兼子午三分。娶楊氏，生雍正己酉五月二十五日寅時，卒乾隆乙未六月初八日巳時，合葬聚善村。側室張

氏，生乾隆甲子十月十三日亥時，卒嘉慶庚辰七月十四日□時，葬順天府宛平縣西直門外雙榆樹地方。

第五十世

家琪公之嗣子，道修，無出，字自立，行七，生乾隆癸未八月二十三日酉時，卒，無攷，葬順天府宛平縣西直門外雙榆樹地方。娶丁氏，生乾隆壬辰五月初四日卯時，卒嘉慶丙子七月初四日□時，合葬雙榆樹。生一子，思義（少亡）。生一女莊兒，適柴。妾王氏，生乾隆乙卯六月十九日寅時，卒、葬，俱無攷。

第四十九世

聲沛公之次子，家璋【瑗】，字奉周，行二，國學生，生雍正癸丑六月二十三日未時，卒乾隆壬寅四月十三日申時，葬順天府宛平縣西直門外聚善村穆二穴，丙山壬向，兼子午三分。娶趙氏，生雍正十三年十二月初九日子時，卒乾隆丙午十月初三日辰時，合葬宛平縣聚善村。生三子，肇修、道修（出繼長房家琪爲嗣）、純修。

第五十世

家璋【瑗】公之長子，肇修，行二，字□□。未娶，早亡。生、卒、葬，俱無攷。

第五十世

家璋【瑗】公之幼子，純修，行六，生乾隆己丑七月十六日亥時。未娶，卒、葬無攷。

第四十九世

聲沛公之三子，家珩，無出，字楚白，行三，生、卒無考，葬順天府宛平縣西直門外聚善村穆三穴，丙山壬向，兼子午三分。娶陸氏，無出，生、卒無攷。繼娶張氏，生、卒無攷，俱合葬宛平縣聚善村。生一子，自修，少亡。生三女，長適張，二、四未嫁，卒。

第四十九世

聲沛公之四子，家瓚，字震東，行五，生乾隆甲申八月二十四日巳時，卒嘉慶壬申十二月十二日丑時，葬順天府宛平縣西直門外聚善村穆六穴，丙山壬向，兼子午三分。娶孫氏，生乾隆壬辰十二月初九日巳時，卒嘉慶庚辰二月初十日，無出。合葬宛平縣聚善村。

第四十九世

聲沛公之五子，家璐，生子，無考，行六，生乾隆己丑四月初八日，卒，葬口外熱河①。娶王氏，生、卒、葬俱無攷。

第四十八世

金玉公之三子，聲洋，字萬育，行三，生康熙辛卯八月十五日，卒乾隆戊寅二月二十一日，葬順天府宛平縣西直門外聚善村第四穴，丙山壬向，兼子午三分。娶徐氏，生康熙辛卯十月初二日，卒乾隆壬子六月初五日子時。生一子，家瑛。生二女，長適諶，次適楊。側室蘇氏，生雍正辛亥十月十七日巳時，卒乾隆乙丑二月十三日酉時。生一子，家玥。俱合葬宛平縣聚善村。

第四十九世

聲洋公之長子，家瑛，字廷光，行大，國學生。生雍正戊申八月初十日酉時，卒乾隆壬子十一月初六日卯時，葬順天府宛平縣西直門外聚善村穆一穴，丙山壬向，兼子午三分。娶陳氏，生雍正壬子正月二十一日戌時，卒嘉慶戊午十二月十一日未時，合葬宛平縣聚善村。生三子，聿修、進修、已修。

第五十世

家瑛公之長子，聿修，字懋堂，行大，昌平州廩膳生。生乾隆辛未十月二十六日丑時，卒乾隆戊戌十月初九日卯時。娶沈氏，生乾隆戊辰七月二十二日未時，卒道光丁亥四月初一日午時，夫妻俱合葬宛平縣西直門外石佛寺②南邊，酉山卯向，兼庚申三分丁酉分金（年三十一歲即苦節，迄今四十餘年，鐵骨冰心有如一日，應請旌表）。生一子，思奮。生一女，全姐，適丁。

第五十一世

聿修公之長子，思奮，字豫齊，行九，生乾隆丁酉十一月初一日午時，卒道光辛卯五月初三日辰時，葬石佛寺南邊，酉山卯向，兼庚申三分丁酉分金。娶田氏，生乾隆丁酉二月二十九日子時，卒咸豐丙辰十月初九日酉時，合葬石佛寺南邊，酉山卯向，兼庚申三分丁酉分金。生三子，廷輔、廷弼（出繼三

---

① 熱河，現河北省承德市避暑山莊內。熱河爲清代政區名，乾隆年間置熱河副都統，嘉慶十五年（公元1810年）改都統，駐防承德府（治今河北省承德市），兼轄內蒙古昭烏達、卓索圖二盟，轄境相當今河北省北部、遼寧省及內蒙古自治區部分地區，1914年改爲熱河特別行政區。據《中國古今地名大詞典》第2418頁，上海辭書出版社2005年7月版。

② 石佛寺，現北京海淀區石佛寺村所在地。石佛寺村現隸屬海淀區四季青鎮遠大村管轄，位於四環路東側。

房）、廷相。

第五十二世

思奮公之長子，廷輔，字□□，行八，未生子，前立胞弟廷弼長子獻章為嗣。生嘉慶辛酉四月二十五日辰時，卒道光癸卯六月二十六日丑時，葬石佛寺南邊，酉山卯向。娶何氏，生嘉慶癸亥二月初二日辰時，卒道光乙酉正月初四日子時，合葬石佛寺南邊，酉山卯向。繼娶任氏，生嘉慶乙丑正月二十二日戌時，卒道光庚戌七月十三日辰時，合葬石佛寺南邊，酉山卯向。生一子，獻典（少亡）。生二女，大榮，適李；二榮，適馮。

第五十三世

廷輔公之嗣子，獻章，字□□，行大，生道光丁亥年十月二十七日未時，卒同治己巳年□月□日□時，葬石佛寺南邊，酉山卯向。娶史氏，生道光辛卯年八月二十三日丑時，卒咸豐戊午年四月十四日子時，葬石佛寺南邊，酉山卯向。繼娶陳氏，生道光乙未年十月初五日辰時。生子，□□。生女，□□。

第五十二世

思奮公之幼子，廷相，字□□，行三，生嘉慶甲戌年七月十七日子時。娶武氏，生嘉慶己卯年八月二十二日巳時。生子，獻誥。生女，四榮（適崔）、換子、六榮、七榮。

第五十三世

廷相公之長子，獻誥，字□□，行□□，生咸豐辛亥年正月初九日寅時。娶□□。生子，□□。生女，□□。

第五十世

家瑛公之次子，進修，未娶，字勤圃，行六，生乾隆丙戌年十月十三日辰時，卒道光庚戌年二月初九日寅時，葬石佛寺南邊，酉山卯向。

第五十世

家瑛公之幼子，已修，無出，字勉之，行四，承德府廩生。立胞姪思奮公次子廷弼爲孫。生乾隆壬辰年十月初五日辰時，卒嘉慶丁卯年正月二十八日子時，葬石佛寺南邊，酉山卯向。娶鄭氏，生乾隆丁酉年正月初一日戌時，卒道光乙巳年九月十二日丑時，合葬石佛寺南邊，酉山卯向。

第五十二世

　　已修公之嗣孫，廷粥，字□□，行十，生嘉慶癸亥年七月二十九日戌時。娶李氏，生嘉慶壬戌年三月二十七日子時。生子，獻章（出繼長房）、四群（少亡）、慶兒（少亡）、獻謨。生女，三榮，適王。

第五十三世

　　廷粥公之次子，獻謨，字□□，行三，生道光戊戌年十月初一日辰時。娶張氏，生道光丙申年十二月二十二日未時。生子，文魁。生女，□□。

第五十四世

　　獻謨公之次子，文魁，字□□，行□□，生咸豐己未年正月十九日亥時。

第四十九世

　　聲洋公之次子，家玥，字貢准，行二，生乾隆壬申年十二月十四日辰時，卒嘉慶丁卯年九月二十一日巳時，葬順天府宛平縣西直門外聚善村昭五穴，丙山壬向，兼子午三分。娶崔氏，生乾隆壬申年十二月初二日辰時，卒道光乙酉年十一月初六日酉時，合葬宛平縣聚善村。生子，業修。生一女，適張。

第五十世

　　家玥公之子，業修，行五，生乾隆壬寅八月十一日戌時，卒道光癸卯九月十五日卯時，葬西直門外小南莊東邊，坐西向東。娶劉氏，生乾隆丙午十月初六日亥時，卒同治壬戌□月□日□時，合葬小南莊東邊，坐西向東。生子，思勳（福保）、思英（少亡）、思恭。生女，八四，福姐適廖。

第五十一世

　　業修公之長子，思勳，字禮堂，行大，生嘉慶壬申年六月初三日未時。娶陳氏，生嘉慶乙亥年十二月十五日丑時。生子，二成（少亡）、廷琛、二雨、廷璋、廷璉。生女，來姐。

第五十二世

　　思勳公之次子，廷琛，字□□，行□□，生道光丙午年閏五月初二日午時。

第五十二世

　　思勳公之三子，廷璋，字□□，行□□，生道光庚戌年九月初五日未時。

第五十二世

　　思勳公之四子，廷璉，字□□，行□□，生咸豐癸丑年七月二十九日申時。

第五十一世

業修公之次子，思英，生嘉慶己卯年二月十四日戌時。少亡。

第五十一世

業修公之三子，思恭，字慎齋，行三，生道光甲申年四月二十三日丑時。娶吳氏，生道光辛卯年八月十九日未時。

此支係金玉公繼配吳氏太君立祖，葬海淀【甸】蘇州街大道紅廟路西，有墓四五座。此地坐落，係由西直門上藍靛廠大道口交會地方。

雷氏後人如可上墳時，以為記之。

第四十八世

金玉公之四子，聲浹，字□□，行四，生康熙癸巳六月廿三日未時，卒乾隆丁丑八月廿一日，葬順天府宛平縣西直門外小南莊，立甲向。娶賀氏，生康熙甲午年五月十五日巳時，卒壬戌年七月十五日。生一子，家琇。合葬小南莊。繼娶黃氏，生、卒無攷。俱合葬宛平縣小南莊。生二女，二適張，七適魏。

第四十九世

聲浹公之長子，家琇，字螢【瑩】瞻，行二，生乾隆庚申三月十九日，卒嘉慶辛未十一月十七日，葬順天府宛平縣小南莊。娶李氏，生乾隆庚申四月二十八日，卒嘉慶己巳七月十四日寅時，合葬宛平縣小南莊。生二子，懋修、敏修。生二女，長適陸，次適朱。

第五十世

家琇公之長子，懋修，行四，字□□，無出。生、卒、葬，俱無攷。

第五十世

家琇公之次子，敏修，行六，生、卒無攷，葬宛平縣小南莊。娶李氏，生、卒無攷，合葬宛平縣小南莊。

第四十八世

金玉公之五子，聲澂①，字藻亭，行六，享年六十四壽，生雍正己酉七月三十日丑時，卒乾隆壬子（乾隆五十七年）八月二十一日午時，葬順天府宛平

---

① 雷聲澂為雷金玉第六位夫人張氏所生，雷聲澂出生三個月，父親雷金玉病逝。幼年喪父的雷聲澂很難像其他幾代樣式雷那樣順利地在皇家建築公職中繼承祖業。朱啓鈐《樣式雷考》云："其母張氏出而泣訴於工部，迨聲澂成年，乃得嗣業。"雷聲澂艱難地成為樣式雷第三代傳承人，與其智慧的母親張氏的呵護與培植分不開。

縣西直門外聚善村第五穴，丙山壬向，兼子午三分。娶初氏，生雍正庚戌四月二十一日子時，享年七十二壽，卒嘉慶庚申二月初二日申時，合葬宛平縣聚善村。生三子，家瑋、家璽、家瑞。生四女，長（未嫁，卒）、次適湯、三適呂、四適王。

第四十九世

聲澂公之長子，家瑋，未生子前，立胞弟家璽公長子誠修爲嗣（少亡）。字席珍，行大，生乾隆戊寅十月初五日丑時（乾隆三十三年），享八十八壽，卒道光乙巳正月初四日辰時，葬順天府宛平縣西直門外聚善村穆五穴，丙山壬向，兼子午三分。娶李氏，無出，生乾隆乙亥四月二十六日戌時，卒嘉慶丁巳六月二十四日未時。繼娶楊氏，生乾隆戊戌二月二十八日辰時，卒嘉慶辛未二月二十三日丑時。生一子，德修。又娶王氏，生乾隆丙申十月十三日卯時，無出，卒道光壬寅十二月初六日戌時，俱合葬宛平縣聚善村。

"公，忠信結交，儉和處事。敦品無爭，待人以義。言行端方，動止表正。曲己從人，福因善慶。公年登五十有一，繼娶楊氏伯母，生一子德修。年及七十有餘，目見生孫。年邁八十八壽，又見重孫。麟祥聯報，可爲德也。"

世姻姪陳克乾恭撰記。

第五十世

家瑋公之次子，德修，字先勇，號維馨，行四，生嘉慶戊辰年八月十四日寅時，卒同治□□年□□月□□日。娶范氏，生嘉慶戊辰年八月十三日丑時，卒道光丙午年四月初八日巳時。葬聚善村西北，辛山乙向。生子思義、思敬、石頭（少亡）、思雲。生女，行四適朱，行六適黃。繼娶張氏，生道光癸未年七月二十六日子時。生子，思明。生女，囡少亡，次女□□。

第五十一世

德修公之長子，思義，字永貴，行二，生道光丙戌年四月初四日卯時。娶李氏，生道光乙酉年九月十七日丑時。生子，安子【廷帥】（少亡）、鐘兒（少亡）。生女，姐兒、煥子（少亡）、鳳兒、倉兒。

第五十一世

德修公之次子，思敬，字永綉，行六，生道光辛卯年二月初九日寅時，卒咸豐辛酉年十一月初三日巳時，葬西直門外聚善村西北，辛山乙向。娶李氏，生道光己丑年六月二十五日戌時，卒咸豐戊午年八月十五日戌時，合葬聚善村

西北，辛山乙向。生子，廷儀。生女，五姐（亡）、九兒（少亡）。

第五十二世

闕如。

第五十一世

德修公之四子，思雲，字□□，行八，生道光癸卯年十月二十三日辰時。娶楊氏，生道光辛丑年三月十八日子時。生子，廷寶（少亡）、廷□。生女，□□。

第五十二世

思雲公之長子，廷寶，字□□，行大，生同治癸亥年六月初七日戌時，卒無考。

思雲公之次子，廷□，字□□，行二，生同治丙寅年二月初九日丑時。

第五十一世

德修公之五子，思明，字□□，行九，生咸豐癸丑年十月初四日丑時。

奉天誥命

奉天承運，皇帝制曰：考績報宿【循】良之最，用獎臣勞；雅恩溯積累之遺，載揚祖澤。爾雷家璽迺候選同知加五級。雷思起之祖父，錫光有慶，樹德務滋。嗣清白之芳聲，澤留再世；衍弓【兮】裘之令緒，篤祐一堂。

茲以覃恩，贈爾爲通奉大夫，錫之誥命。於戲！聿修念祖，膺茂典而益勵新猷；有穀貽孫，發幽光而丕彰潛德。

奉天承運，皇帝制曰：冊府酬庸，幸著人臣之懋（績）；德門輯慶，式昭大母之芳徽。爾張氏迺候選同知加五級。雷思起之祖母，箴誠揚芬，珩璜表德。職勤內助，宜家以著其賢聲；澤裕後昆，錫類式承乎嘉命。茲以覃恩，贈爾爲夫人。於戲！播徽音於彤管，壺範彌光；膺異數於紫泥，天休允{九}劭。

大清光緒元年（1875年）七月十九日，候選同知加五級誥封通奉大夫孫思起敬錄。

第四十九世

聲澂公之次子，家璽，字國寶，行二，生於乾隆甲申年四月初二日午時（乾隆二十九年），卒於道光乙酉年正月十五日子時，享年六十二壽，葬順天府宛平縣西直門外聚善村昭六穴，丙山壬向，兼子午三分。

"公，平生雅量，品物清純。忠厚處世，惠愛存心。仗義疏財，利物濟人。光前裕後，和睦宗親。志行高潔，韵宇宏深。敦行孝弟，同氣連枝。可見子孫之茂盛，誠知積德之深。實行堪讚，永遠可欣。"同治元年七月十九日恭遇覃恩貤贈奉政大夫，世姻姪陳克乾恭撰記。

娶張氏（誥封二品夫人），生於乾隆丁亥年九月十八日寅時，卒於道光乙未年七月十四日申時，合葬宛平縣聚善村，享年六十九壽。

"賢哉德配，淑性慈貞。寬明素位，惠信與人。孝悌為先，勤操自任。閫範最長，恭和敏慎。"世姻姪陳克乾恭撰記。

同治元年（1862年）七月十九日恭遇覃恩，貤贈宜人。

同治六年（1868年）三月，墓前立 石碑 一統，是爲誌記。補種樹門槐松樹。生三子，誠修（出繼長房）、廣修、景修。

第五十世

胞弟景修公本身置地，並兄嫂後事，一切喪葬各事宜，胞弟用錢萬余千文。

家璽公之次子，廣修，字先齊，號俊齊，行二，生於嘉慶庚申年四月二十五日丑時，卒於同治六年丁卯七月二十九日丑時，享年六十八壽，葬於西直門外小煤廠地方，丙山壬向，兼辛巳辛亥分金。娶李氏，生於嘉慶壬戌年十月二十二日子時，卒於同治癸亥年四月初五日子時，合葬於西直門外小煤廠地方，丙山壬向，兼辛巳辛亥分金，享年六十三壽。生子，思躍。生女，大妞（少亡）。

第五十一世

廣修公之長子，思躍，字永富，行大，生戊寅年三月初一日午時。娶陳氏，生於嘉慶丁丑年六月三十日辰時，卒於道光乙未年四月初三日戌時，從葬宛平縣西直門外小煤廠昭一穴，丙山壬向，兼辛巳辛亥分金。生子二，八十兒（少亡），九十兒兒（少亡）。繼娶王氏，生嘉慶丙子 年 十一月廿二日巳時，卒同治。生子，廷棟、廷桂。生女，二姐，適孫廣順。

第五十二世

思躍公之三子，廷棟，字□□，行大。生於道光癸卯年五月十六日戌時。娶于氏，生道光己亥年二月二十四日□時。生子，四背（少亡）、獻禄、三子（少亡）。生女，□□。

第五十三世

廷棟公之次子，獻禄，生同治壬戌年四月二十二日戌時。

第五十二世

思躍公之四子，廷桂，字□□，行二，生道光丁未年十二月二十七日亥時。

第五十世

皇清光緒元年（1875年）七月誥封二品榮祿大夫之職。

家璽公之三子，景修，字先文，號白壁，又號鳴遠，行三，享年六十四壽。生於嘉慶癸亥年十月二十九日辰時，卒於同治丙寅年十月初二日子時。囲立祖，葬於西直門外聚善村祖塋之左。另立石牌樓一座，恭錄奉天誥命。又立石碑一統，石桌一分，石月臺一座，寶頂一座，松墻、祖樹、儀行樹，立丙山壬向，兼丁巳丁亥分金，坐張星十三度，向危星十一度。

"公，天姿明朗，疏暢機圓。品行端方，勤儉處事。和宗睦族，利物濟人。仗義疏財，富而不驕。存心敦厚，教子義方。德惠於人，無不誠敬。公年始十六，即在圓明園樣式房學習世傳差務。奮力勤勉，不辭勞瘁。於道光乙酉年正月十五日，公之先考仙游。謹遵遺言，差務慎重，惟恐辦理失當，隨將掌案名目移與他人承辦[①]。公仍竭盡心力，不分朝夕，兢兢業業二十餘載，辛苦備嘗。復於道光己酉，旋將掌案差事正廻。足見志高遠大，移而不遺，光宗耀祖，啓裕子孫。於咸豐八年遵旨籌餉報捐從九品銜，同治元年七月十九日，恭逢覃恩，貤贈五品銜奉政大夫、晋封朝議大夫。"例授文林郎、候選知縣世愚姪容裕謹撰。

娶尹氏，行二（同治二年七月誥封五品奉政宜人，光緒元年七月，誥封二品榮祿夫人，恭詣誥命二軸）。生於嘉慶甲子年二月初十日子時。生子，思起、思振、思泰、思森、思茂（少亡）。生女，長女行二，適燕岐瑞；次女行三，少亡；三女行五，適王多齡。

"賢哉德配，性敏慈厚。淑貞堪羨，孝道宜遵。勤儉持家，上侍無違。下訓義方，惠愛待人。和睦族親，一堂福祿。雙壽延洪，古齡兆瑞。"

誥封宜人尹太夫人雷老伯母大人慈鑒。

---

① 雷景修的父親雷家璽於道光五年（公元1825年）病逝之前，出於謹慎起見，擔心雷景修年幼缺乏經驗而難以勝任掌案工作，便留下遺言，將掌案名目移交同事郭九承辦。雷景修自居其下，并不以爲意，誠心接受郭九指派的事務，繼續學習樣式房工作。二十餘年間，雷景修嘗盡千辛萬苦，終於全面繼承了樣式雷的建築技藝，具備了豐富經驗。到道光二十九年（公元1849年），郭九逝世多年之後，年屆四十六歲的雷景修終於又爭回祖傳的樣式房掌案。參見張寶章編著《雷動星流：樣式雷傳》第11頁，文物出版社2004年4月版。

例授文林郎、候選知縣、世愚姪容裕謹撰。

顯考在世時，於同治四年（1866年）春，恭修雷氏祖塋，向前沿洦岸，並修如意圍屏，栽門槐圍屏松樹，各墓均修改爲寶頂十八座，並由東直門北新倉將祖塋地契二十七畝紅契尊藏祠堂。由道光二十一年（1842年）至同治五年（1867年），將雷氏歷代族譜並世系圖均將合族支譜手抄成譜。二十餘年苦心苦志，幸皆告成。燕序一堂，以光千載，實公一生之德政也。

大清同治二年（1864年）七月初八日恭請敕書。

奉天承運

皇帝制曰：考績報洧【循】良之最，用獎臣勞；推恩溯積累之遺，載揚祖澤。爾雷景修，廼布政司理問銜加二級。雷廷昌之祖父，錫光有慶，樹德務滋。嗣清白之芳聲，澤留再世；衍弓【兮】裘之令緒，篤祐一堂。

茲以覃恩，貤封爾爲奉政大夫之職，錫之誥命。於戲！聿修念祖，膺茂典而益勵新猷；有穀貽孫，荷殊恩而式彰舊德。

奉天承運

皇帝制曰：册府酬庸，聿著人臣之懋績，德門輯慶，式昭太母之芳徽。爾尹氏廼布政司理問銜加二級。雷廷昌之祖母，箴誠揚芬，珩璜表德。職勤內助，宜家以著其賢聲；澤裕後昆，錫類式承乎嘉命。

茲以覃恩，貤封爾爲奉政宜人。於戲！播徽音于彤管，壺範彌光；膺異數于紫泥，母儀益懋。

大清同治六年（1868年）秋九月初六日吉旦，子男思起恭錄悲撰。

父考一生爲子孫，受盡萬千苦難，有誰知曉；

子男半世未孝養，忙然終日不醒，無報深恩。子男思起悲撰。

愛兒施慈心，萬語千言，費盡精神，深仁厚澤意；

愧心四箇子，一毫不知，顧復大恩，空生天地間。

規矩準繩，正己化人，平生謹慎思當日；

守分安常，慈愛爲心，勤儉持家至此時。子男思起泣血悲撰。

惟祖有德，繼續陰功，是訓是行成百代；

歷世重光，輝華方寸，有典有則在一身。子男思森悲撰。

大富貴亦壽考，羨孝子慈孫同堂四五代；

頌康疆，而逢吉，看守成創業享福六十年。姨姪楊兆奎頓首拜撰。

仁德永念，品高望重，忠厚可風，福備哀榮；

空憶音容，庭訓常思，德高望重，德壽兼全。姨姪湯殿英、湯殿芳頓首拜撰。

紫府魂歸，薤露淒涼傷此日；

黃泉路隔，英風磊落憶當年。姪孫婿孫廣順敬撰。

緬想高風，德粹行純增我痛；

睦懷俠骨，星沉月暗起人悲。姪孫雷廷儀泣稽首撰。

祖德宗功，克儉克勤，創就有餘之業；

慎終追遠，盡禮盡義，難答罔極之恩。子男思森悲撰。

心未誠，心未竭，醫藥未能安全，是四箇大罪人，空生天地；

言可傳，行可法，德容可以瞻仰，乃一家活神像，永保兒孫。

子男思泰、思起、思振、思森悲撰。

景修公像

皇清晋封中憲大夫，誥封二品榮祿大夫之職，享年六十四壽。

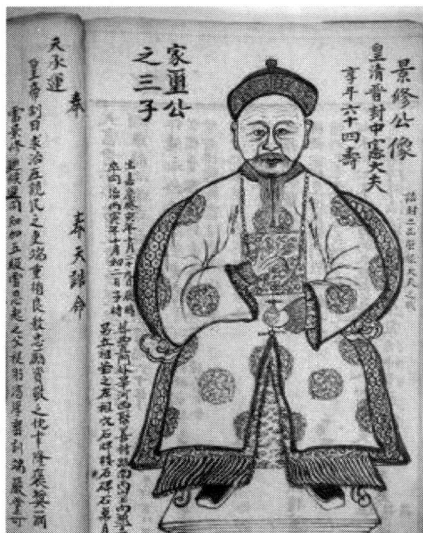

《雷氏族谱》样式雷第五代雷景修画像

家璽公之三子，生嘉慶癸未年十月二十九日辰時，卒同治丙寅年十月初二日子時，葬西直門外旱河西聚善村路南，丙山壬向，兼丁巳丁亥，另立祖塋之左祖穴，石牌樓、石碑、石桌、月臺。

奉天誥命。

奉天承運，皇帝制曰：求治在親民之吏，端重循【循】良；教忠勵資敬之忱，聿隆褒獎。爾雷景修乃{廼}候選同知加五級。雷思起之父，緹躬淳厚，垂【垂】訓端嚴。業可開先，式穀乃宣猷之本；澤堪啓後，貽謀裕作牧之方。茲以覃恩，贈爾爲通奉大夫，錫之誥命。於戲！克承清白之風，嘉茲報政；用慰顯揚之志，昭乃遺謨。

奉天承運，皇帝制曰：朝廷重民社之司，功推循【循】吏；臣子凜冰淵之操，教本慈闈。爾尹氏乃{廼}候選同知加五級。雷思起之母，淑慎其儀，柔嘉維則。宣訓詞於朝夕，不忘育子之勤；集慶澤於門閭，式被自天之寵。茲以覃恩，封爾爲夫人。於戲！仰酬顧復之恩，勉思撫字；載煥絲綸之色，用慰劬勞。

光緒元年（1875年）七月十九日候選同知加五級誥封通奉大夫子思起敬錄。

第五十一世

誥封奉政大夫、誥封榮祿大夫之職。

景修公之長子，思起①，字永榮，號禹門，行三，由監生加捐州同銜，加捐候選同知。生於道光丙戌年六月十二日子時，卒於光緒二年十一月初四日寅時。皇清晉封榮祿大夫，享年五十一壽。

同治四年（1866年）九月二十二日　奉上諭

朕　至

定陵瞻仰，規制閎崇明備，所有在工出力人員，著承修大臣擇尤保奏，候旨施恩。欽此。十月十六日，恭親王等遵旨保舉在工出力人員呈覽一摺。

定陵工程，自咸豐九年三月諏吉開工，時經數載。在事人員，均能敦謹將事，於迅速之中，備求詳慎，尚屬著有微勞，自應量加獎敘。樣式房②監生雷思起著。奉旨賞加鹽大使銜。欽此。

同治十三年（1875年）四月十八日。

奉旨召見一次，五月初六、八日同{仝}子廷昌召見五次，因園庭工程。

雷氏重修遷居金陵復遷居北京世錄　卷貳

---

① 據朱啟鈐《樣式雷考》記載：樣式雷第六代雷思起"同治四年，以定陵工程出力，以監生賞鹽大使銜。思起自記，同治十三年因園庭工程進呈圖樣與子廷昌蒙召見五次。蓋其時有修復圓明園之議也。"

② 樣式房係清代皇帝欽派承修大臣組建的工程處下設機構，負責皇廷修繕工程的建築設計、燙樣（模型）、繪圖。樣式房是獨立的機構，由掌班負責，受聘於皇家建築工程。建築世家樣式雷即便是這樣的樣式房。

咸豐九年（1860年）四月，因籌餉例報捐監生，戶部、國子監給執照二張。同治二年（1864年）八月，因子廷昌授布理銜，貤封爲奉政大夫。

"公，天生聰明，通達時務。爲守兼優，歷練多成。節儉持家，渾厚待人。志氣凌雲，氣度仁端。和藹處世，訓子一精。惠愛於人，見義而爲。識機遇眾，偉棟之材。豪富不伸，是人心敬。公所爲諸事，誠可謂精明于渾厚，處世和平。樑材深難限，富貴更無窮。恭惟禹門三兄仁大人四十之壽。"

年眷弟藍翎鹽大使、候選知縣容裕拜撰。

娶楊氏，生於道光丙戌年十二月二十日巳時，卒於咸豐壬子年三月二十六日申時，葬聚善村先塋昭一穴。誥封二品夫人，誥封奉政五品宜人，享年二十七壽。爲人方正，實心苦志，命薄遇艱，未得時喪命，實堪讚詠。生子廷昌，及年時授職，未能目見，是以請封英，追封宜人，以報母恩。生子，廷昌、廷增（少亡）、廷發（少亡）。生女，盛姐（少亡），三姐（少亡）。

續娶劉氏，生道光十一年辛卯六月三十日午時，卒咸豐六年丙辰六月二十日未時，享年二十六壽。溫柔渾厚，誥封奉政宜人，合葬聚善村先塋昭一穴。生一子（夭亡）。生一女，秀姐（少亡）。

又續娶白氏，生道光壬辰年九月初八日寅時，卒咸豐戊午年二月十七日卯時，享年二十七壽。明白賢良，心氣和平，誥封奉政宜人，合葬聚善村先塋昭一穴。生一子，廷輝，夭亡。

又續娶閆氏，誥封奉政五品宜人，誥封二品夫人。生於道光壬辰年又九月初九日未時。生子，廷達（少亡）。生女，福姐（少亡）、九兒（少亡）。女，冬姐，生於同治元年九月十七寅時，行三，十九歲出嫁於翁宅三爺。品行正直、端芳【方】，心氣和平。

第五十二世

咸豐九年六月二十一日國子監爲請旨給發監照事，准戶部知照。雷思起，係順天府宛平縣人，年三十四歲，由俊秀准作監生，由戶部捐銅局給照一張，國子監領照一張。因同治十年二月初九日捐州同銜，戶部繳回監照一張。安徽總局今據監生雷思起，係順天府宛平縣人，年四十六歲，遵例報捐州同職銜，照數交半【米】十八石，艮【銀】九十兩，兌上庫，年收領照一張。又於光緒元年八月二十日，半戶部爲遵旨事，據雷思起今遵例補足監生四成實銀四十三兩，所捐銀兩七月二十八日由戶部捐銅局收訖，換給執照一張。又，於光緒元年九月初七日，戶部爲遵旨事，據安徽巡撫冊報州同銜雷思起，順天府宛平縣人，年五十歲。遵籌餉例捐米二百七十六石，捐艮【銀】一千【仟】三百八十四兩二千【錢】，又在京捐銅局補交監生四成實銀，准以同知雙月選用。所捐銀兩收訖，相應換給執照一張。又，於九月，戶部爲遵旨事，據安徽巡撫冊報，候選同知雷思起，順天府宛平縣人，年五十歲，捐米一百七十七石六斗，捐銀八百八十兩，准予加五級，並請封祖父、祖母、父母本身妻室從二品。

覃恩封典，所捐銀兩收訖，相應換給照一張。欽命安徽巡撫部院兼提督軍門裕在安慶皖捐總局覆明，同部給獎，奉部頒照。

同治二年八月十五日戶部爲遵（監照二張戶部徵收存案）旨事，據俊秀雷廷昌報捐監生，並捐布政司理問銜，又遵例捐加二級，請以祖父母、父母從五品。

覃恩封典，銀二百七十六兩、票二百七十六兩。所捐銀兩于二年七月初八日，由戶部捐銅局收訖，相應換給執照一張。同治十年四月十一日，遵例補足監生四成實銀四十三兩。三月十三日收訖，發給執照一張。

戶部爲遵旨事，據西征糧台冊報布政司理問銜雷廷昌，順天府宛平縣人，捐年廿六歲，捐實銀四百五兩三錢二分，又在捐銅局補交監生四成實銀，准以州同，不論雙、單月選用。所捐銀兩，照數收訖，相應給照一張。欽命辦理西征糧台兼管甘捐總局三品銜、翰林院侍講學士袁爲發給實收事。光緒二年三月廿八日在皖捐總局覆明，同部給獎奉部頒照。

戶部爲遵旨事，據安徽巡撫冊報候選州同雷廷昌，順天府宛平縣人，年卅二歲，遵籌餉例，捐米二百七十七石五斗，餉票銀一千【仟】三百八十七兩五十【錢】，准以大理寺寺丞，不論雙、單月免保舉{牽}，所捐銀米收訖，相應發給實收照一張，由戶部換給京照一張。兵部侍郎兼都察院右副都御史、安徽巡撫部院提督軍門總理糧餉裕爲發給實收照。

第五十二世

思起公之長子，廷昌，字輔臣，行大，又字恩綏。生於道光乙巳年十一月二十三日丑時。娶吳氏，生於道光癸卯年九月二十七日寅時，卒於光緒庚辰年五月十三日巳時。生子，獻光。生女，□□。繼娶丁氏，咸豐八年八月廿一日酉時生人。

由監生捐布理銜，又加捐，不論雙單月，候選州同。光緒二年，由州同改捐京職，授大理寺寺丞。

光緒三年七月二十日寅時，惠陵金券合龍，隆恩殿上梁①。八月廿九日，軍機大臣奉旨，著准其保獎。欽此。欽遵，伏查惠陵工程，自光緒元年八月開工以來，甫經三年，規模已備。該在工人等均能無間寒暑，竭力殫心，俾典禮所關，同時并舉。誠能於迅速之中倍求妥慎，實屬異常出力。現蒙恩准，仰見聖恩優渥，不沒微勞之至意。臣奕等督辦要工，更得指臂之助矣，以示鼓勵。所有遵旨保獎，在工出力人員緣由，謹恭摺具奏，伏乞皇太后聖鑒訓示行。謹奏。

樣式房當差人候選大理寺寺丞雷廷昌賞加員外郎銜。

恭親王奕、吏部左侍郎恩、醇親王奕、戶部左侍郎榮、戶部尚書魁五堂保奏。

第五十三世

廷昌公之長子，獻光，字□□，行大（少亡）。生於同治甲子年六月初四日卯時，卒於同治乙丑年七月初四日辰時，葬於西直門外聚善村祖塋之東南，乙山辛向。

第五十二世

思起公之五子，廷達，字□□，生於同治甲子年八月初六日寅時，卒於同治丙寅年六月十四日丑時，葬於聚善村之東南，乙山辛向。

第五十三世

廷昌公之次子，獻彩，字霞峰，行大，監生。生於光緒三年六月二十八日子時生人。娶關氏，生於光緒元年七月二十日，無出。續娶徐，生於同治十一年六月二十二日，無出。

廷昌公之三子，獻瑞，號雲峰，生於光緒丁亥七月二十九日。娶趙氏，生於光緒乙酉年九月十二日。生子，文桂。

廷昌公之五子，獻春，號瑞金，生於光緒庚寅年六月初九日。娶田氏，生於光緒辛卯年八月十三日。生子，文樹。續娶王氏，生於光緒丁酉年五月十一日，無出。

廷昌公之六子，獻華，號蔭棠，生於光緒辛卯年十月十五日。娶史氏，生於光緒戊子年臘月二十二日，無出。續娶高氏，生於光緒丁未八月十九日。生

---

① 據朱啓鈐《樣式雷考》記載：樣式雷第七代雷廷昌"光緒三年，惠陵金券合龍、隆恩殿上梁，廷昌適供差樣式房。以候選大理寺丞，列保賞加員外郎銜。後納資祖父母、父母捐請二品封典，匠家子孫遂列在縉紳。斯時大工，正當普祥、普陀陵工方起，三海、萬壽山慶典工程又先後踵興，內而王公貴胄，外而疆吏富商，捐資報效，鬐金請益者，踵接于門，樣式雷之聲名，至思起、廷昌父子兩代而益彰，亦最爲朝官所側目"。

子，文龍。

第五十四世

　　獻瑞公之長子，文桂，號月武，生於宣統己酉年八月十七日。娶常氏，生於宣統己酉年八月十七日。生子，成章。

　　獻春公之長子，文相，生於民國七年戊午臘月二十四日。

　　獻華公之長子，文龍，生於民國二十一年壬申臘月二十九日。

第五十五世

　　文桂公之長子，成章，生於民國十八年己巳八月十七日。

第五十一世

　　景修公之次子，思振，字永華，行四，號麟圃，生於道光丁亥年八月十三日未時，卒於同治戊辰年六月十三日午時，享年四十二壽。葬於聚善村先塋穆一穴，丙山壬向，兼丁巳丁亥分金。娶王氏，生於道光乙酉年十二月十二日戌時，卒於同治己巳年七月十五日巳時，合葬聚善村。生子，□□。生女，榮姐。妾賈氏，生道光戊申年十一月二十日日寅時。生子，廷煜。生女，換子（同治丙寅年六月初四日□時生人）。

第五十二世

　　思振公之長子，廷煜，字□□，行五，生於同治戊辰年九月二十五日未時。

第五十一世

　　景修公之三子，思泰，字永錦，行五，號雨亭，捐授從九品賞加五品銜，生於道光庚寅年三月初三日未時。娶馬氏，生於道光辛卯年五月十三日子時，卒於同治十一年三月初六日丑時。續娶沈氏，生於道光丁酉年□月□日。生子，廷芳、廷蘭（少亡）、廷霖、廷椿【荃】（少亡）。生女，桂姐（少亡）。

第五十二世

　　思泰公之長子，廷芳，字輔■，行二，欽加六品頂戴，惠陵金券合龍，大殿上梁保獎，監生雷廷芳以巡檢選用。生於咸豐甲寅年九月十七日戌時。娶王氏，生於咸豐戊午年三月二十日時。

第五十二世

　　思泰公之次子，廷蘭，生、卒無考。

第五十二世

　　思泰公之三子，廷霖，字□□，行四，生於同治癸亥年五月二十四日午時。

思泰公之四子，廷荃，字□□，行五，生於同治八（丙寅）年五月十七日午時，卒於同治十一年十一月，八歲。葬聚善村東南二畝地，乙山辛向。

廷芳公之長子，獻英，字仲傑，行二，生於光緒五年五月十日日酉時。

第五十一世

景修公之四子，思森，字永春，行七，捐授從九品，生於道光癸巳年十月二十日丑時。娶馮氏，生於道光乙未年八月十三日戌時，卒於咸豐己未年三月十六日子時，合葬聚善村穆二穴。生子，廷正（少亡）。生女，長女，行大；次女 來姐（少亡，葬於西直門外聚善村祖塋之東南）。

續娶于氏，生於道光壬辰年十二月二十四日子時，卒於咸豐辛酉年五月十一日丑時，合葬聚善村。又續娶李氏，生於道光戊戌年七月二十五日酉時。妾張氏，生於咸豐甲寅年八月二十二日□時。生子，廷鐸、廷秀。生女，秋姐（同治二年八月初二日□時生人）、奎姐（少亡）、三福姐（生於光緒三年六月十二日未時）。

第五十二世

思森公之長子，廷正，字輔齊，行三，生於咸豐丙辰年四月二十二日戌時，卒於同治甲子年九月十一日辰時，葬於西直門外聚善村東南二畝地第一穴祖塋之東南，乙山辛向。

"嗚呼！廷正，品量特超。賦性仁義，立志賢豪。祖父喜其溫厚，奴僕愛其不驕。正當光前裕後，繼祖德於萬代；竭誠盡致，酬聖澤於當朝。哀此髫齡游世，祖父痛之而腸斷；童子仙游，親友聞之而心焦。嗚呼廷正！品量特超。"業師獻縣鄧紹周謹識。

第五十二世

思森公之次子，廷鐸，字□□，生於同治乙丑年十月初七日午時，卒於同治丙寅年四月十五日午時。

思森公之長女，來姐，生於咸豐三年癸丑六月初四日巳時，卒於光緒元年乙亥二月十一日子時。"嗚呼，淑女之罕見也，自古然矣。今來姐大姑娘，幼而失母，苦已極矣。幸蒙祖母養育之恩，一十六載，祖慈孫孝，極書【盡】言歡。閨訓閫儀，淑慎端嚴。有才有德，魁出眾女之班；謹言慎行，昭著一門之瞻。推來女孝心之篤，品貌之端，女工之巧，幽閑貞靜，純一不貳。乃年逾及笄，猶未擇婚，不幸而逝，應為仙女。嗚呼！淑女之罕見也，可不痛哉！"山左海邑附貢生徐寬義謹撰。

思森公之三子，廷秀，生於同治九年五月廿三日午時。

第五十一世

景修公之五子，思茂，字□□，行十，生於道光癸卯年三月十四日巳時，卒於道光丁未年三月初三日午時，葬於海甸【淀】辛莊東邊大道之東，乾山巽向。

景修公之長女，雷氏燕室①，生於道光三年癸未九月初四日戌時，卒於咸豐十年庚申八月二十四日巳時，葬於西直門外東村王家莊，係燕宅祖塋，坐東向西。燕氏行二。

"平生行中，慮言中倫。任天而動，率意而行。性情平和，與人無忤，與事無爭。行己以恭，待人以謙，可謂賢德矣。由道光二十年十七歲適燕岐瑞為妻，太姑暨翁姑均投緣分，晝夜侍奉無違。翁先故去，太姑數年後亦故去。惟侍奉孀，姑自己親生二男二女亦皆亡故。憂思勤苦二十二載，言不盡也。咸豐十年八月二十二日申刻【亥】，因夷人到圓明園，二十三、四日，土匪構串夷人，在海淀【甸】等處放火搶奪，橫行不法。姑對闔家婦女言道："盡節殉難，乃保貞節"。雷氏聞聽姑言，並無懼色。向姑言道："姑即不說，兒婦早有此心，不敢向姑血【恤】，闔家早言盡節之事，惟恐眾人有求生之意，不忍捐軀。"後於二十四日，夷人土匪各處搶奪放火，姑又向闔家言："夷人已到，火光四起，事已如此，應殉難全節。"雷氏一聞此言，先至屋內，然後闔家老幼男婦十六口，亦全全{同}進屋內關閉門戶，自己將房屋焚燒，同時俱皆殉難盡節。殊堪憫惻，奉旨旌表。

胞弟思泰、思起、思振、思森全{同}頓首敬書

步軍統領衙門奏，據中營副將陳良才稟，據武生燕岐俊呈稱，竊父燕桂②，現任中營暢春園汛千總，本年八月間在汛彈壓土匪。因夷人焚毀海淀街巷，迎至下窪子地方，砍倒夷人數名，力不能支，當時被夷人亂刀刺死，尸骸被焚。伊叔八品頂帶燕茂林亦被夷人砍死，尸骸被焚，並將伊伯母劉氏等一併焚死等情。前

①　燕雷氏，生於道光三年（公元1823年），乃雷景修長女，有雷門烈女之稱。道光二十年（公元1840年），年十七歲即嫁給中營暢春園汛千總燕桂之子燕岐瑞為妻。在英法聯軍侵略海淀時，同燕家十六口人壯烈殉難。

②　清康熙年間，為維護京城社會治安，設立步軍統領衙門，下轄巡捕南北中三營，後改為中南北左右五營。海淀鎮原屬巡捕南營，後改歸中營。中營下轄圓明園汛、暢春園汛、樹村汛、靜明園汛、樂善園汛等。燕桂當圓明園汛千總，官階六品。

來查千總閤家十六口慘遭凶暴，同時被害，實堪憫惻，奏請議恤等因一摺。

十一月二十三日，奉上諭，瑞常等奏，千總閤家遇害，懇請議卹一摺。八月間，海淀被擾，中營千總燕桂全家十六口同時被難殉節，情殊可憫。千總燕桂及其親屬八品頂帶燕茂林、燕岐源、燕劉氏、燕馬氏、燕陳氏、燕雷氏、燕劉氏、燕王氏、燕石氏、大妞、三妞、小妞、四妞、九連、二紅，均著交部分別旌卹。欽此。

第四十九世

聲澂公之三子，家瑞，字徵祥，行三，生於乾隆庚寅年六月二十日丑時（乾隆三十五年），卒於道光庚寅年十月二十六日巳時。葬順天府宛平縣西直門外小煤廠地方，子山午向，兼癸丁。

"公，品行正直，聰敏好學，志氣高而貽謀遠。公年登四十有五，親赴江西，重修大成宗譜，以承先志。光前有略，裕後惟勤。和宗睦族，鄉黨所仰。訓子姪有義方，隱德而耀，皆公之德也。"世姻姪陳克乾恭撰記。

娶婁氏，無出，生於乾隆甲午年十二月初七日丑時，卒於道光己丑年三月十五日丑時，合葬宛平縣小煤廠。

副娶王氏，生於乾隆戊申十月二十六日亥時，卒於道光壬寅二月初六日亥時，合葬小煤廠。生三子，懿修、惠修、志修。生三女，長適婁，二少亡，三行二，適郭。

第五十世

家瑞公之長子，懿修，字先武，號秉彝，行五，生嘉慶癸酉年七月十八日子時，卒同治□□年□□月□日。娶王氏，生於嘉慶甲戌年六月二十三日寅時，卒於道光丙申年七月二十一日未時。生一子，松兒（少亡）。

續娶樊氏，生於嘉慶癸酉年六月初三日。生子，思墉、思坤。生女，芝兒。

第五十一世

懿修公之長子，思墉，字□□，行大，生於道光庚子年七月廿七日辰時。娶杜氏，生於道光戊戌年六月十八日酉時。生子，甲廷，次子（少亡）。生女，□□。

第五十二世

思墉公之長子，甲廷，字□□，行□□，生於咸豐庚申年十一月初六日未時。

第五十一世

  懿修公之次子，思坤，字□□，行三，出繼胞叔志修爲嗣，生於道光乙巳年七月初九日酉時，卒於光緒丙子年正月十三，死於新店之南，因不法村人殺死，曾氏囮曾家，著弟並兄告縣，找回死身，葬小煤廠。娶曾氏，生於道光丁未年八月十二日亥時。

第五十世

  家瑞公之次子，惠修，字先魁，號□□，行六，生於嘉慶丙子年三月十三日辰時。娶梁氏，生於嘉慶乙亥十二月廿一日子時，卒於同治丁卯正月初八日申時。生子，狗兒（少亡）、二存（少亡）、思圭、思垣。生女，春兒（少亡）。

第五十一世

  惠修公之三子，思圭，字□□，行四，生於道光丙午年十一月二十九日戌時。

  娶申氏，生於道光申辰年十一月十一日子時，卒於同治癸亥年十二月十七日寅時，葬於□□。續娶朱氏，生於道光乙巳年二月二十九日辰時。

第五十一世

  惠修公之四子，思垣，字□□，行五，生於道光庚戌年六月初五日時。娶羅氏，生子，□□。

第五十世

  家瑞公之三子，志修，字先立，號□□，行七，生於道光壬午七月廿四日辰時，卒於同治丁卯十一月初十日子時，葬小煤廠昭二穴，子山午向，丙子丙午。娶王氏，生嘉慶庚辰年正月初七日未時。生子，思培；生女，□□。

第五十一世

  志修公之長子，思培，字□□，行二，生於道光壬寅年十二月二十六日午時，卒於同治丙寅年正月二十八日午時。葬於□□。娶李氏，生於道光辛丑年三月十七日亥時。生子，大廷（少亡）。生女，秋姐（少亡）。

第五十二世

  思培公之長子，大廷，生於咸豐庚申年四月二十三日酉時，卒於同治丙寅年正月初八日卯時。

第四十七世

  發達公之次子，金昇，立胞弟金鳴公之三子聲藻為嗣，字繼生，行二，生康熙三年九月初七日寅時，卒康熙五十八年五月廿七日酉時，葬江蘇江寧府江

寧縣鳳台門外麻田少家莊。娶夏氏，生康熙戊申三月初三日亥時，卒雍正丙午八月廿五日子時，合葬麻田少家莊。生一子，聲溥，図。

第四十八世

　　金昇公之長子，聲溥，無出，國學生、候補州同，字□□、行□□、生子、葬、配，俱無攷。

第四十八世

　　金昇公之嗣子，聲藻，字芹友，行八，生康熙癸未十月初三日。娶涂氏，生康熙壬午九月十二日，俱厝葬江蘇江寧府江寧縣安德門外西善橋。生六子，家球、家珠、家瑚、家瑛【瑗】、家珊、家璞。生一女，適尤。

第四十九世

　　聲藻公之長子，球，字樹三，生康熙庚子九月初一日，葬海淀黑和尚廟後身，卒乾隆己巳三月初五日，葬無攷。立胞弟家球公長子先煜爲嗣。娶劉氏、彭氏，生康熙庚子十二月初三日，卒、葬俱無攷。

第五十世

　　家球公之嗣子，先煜，字□□，行□□。生、卒、葬、配、嗣，無攷。

第四十九世

　　聲藻公之次子，家珠，字禹璧，生康熙壬寅五月初十日，卒、葬、嗣無攷。

　　娶胡氏，生、卒、葬、嗣，俱無攷。

第四十九世

　　聲藻公之三子，家瑚，字尚賓，生雍正甲辰七月初七日，卒、葬，俱無考。娶曹氏，生雍正乙巳十月初三日，卒、葬，俱無攷。生一子，先煜，出繼長房。

第四十九世

　　聲藻公之四子，家瑗，字銳三，生雍正丙午十月二十五日，卒、葬、嗣，俱無攷。娶吳氏，生、卒、葬、嗣，俱無攷。

第四十九世

　　聲藻公之五子，家珊，生雍正己酉正月初十日，字、卒、葬、嗣，俱無考。娶韓氏，生雍正辛亥四月初十日，卒、葬、嗣，俱無攷。

第四十九世

　　聲藻公之六子，家璞，未娶，卒，生雍正癸丑九月初三，字□□，卒、葬俱無攷。

第四十七世

發達公之幼子，金鳴，字麟生，行三，生康熙壬子七月初六日寅時，卒乾隆丁巳正月十九日戌時，葬江蘇江寧府江寧縣安德門外西善橋塋地正面第二穴，坤山艮向。娶王氏，生康熙丙辰三月初十日寅時，卒乾隆甲子十一月二十四日辰時，合葬江寧縣西善橋。生四子，聲浚、聲潤、聲藻（出繼二房，出繼於兄金昇公爲嗣）、聲浩。生一女，適周。

第四十八世

金鳴公之長子，聲浚，字鼓萬，行大，候補經廳，生康熙戊寅九月二十日，卒無攷，葬江蘇江寧府江寧縣安德門外西善橋，坤山艮向。娶施氏，生康熙辛巳年三月二十八日，卒無攷，合葬江寧縣西善橋。生一子，家璉。

第四十九世

聲浚公之長子，家璉，字景蘧，生雍正甲辰三月初四日，卒，葬□□。娶蔣氏，生雍正甲辰三月初四日，卒，葬□□。生子，生女，無攷。

第四十八世

金鳴公之次子，聲潤，字德徵，行五，生康熙辛巳年十二月二十二日亥時，卒乾隆辛未年閏五月二十二日巳時，葬順天府宛平縣西直門外聚善村塋地正穴，丙山壬向，兼子午三分。

娶吳氏，行大，無出，生康熙壬午年六月二十六日午時，卒雍正丙午年十一月十八日申時。續娶吳氏，行九，無出。生康熙壬辰正月初二日寅時，卒乾隆丙辰四月十八日丑時。

又娶艾氏，行七，生康熙癸巳年十二月初三日子時，卒乾隆壬申年六月十九日未時，俱合葬宛平縣聚善村，正穴丙山壬向，兼子午三分。生三子，家琮、家璜、家瑾。生二女，長適龍；二，字王，未嫁，卒。

第四十九世

聲潤公之長子，家琮，字禮黃，行大，邑廩膳生，候選訓導。生雍正庚戌年九月初一日午時，卒嘉慶丁巳年十一月十三日子時，葬順天府宛平縣西直門外聚善村昭二穴，丙山壬向，兼子午三分。娶郭氏，無出，生雍正庚戌年正月十五日，卒□□，厝葬江蘇江寧府江寧縣安德門外西善橋。繼娶張氏，生雍正癸丑年十月初五日亥時，卒嘉慶庚申正月二十三日卯時，合葬宛平縣聚善村。

生二子，慎修、敬修（未娶，卒，行四，生乾隆庚辰年五月十九日，卒、葬無攷）。生一女，五（未嫁，卒）。

第五十世

家琮公之長子，慎修，字永之，行三，邑庠生，生乾隆丁丑年六月初六日寅時，卒嘉慶丙寅年五月十五日申時，葬□□。娶陳氏，生乾隆辛巳年十一月十五日，卒嘉慶癸酉年十月初四日，葬□□。生一子，思翀。

第五十一世

慎修公之長子，思翀，字新甫，生乾隆丁未年九月初五日亥時，歿於道光壬辰九月十七日申時，葬於西直門外石佛寺之西，官道路北。娶王氏，生嘉慶戊午年六月十四日未時，卒同治丁卯六年七月二十六日巳時，合葬石佛寺之西，官道路北。無出，歿時，槐樹街嬸母尹太宜人給杉木棺一口。

第四十九世

聲潤公之次子，家璜，字啓東，行二。生乾隆丁巳年正月十八日未時，卒嘉慶甲子年五月初二日戌時，葬順天府宛平縣西直門外聚善村昭三穴，丙山壬向，兼子午三分。國學生（道光十五年十月初十日恭遇覃恩，貤贈武德佐騎尉，又道光三十年正月二十六日恭遇覃恩，貤贈奉政大夫）

娶張氏，生乾隆戊午年正月二十六日，覃恩，貤贈宜人，卒道光壬午年十月廿五日寅時。覃恩，又貤贈宜人，合葬宛平縣聚善村。生四女，長適龍，二適吳，五適鄭，六適張。副娶張氏，生乾隆乙丑年十月初二日，卒道光甲申年閏七月初六日辰時，合葬宛平縣聚善村。覃恩，又貤贈宜人。生三子，克修、允【九】修（未娶，卒）、勤修（未娶，卒）。生二女，長，五，俱未字，歿。

第五十世

家璜公之長子，克修，字雨田，行五，邑庠生（由四庫館議叙，選授河南信陽州①州同，道光十五年十月初十日恭遇覃恩，誥贈武德佐騎尉。又道光三十年正月二十六日，恭遇覃恩，誥贈奉政大夫）。生乾隆壬辰六月初八日寅時，

---

① 信陽州，元初改信陽軍置，治信陽縣（今河南省信陽市）。至元十四年（公元1277）升為信陽府，十五年複為州，轄境相當今河南省羅山、信陽等縣市，屬汝寧府。據《中國古今地名大辭典》第2217頁，上海辭書出版社2005年7月版。

卒道光庚戌二月初九日子時，葬通州五里橋[1]，甲山庚向，兼三分卯酉。

娶李氏，生乾隆甲午年四月初二日未時，卒咸豐壬子年十二月初二日酉時，合葬通州五里橋，甲山庚向，兼三分。覃恩，貤贈宜人，又贈宜人。生三子，思忠、思立、思曾（順格）。生三女，大適程，二適王，三未字，殁。

第五十一世

克修公之長子，思忠，立胞弟思立長子定兒爲嗣（定兒少亡，又繼胞弟思立第三子廷和爲嗣，又繼弟六子廷揚維【爲】嗣）。字竹坪，行大，布政司理問職銜。生嘉慶辛酉十月初四日寅時，卒嘉慶庚辰年正月十五子時，葬順天府通州五里橋昭一穴，甲山庚向，兼卯酉三分。

娶邵氏，生嘉慶辛酉年四月二十七日辰時，卒同治甲子年冬月十七日未時，合葬順天府五里橋昭一穴，甲山庚向，兼卯酉三分。

第五十二世

思忠公之嗣子，廷和，行三，字時中，號泰庵。生道光辛丑年閏三月二十六日申時，卒咸豐庚申十月十七日寅時，葬通州五里橋，甲山庚向，兼三分。娶丁氏，生道光戊戌年五月二十三日辰時。生子，□□。生女，香姐。

第五十一世

克修公之次子，思立，字知定，號謹堂，行二。生嘉慶甲子年十二月十三日戌時，京營千總，候補西便門守府。公正清廉，正直無私，處事和平，光明正大。卒同治丙寅年四月初七日午時，葬順天府通州五里橋，甲山庚向，兼三分。

娶武氏，生嘉慶乙丑年九月初一日，卒道光壬辰年六月初七日亥時，合葬順天府通州五里橋，甲山庚向。生子，定兒，出繼長房（原文字樣全部刪去，改寫少亡）。生二女，大適王朝明；二適王□□。

繼娶史氏，生嘉慶甲戌年四月初四日卯時，卒道光己酉年八月二十日卯時，合葬順天府通州五里橋，甲山庚向。生子，廷選、廷和（出繼長房）、廷儀、長兒（少亡）。生女五，適張。

側室郭氏，生道光丙申年五月十三日寅時。生子，廷揚（出繼長房）、廷珍、十一兒。生女，大（少亡）。

---

① 五里橋，現北京市通州區所在地。金天德三年（公元1151年）置通州爲州治，明洪武元年（公元1368年）撤潞縣入通州，正統十年（公元1449年）在州城西南築新城，清康熙九年（1670年）重修。通州向爲金、元、明、清四代京東漕運倉儲重地，1913年改州爲縣，隸屬河北省，現爲北京市片區。據《中國古今地名大詞典》第2577頁，上海辭書出版社2005年7月版。

第五十二世

思立公之次子，廷選，行二，字萬青，號簡齊。生道光庚子年四月初六日子時，卒咸豐戊午年五月十七日未時，葬通州五里橋，甲山庚向。娶韓氏，生道光己亥年七月初四日戌時。生一子，桂子（少亡）。

第五十二世

思立公之四子，廷儀，行四，字象可，號羽亭，生道光癸卯年六月十四日卯時，卒同治十二年五月初九日巳時。娶韓氏，生於道光丁未年十一月十八日□時。

第五十二世

思立公之五子，長兒，行六，生道光乙巳年十一月十五日，少亡。

第五十二世

思立公之六子，廷楊，行八，字虎臣，號子明，生咸豐乙卯年二月十四日午時。

第五十二世

思立公之七子，廷珍，行九，字□□，號□□，生咸豐戊午年十月二十七日丑時。

思立公之八子，廷梁，行十，生於同治乙丑年正月三十日戌時。

第五十一世

克修公之幼子，思會，字少沂，號青垣，行三，內閣候補中書、令補都察院都事、補倉監督任。生嘉慶壬申年九月二十二日子時，卒同治乙巳年七月初一日亥時，葬五里橋昭二穴，甲山庚向。

娶范氏，生嘉慶己巳年七月二十六日未時，卒道光辛丑年十月二十六日亥時，葬順天府通州五里橋，甲山庚向。生三女，三未字【嫁】，殀；四適朱；六適胡春圃。

繼娶杜氏，生嘉慶戊寅年五月十三日卯時，卒咸豐丁巳年四月初五日子時，葬順天府通州五里橋，甲山庚向。生子，柱兒（少亡）、廷濟、廷均、廷錫。生女七（少亡），八□□。

又續娶展氏，生□□，卒咸豐庚申年正月十八日，葬通州五里橋，甲山庚向。

第五十二世

思曾公之長子，住【柱】兒，行五，生道光乙巳年八月十三日。少亡。

第五十二世

　　思曾公之次子，廷濟，行五，字汝舟，號問川，生道光庚戌年九月二十一日辰時。娶杜氏。生子，□□。

第五十二世

　　思曾公之三子，廷均，行六，字秉之，號子方。生咸豐壬子年十月二十日子時，卒光緒元年六月初五日未時。

第五十二世

　　思曾公之四子，廷錫，行七，字□□，號□□。生咸豐乙卯年二月初一日卯時，卒光緒元年五月廿一日亥時。

第五十世

　　家璜公之次子，允{九}修，未娶，卒□□。字彥明，行六，候選從九品。生乾隆壬寅年五月十六日辰時，卒道光甲申三月廿二日戌時，暫圉順天府阜成門外甘家口村①，移葬順天府通州五里橋。

第五十世

　　家璜公之幼子，勤修，未娶，卒，行七。生乾隆丁未二月十四日巳時，卒嘉慶庚午三月十九日寅時，葬順天府東直門外五里溝。

第四十九世

　　聲潤公之幼子，家瑾，字韞華，行四。生乾隆壬戌十一月十九日子時，卒嘉慶己未十一月十二日未時，葬順天府宛平縣西直門外聚善村昭四穴，丙山壬向，兼子午三分。娶馬氏，生乾隆癸亥年八月十七日申時，卒道光癸未年二月廿八日卯時，合葬宛平縣聚善村。生三子，曰修，彥修，前修。

第五十世

　　家瑾公之長子，曰修，字永思，行五，生乾隆庚寅三月二十八日寅時。未娶，卒，葬無攷。

第五十世

　　家瑾公之次子，彥修，字直侯【侯】，行六。生乾隆壬辰五月初二日寅時，卒嘉慶丁丑五月十六日午時，葬□□。娶施氏，生乾隆丁酉正月十五日寅時，卒、葬無攷。生一子，思遠。生一女，五妞，適劉。

---

① 甘家口，現北京市海淀區甘家口街道所在地，原名甘家口村。甘家口村原屬北京海淀區玉淵潭鄉，如今建成居民大樓，爲甘家口街道所轄阜北社區，位於阜成路（阜北路）北側。

第五十一世

彥修公之長子，思遠，行三，生嘉慶戊辰十一月初六日辰時。道光二十五年十一月初九日來京言由，三十五歲。一心好善，在外雲遊，至京西西岳寺之西，相去八里大葉溝水晶宮龍王廟。道士改法，諱雷雲，號永泉。生子，□□。生女，□□。

第五十二世（闕如）

第五十世

家瑾公之幼子，前修，字邁五，行七，生乾隆丁酉正月初十日午時，卒道光乙巳八月十一日寅時，葬西直門外雙榆樹南金家墳地土山後。娶王氏，生乾隆壬寅六月十八日辰時，卒道光丙戌二月二十九日未時，合葬西直門外雙榆樹地方南金家墳地土山後。生一子，思齊。

第五十一世

前修公之長子，思齊，行大，生嘉慶戊辰二月二十日申時，卒，無攷。娶張氏，生道光癸未十一月二十三日酉時，卒，無攷。生子，□□。生女，□□。

第五十二世（空缺）

第四十八世

金鳴公之四子，聲浩，字其生，行□□，生康熙戊子十一月二十九日，卒乾隆丙戌二月十四日子時，葬江蘇江寧府安德門外西善橋，坤山艮向。娶陳氏，生康熙辛卯十月初九日辰時，卒乾隆癸卯九月二十三日，合葬江寧縣西善橋。生一子，家玠。

第四十九世

聲浩公之長子，家玠，字景衞，行大。生雍正癸丑十二月初九日，卒乾隆丙午二月三十日，葬江蘇江寧縣安德門外西善橋，坤山艮向。娶詹氏，生乾隆丙辰正月十四日子時，卒嘉慶己巳十一月二十七日，合葬江寧縣西善橋。生二子，晋修，貴修。

第五十世

家玠公之長子，晋修，字受三，行大，生乾隆丙戌七月二十日巳時。娶章氏，生乾隆丁亥六月十八日申時。生子，□□。生女，□□。

第五十世

家玠公之次子，貴修，行四，生乾隆辛卯年八月十三日申時，卒嘉慶甲戌年六月十四日亥時，葬□□。娶馬氏，生乾隆辛丑年五月二十四日酉時，卒嘉慶辛未年九月二十一日酉時，合葬□□。生一子，思聰。

第五十一世

貴修公之長子，思聰，字□□，行□□，生嘉慶丁卯年八月十九日巳時。娶□氏。生子，□□。生女，□□。

第五十二世

雷氏祖籍江西南康府，復遷居江寧，又遷居北京順天府海甸【淀】槐樹街。百餘年來，在圓明園承當楠木作、樣式房差，已傳六世子孫。因咸豐十年（即1860年）八月遭亂，園庭被焚①，是以此差停止。顯考率子等又遷居西直門內南草廠內東觀音寺②路北。

今將先考在世時所置祖塋地計二十七畝（原紅契係在東直門北新倉③本族祠收存，現今歸回），又置得祖塋東地二段。一段二十四畝，偏西，靠祖塋地邊，尚可立塋，亦用丙山壬向，兼丁巳丁亥。故爲記之。一段三十五畝，可作祭田之費，年終租項可爲春、秋祭掃之用。

祖塋西地一段計十畝，現由同治六年正月初七巳時，顯考立祖，並修寶頂、月臺、石桌，立碑樓，栽種樹株。又置道南地五畝，隨【遂】蓋陽宅大門、門房、正房、南房、南廚房、南樓、北灰棚、東西院牆等工程，以爲祖先二塋相連，以便本支春、秋祭掃時坐落。（見後圖）

① 咸豐十年八月（公元1860年10月），英法聯軍侵入北京占領圓明園，在對圓明園進行瘋狂搶劫之後，又於九月五日（10月18日）野蠻地將圓明園縱火焚燒。搶劫圓明園的是英法聯軍，燒毀圓明園的則是英軍。樣式雷建築世家執掌圓明園楠木作公差因此而歇息，遂舉家遷居西直門東觀音寺路北待業。

② 東觀音寺位於現北京市西城區東起趙登禹路、西起南草場街之間，明代稱觀音寺胡同，清代稱東觀音寺胡同。

③ 東直門北新倉，即現北京市東城區北新倉街道。

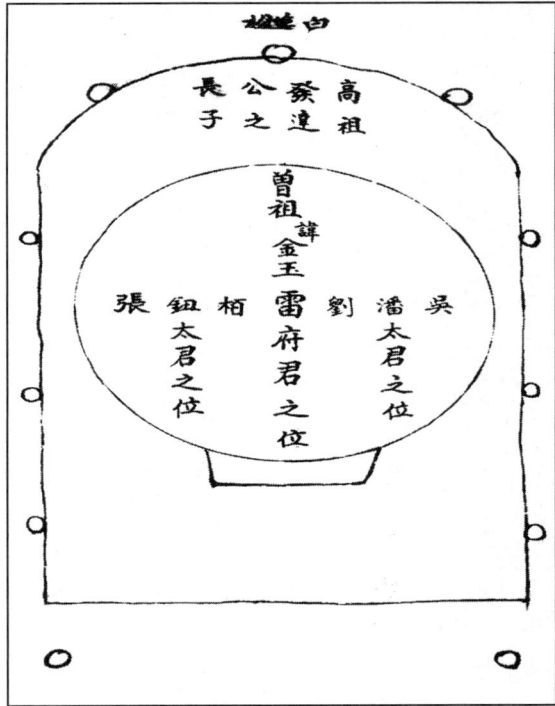

雷氏祖塋地示意圖

　　原聚善村內路南，舊有陽宅一所。因其過遠（此房原係東直門置，現今歸禹門，用上九百吊置來），外有本身所置之地不便錄記（因其不能相連，現歸村甫呈種）。今後記事，願雷氏本支子孫加意保守，年年修理，千萬不可損壞。

　　雷氏遷居北京，此為根本之要緊第一大事也。禹門①雷思起謹誌。

　　順天府宛平縣西直門外聚山村塋地畝數共二十七。中有官道一條，計道南地十七畝。奉安先人體魄。道北地十畝，為塋地前之明堂，經闔族公議，撥給看墳人耕種，以為格外之津貼。此地紅契存于宛平縣，作為塋內祭田。

　　正穴、昭、穆穴、位次、山向，係丙山壬向，兼子午三分。圖列於後。

---

① 　即樣式雷第六代傳人雷思起，字永榮，號禹門。雷思起執掌清內務府樣式房掌案期間，樣式房燙樣畫樣人共有十六人，其中雷家占據五名（即雷廷昌、雷廷芳、雷思躍、雷廷棟），樣式雷世家事業達到了興旺發達的高峰。

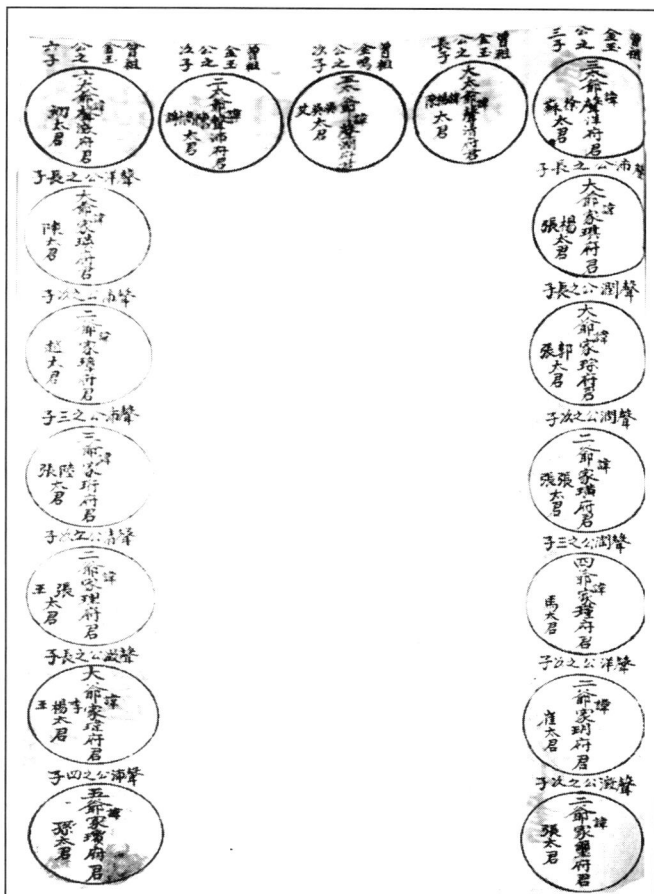

聚山村塋地

此墓乃張氏太恭人之墓也。同治六年正月立有碑誌。吳太君葬小南莊，甲向。高祖金玉公，劉、栢、潘、鈕氏太君隨公俱葬江寧府西善橋，坤山艮向。

雷氏祖塋，原係立在乾隆年間遷立之祖塋也（遷居北京時，係在海靛【淀】南頭黑和尚老爺廟後身，有石碼地）。此地二十七畝，原係本支祖恭理之舉。紅契存長房，後因思奮（諱）典出，經東直門內北新倉雨田伯給（廷輔）錢贖回此契。故歸謹堂兄收存。同治四年，因先考恭修祖塋，謹堂兄是以將此紅契交還父考，特命子思起將始末注明譜後，以爲後之子孫世代保守遵藏，萬不可不加啚意焉。戒之、慎之、凜之。永遵遺言。

皇清誥封奉政大夫先文公子男思起敬書。

祖塋原定規劃：昭穴七位，穆穴七位。

祖塋現今規劃：昭穴六位，穆穴六位。

曾祖聲沛公之幼子，家璐，行六，卒，葬口外熱河。

曾祖聲澂公之三子，家瑞，行三，字徵祥，卒，葬順天府宛平縣西直門外小煤廠塋地，正穴向，係子山午向，兼癸丁。

顯考命述另立新塋之意，原因叔考（諱，家瑞公）在世時立塋在小煤廠。嘗遺命伯叔兄弟六人，分昭穆、排次序。後因道光二十一年分居後，叔弟（諱）懿修喪妻，開左昭穴立葬。是關支派，礙難理論。故有思念祖考妣，既在聚善村，又因兄嫂尚未立有塋地。是以朝夕求地，採買得小煤廠叔考塋地對過地五畝，房三間，是以將地讓兄嫂立祖，可了一支心願矣。是以命子思起在祖塋附近一帶，遍求得祖塋東相連地一段，計二十四畝。又求得置祖墓西相連地一段，計十畝。三面皆至道。

顯考是以喜之曰："余乃次【此】房，此地正合吾意，可歸右穆之象。"此乃祖父之靈，命吾歸根本①之地左右矣。是以每臨春、秋祭掃祖塋時，必至此地相度。審思再四【三】，向兒思起言曰："此地北面道似眠弓【兮】，西北地邊半圓，若以你祖考妣穴墓東西取平，下一位定穴，往下之地【無】多次。序是以籌畫數次，僅以曾祖墓位下合其地之短長議【以】定次序。"又曰："祖塋地可爲中宮堂院，余亦居西院，其將來後人可用東地，亦可謂之東院矣。"因此地定準位之後，命子思起錄之於譜後。是為誌記耶。

雷禹門②謹書。

---

① 樣式雷世家慎終追遠，視先人體魄安寧爲敬祖孝宗之根本，非常重視祖墳墓穴安置。樣式雷第十代宗親雷章寶存有其世家宗族家譜，樣式雷第六代傳人雷思起在自序手記中寫道："蓋聞人生以孝悌爲先。故以孝事君則忠，以孝事親則順。故爲人子者，忠順不失，以事其上，然後能立名行道，老安少懷，立達由己，可謂孝矣。蓋侍父母之道者有三，曰：生則養，死則葬，葬則祭。聖人云：父在觀其志，父沒觀其行，於父之道三年無改，孝矣。父母在日，朝夕侍奉，問安視食，言聽計從，始父母歡欣，自然心安，則身康健，康健則壽永，一也。聖人云：養生不足當大事，惟送死可以當大事。然爲人子者，故當父母在時，遇先將衣衾棺椁早爲置辦，以防不測之時，則心安矣。然而惟棺椁之一事最爲緊要，務自細心備買官截，先使匠人將板打截拉開、吹涼，然後加工，務求實惠。然而始謂父母之尸骸免其暴露，亦爲孝也。凡所謂父母生我者，我葬父母，二也。惟葬後之祭祀者，子孫不可不加意焉。惟春秋二季，並除夕生、卒之辰，不可少有缺，以樂先人之靈。則木本水源，奕葉相承，接續相傳，可以爲悌，三也。故爲人子者，此三者即備，然後能守其宗祠，而亦可以爲世家望族矣。"

此手記現存於樣式雷世家遷居金陵複遷居北京第十代宗親雷章寶家。雷章寶（1951年生，男）係北京石景山某中學高級體育教師，現已退休居住在門頭溝軍山。

② 即雷思起，字永榮，號禹門（1826—1876年）。

附錄壹　樣式雷墓碑文匯要

編校者按：

天津大學建築系樣式雷專家王其亨教授在《樣式雷世家新證》[①]一文指出，在國家圖書館善本部所藏金石拓片中見有樣式雷世家的重要材料。這些拓片均來源于北京海淀四季青鎮巨山村雷氏祖塋有關墓碑或誥封碑。碑文文字不多，但内涵豐富。

- 同治四年二月初一日雷景修立《雷金玉碑記》。
- 同治四年二月初一日雷景修書、雷思起立《雷金玉及妻張氏碑志》。
- 同治二年七月初八日敕書，同治七年三月初三日，雷思起、雷思泰、雷思振、雷思森、雷廷昌、雷廷芳立《雷景修及妻尹氏誥封碑》。
- 同治六年正月初七日王多齡、雷思立、雷思曾撰文，雷思起、雷思振、雷思泰、雷思森、雷廷昌立《雷景修墓碑》。
- 光緒元年七月十九日敕書，光緒七年四月十九日，雷思泰、雷思起、雷思振、雷思森、雷廷煜、雷廷芳、雷廷昌、雷廷霖、雷廷秀、雷獻彩、雷獻英立《雷景修及妻尹氏誥封碑》
- 大清同治四年二月初一日，欽加五品職銜、誥授奉政大夫孝男景修奉祀敬立《雷家璽及其妻張氏碑》

現將這些墓碑文[②]擇其要者原文匯錄如下，以供參考。

雷家璽及妻張氏墓碑正面拓片

雷家璽及妻張氏墓碑背面拓片

① 王其亨（1946年生，樣式雷研究著名專家）：《樣式雷世家新證》，《故宮博物院院刊》1987年第2期。

② 參見張寶章、雷章寶、張威編著：《建築世家樣式雷》第152—221頁，北京出版社2003年6月版。

● 《雷金玉碑記》

額　題：聖旨

皇清敕封□贈奉政大夫、由國學生授州同，我曾祖考，諱金玉，字良生，行大，享年七十一壽，生順治己亥年，卒雍正己酉年。恭遇康熙年間修建海淀園庭工程，我曾祖考領楠木作工程。因正殿上梁，得蒙皇恩召見奏對，蒙欽賜內務府總理欽工處[①]掌□（案），賞七品官，食七品俸。

又因曾祖考七旬正壽，又得蒙皇恩欽賜，命皇太子書'古稀'二字匾額。此匾供奉原籍大堂。我曾祖考於七十一歲壽終。由內務府傳，仰蒙皇恩，賞盤費壹佰餘金，奉旨馳驛，歸葬原籍江蘇江寧府江寧縣安德門外西善橋，坤山艮向。查牒譜所載，立有碑誌。今因重修祖塋，敬立此碑。是爲記也。

誥授奉政大夫元孫景修敬書立。

說　明：此碑的陰面文字爲"雷金玉及妻張氏德政碑"。額題"承先啓後"字樣。末端署"誥授奉政大夫元孫景修熏沐敬書，曾孫思起敬立"。

● 《雷金玉及妻張氏碑志》

曾祖妣張太宜人，享年七十壽，因葬於此焉。因我祖考，字藻亭。在及丁時，我曾祖妣，苦守清潔，立志扶養我祖成人。清苦之極，得蒙曾祖妣早晚訓誨。依附我曾祖考之舊業。至今，子孫滿堂，接我曾祖考一脉相承。奕葉相傳，功昭前烈，慶衍綿綿。實承我曾祖妣張太宜人之德政也。

大清同治四年（1866年）歲次己丑二月初一日，元孫景修重修雷氏合族祖塋墓頂，燕序一堂，以光千載，並修如意圍屏。恭撰曾祖考妣實政。是爲碑志也。

● 《雷家璽及其妻張氏德政碑》

額　題：遺訓常昭　祖德宗功

公，平生雅量，品正清純。忠厚處事，惠愛存心。一生仗義疏財，利物濟人。光前裕後，和睦宗親鄉里。志行高潔，韻宇宏深。敦行孝悌，同氣連枝。子孫茂盛，誠知積德之深。實行堪贊，永遠可欣。

賢哉德配，淑性慈貞。寬明素位，惠言與人。孝悌爲先，勤操自任。閨範

---

① 欽工處即工程處，係清宮廷專設之建造辦事機構，又稱檔房，在京者稱爲京檔房，在工地者稱爲工次檔房，專門指派樣式房和算房進行建築工程預算。

最長，恭和敏慎。

大清同治六年（1868年）正月初七日，欽賞五品職銜，誥授奉政大夫孝男景修奉祀敬立。

說　明：此碑的陰面文字爲"雷家璽及妻張氏德政碑"。額題爲"祖德功宗"。末端署名大清同治六年（1868年）正月初七日吉旦，欽賞五品職銜、鹽場大使孝孫思起、孝孫思振，九品職銜孝孫思泰、思森報恩敬撰。誥授奉政大夫孝男景修奉祀敬立。

●《雷景修墓碑》、《雷景修及妻尹氏誥封碑》

奉天誥命 遺思永慕

誥授奉政大夫晋奉朝議大夫先父雷府君碑記。讚曰：公之一生，品行端方。勤和處世，和睦宗族。鄉里所仰，出言端正。存心敦厚，教子義方。德惠於人，無不誠敬。

公年始十六，即在圓明園樣式房學習世傳差務，奮力勤勉，不辭勞瘁。忽於道光乙酉年正月十五日，公之先考仙游。謹遵遺言，差務慎重，惟恐辦理失當。因公年幼，事出萬難，隨將掌案名目移於他人承辦。公仍竭盡心力，不分朝夕，兢兢業業二十餘載，辛苦備嘗。復於道光己酉年，旋將世傳掌總差事正回。足見公志高遠大，移而不遺。光宗耀祖，啓裕子孫，皆公之德也。

咸豐八年，遵旨籌餉例，報捐恩賞九品職銜。又因同治二年七月初八日，誥授奉政大夫之職。公之一生德政，同鄉親友公絢路祭。

讚曰：仁德永念，忠厚可風，福備齊榮。

大清同治二年（1864年）七月初八日敕書。

說　明：此碑陰面文字爲雷景修墓碑，額題"遺恩永慕"。末端署名欽命賞戴花翎、誥授兵部職方司員外郎加二級。子婿王多齡誥授武翼都尉。原任京營西便汛守備功服姪雷思立。前選湖南長沙同知、現任督察院後廳都事功服姪雷思曾恭撰碑誌同讚。

大清同治六年（1868年）歲次丁卯正月初七日吉旦，欽賞五品職銜、鹽場大使孝男思起、孝男思振，九品職銜孝男思泰、思森，布政司理問銜長孫廷昌敬立。

附錄貳　朱啓鈐《樣式雷考》

雷發達，字明所，江西南康府建昌縣人。生於明萬曆四十七年，卒於清康熙三十二年（1619—1693年）。雷氏本江右鉅族，本枝繁衍，子孫分居豫章各郡縣者不一籍。北山支起於元延祐初，有雷起龍者，自千秋崗移居縣城之新鄉北山社，遂自號“北山翁”。按《雷氏大成族譜》稱，雷氏以萬雷公得姓受世。故自雷公始，以《周易》六十四卦紀世系，至煥公已六十四世。乾元再周至起龍，適爲百世（譜以再周之口卦計，則三十六世）。起龍三子在元代皆以儒顯。長曰洪，科舉中選，拔進士，官吏部右丞。次曰溥，舉進士，任陝州儒學教諭。三曰源，任陵路東山書院山長。分居三宅。洪之子善性始稱“北山支”。善性之子宗正，元末遭亂，避居新奉。其子文達，以明洪武元年隻身囘籍，自號“東山翁”，娶妻復業。晚年生本莊，乃以繼子本端應役於國家。見於《東山翁自記》。所謂役者，殆別於儒與匠耶。在明季，本莊之子景常又稱北山，前房支景昇則稱北山上房支。景昇生子中義，孫正轟，曾孫永虎。景昇之玄孫玉成避明末流寇之亂，與子振聲、振宙徙家於金陵之石城。而玉成遂爲遷金陵之支祖。發達，振聲子。清初與其堂兄發宣（振宙子）以藝應募赴北京，又爲“樣式雷”世家發祥之始祖。康熙中葉，營建三殿大工，發達以南匠供役期間。故老傳聞云：時太和殿缺大木，倉猝拆取明陵楠木梁柱充用。上梁之日，聖祖親臨行禮。金梁舉起，卯榫懸而不下。工部從官相顧愕然，惶恐失措。所司乃私畀發達冠服，袖斧猱昇，斧落榫合。禮成。上大悅，面敕授工部營造所長班。時人爲之語曰：“上有魯般，下有長班；紫薇照命，金殿封官。”年七十解役，歿葬金陵。長子金玉繼其業。

雷金玉，字良生，發達長子。生於順治十六年，卒於雍正七年（公元1659—1729年）。先以監生考授州同，繼父業營造所長班。後投充內務府包衣旗，供役圓明園楠木作樣式房掌案。以內廷營造功，欽賜內務府七品官，並食七品俸。年七十時，蒙太子賜“古稀”二字匾額。初娶劉氏，無出；繼娶栢氏，生長子聲沛；又娶潘氏，生二子，聲清、聲洋；又娶鈕氏，無出；繼又娶吳氏，生子聲浹；及娶張氏，生子聲澂。蒙恩賞盤費銀一百兩，奉旨馳驛歸葬江蘇江寧府江寧縣安德門外西善橋。聲沛、聲清、聲洋、聲浹，初均遣歸，惟張氏所生幼子聲澂獨留居北京海甸【淀】槐樹街。張氏撫幼子繼其業。故雷氏家譜以金玉爲遷北京之支祖。樣式房一業終清之世最有聲於匠家，亦自金玉始也。劉氏、栢氏、潘氏、鈕氏，俱合葬江寧。張氏歿，葬北京。

雷聲澂，字藻亭，金玉幼子。生於雍正七年，卒於乾隆五十七年（公元1729—1792年）。生三日，而金玉就木。奉旨歸葬金陵。諸子盡室南行，獨張氏撫幼子留居北京繼承父業。初，雷聲澂之幼孤也。樣式房掌案爲其夥伴所攘奪，其母張氏出而泣訴於工部。迨聲澂成年，乃得嗣業（其母張氏抱子詣工部申訴，恩准以聲澂嗣業，乃雷氏子孫傳述者，譜中不載）。按其生、卒年而定其生存年代，則知彼承值內廷，正在乾隆中葉土木繁興之際，而譜中於聲澂一生遭遇及所執藝事，略無紀載。亦可異也。惟其孫景修筆記云：同治四年於張氏墓上立石，表揚祖妣盛德，或有所本歟？

雷家瑋，字席珍，聲澂長子。生於乾隆二十三年，卒於道光二十五年（公元1758—1845年）。乾隆中曾奉派查辦外省各路行宮及堤工等處及灘內鹽務、私開官地等事。隨鑾供奉或一年二載，不時歸還。蓋南巡盛時，各省備辦行宮。樣式雷氏奉派南行，事所必然。而淮上鹽商競獻供張，沿途點景，爭妍鬥靡。清客匠作奔走於其間，皆有奇贏。李斗《揚州畫舫錄》之《工段營造錄》，師承出於內廷工程作家，可爲斯時確證也。

雷家璽，字國賢，聲澂次子。生於乾隆二十九年，卒於道光五年（公元1764—1825年）。於乾隆五十七年承辦萬壽山、玉泉山、香山園庭工程及熱河之避暑山莊。中間因辦昌陵工程出外，以弟家瑞領圓明園掌案。其長兄家瑋則時赴外省查看行宮、堤工。兄弟先後繼武供事於乾嘉兩朝工役繁興之世。又承辦宮中年例燈彩及西廠焰火、乾隆八十萬壽典景樓臺。爭妍鬥靡，盛絕一時。其家中藏有嘉慶□年圓明園東路檔案一冊、手紀承值同樂園演劇鰲山切末燈彩厓畫雪獅等工程圖。漢宮舊事猶見一斑。

雷家瑞，字徵祥，生於乾隆三十五年，卒於道光十年（公元1770—1830年），聲澂幼子。其兄家璽因昌陵吉地出差辦理陵工，家瑞在樣式房料理一切官事。蒙內務府蘇大人添派爲樣式房掌案頭目。後因嘉慶中大修南苑工程，家瑞承辦楠木作內檐硬木裝修，至南京采辦紫檀、紅木、檀香等料，並開雕於南京。家璽陵工告竣，仍歸圓明園辦楠木作事。家瑞雕工完，亦囘京辦理料木，歸公安攏工竣，始辭退堂差回家。蓋當乾嘉盛時，樣房工作內外兼營。家瑋、家璽、家瑞兄弟三人通力合作，是以家道繁昌。家瑞又於南行時赴江西建昌祖

籍重修《大成宗譜》。

雷景修，字先文，號白璧，又號鳴遠，家璽三子。生於嘉慶八年，卒於同治五年（公元1803—1866年）。年十六，即隨父在圓明園樣式房學習世傳差務，奮力勤勉，不辭勞瘁。道光五年，父故。以差務繁重，惟恐辦理失當，謹遵遺言，將掌案名目情夥伴郭九承辦者十餘年，而自居其下。後於咸豐二年，郭九逝世，乃爭回自辦。迨至咸豐十年八月，圓明園被焚，檔房停止，乃移居西直門內東觀音寺。景修一生，工作最勤，家中裒集圖稿、燙樣模型甚夥，築室三楹爲儲存之所。經營生理，積貲數十萬。並修譜錄，塋舍規劃井然，世守之工，家法不墮者，賴有此耳。子思起、孫廷昌於同治、光緒之間因緣時會，以陵工蒙異數，得貤封通奉大夫贈二品封典。

雷克修，字雨田，行五，金玉胞弟金鳴之曾孫。與景修同輩，實共高祖之兄弟也。生於乾隆三十七年，卒於道光三十年（公元1772—1850年）。隸順天宛平民籍，入學爲庠生，由四庫館議叙選授河南信陽州州同。於嘉慶十四年，自海淀槐樹街祖宅遷出，別居東直門北新倉。於道光七年，撰有《雷氏支譜世系圖錄》，序列謹嚴，邊欄刊有“龍劍堂”三字。龍劍堂為北山支本宗之堂號。其時各房子孫有以爭充樣式房世業。又有“槐樹堂”者，爲雷家蓄養奴婢所生子孫，異姓冒宗，更成一派。克修自好之士，乃以業儒自別。家譜跋云：“槐樹街老宅，幾不能容，余別有執業，常居京師，遂遷居北新倉”云云。克修故能文，而於其家藝術事，譜中皆略而不言。豈門戶之分，寓有隱痛歟？

雷思起，字永榮，號禹門，景修三子。生於道光六年，卒於光緒二年（公元1826—1876年）。同治四年，以定陵工程出力，以監生賞鹽大使銜。思起自記，同治十三年，因園庭工程，進呈圖樣，與子廷昌蒙召見五次。蓋其時有修復圓明園之議也。

雷廷昌，字輔臣，又字恩綬，思起長子。生於道光二十五年，卒於光緒三十三年（公元1845—1907年）。光緒三年，惠陵金券合龍，隆恩殿上梁，廷昌適供差樣式房。以候選大理寺丞，列保賞加員外郎銜。後納貲祖父母、父母捐請二品封典，匠家子孫遂列在縉紳。斯時大工正當，普祥、普陀陵工方起。三海、萬壽山慶典工程又先後踵興，內而王公貴冑，外而疆吏富商，捐貲報效，輦金請益者，踵接於門。樣式雷之聲名，至思起、廷昌父子兩代而益彰，亦最爲朝官所側目。

　　—— 原載《中國營造學社彙刊》民國二十三年（公元1934年）第肆卷第壹期

附錄叁　雷氏族譜封面及世係圖書影

雷氏族譜——雷氏大成宗族總譜　卷壹

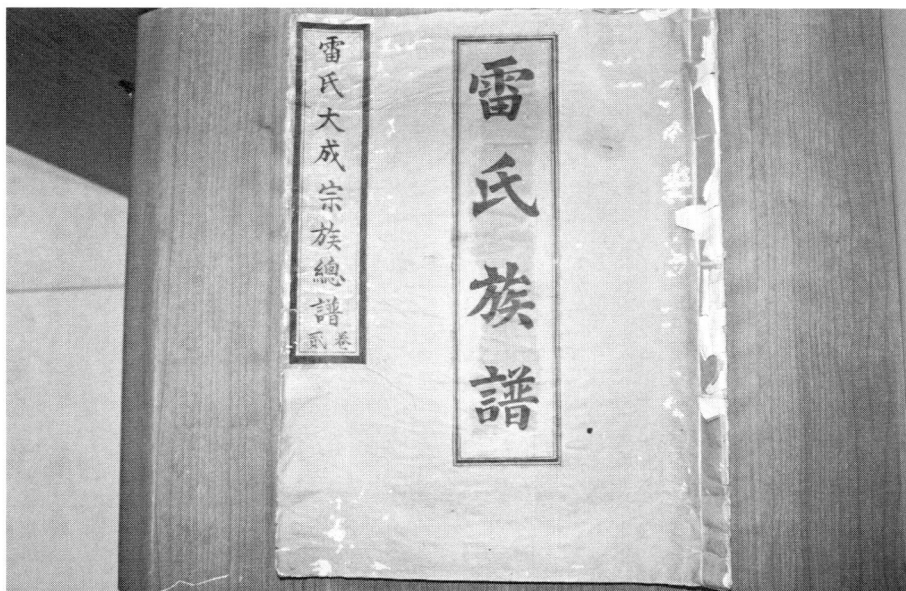

雷氏族譜——雷氏大成宗族總譜　卷貳

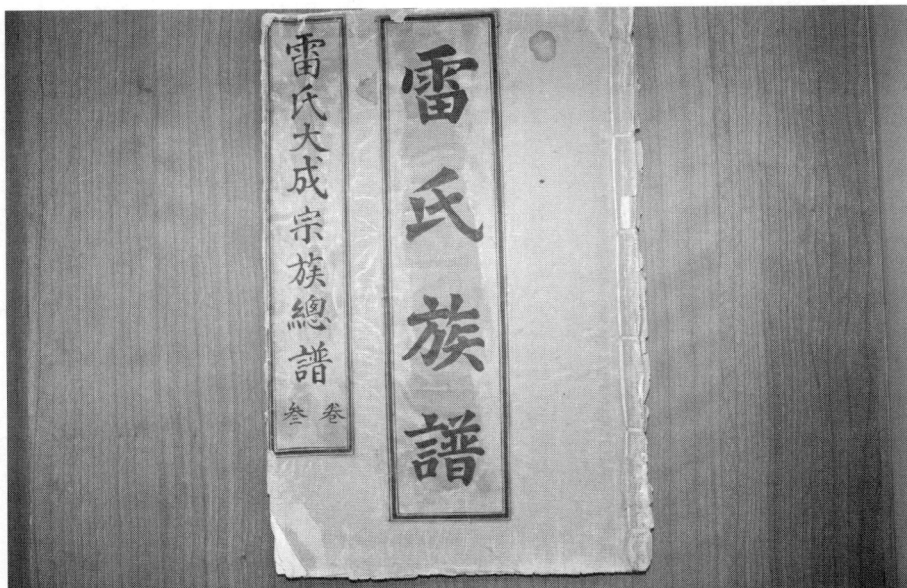

雷氏族譜——雷氏大成宗族總譜　卷叄

雷氏族譜——雷氏大成宗族總譜　卷肆

雷氏族譜——雷氏重修宗譜世錄　卷壹
北山上房支

雷氏族譜——雷氏松山支譜世系圖　卷貳
北山前房支　瀧溪支　在市支　河蒲塘支　起塢與周坊　舍岡支　樟房支

雷氏族譜——雷氏重修大成宗譜總序世係圖　卷叁
建昌縣分支　北山上房支　北山上房支分居金陵復遷北京世系圖

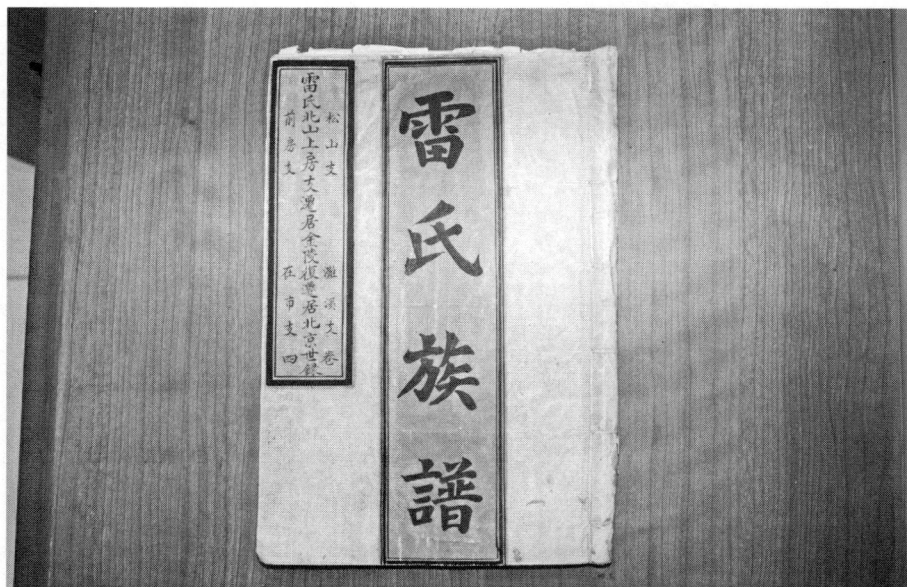

雷氏族譜——雷氏北山上房支遷居金陵復遷居北京世錄　卷肆
松山支　灘溪支　前房支　在市支

雷氏族譜——雷氏重修遷居金陵復遷居北京世係圖　卷壹

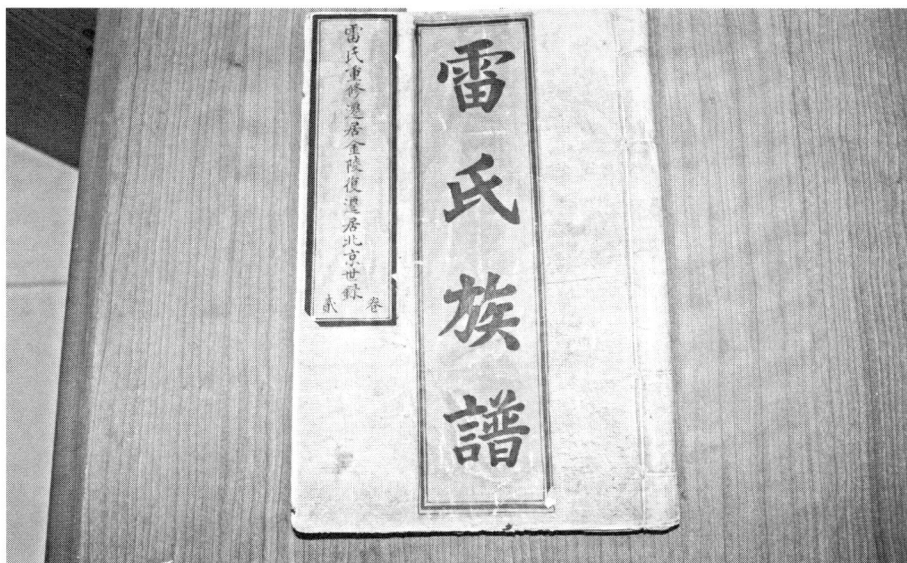

雷氏族譜——雷氏重修遷居金陵復遷居北京世錄　卷貳

乾隆丙寅年
奉
言欽授貢元飛龍公

雷氏大成總譜系圖卷之十一

第一世　第二世　第三世　第四世　第五世
萬雷公　異　陛　渠援

第五世　第六世　第七世　第八世　第九世
渠援　煮　頡

第九世　第十世　十一世　十二世　十三世
兔　璃　公弁　孟雄
系圖

《雷氏族譜》世系圖表影像之壹

發達
金玉
聲清　聲沛
家琳　家瑄　家椿　家琪　家瑗

金昇
立繼
弟子
聲溥　聲澂
家珊　家瑛　家球　家珠　家瑚
先煜　先煜

聲洋
家瑛　家玥

《雷氏族譜》世系圖表影像之貳

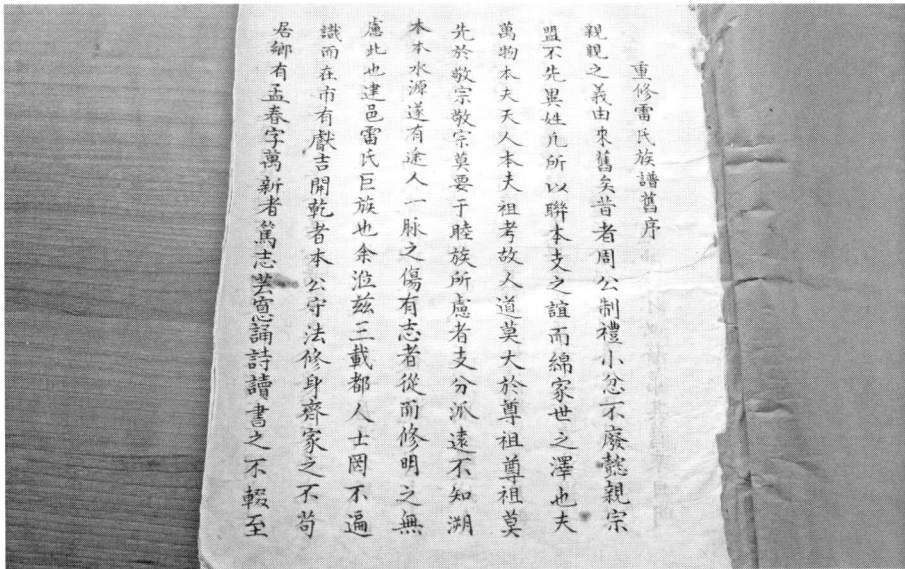

《雷氏族譜》世系圖表影像之叁

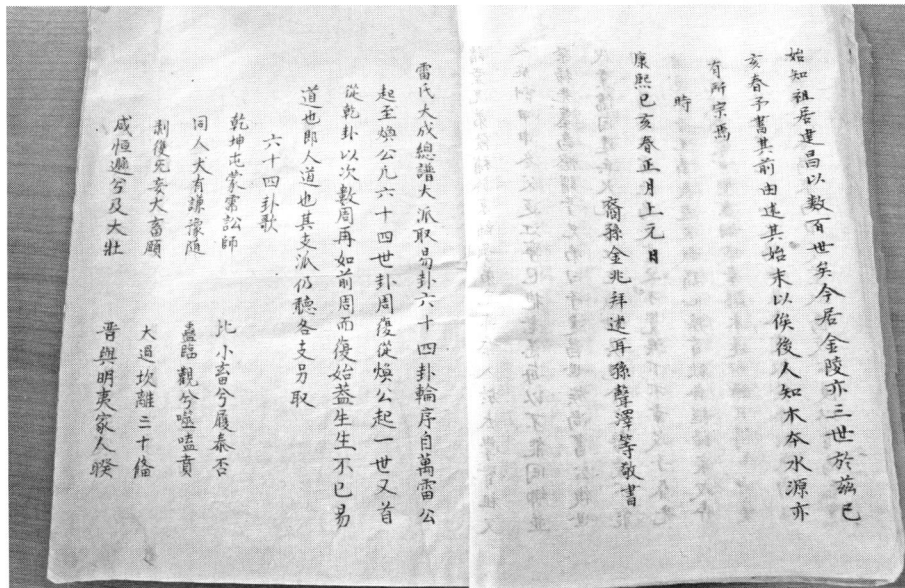

《雷氏族譜》世系圖表影像之肆

後　記

　　2007年3月，原中國文化遺產研究院張廷皓院長，在一次與著名清史專家中國人民大學清史研究所教授戴逸先生的會晤中，提及中國文化遺產研究院藏有完整的清代建築世家樣式雷族譜《雷氏族譜》八卷，實屬難得的清代世家歷史參考文獻，幷徵詢是否可以申報列入國家清史編纂工程文獻專題？戴逸教授當即應諾不妨一試。此後，張廷皓院長指定中國文化遺產研究院文物資料信息中心副主任劉志雄責成申報的具體工作。與此同時，清史編纂委員會項目組工作人員趙玲女士（原河北承德市文物局副局長）來中國文化遺產研究院調查情況，以便做好申報、評審、立項的基礎工作。劉志雄身兼數職，無暇顧及《雷氏族譜》申報國家清史編纂工程文獻專題的工作，於是便安排崔勇承擔此項工作的開展與實施。在趙玲女士的具體指點下，經過數月的悉心準備，彙集材料，如實填寫有關表格，周密地撰寫申請報告與研究計畫，終於在2007年9月獲得國家清史編纂委員會文獻組專家審批、立項，課題名稱爲《清代建築世家樣式雷族譜校釋》，並於當年10月正式啟動。爲便於研究工作的開展，崔勇邀請中國藝術研究院工藝美術研究所美術史論博士易晴負責族譜的點校工作。

　　在實施課題研究的三年期間，爲了盡量彙集更多的有關樣式雷的資料，課題組成員先後到樣式雷原籍江西永修縣梅棠鎮新莊村雷家莊宗親雷代林及故居，樣式雷曾經在江蘇南京江寧區西善橋的居住地，樣式雷在北京海淀區槐樹街與四季青鎮巨山村的居住地及塋地，樣式雷第十代北京親宗雷章寶門頭溝居所，以及由樣式雷規劃與設計的圓明園、頤和園、天壇、承德避暑山莊與外八廟、清東西陵墓、故宮等地文化故里進行了專門訪人、訪故，所獲得的感性認識與歷史感喟，在此一言難盡，對此課題組在《“樣式雷”族譜及宗族史迹調研報告》系列考察報告中一一表明，在此不贅述。

　　按照合同的規定，《清代建築世家樣式雷族譜校釋》項目的起止時間當是2007年10月至2009年12月。在此期間，中國第一、二歷史檔案館，國家圖書館，故宮博物院等單位因數據化處理而封存有關樣式雷圖檔及《旨意檔》，三年內不得查閱，相關的佐證資料搜集及子課題《清代建築世家樣式雷家族變遷史述》研究難以爲繼。加之課題組成員缺乏文獻整理工作經驗與相應的學識修養，該課題的中、後期考核，均未達到專家的嚴格要求。故，不得不延期進行反復修訂。時至今日方才艱難完成校釋。國家清史編纂了委員會嚴謹之科學態度可見一斑。

不無遺憾的是，面對厚厚一叠的《清代建築世家樣式雷族譜校釋》文稿，曾為此給予關心與支持的劉志雄先生、趙玲女士再也看不到這項研究成果。因為他們在2008年清明前後先後不約而同地離開了人世間。劉志雄先生病逝於胰腺癌；趙玲女士遇難於匪夷所思的車禍。花落無聲音容絕；嘯鳴有意景色空。物是人非，真情永恆。謹以此項成果祭奠劉志雄先生、趙玲女士的在天之靈吧。

在此特別需要提及的是：在課題研究當中，國家清史編纂委員會文獻組為了保證按質按量完成課題研究，特聘請王道成、張升、張寶章等知名專家對課題研究每一階段進展在學術上予以嚴格、規範的指導。在每次長達半年的審查提交的階段性研究成果過程中，他們極其認真、負責地從大處把關，同時也從細微末節處逐一指點、糾正，使點校、注釋工作逐漸完善。倘若沒有這些道德文章並舉的專家真知灼見的教誨、幫助，課題研究得以順利完成是不可能的。文獻組闞紅柳老師和出版中心王立新老師熱誠、負責的工作態度亦令人信服。對他們為課題研究得以逐步推進所付出的辛勤勞動，課題組成員深表由衷敬意！

在《清代建築世家樣式雷族譜校釋》及子課題《清代建築世家樣式雷家族變遷史述》實施過程中，中國文化遺產研究院圖書館館員黃田帛、理炎、韓麗茹、耿東方、步曉紅等為查閱史料熱誠提供幫助；樣式雷宗親第十代雷章寶先生為研究提供重要口述史料；天津大學建築學院張威博士提供樣式雷族譜攷證資料佐證。在《清代建築世家樣式雷族譜校釋》編輯出版過程中，中國建築工業出版社建築城規圖書中心主任陸新之及資深編輯許順法先生付出了艱辛的勞作。在此一並致以謝忱！

崔勇　易晴　謹識於北京天通苑知行齋

2015年6月